冯尔康文集

冯尔康 著

雍正帝及其时代

南开大学历史学院◎编

天津出版传媒集团

天津人民出版社

图书在版编目(CIP)数据

雍正帝及其时代 / 冯尔康著；南开大学历史学院编. ——
天津：天津人民出版社, 2019.9
（冯尔康文集）
ISBN 978-7-201-15061-1

Ⅰ. ①雍… Ⅱ. ①冯… ②南… Ⅲ. ①雍正帝(
1678-1735)-人物研究-文集②中国历史-清代-文集
Ⅳ. ①K827=49②K249.07-53

中国版本图书馆 CIP 数据核字(2019)第 156760 号

雍正帝及其时代
YONGZHENGDI JIQI SHIDAI

出　　版	天津人民出版社
出 版 人	刘　庆
地　　址	天津市和平区西康路 35 号康岳大厦
邮政编码	300051
邮购电话	(022)23332469
网　　址	http://www.tjrmcbs.com
电子信箱	reader@tjrmcbs.com

策划编辑	韩玉霞
责任编辑	杨　轶
装帧设计	明轩文化·王烨　TEL:123674746

印　　刷	河北鹏润印刷有限公司
经　　销	新华书店
开　　本	710 毫米×1000 毫米　1/16
印　　张	23
插　　页	4
字　　数	390 千字
版次印次	2019 年 9 月第 1 版　2019 年 9 月第 1 次印刷
定　　价	210.00 元

前　言

我对雍正史的研讨历有年所,自 1980 年在刊物、学术研讨会上发表专题文章,几十年来仍在断断续续地进行。《雍正传》《雍正帝》的写作,都是在作了多篇相关论文的基础上,进行综合研究完成的。这些文章及其他一些有关文字,如今选入本卷;亦有未进入的,是纳入其他卷了,如雍正朝引见履历档案的介绍,归入《史料学研究》卷。进入本卷文章的内容,有的有重复,在辑入过程中,业已作了一些删节,甚至重复太多的文章就被舍弃了,但选进之文仍有少许雷同之处,这是为保持文章的完整性,未尽删节,是不得已的处理办法。

在雍正史研究中,我特别关注雍正帝的政治改革,自始就注意到它的时代特点、历史地位,提出雍正帝革新中有近代因素,虽然他是无意识作出的。但是,雍正时代的中国已经处在世界资本主义全球化时代的开端,雍正帝茫然不晓,清代中国与西方国家的关系是大课题,雍正帝意识不到,我亦未下气力进行应有的研讨,这是我在雍正史研究中的缺憾,今后倘有可能,是需要补上这一课的。

(2018 年 12 月 26 日稿,2019 年 5 月 21 日删订)

编者按

为避免文集各卷内容重复,敬请读者垂注:

一、作者为“冯尔康文集”10 卷本所作的自序《学无止境,是我治学的座右铭》,置于文集的《社会史理论与研究法》之卷首。

二、作者历年著作之总目《冯尔康著作目录》,以及《冯尔康文集总目录》,置于文集的《师友述怀·序跋札记》之卷末。

以上3篇内容,不再一一列入文集每卷之中。读者如有需要,可以参阅。不便之处,敬请谅解。

目　录

解题(杜家骥) / 1

雍正继位之谜

康熙朝的储位之争和胤禛的胜利 / 1

康熙帝十四子胤禵改名考释 / 22

清世宗本叫胤禛,并未盗名 / 31

一道为允禩集团"定谳"并晓谕众人的上谕
　　　　——中国国家博物馆藏档"雍正四年五月十七日上谕"解读 / 41

二百年疑案再断:雍正继位问题考实 / 48

理郡王弘晳移居郑各庄折射雍正帝与废太子允礽关系
　　　　——解读有关郑各庄的四份满文奏折史料 / 54

雍正帝其人

论清世宗的思想和政治 / 63

清世宗的崇佛和用佛 / 83

雍正帝与道士贾士芳 / 90

倡导改革的清世宗胤禛 / 93

雍正帝的各项社会政策 / 105

雍正帝文化教育政策 / 140

释雍正帝的"为君难"印章 / 155

从历史长河看雍正帝地位 / 164

雍正帝自称"汉子"

　　——解读一条史料 / 181

雍正的政治革新

雍正帝的削除绍兴和常熟丐籍 / 194

论田文镜抚豫

　　——雍正帝政治的样板 / 210

曾静投书案与吕留良文字狱述论 / 221

查嗣庭案缘由与性质 / 239

江宁织造曹家的被抄及其原因 / 247

大力推行改土归流政策的鄂尔泰(传略) / 269

政府与民间互动的族正制及其史料解读 / 282

雍正史相关研究

对雍正帝改革评论的再评论 / 294

雍正朝史概述 / 305

"雍正帝著述及雍正时期文献"所知书目 / 323

《雍正传》第四版(2014年)序言 / 325

雍正史研究新知

　　——参加"为君难:雍正其人其事及其时代"研讨会与参观

　　"雍正——清世宗文物大展"散记九则 / 328

附　录

关于《雍正传》访谈录

　　——搜狐·读书网李倩编辑采访 / 334

解　题

杜家骥

　　"雍正帝及其时代"是冯先生较早且至今一直关注的研究课题,从 1980 年起便不断发表这方面的相关论文,并随着涉猎的广泛、深入而撰写专著。先生所撰本卷"前言",大致介绍了这一研究的简要历程。

　　本卷所收"雍正帝及其时代"这一专题的论文,大略辑为 4 组四个方面:雍正继位问题、雍正帝其人、政治革新、关于雍正史的研究。

　　雍正继位问题是研究雍正帝必须涉及的。以前,学界前哲孟森先生、王钟翰先生在 20 世纪三四十年代分别有长篇论述,认为雍正继位是篡夺。自 20 世纪 70 年代末起,这一问题又成为清史学界研讨的热点问题,出现了各种说法,其中较重要的观点是雍正帝属于合法继位。冯先生便持这一看法。以往的研究,把皇位授受之际的诸种事件、现象及传位遗诏等,作为重要甚至是关键的分析内容。冯先生另辟蹊径,撰成本卷所收《康熙朝的储位之争和胤禛的胜利》一文,把继承皇位前的皇四子胤禛,放在康熙朝的储位之争的全过程中进行考察,分析竞争储位的各皇子党的成员、活动、区别特点,康熙帝对他们的看法,以及第二次废太子后康熙帝的计划等问题。最后判断:康熙帝晚年欲于皇四子胤禛、皇十四子胤禵之间选择一人,究竟是谁,未作最后确定,或者已有成算,但未公诸于世,而最终择定胤禛为皇位继承人。文章指出,留存至今的传位遗诏是雍正继位后所作,不能作为传位于他的依据,坊间所传改遗诏之事也不可信。康熙死前不当面立胤禛为太子,是因为康熙多年不准立太子,如果立胤禛,不符合他的做法,康熙可以要求等自己死后再行宣布。文章还认为,要全面分析康熙对诸子的态度,只强调看中允禵是片面的。以上考察扩大了视野,将以往雍正继位的相关研究推向深入。

　　本组文章还有对持不同观点的学者所述内容的考证或分析,从而加强了自己观点的说服力。如所收《清世宗本叫胤禛，并未盗名》《康熙帝十四子胤禵改名考释》《二百年疑案再断：雍正继位问题考实》，以及前述《康熙朝的储位之争和胤禛的胜利》，都有这方面的讨论。

以下两篇是雍正继位以后的内容，与储位之争相关人物及继位问题有关。

《一道为允禩集团"定谳"并晓谕众人的上谕——中国国家博物馆藏档"雍正四年五月十七日上谕"解读》，是以这份档案分析雍正打击允禩党人、驳斥谣言而为自己辩白等行为，指出其目的是使臣民从同情允禩集团方面转移到支持皇帝，是在舆论上争取臣民之心。并指出这篇上谕所具有的与众不同的资料价值。

《理郡王弘晳移居郑各庄折射雍正帝与废太子允礽关系——解读有关郑各庄的四份满文奏折史料》，从雍正帝为废太子允礽之子弘晳封王，迁居郑各庄王府及优待安置其生活，办理允礽之善后与追封其亲王等措施，指出雍正的这些做法的政治含义——是对弘晳寓优遇于控制之中，折射出对允礽的宽容；封王弘晳也是对允礽的一种补偿，昭示雍正帝对允礽的兄弟友爱，收揽人心，稳定刚刚获得的帝位，也证明世间传言雍正帝杀害允礽、霸占其妻妾的不实。

"雍正帝其人"的一组文章，重点是关于雍正帝行政、作为方面。另外，揭示了其作为普通人，在情感、性格、喜好方面的特点。

雍正帝的行政，尤其是改革方面，一个重要特点是范围广泛，什么事情都想改一改、变一变，还要移风易俗。这些情况及其特点是研究雍正帝的重点内容。先生除了在专著《雍正传》中有较细致的阐述外，还有专题文字，使研究内容更加丰富。本组所收《倡导改革的清世宗胤禛》《雍正帝的各项社会政策》《雍正帝文化教育政策》《从历史长河看雍正帝地位》，对雍正帝行政方面有比较系统、全面的揭示。诸如改革赋役制度方面，实行摊丁入亩、耗羡归公及养廉银制度；设立会考府，清查亏空；推行士民一体当差政策。变革行政制度方面，实行秘密立储，完善与推广奏折制度，设立军机处，增删法律条文，固定律文。民族边疆事务方面，实行改土归流，对青海用兵，设立驻藏大臣，与俄罗斯签订确定中俄中段边界的《恰克图条约》。政治性的文化政策方面，改临雍"幸学"为"诣学"，改以往帝王临雍祭孔立献为行跪拜大礼，为孔子之名避讳，以及提倡"四书文"、改革科举制度、笼络士子等。还有强调天下一统下的华夷一家，批评华夷之别，频兴文字狱（另见第三组文章所述）、讲求祥瑞政治、崇佛用佛等。社会政策及习俗方面，由于实行摊丁入亩进而取消丁口编审后，百姓可自由离乡，从而推行新的保甲制，以加强社会治安管理。阐释康熙帝的"圣谕十六条"而成《圣谕广训》，增加宣讲效果。确立、推行乡约制度，提倡宗法伦理、设立族正。设立善堂，奖励乐善好施。放宽旌表节妇条件。力行主佃关系平民化。除豁贱民（专论，见第三组中文章《雍正帝的削除绍兴和常熟丐籍》）。改订服色婚丧仪制。要求闽粤官员讲官话。严惩窃盗，严禁民间秘密宗教，镇压民众运动，等等。与此相关的是对雍正严猛为治、务实除虚的施政特点，以人为治、反对因循苟且的为政观念，以及雷厉风行的行政作风的阐述。上述文章还对雍正改革作了正反两方面的评价。认为在雍正多方面的改革中，摊丁入粮、耗羡归公与养廉银、奏折制度与军机处、秘密立储、改土归流、设立驻藏大臣、除豁贱民等，都成为清朝一代不可移易之法。

他的政策自然含有消极与积极两方面的后果，不过积极意义是应当注意的，克服了清朝发展中的一些障碍，促使社会向前演进和清朝的稳固统治，在历史上起着积极作用。赋役制度的改革削弱了对民人的人身控制，客观上起到了解放生产力、促进经济发展的作用。民族方面的施政如改土归流、设立驻藏大臣，对巩固和发展统一多民族国家是有利的。有些施政是失败的或不切实际的。同时指出，雍正朝与康熙、乾隆时期文字狱频生，其时是思想统治的残暴时期。总体而言，雍正之为政、改革基本上是可以肯定的。其改革内容远比以往的改革家们广泛，是他们所不可企及的。其改革还具有某种近代成分，如取消人口税是近代平等、自由、民主社会的理念，是近代社会才能够实现的。摊丁入亩制度下田多者多纳税，与近代社会的累进税制——资产多者赋税多——有相通之处。耗羡归公和养廉银制度已在向近代财政预算方向作出努力。雍正的政治活动又同他的才能、性格、作风息息相关。没有他的才华，没有他的刚毅性格，没有他的雷厉风行的作风，也就没有他那个时代的政治。雍正时代的政治深深打着雍正个人的烙印。雍正帝是中国历史上成功的改革家，是清朝的承前启后者，是在某种程度上顺应社会发展要求的杰出帝王。同时，雍正的改革又受时代的限制，是在传统社会制度内进行的，是从维护这种制度出发的，而这种制度已经进入它的晚期，时代已不允许它作出更有深度的制度性的更新和调整，所以改革的成果是有限度的。

《论清世宗的思想和政治》论述了雍正帝的政治思想与为政原则，也是对他的总体评价。认为雍正帝之行政强调人治,有治人即有治法,把得人、用人视为治理政务的大纲,把"才"作为选官的首要条件,而不必拘定满汉、资历。他自己也秉承"以一人治天下"的君主至治原则,励精图治、勤政,实现高度集权政治;告诫臣僚唯知尊君、不能结党。其为政当宽则宽、当严则严,而实行严猛政治。其为政务实,反对虚文邀誉。当政期间雍正改革赋役,整顿吏治,奖励农业,压抑工商,打击朋党,变更官制,强化皇权,解决或试图解决历久相沿的弊政,对清朝历史的发展有多方面的积极意义,下启乾隆时期的"盛世"。可以认为,雍正是奋发有为、对历史发展做出贡献的君主,是中国历史上为数不多的比较杰出的帝王之一。另一方面,其施政又是利弊并存、得失相当。所实行的耗羡归公与养廉银制度,革除了一些弊病,不久又产生新的弊端。大力兴办农业而效果并不好。打击朋党有合理性,但搞扩大化,随之而来的文字狱,大搞文化专制,对后世影响极为恶劣。为了强化君权,极力愚弄人民,大讲祥瑞,宣传天授君权及其"盛德"。以上诸方面又有消极因素。他颇具才智,洞悉世态人情、社会弊病,性格坚毅不拔,决策果断,而又缺乏深入思考,某些做法带有盲目性。爱记仇、虐待冤家,品性残忍,打击严酷。另外,时代条件、社会痼疾也局限了他的改革作为。

九五之尊的皇帝雍正也与庶民一样,有自己的性格特点,如敢作敢为、不图虚名、直言无隐、自称汉子、敢于自责。性格上残忍、偏激、多疑、精细、慈爱交织。另外还崇佛用佛,和道教也大有瓜葛,迷信道术。这些体现了雍正帝的性格、作风、崇尚喜好等特点的内容,可品读《雍正帝自称"汉子"》《释雍正帝的"为君难"印章》《清世宗的崇佛和用佛》《雍正帝与道士贾士芳》等文章,对上述方面有详实的叙述,且文字活泼,其中也不乏与政治有关的分析。这方面内容也避免了人物传记"千人一面"的刻板状况,揭示了有血有肉、有个人特点的雍正。

民间传说、小说中有关雍正的离奇内容很多,诸如雍正会武功,发明杀人利器血滴子,私访探秘,被刺暴卒,等等。研究雍正皇帝,对这类传说应作分析,从而客观地揭示雍正其人的真实面目。《倡导改革的清世宗胤禛》对这类内容也有分析。

以往的朝野之中,雍正又是一个有着恶名的挨骂皇帝,这也是评价雍正帝不能回避的问题。先生在关于雍正的研究中,多次涉及这一内容,此外还有专论。《从历史长河看雍正帝地位》一文中,有"雍正帝改革与挨骂的辨证考察"一节,认为其挨骂原因有三:一、严惩贪官,甚至过严过苛;二、对储位之争中对立面的骨肉亲属及同党打击过分;三、改革政治之方针政策过于严猛。以致遭多人嫉恨及崇尚仁政理念的人士的不满。

第三组"政治革新"诸文,收录重要官员辅助雍正治政及与雍正治政相关的专题文章。其中,田文镜的为官行政与雍正政治关系密切,他在河南省任职期间,积极推行雍正的一系列改革,对雍正帝的革新政策在全国的推行起了促进作用,而且其行政作风与雍正有相似之处,很大程度上体现了雍正帝的政治;另一方面,他投雍正之所好,也是雍正帝弊政的体现。《论田文镜抚豫——雍正帝政治的样板》一文对此作了详细、深刻的分析。而鄂尔泰在雍正朝的重要政绩,是在西南土司地区的改土归流,《大力推行改土归流政策的鄂尔泰(传略)》是一篇以此内容为主的文字。

此组其他数篇所述为雍正治政期间的重要事件,各篇题目已明确表明主旨内容。关于文字狱的文章,指出雍正朝的文字之祸有着发展变化过程,前期是政治斗争的一个组成部分,后期则是为强化思想统治。前期遭祸者及曾静案中人,是政治斗争的牺牲品;后期冤情更增,多是无辜受害者。其中,整治吕留良、屈大均、徐骏等文人,纯粹是出于强化文化专制的需要。以上详情可见《曾静投书案与吕留良文字狱述论》。而《查嗣庭案缘由与性质》,则辨明了此案的真正原因,论证其具有政治斗争和文字狱的双重性质。《江宁织造曹家的被抄及其原因》也值得注意,因不少红学家断言,曹家被抄的原因不是雍正帝宣布的经济亏空,而是政治斗争的牺牲品。此文从康熙后期曹家在经济亏空、眷宠渐衰方面潜伏的危机,雍正帝对曹家态度的转变等多方面分析,详细论证曹家主要是因经济亏空而被惩治,并非因朋党而受政治打击。此后发掘出的档案证明,曹家因骚扰驿站而导致抄家,而非政治原因,也佐证了上述论点。雍正削除乐户、丐户、世仆、伴当、疍户等贱民的贱籍,是在清代历史上有一定影响的事件。《雍正帝的削除绍兴和常熟丐籍》论述了丐户的职业和身份地位,雍正削除丐籍的原因、进程和历史意义。文章指出,堕民的籍称是"丐户",但它不同于乐户、丐户,更不同于军、民、匠、灶等良人户,而是贱民。雍正朝削其户籍,就是豁除其贱民。丐户不是靠乞讨为生,而有谋生职业,吹唱演戏是堕民的主要职业,服务于人们的红白喜事和士大夫的宴会,或应地方政府的差役。还有堕民从事各种小手艺和小买卖,以及抬轿子、保媒、卖珠、从医(妇女有做接生婆、为小儿看病的,堕民男子也有从医的)等,特点是属于服务性的微贱劳动,被人们看不起。他们多数人经济困窘,也有的人比较富裕。在官方法令和民间习惯中,堕民同倡优隶卒一样,为不齿于平民的贱民,不能读书应举,不准做官,不能与良人通婚,同良人不能平等相处,还被以服饰标志卑贱、禁乘车马等。雍正削除贱籍,是为厘革弊政,获取政治资本,肃风化、正人伦,以维持君主社会的秩序和伦理,消弭堕民的反抗斗争,也是压抑绅权的一个措施。由于堕民自身很难改业,社会上也需要,以及森严的社会等级观念、制度的限制,堕民开豁令只是其漫长解放过程的开始。雍正朝之后,仍有相当多的堕民没有改籍从良。但削籍令是政府宣布的,是堕民解放的开始,也体现了雍正敢于革除旧弊的政治气魄。

从第四组文章可以看出,雍正史的研究是先生始终关注的课题,不断补充、完善、深化,也有这方面的专文,如《对雍正帝改革评论的再评论》,在对学界关于雍正的评论进行分析后,提出对雍正,尤其是对其改革之研究如何深入的看法。文章认为,对雍正帝史的研究、对其改革史的研究,尚不够系统、不够深入,有待于加强。文章总结了以往关于雍正研究存在的问题,如片面强调伦理道德的重要性,对雍正帝历史真相有误解和歪曲等。进而指出:深入研讨雍正改革史,既要避免纠缠于雍正帝的伦理道德和继位疑案,又要把改革置于雍正全史的适当地位,放在整个中国古代历史中,科学地总结雍正帝改革的经验教训。评论历史人物,应当看他的全部历史,就容易看得清楚而作出恰当的评论。评价政治人物,对他的伦理道德和治绩都不应当忽视,但在事功和伦理两方面,前者更重要,对雍正帝的全面研究也应如此,才可能把雍正改革的历史地位突出出来,作出恰如其分的评价。当然,强调对历史人物主导面的分析,绝不是忽视其他方面。文章最后指出,研究雍正改革史,是要从雍正改革中吸取有益的经验,以利于当世社会的发展,如讲求改革方法,不怕反对势力,坚持改革,避免改革的不彻底性,等等。

关于雍正研究的补充、完善。《雍正传》第三版(上海三联书店1999年的印本)增添了"接见中下级官员"一节,认为以前"对雍正的思想、才能、性格、作风,企图有所揭示,唯是做得非常不够",一直引以为憾。1995年到北京中国第一历史档案馆查阅档案文书,写作《清代引见履历档案的史料价值——以雍正朝为例》一文,因之截取其中有关雍正为人作风的一部分,作为对那种遗憾的弥补。《雍正传》第四版则作了某些修改,因为从最初《雍正传》成稿后的三十多年中,社会和学术思想界发生了巨大变化,先生对自己的学术观念反思,对史学基本理论重新认识,思考了经济基础与上层建筑的关系(经济决定论)、封建社会、资本主义萌芽、18世纪时代特征、世界资本主义化时代的中国等重大问题,今日再来看原书,认识到它的一些缺失、不足,特别感到给人物、事件、制度、社会定性的结论,有的没有必要,有的失于准确,有的不到位,应当删改。另外,第四版在继位之谜、奏折制度、社会政策、雍正性格与生活情趣、乾隆初政与雍正政治关系、野史与文艺作品中的雍正诸方面,增加了好几节和若干子目(以上见本组《〈雍正传〉第四版(2014年)序言》)。

《雍正史研究新知——参加"为君难:雍正其人其事及其时代"研讨会与参观"雍正——清世宗文物大展"散记九则》,则叙述了先生关于雍正研究的新知。如雍正帝与康熙帝一样,在对外关系上,没有将俄国视为藩属,与对朝鲜、安南有别,但是在骨子里并不把它看作文明国家,说明雍正帝、康熙帝在处理对外事务中也有明智的地方,有时能够审时度势处理一些事情,并非绝对的昏庸排外。再如,雍正帝并非如自己表白的那样,不给自己做寿;其自诩生活节俭,也有奢华一面,以工艺品为消遣方式,因作为勤政的帝王也需要调剂精神,更兼他有这种条件,这是对雍正帝的艺术追求、生活情趣和为人更深入的认知。还有对雍正书法水平的了解,而雍正帝朱批所以写得工整,是为准确表达对所讨论政事的意见,便于臣工理解、深入讨论或遵照执行,不至接受指示者因文字涂改凌乱而曲解皇帝的旨意,影响正确执行,避免其揣摩皇帝的理政思路和变化,掌握皇帝心理状态。朱批工整也是从形式或内容上展示皇帝圣明天纵,为自家立威,令臣工发自内心地崇仰和服从君上。

此外,关于先生写作《雍正传》及雍正史研究的目的、重要观点的表述,还可见附录《关于〈雍正传〉访谈录——搜狐·读书网李倩编辑采访》。

读者若想了解雍正时期的一些文献、雍正帝本人及雍正朝官修图籍,可阅《"雍正帝著述及雍正时期文献"所知书目》一文。

本卷所收只是先生关于雍正史研究的专题成果,诸如《雍正传》《雍正帝》《雍正皇帝》《雍正继位新探》等专著,在雍正帝的研究方面较为系统,有不少本卷没有的内容。读者若想全面了解雍正帝,可扩大阅读范围,再查阅上述专著及其他学者的论著。

康熙朝的储位之争和胤禛的胜利

康熙后期,建储是一个重大的朝政问题,那时太子废立相寻,诸皇子结党谋夺储位,胤禛最后上台,是这一斗争的必然结果,也是它的基本结束。

胤禛是不是违背康熙意愿,篡夺了允禔的皇位?这是对清代历史有兴趣的人所关心的一桩公案。这个问题,若只凭现有的资料,局限于康熙弥留之际的几则传说和胤禛等当事人的言论,是很难搞清楚的;只孤立地看胤禛一人的行动,恐怕也将如以前许多史家那样只是谴责他的罪恶。但是,如果全面察核康熙后期皇储之争,就不难发现不仅胤禛个人有品德问题,他的父皇、兄弟们莫不如此,这就有利于我们理解和说明康熙废立太子、诸皇子争位、胤禛的继位及它们间的相互联系,认清储位之争产生的原因、性质和历史影响。

一、允礽被废立与允禔夺嫡的初次失败

清朝原来没有立储制度。三藩叛乱初期,二十二岁的康熙帝决定建立皇储。他认为立储是关系到清朝统治能否长期延续的重大问题,他说:"自古帝王继天立极,抚御寰区,必建立元储,懋隆国本,以绵宗室无疆之休。"①他根据汉人立嫡长的思想和传统做法,于康熙十四年(1675)册立嫡长子允礽为太子,企图以之"重万年之统""系四海之心"②。那时允礽只是一岁的婴儿,康熙说他"日表英奇,天资粹美"③,殷切期望他为异日之孝子圣帝。哪知这一册立,为后日政局造出许多的混乱,为康熙本人带来无穷的苦恼。

康熙二十五年(1688),太子出阁读书,未及两年,师傅汤斌、耿介遭谴责,相继去任。康熙三十三年(1694),礼部拟定祭奉先殿仪注,将太子拜褥置槛内,康熙命移于槛外,礼部尚书沙穆哈害怕将来太子责怪,请求把"谕旨记于

---

①②③《清圣祖实录》。

1

档案",为此康熙将他革职。①三十六年(1697),康熙以膳房人花喇等"私在皇太子处行走,甚属悖乱",把他们处死。②四十二年(1703),康熙因太子亲信领侍卫内大臣索额图"议论国事,结党妄行",将他囚禁致死。③

康熙执行打击太子亲信、交往者以及畏惧太子的人的政策,最后发展到直接指向太子,于康熙四十七年(1710)九月宣布废黜允礽。康熙此着,实出万不得已,用他的话说是已经"包容二十年"④,无法再容忍了。这是康熙与允礽之间长期积累的矛盾的总爆发。他们之间的对立是多方面的,主要是:

第一,父子感情恶化到互相仇恨提防的程度。二十九年(1690),康熙亲征噶尔丹,归途中生病,想念允礽,命其驰驿来见。但允礽见病中的父皇,"略无忧戚之意"。康熙以此认为他"绝无忠爱君父之念""令即先回京师"。⑤允礽不孝,这是矛盾的起源。随着康熙打击允礽的亲信,允礽不满情绪大增,企图为索额图复仇,致使康熙时刻防备允礽图谋加害于他。康熙说允礽跟随他巡幸塞外,"每夜逼近布城,裂缝向内窥视""令朕未卜今日被鸩,明日遇害,昼夜戒慎不宁"。⑥父子关系已发展到企图谋害的严重程度,势必决裂。

第二,太子权力的膨胀与皇帝的权力发生严重冲突。太子被立,就具有了特殊地位。索额图在制定有关太子的制度时,又使它和皇帝的有关制度相同,如康熙说太子"服用仪仗等物太为过制,与朕所用相同"⑦。国有大典,诸王百官先向皇帝朝贺,然后去东宫礼拜。随着太子年龄的增长,康熙又令他参与政治,逐步赋予他较多的权力。三十五年(1696)、三十六年(1697),康熙亲征噶尔丹,命太子代行郊祀礼;各部院奏章,听太子处理;重要事情,诸大臣定议,启禀太子断决。太子的预政,集结了一批官僚,成为太子党人。太子有人有权,侵犯了皇帝的权力,康熙说"是欲分朕威柄,以恣其行事也"⑧。封建时代,"国家惟有一主",所以康熙明白表示"大权所在,何得分假于人"⑨。不仅如此,允礽还想早日登极,他说:"古今天下,岂有四十年太子乎?"这当然是康熙更不能允许的了。所以,权力之争是皇帝与太子双方关系紧张的最重要的方面。

第三,允礽暴戾不仁,不符合康熙对继承人的要求。允礽乃于"骑射、言

---

① 光绪朝《钦定大清会典事例》。
②④⑤⑥⑧⑨《清圣祖实录》。
③《清史列传》,台湾中华书局本。
⑦ 康熙朝《起居注册》。

2

词、文学无不及人之处"①,是颇有才干的人。但自幼为太子,一人之下的独特地位,养成他奇骄至奢的品行,他凌虐贵胄大臣,鞭挞平郡王讷尔素、贝勒海善等高级贵族,当着康熙的面辱骂师傅徐元梦。允礽贪财奢侈,跟随康熙巡幸,所至之处,向地方官勒索。康熙四十四年(1705)南巡至江宁,知府陈鹏年供奉简略,允礽非要置诸死地,多人为之求情,始得幸免。②蒙古王公进贡的名马,允礽派人于半道截夺。康熙说他"必至败坏我国家,戕贼我万民而后已"③。

康熙与允礽父子感情破裂,而矛盾的焦点在于权力分配,这是关系清朝前途的重大问题,因此是非解决不可的。所以康熙宣布允礽"不法祖德,不遵朕训""不孝不仁"而废弃之,下令拘禁。④康熙与允礽的对立,只是皇家诸多矛盾中的一个。允礽为太子,在众兄弟中成了众矢之的,他与大阿哥允禔、八阿哥允禩的芥蒂尤深。允礽的被废与这些兄弟的阴谋有关,他的被废还加剧了兄弟间争夺皇储的矛盾。

允禔是惠妃纳喇氏所生,按封建礼法称为庶出,在成年诸子中他年龄最大,是早期蓄意夺取允礽太子地位的人。康熙"十分宠爱"允禔,⑤委派他做的事情也最多。康熙三次亲征,允禔从行,第一次随抚远大将军福全指挥军队,第二次领御营前锋营事⑥,参赞军机。他还衔命祭华山,管理永定河工。允禔处大阿哥地位,又知康熙不喜允礽,于是企图谋取皇储地位。他迷信魇胜巫术,希图用喇嘛巴汉格隆等咒死允礽,为自己创造出任太子的机会。康熙宣布废除允礽时,特命允禔加意保护自己,更给允禔以错觉,他一面火上加油,向康熙说"允礽所行卑污,失人心",一面要求康熙由他诛杀允礽。⑦但由于允禔的夺嫡活动,既猖狂,又露骨,在康熙看来是"凶顽愚昧""不谙君臣大义,不念父子至情",遂宣布允禔为"乱臣贼子"⑧,"严加看守"⑨。至此允禔夺嫡失败,退出政治舞台。

夺嫡活动搞得最有力的是允禩。允禩与允礽早就结下仇怨。允禩曾听从乳母之夫雅齐布的谗言,假公济私,责罚御史雍泰。允礽揭发了这件事,允禩

①③④⑦⑧⑨《清圣祖实录》。

② 李桓:《国朝耆献类征初编》。

⑤ [法]白晋:《康熙帝传》。

⑥ 弘旺纂:《皇清通志纲要》。

怀恨在心,"遂成仇隙"①,待后充发雅齐布,结怨更深,允禩伺机报复。有相面人张明德为允禩看相,说他"丰神清逸,仁谊敦厚,福寿绵长,诚贵相也"②。又说允礽"行事凶恶已极",他有十六条好汉,招来即可刺杀允礽。③张明德的活动,激化了允禩与允礽的矛盾。后来康熙对这个案件,不欲深究,只将张明德凌迟处死。

允禩聪明能干,善于笼络人心,如庶吉士何焯侍读允禩府,丁忧回原籍苏州长洲县,允禩多次致书何焯,嘱他节哀,并将他的女儿养在府中。④又托何焯之弟在南方各地大量买书,于是"南方文士都说允禩极是好学,极是好王子"⑤。康熙之兄裕亲王福全也称赞他"有才有德",向康熙推荐。九阿哥允禟、十四阿哥允禵、领侍卫内大臣阿灵阿、散秩大臣鄂伦岱、贝勒苏努、大学士马齐、礼部侍郎揆叙、户部尚书王鸿绪等满汉大臣都归心于允禩,以致康熙说他"党羽早相要结"⑥。

康熙原来对允禩印象甚好。允禩七岁时就曾跟随康熙巡幸各地,十八岁时被封为贝勒,在受封者中以他年龄最轻。康熙三十五年(1696)征噶尔丹,允禩随御营效力。⑦允礽被废后,允禩管内大臣内务府事⑦,为夺取皇储,更加大肆活动,甚至向康熙问询:"我今如何行动?"并表示意欲"卧病不起",以试探康熙有无立他为太子的意思。⑧据康熙事后追叙,他当时回答说:"尔不过一贝勒,何得奏此越分之语?"⑨允禩不但听不进去,仍继续活动,他的党羽更为之出力。十一月间,康熙令大臣于诸阿哥中(大阿哥除外)举一人为皇太子。揆叙、阿灵阿、鄂伦岱、王鸿绪等密议,书"八"字示意众大臣,于是皆写"八阿哥"上奏。

允禩似有太子之位唾手可得之势。然而一夜过后,康熙突然表示重立允礽为皇太子,允禩第一次夺嫡遂以惨败告终。

康熙不准众人对允禩的保举,盖亦有因。康熙深知在废除允礽之后,儿子们会钻营太子宝位,他为杜绝出现这类事情,特传谕旨:"诸阿哥中有钻营谋为皇太子者,即国之贼,法断不容。"⑩而允禩明目张胆地结党谋位,触犯了康熙禁令,这就成为康熙不许保举允禩为太子的第一个原因。第二个原因是康

---

①②③⑥⑧⑨⑩《清圣祖实录》。

④《掌故丛编》。

⑤《文献丛编》。

⑦《皇清通志纲要》。

熙不满允禵的不孝。张明德相面的事被揭发以后,康熙看清了允禩的奸险,为此革去允禩的贝勒爵位。

康熙再次册立允礽为皇太子,是出于万不得已。他在废弃允礽时没有很好地考虑后果,也无新的太子人选。他在废允礽告天文中说:"臣虽有众子,远不及臣。"①表示不愿意马上立太子。但是客观形势却与他的愿望相反:诸皇子争相谋立,其势不可遏止;再则群臣中,怕皇帝高龄,一旦亡故,政局不稳,因此极力要求再立太子。及至康熙表示重立允礽,诸王大臣即启本公请,康熙将之留中。左副都御史劳之辨急不可待,密疏请立允礽。废太子允礽就在这种形势下又被提出来了。康熙曾说:"朕前患病,诸大臣保奏八阿哥,朕甚无奈,将不可册立之允礽放出。"②康熙再立允礽,虽不满意,但在某种意义上说,不过是以嫡长的地位填补储位真空,用以作为平息诸子争位的手段罢了。

康熙再立允礽,他们之间原先的矛盾并没有随之解决。允礽的态度未变,他再立后的地位使一些人又向他靠拢,结党营私。皇帝与嗣君之间的矛盾依然如故,诸皇子之间也更增加了裂痕。康熙为了改善太子与诸兄弟的关系,在册立允礽的当月,封皇三子允祉、皇四子胤禛、皇五子允祺为亲王,皇七子允祐、皇十一子允禌为郡王,皇九子允禟、皇十二子允祹、皇十四子允禵为贝子。康熙此举本想使诸子团结和睦,但事与愿违,诸子得封,地位提高,更成为与允礽竞争的资本。所以,保卫和争夺皇储的斗争必将更大规模地发展开来。

二、允礽第二次被废及徒劳的复立活动

允礽复位之后,照旧纠集党羽,侵犯康熙的权力。在他的周围集结了包括步军统领托合齐,兵部尚书耿额,刑部尚书齐世武,都统鄂缮、迓图,副都统悟礼等一批实权人物。当时的朝臣在皇帝与太子之间很难相处,若从太子,皇帝不乐意,立时可以致祸;若从皇帝,怕将来太子惩罚,因此产生"两处总是一死"③的不安情绪。

康熙为巩固自己的帝位和稳定朝臣,五十年(1711)十月开始审判托合齐等太子党人。五十一年(1712)四月指责允礽结党,"尤属无耻之甚"④,九月拘

––––––––––––––

①②③④《清圣祖实录》。

5

执之,十月宣布允礽罪状:"是非莫辨,大失人心","饮食服御陈设等物,较之于朕,殆有倍之",鉴于他的过恶"断非能改",决定再行废黜。①

允礽遭圈禁后心犹不甘,谋复皇太子地位,遂发生"矾书案件"。康熙五十四年(1715)四月,厄鲁特蒙古策旺阿拉布坦骚扰哈密,康熙遣将征讨。允礽很快获知此事,亲自使用矾水写字,通过医生贺孟頫与正红旗满洲都统普奇通信,希望他保举自己为大将军,企图以出征恢复旧日的太子地位。允礽又因哲布尊丹巴说过他"灾星未脱"的话,打听这位活佛何时来京,以便询问自己前程。事情很快被揭发,康熙将贺孟頫处斩,拘禁普奇,使得允礽枉费了心机。

朝中大臣主动为允礽进行再次复位活动的亦颇有人。康熙五十六年(1717)五月,王掞密疏请立储君。王掞身居大学士,他的祖父王锡爵为明朝万历时大学士,康熙曾因王掞赐王锡爵"懋勤贻范"的匾额。王掞对康熙感恩图报,决心效法他的祖父"争国本",做"天下第一事"②,向康熙密陈建立太子的重要:"伏愿皇上深念国本之重,察德慧福泽之所钟,念困心衡虑之已久,手颁诏谕,早定储位,则宗社幸甚,臣民幸甚"③。王掞虽未明言复立允礽为太子,实际是要立嫡长,要允礽复位。因此弘旺就直截了当地说"王掞奏保皇太子"④。同年十一月,康熙有病,监察御史陈嘉猷等八人亦以建储为请。康熙为此告诉臣僚,他不会忘记立太子的大事。康熙又说众人奏请立太子以"分理",但"天下之事,岂可分理乎?"⑤显然,康熙怕大权旁落而不愿立太子。于是诸臣为允礽复立所进行的活动,又一次遭到失败。

康熙五十七年(1718),又有翰林院检讨朱天保在他的父亲、原兵部侍郎朱都讷的支持下,上书请复立允礽为太子,他说允礽原本"仁孝",现今"圣而亦圣,贤而亦贤",堪为太子;⑥又引汉武帝废戾太子的事为鉴戒,说"储位重大,未可移置如棋,恐有藩臣傍为觊觎,则天家骨肉之祸,有不可胜言者"⑦。康熙认为朱天保取媚于允礽,"希图侥倖取大富贵"⑧,将之处斩。这给谋复允礽储位的势力一个重大打击。

康熙六十年(1721),是康熙登基一甲子大庆,王掞再一次借机请立太子,

①⑧《清圣祖实录》。
②《国朝耆献类征初编》。
③④《文献丛编》。
⑤⑥康熙朝《起居注册》、《清圣祖实录》。
⑦ 昭梿:《啸亭杂录》。

6

"操守清廉,才能优长"①的监察御史陶彝联络同僚十二人亦请求早定储位。康熙大为恼怒,指责大学士与御史等结党希荣,初欲置他们于死地,后来罚他们到西北军前效力(王掞以年老命其子往代)。

康熙绝无意于再立允礽为太子,他手书谕诸大臣,说"二阿哥两次册立为皇太子,教训数十年不能成就,朕为宗社及朕身计,故严行禁锢,所以不杀者,恐如汉武帝之后悔,致后人滋其口舌也。朕并无可悔之处,见今时常遣人存问,赍赐佳物,其子朕为抚养,凡此皆为父子之私情,不能自已,所谓姑息之爱也,人何得以此生疑耶!"②不难看出,允礽自二次被废之后,复立已经无望,此后康熙诸子虽也同允礽有一定矛盾,然而是各自谋取储位,不是夺嫡的性质了。

三、允禩继续谋立和嗣位之无望

允礽的再废及不得再立,与允禩党人的活动也有一定关系。他们在允礽复立时无限失望和愤怒,领侍卫内大臣阿灵阿甚至不想活了。③据胤禛说,揆叙、阿灵阿等人合谋买嘱优童,"每于官民燕会之所,将二阿哥肆行污蔑"④,制造倒允礽的舆论,以影响康熙的视听。允礽再废后,允禩党人获得升迁,如揆叙由工部左侍郎擢为左都御史;马齐先因举允禩而罢官,及至再废允礽的当月就被命署内务府总管,五十五年(1716)复任大学士。允禩谋为大将军的事,为阿布兰所揭发,而阿布兰又是在苏努指使下上奏的,⑤所以"矾书案件"的真正告发人是允禩集团。朱天保的上书,据说康熙看了是动感情的——"欷歔久之",但阿灵阿进了谗言,说"朱某之疏,为希异日宠荣地步"⑥。可见朱天保遭到极刑,不能不说与阿灵阿有一定关系。

允礽再黜后,不立太子,形势对允禩有利,因为允禩既有党羽积极为他谋取储位,又曾经得到过朝臣的保举,一旦康熙亡故,又无太子,他就会被朝臣拥护上台。康熙看到了这一点,他说允禩"谓朕年已老迈,岁月无多,及至不

---

① 康熙朝《起居注册》。

② 《清圣祖实录》。

③ 《文献丛编》。

④ 《清史列传》。

⑤ 雍正朝《起居注册》。

⑥ 《啸亭杂录》。

讳,伊曾为人所保,谁敢争执,遂自谓可保无虞矣"①。加之允禩善于笼络人心,使党羽聚而不散,诚如康熙所说:"二阿哥悖逆,屡失人心;允禩则屡结人心。"②如西洋人穆景远代表允禩向胤禵亲信年羹尧说:"允禩相貌大有福气,将来必定要做皇太子的,皇上看他也很重。"③希望年羹尧为允禩效劳,实即参加允禩集团。挖人挖到胤禵门下,可见允禩集团活动的猖獗了。他们还制造和利用舆论,扩大势力。康熙五十六年(1717),外界流传立允禩为太子的说法,可能就是他们编造的,因为允禵就对穆景远说过:"外面人都说我和八爷、十四爷三个人里头有一个立皇太子。"④

允禩得人心,却更失去了康熙的信任。康熙既恨他结党谋位,同时也怕他,提防他发难搞逼宫。他说:"朕恐后日必有行同狗彘之阿哥,仰赖其(允禩)恩,为之兴兵构难,逼朕逊位而立允禩者",并表示"若果如此,朕惟有含笑而殁已耳"。⑤康熙意识到允禩的能量大,必须认真对待,予以打击。五十三年(1714)十一月,允禩未到行宫请安,康熙就此痛责,并宣布与他"父子之恩绝矣"⑥。遂于五十四年(1715)正月停止发给允禩及其属下护卫官员的俸银俸米,十一月革去其亲信何焯的官衔和进士、举人功名。五十五年(1716)九月允禩得了伤寒病,住在西郊。康熙从热河回畅春园,要经过允禩的住处。康熙在未到达之前,派人同料理允禩病务的胤禵、允䄉等人联系,问将允禩移回城里家中的事处理得怎样了,实际是怕路过允禩病房不吉祥。诸兄弟体会到此,把允禩移到城内府中。康熙还说,你们这么办,出了事不要推到我身上。⑦不久允禩病愈,康熙大约觉得自己的做法太不慈爱了,于是恢复允禩的俸银俸米,并问他病后想吃什么:"朕此处无物不有,但不知于尔相宜否,故不敢送去。"康熙用"不敢"二字,允禩哪敢承受,到宫门前跪求免用此二字。康熙又责备他"往往多疑,每用心于无用之地""于无事中故生事端"。⑧可见双方芥蒂太深,话不投机,各存疑心,康熙还怎么可能立允禩为太子呢!

四、允祉的觊觎储位及渐为康熙所赏识

在允禩嗣位无望的时候,允祉在政治上大露头角,逐渐为康熙所重用。

---

① ② ⑤ ⑥ ⑦ ⑧《清圣祖实录》。
③ ④《文献丛编》。

允禵与胤禛同母所生,但允禵却与允禩情投意合。当四十七年(1708)康熙以允禩夺嫡而锁拿时,允禵豁出性命保他,说"八阿哥无此心",气得康熙拿佩刀欲杀允禵。[1]但康熙在处分允禩时,却把上三旗所分给允禩的佐领,全部转赐给允禵,使之成为第一次废立太子事件中得益最多的诸皇子之一。五十七年(1718)十月,康熙任命允禵为抚远大将军,总领西北各路大兵,征伐新疆策妄阿拉布坦和西藏策零敦多布。允禵爵为贝子,康熙特命他用正黄旗纛,赋予代天子出征之意。[2]出发前,康熙亲往堂子行礼,随后于太和殿举行授大将军印仪式,从征和不从征的王公贵胄、文武大臣都着礼服参加。允禵受印毕,往德胜门军前出发,诸王、贝勒、贝子、公和二品以上大臣都到列兵处送行。允禵从军期间,诏旨奏章都称他为"大将军王",直到雍正元年,云贵总督高其倬奏疏中尚以大将军王与皇帝并写。[3]康熙特赐他装有圆黄宝石的荷包,以示宠爱。[4]康熙还命令青海厄鲁特听从允禵指挥,他说:"大将军是我皇子,确系良将,带领大军,深知有带兵才能,故令掌生杀重任,尔等或军务,或巨细事项,均应谨遵大将军王指示。"[5]

允禵被任用为大将军,曾被人们理解为他是皇太子的当然候选人。允禟说允禵"现今出兵,皇上看得也很重,将来之皇太子一定是他"。

允禵地位的提高,也是允禩党人活动的结果。允禵帮助过允禩夺嫡,但随着允禩嗣位无望,允禵日益受宠,允禩党人遂转而推尊允禵,如允禟说他"才德双全,我兄弟们内皆不如,将来必大贵"[6]允禵本人也蓄意谋取皇储名分,他任大将军前就积极联络士人,连远在福建的戴铎都听人说"十四爷虚贤下士,颇有所图"。允禵接见大学士李光地的门人程万策时,"待以高坐,呼以先生"[7],企图取得士人好感,提高自己声誉。他到西北后,数次派人到河北蠡县延聘著名学者李塨,希图扩大自己的势力。允禵任大将军之初,有一番振作,题参办事不力的料理西宁兵饷的吏部侍郎色尔图、贪婪索诈的都统胡锡图等人,[8]赢得了好名声。允禵虽然远离京师,但很关心首都政局,特别是康熙的健

---

①⑧《清圣祖实录》。

②⑤ 允禵:《抚远大将军奏议》。

③ 萧奭:《永宪录》。

④ 清世宗《朱批谕旨》。

⑥⑦《文献丛编》。

康状况,他对允禵说:"皇父年高,好好歹歹,你须时常给我信儿。"①表面出于孝心,实质便于自己相机行事。康熙五十八年(1719),允禵三十二岁,在军中请临洮人张恺算命,张恺故意奉承,说他的命"是元武当权,贵不可言,将来定有九五之尊,运气到三十九岁就大贵了"。允禵甚为高兴,认为"说的很是"②。

允禵出任大将军,使用王纛,称大将军王,实际地位比贝子高,但其世爵仍为固山贝子,许多方面依旧是贝子待遇。贝子之上有贝勒、郡王、亲王、太子,由贝子封太子,自不必按部就班,但其间还是有等级距离。当第二次废允礽时,康熙曾说允禩想为太子,是"以贝勒存此越分之想"③。可见康熙立太子存有比较严重的等级思想,而允禵虽然领兵并未加封,他欲跃为太子,从世爵情况上看,还有一定距离。

至于被任为大将军,在当时人们的观念里,是向太子过渡的一个步骤。允禵、允禟等对此是看得很清楚的,他们指望在军事上"早成大功,得立为皇太子"④。允禵坐镇西宁时,曾致力于对西藏用兵。康熙五十九年(1720),清军两路进藏,清除了策零敦多布的势力,取得重大胜利。宗人府为此建立纪功碑,后来雍正说碑文"并不颂扬皇考,惟称大将军允禵功德"⑤。其实是如实反映允禵战功的。但是西北用兵的主要任务是对策妄阿拉布坦的讨伐,这方面毫无进展,不能进一步增添允禵的声望。六十年(1721)冬,康熙召允禵回京,允禵为此说:"皇父明是不要十四阿哥成功,恐怕成功之后难于安顿他。"⑥这里起码反映了允禵、允禟等怕没有机会立军功,影响获得储位的思想。

允禵远处西北边隅,对他立为太子也很不利。胤禛曾说康熙春秋已高,不可能立远离身边的允禵,⑦这话确有一定道理。康熙当时年老多病,如果一心要立允禵,让他领军出征,多少立点功劳,即可在西藏建功后令其返京,何以让他长住下去。或谓京中斗争激烈,允禵在京中不安全,这倒合"申生在内而危,重耳在外而安"之意。可后来实践证明,在外并不安全,有兵权也无济于事。

允禵是一位较有才能的、积极争夺储位的皇子,他逐渐为康熙所钟爱,有

---

①②④⑥《文献丛编》。

③《清圣祖实录》。

⑤雍正朝《起居注册》。

⑦《大义觉迷录》。

可能成为皇储。但是他的大将军官职不等于皇太子。从当时的实际情况看，也不能说允禵是康熙未正名号的太子。与允禵激烈争夺储位的，实际是他的同胞手足胤禛。

五、胤禛结党图位

在允禔被圈、允礽被废之后，胤禛同允祉成为年长的阿哥。康熙素有嫡长思想，对年长的儿子也较重视。他根据年龄和爱憎，册封已成年的皇子。胤禛于康熙三十七年（1698）受封为贝勒，与允祺、允祐、允禩同列，比允禔、允祉二郡王低一等；到四十八年（1709）晋为亲王，超乎允祐等郡王、允禩等贝勒之上，在皇子中的地位提高了。从胤禛做皇子时参与政事、处理皇室事务等方面，可以看出康熙对他的态度。

"国之大事，在祀与戎。"康熙命诸皇子参与祭祀活动，或祭祖陵，或为尊长发丧，或吊唁贵戚大臣，或祭天地，或祀孔庙，或祭先朝帝王，其中有的是一般地参加，有的则是主持其事。诸皇子参与祭祀活动的情况，根据《清圣祖实录》和康熙朝《起居注册》的记载统计，胤禛参加二十二次，允祉二十次，允禔十七次，允祺十五次，允祹十二次，其他皇子都在十次以下，有的小皇子则未参与过。而在胤禛参与的祭祀活动中，比较重要的就有十起。康熙要皇子参与祭祀，是训练皇子的办事能力，培养他们对天地神祇的崇敬，对祖先长上的尊奉孝心，对大臣的关怀和爱惜。康熙自即位以来，"凡大祀皆恭亲行礼"[1]，实不得已，才派人代祭。比较起来，胤禛代表康熙进行的大祀多，仅冬至祭天就有两次，为允祉和其他皇子所无。

康熙还让他的儿子参与戎事，锻炼他们的军事能力。胤禛先比不过允禔，后不及允禵，不过也经过锻炼，有一定的地位。胤禛除从戎外，还被康熙派作其他政治活动。康熙第一次宣布废允礽是在秋狝途中，命允禔看守允礽，当时胤禛没有从行，及至康熙回到京城，即令胤禛同允禔一起看守废太子，而比他年长的允祉却没有得到这个差使。其时康熙对允礽甚严，不愿再听到他的话，也不许别人代奏。但允礽说康熙批评他的话全对，只是说他有弑逆之谋，实是冤枉，要求允禔等代奏。允禔以康熙有言在先而不肯，这时胤禛愿意承担不

---

① 康熙朝《起居注册》。

是,说服允禔为其代奏。康熙听了,遂取消允礽项上的枷锁。胤禛在这件事上的态度和做法,政敌允禩都说是"甚为难得"①。五十一年(1712)审理讬合齐太子党人案,康熙命允祉、胤禛、允祺、允祐、阿灵阿、马齐等共同办理。六十年(1721)会试,下第举子以取士不公哄闹于副考官李绂家门,康熙命允祉、胤禛率领大学士王琰龄、原户部尚书王鸿绪等磨勘会试中试原卷。六十一年(1722)十月,康熙令胤禛带领世子弘昇等人清查通州仓和京仓口对皇家内部事务的处理,胤禛、允祉的发言权较多。康熙三十九年(1700),皇太后六十大寿,康熙命胤禛准备进献礼物。四十七年(1708),康熙因废允礽,情绪不佳,而生重病,胤禛同允祉、允祹检视药方。五十六年(1717)年底,皇太后临危之时,康熙重病,不能料理丧事,允祺因幼年就抚养在太后宫中,他要求代康熙办理,康熙不允,却用允祉、胤禛、允禄传达谕旨,协助料理。②康熙经常居住在畅春园,附近的园苑有的赐给皇子居住,他赐给胤禛的即是后日享有盛名的圆明园。康熙夏秋常住热河,赐胤禛狮子园。康熙因诸子争储位,天伦之乐大减,后来到他们在西郊和热河的花园游玩。这是允祉、胤禛二人的特殊恩遇,为其他皇子所无。

康熙命诸皇子(主要是年长的阿哥)参与国家大事和宫中事务,其中胤禛参加的多,交他办的事情也较重要。事实表明,他在诸皇子中有独特的地位。康熙在复立允礽时,曾如此评价几位大阿哥:允禔养于内务府总管噶禄处,允祉养于内大臣绰尔济处,唯胤禛"朕亲抚育,幼年时微觉喜怒不定,至其能体朕意,爱朕之心,殷勤恳切,可谓诚孝"。允祺"心性甚善,为人淳厚"。允祐"心好,举止蔼然可亲"。③记载此事的《实录》,是在胤禛当政时写成的,康熙称赞胤禛的言辞多加保存,称赞其余诸阿哥的言辞难免有所删节,但康熙赞扬胤禛"诚孝",胤禛自谓是康熙的"爱子",是"皇考所信任者"④,应当是可信的。

胤禛处在储位不定、众兄弟纷争不已的情况下,考虑到自己"利害之关,终身荣辱"⑤势必积极角逐储位。康熙五十二年(1713),戴铎给胤禛的信中写

---

① ⑤ 《文献丛编》。

② 康熙朝《起居注册》。

③ 《清圣祖实录》。

④ 雍正朝《起居注册》。

12

道："诸王当未定之日,各有不并立之心""当此紧要之时,诚不容一刻放松也,否则稍微懈怠,倘高才捷足者先主子而得之……悔无及矣"。时值第二次废允礽,诸阿哥争夺激烈,是以戴铎要求胤禛积极从事争位活动。戴铎接着说:"论者谓处庸众之父子易,处英明之父子难……何也? 处英明之父子也,不露其长,恐其见弃,过露其长,恐其见疑,此其所以为难。"这是教给胤禛"韬略",如何搞好父子关系,取得父皇的好感和信任。戴铎同时示意胤禛要加意联络满汉官僚和康熙近侍,以为之延誉;培植雍邸人才,以为争夺江山的基干。戴铎的信,实际是向胤禛提出了夺取储位的纲领、策略和措施,而胤禛却说此信"虽则金石,与我分中无用"①。前一句是真话,后一句则是假话。胤禛扶助手下人及藩邸的人外出做官,牢牢掌握不放,扩大势力和影响,实际已先戴铎之意而办。戴铎的话,在他看来当然是"金石"之言。后一句则是他多次重述的欺人之谈。他常说:"朕向无希望大位之心","朕在藩邸时坦易光明,不树私恩小惠,与满汉臣工素无交与,有欲往来门下者严加拒绝"。②这类话,不过表明胤禛的斗争手法是外表平静、不动声色,内里却加紧结党谋位。

胤禛还以所谓"万"字命作为争夺储位的工具。康熙五十五年(1716)秋天,戴铎去福建,向胤禛报告:道经武夷山,"见一道人,行踪甚怪,与之交谈,言语甚奇,俟奴才另行细细启知"。胤禛见信后异常感兴趣,随即在批语中追问:"所遇道人所说之话,你可细细写来。"③戴铎同年回禀:"至所遇道人,奴才暗暗默祝将主子问他,以卜主子,他说乃是一个万字……"胤禛很高兴,告戴铎:"所遇道人所说之话,不妨细细写来。你得遇如此等人,你好造化!"胤禛相信自己是"万"字命,这与其他图为储君的众兄弟是一样的。允禩命张明德相面,允禵让张恺算命,允礽欲再向哲布尊丹巴问命运,都相信自己有登"九五之位"的天命。他们笃信天命的原因:一是用以激发自身竞争的信心;二是燃起手下人的升官欲望,努力为主子争夺储位;三是制造舆论,以收民心。康熙觉察到诸子算命论相的企图,就予以禁止。如允禩相面事被发觉后,即成为他的一个罪状。允禩案犯在前,胤禛明知故犯,依旧要戴铎找道人为他算命。实际是为谋求储位,已不顾罪罚了。

康熙为限制皇子植党,曾于四十七年(1708)规定:"非本王门上之人,俱

---

① ③《文献丛编》。
② 雍正朝《起居注册》。

不许在别王子阿哥处行走。"①事实上,许多皇子都在暗中破坏这一规定。胤禛命马尔齐哈联系礼部侍郎蔡珽,招他来见,蔡以身居学士不便往来王府辞谢。六十年(1721),年羹尧入觐,胤禛让年代表自己请蔡,仍不就召,及至蔡有川抚之命,在热河行宫陛辞,遂由年羹尧之子年熙牵引晋谒,并向胤禛介绍左副都御史李绂。在戴铎赴任时,胤禛命其给闽浙总督满保带礼物,以联络感情(胤禛称帝后,即任命满保兼兵部尚书)。在众兄弟中,胤禛又紧紧拉住允祥,最为要好。终康熙之世,胤禛组成了一个包括年羹尧、隆科多在内的小集团,人数不算多,所居要职也不多,但是拥有步军统领、用兵前线的川陕总督等关键性职位,对日后胤禛顺利上台起了相当重要的作用。

胤禛结党之外,还善于玩弄两面派手法,外弛而内张,以瞒人耳目,欺骗康熙。第一次废太子时,他利用康熙对嫡长子允礽既痛恨又怜悯的心情,假充保护允礽,为之上奏,以致康熙认为他"性量过人,深知大义"②,而其实他暗中与允禩集团有所勾连。胤禛称帝后,曾说允禵为允禩保奏时,曾"邀约朕躬"③,又说阿灵阿、揆叙"故为与朕和好之景",让人以为他们"皆附和于朕","朕于二阿哥为难"。④如果他当时不暗中参与倒允礽事,允禵、阿灵阿等怎敢拉拢他,而他为何又不上奏?他还说"巴海、戴铎、沈竹皆八阿哥属下之人",马尔齐哈是"廉亲王党"。⑤明明是他的门下,却说成是允禩的属员,也很可能他们是胤禛、允禩之间的联络人。据《皇清通志纲要》记载,胤禛在康熙四十七年(1708)十一月同允祉、允祺、允禩、允礽被"开释",就是说他被拘禁过。为什么被禁?估计是他的两面派活动被康熙看出破绽,而给予惩处。此后胤禛表面上与世无争,甚至在五十三年(1714)允禩获罪时,他"独缮折具奏"⑥,给人以识大体的感觉。康熙怀疑胤禛与允禩有勾联,曾加试探。五十五年(1716)允禩病时,康熙在秋狝归途中问胤禛是否派人看视过允禩,回说没有,康熙命他遣人探望。及至探视人回报允禩病重,胤禛以为康熙心念允禩,就请示父皇,自己赶紧回京,为之护理。康熙允许他先走,后来却以胤禛原说在外扈驾,竟又扔下父皇不管,急忙回京,恐怕也是允禩一党,遂罚胤禛料理允禩医药之事。胤禛这才恍然大悟,立即认错,奏称"臣未审轻重,实属错误,罪所难免"⑦,从而

---

①《清世宗实录》。
②⑦《清圣祖实录》。
③④⑤⑥ 雍正朝《起居注册》。

获得了康熙的谅解。

上述情况说明康熙废允礽,太子之位久虚,诸阿哥各立门户,纷争不已。有无意中人呢?他曾对大臣说:"朕万年后,必择一坚固可托之人与尔等作主,必令尔等倾心悦服,断不致赔累尔诸臣也。"①他究竟选中了谁,却没有透露过。为此只能从康熙对诸子不尽相同的态度来分析判断:允礽遭两度废黜,已成为一具政治僵尸,不可能再复立;允禩虽然得人心,有潜在力量,但露骨地谋位,为康熙所忌恨;允祉以年长有学识赢得康熙的重视,但无政治远谋和行政才干,并非康熙想立的太子;允禵在康熙心目中的地位日渐提高,特别是被任命为抚远大将军,应该说是康熙选择皇太子的候选人之一;胤禛以年长、有才能、善于体会康熙的意图而获得乃父的好感,屡加任用,至康熙季年更趋频繁,以此见异于诸子,由此也可能是皇太子候选人之一。

综上所述,似可得出下述的结论:(1)康熙将在胤禛、允禵两人中选择一人当皇储,究竟是谁,未做最后确定,或者已有成算,但未公诸于世;(2)要全面分析康熙对诸子的态度,只强调看中允禵是片面的,胤禛在康熙心目中及朝政中的特殊地位,不应当忽视;(3)既要充分注意允礽两度被废以及允祉、胤禛、允禩、允禵等都在争夺储位的基本事实,又要看到康熙对某些皇子刻薄寡恩的事实,全面权衡,这才有利于弄清事情的真相。

六、胤禛的继位

胤禛自谓康熙于临终之日,召集允祉、隆科多等人宣布:"皇四子人品贵重,深肖朕躬,必能克承大统,著继朕即皇帝位。"②他所搞的"康熙遗诏"写了同样的内容,他的"继位诏"也说"皇考升遐之日,诏朕缵承大统"。胤禛的臣子则说康熙曾宣布过的择一个坚固可托之人作继承人的话,就是指定胤禛:"盖天心默定,神器攸归久矣。"③这些都不足为据,关键是康熙是否有遗诏。笔者在中国第一历史档案馆看到汉文"康熙遗诏",尾署日期为"康熙六十一年十一月十三日",而《清世宗实录》所说宣读遗诏是在"十一月丁酉"④,即十六日,那

---

①③④《清世宗实录》。
②《大义觉迷录》。

15

天宣读的只是满文本。①这个诏书必非康熙生前所写，就连胤禛也未说康熙于十三日写遗诏，或令写遗诏的话。且康熙死于戌刻，汉文遗诏有一千多字，当日晚间也不可能写就。如果说康熙遗诏是用满文写的，要传的就是胤禛，然则这个满文诏书藏于何处？内容如何？在未公诸于世之前，亦难令人信服。

从汉文"康熙遗诏"原件看，书写比较草率，有四处抹去原来文字；一个错字——"克承大统"之"承"字错为"承"字。看来此系仓促写就，当是世宗即位初时之作。即位诏是十一月二十日颁布的，笔者所见原件，开头云："惟我国家，受天绥祐，圣祖神宗，闿祖皇帝统一疆隅，我国圈大行皇帝……"话不太通，故《清世宗实录》改为"惟我国家受天绥祐，太祖太宗肇造区夏，世祖章皇帝统一疆隅"。又即位诏原件的"圣祖神宗"，其中"圣祖"并不是专有名词。宣布即位诏的当月二十八日，诸王百官，上大行皇帝谥号、庙号，庙号即拟为"圣祖"②，到雍正元年才正式确定康熙庙号为"圣祖"，所以此诏必写在二十八日以前，实际就是所署时日所作。又中国第一历史档案馆所藏雍正朝《起居注册》，记载康熙六十一年(1722)十二月仁寿皇太后说："钦命予子缵承大统，实非梦想所期。"雍正元年(1723)胤禛说康熙命他继位是"仓卒之间，一言而定大计"。《起居注册》比《实录》要早，可靠性当大些。这几个资料并无矛盾，倒反映命胤禛继位有一定的真实性。

康熙弥留之际胤禛的活动，也可以说明一定问题。据《清圣祖实录》记叙，十一月初九日康熙命胤禛斋戒，一以代行南郊大祀，初十、十一、十二、十三日，胤禛均遣护卫至畅春园请安。十三日康熙将胤禛召至寝宫，改派镇国公吴尔占代行祭天。这一天胤禛三次至康熙前问安。在斋戒期间，他为康熙所召，是非常行动，当有特殊使命。又据萧奭笔述，传说康熙病危之时，"以所带念珠授雍亲王"③。朝鲜人对此事记叙较详细。朝鲜景宗二年(康熙六十一年)十二月十七日，朝鲜迎接清廷使臣的金演说，清使团翻译人员告诉他：康熙病剧，"解脱其头项所挂念珠与胤禛曰：'此乃顺治皇帝临终时赠朕之物，今我赠尔，有意存焉，尔其知之。'"④看来，雍正的亲信以授念珠，宣传其主子继位的合法性。可是雍正自己却从没有说过康熙给念珠的话，如实有此事，他一定会大加

---

①②《上谕内阁》。

③《永宪录》。

④ 朝鲜《李朝实录》。

张扬。书此以备康熙传位胤禛之一说。

康熙曾见乾隆的生母，称赞她是"有福之人"。乾隆因此说："仰窥圣祖恩意，似已知予异日可以付托。"①后人遂有康熙爱乾隆，因而传位雍正的说法。康熙晚年确实宠爱乾隆，进而增强对胤禛的好感，选为嗣君，也并非不可能。

记载都说隆科多是传遗诏的人，他是如实传诏，抑或是矫诏立胤禛，则说法不一。不过有一件事可以注意：雍正五年胤禛给隆科多定罪，有一条是说隆科多曾说"白帝城受命之日，即是死期已至之时"②。这是说传遗诏的人身为重臣，会被皇帝所忌而有杀身之祸。这也意味着他是受命辅佐胤禛。

总起来看，胤禛说康熙遗言传位给他，并没有留下令人确信无疑的材料；但是联系康熙生前对他比较信任的情况看，在弥留之际决定传位给他，并从斋所召其至畅春园继位是完全可能的，所以说不能排除康熙传位给胤禛的说法。

据胤禛讲，康熙于十三日寅刻告知允祉等皇位归属，巳刻胤禛进宫，康熙云其病增，戌刻死，隆科多始向胤禛宣布康熙遗言。疑难者会问，康熙何不面告胤禛？这种情况说怪也不怪，须知康熙多年不准立太子，如果他当面立胤禛为太子，这不符合他的做法。康熙可以要求等他死后再行宣布。

胤禛在位时，社会上盛传："圣祖皇帝在畅春园病重，皇上就进一碗人参汤，不知如何，圣祖皇帝就崩了驾，皇上就登了位。"③康熙一向怕被害，他在五十六年（1717）讲身后之事时说到《尚书·洪范》所谈的"五福"，其中"以考终命列于第五者，诚以其难得故也"④。他要"考终命"，就不能不有所提防，谋害他谈何容易！至于病人喝参汤，确是那时人们的习惯，但具体到康熙又不一定实用。五十七年（1718）正月，康熙说："南人最好服药服参，北人于参不合，朕从前不轻用药，恐与病不投，无益有损"⑤。可见用人参汤毒他也难。康熙大概是寿终正寝的。他是久病缠身。自废太子时起就有病，后来越来越重，五十六年

---

①《清高宗御制诗文集》。

②《清世宗实录》。

③《大义觉迷录》。

④《清圣祖实录》。

⑤康熙朝《起居注册》。

病得不能料理太后丧事。在此以前尚能率领皇子射箭练武,这一年只能观射了。①康熙致死之因,据《清圣祖实录》所载,他是初七日得病,初十至十二日稍愈。据《永宪录》记载,初十日有病,系"偶冒风寒,本日即透汗"。两种文献都说明康熙开始是患感冒,病情不重。看来,康熙以久病之身,因感冒引起其他症状,较快死亡。所谓被毒死之说,是经不起推敲的。

与传位胤禛说最对立的是传位允禵说。如能较多地占有一些材料,不难发现这一说法是难于成立的。

胤禛在位时就有人说:"圣祖皇帝原传十四阿哥允禵天下,皇上将十字改为于字"②。这是以汉文书写遗诏作为前提的说法。当时书写行文制度,不是"第某子",而是在某子前一定要有"皇"字,即"皇某子",不可违错。若把"十"改为"于",则成为"皇于四子",就不通了,此不可能者一;又传位给谁,应用"於"字,"於""于"在清代并不通用,事关国本的遗诏,绝不会在关键处写别字,此不可能者二。还有改"禎"为"禛"的篡位说。弘旺的《皇清通志纲要》云:十四子"讳胤禎,改讳禵"。张尔田据此认为胤禛窜改康熙遗诏,"改十四为于四,改禎为禛,固自易易"③。允禵在康熙末年的确是叫胤禎。需要说明的是,改禎为禛说是易十为于说的发展,是把窜改遗诏说推进了一步,但是笔者认为它并没有使这一说法得以成立。因为"改十四为于四"既因缺少皇字而不合制度,改"十四子胤禎于四子胤禛",依然是无皇字而背离实际。再说,禎、禛尽管字形相近,但把禎改为禛,即使改得巧妙,也不能不露痕迹。如果雍正真是干了这样的事,拿这种诏书也骗不了人。改名说也难让人信服。

还有一种流传于民间的说法,谓康熙病中"降旨召允禵来京,其旨为隆科多所隐,允禵不到,隆科多传旨遂立当今"④。康熙降旨召允禵,应由内阁承办,纂写诏书,由兵部所管之驿站发送。隆科多既非内阁大学士,又非兵部主管,他怎么能一手遮天呢?再说康熙弥留之际即使原想传位给允禵,但允禵远在数千里之外,从下达诏书到他抵京,至少需要二十四天实际行走二十八天。⑤在诸皇子激烈争位的情况下,这么多天没有皇帝,天下岂不大乱?所以康熙也

---

① 康熙朝《起居注册》。

②④《大义觉迷录》。

③ 张尔田:《遁堪文集》。

⑤《永宪录》。

不会这么办的。

诸如此类,传位给允禵的种种说法,可靠性不大。这就不能不使人认为:康熙原本要在允禵、胤禛两人中选择一个继承人,而最终确定了胤禛。如果这样说证据不足,那么也可以说康熙临终所指定的皇储,胤禛比允禵的可能性要大。

如果立胤禛之说没有破绽,哪来的那些异说流传呢?这也不难理解,因为争储位是激烈的权力之争,有了新君之后,失败者必不甘心,胤禛的政敌势必要在其继位的合法性问题上大作文章,倒他的台。如宣传胤禛改诏书的人何玉柱,是允禩的心腹太监,传播的地点在八宝家中,而八宝是允禩手下人。[1]可见允禩集团是这些说法的创始人。其所以能在群众中流传,乃是康熙后期立太子问题十分混乱,群众对皇室内部的争斗也有所议论,而不管是谁上台,对于鞭挞他的观点,容易为大多数人接受。同情失败者,也是人之常情。

有人认为雍正初年的阿、塞、年、隆诸案,也是胤禛篡位的产物,也是并没有多少道理的。胤禛继位后打击允禩(阿其那)、允禟(塞思黑)等人,有一种解释,说是他因得位不正、遭到反抗而采取的屠杀政策。其实,就是康熙指定胤禛继位,允禩集团也会不服,也会抗争。他们的活动是康熙年间诸皇子争夺储位的余波。在阿、塞是不愿退出政治舞台,对新君不服,明枪暗箭,恨不得他垮台;在胤禛是报积怨、泄私恨,非制死对方而后快。

年、隆之死,不是胤禛为了杀人灭口。即使年、隆是胤禛篡权的同谋人,他们有几颗脑袋敢把它宣扬出去?即或他们以此要挟胤禛,胤禛又岂是他们所能左右的?胤禛之除年、隆,实因他们权力较大,为世宗皇帝所不容。他说年羹尧"擅作威福,罔利营私",其严重程度,连"假饰勉强、伪守臣节"都不要了。[2]看来年、隆之死,与雍正得位正当与否并不相干。

七、储位之争的原由与评论

康熙后期,储位之争绵延不断,一波未平,一波又起,终康熙之世不得解决。何以这样严重?

---

[1]《大义觉迷录》。
[2] 雍正朝《起居注册》。

康熙立意学习汉族文明，实行嫡长制的世袭制度。但是清朝的条件具备与否，他并未认真考虑。康熙之立太子，既没有根据清朝的情况，又无有善处太子、诸王的政策。清太祖打天下，死后，战功颇多的八贝勒皇太极自立为帝。清太宗死，皇弟阿济格与皇长子豪格等争立，后来亲贵互相妥协，立了皇太极的第九子福临。清世祖死，遗诏第三子玄烨继位。这些事实表明清朝没有嫡长制的观念，一开始也没有立太子的制度。康熙不顾这些历史情况，贸然预立嫡长子为太子，显然容易出问题。更重要的是让太子从政，植成党羽，又让诸皇子预政，为他们觊觎储位创造机会，于是出现太子与皇帝、太子与诸兄弟之间的双重矛盾，造成废太子的悲剧。

康熙用皇子预政，既有失策的一面，也有适应稳定清朝统治需要的一面。康熙以前不预立太子，使有功德者为君，在传子制中寓有传贤之意。康熙令诸子参加一部分政务，是培养、训练皇子，使其具备从政能力，以便异日的治理，这对清朝统治的稳定是有好处的。例如胤禛上台后，因他有多年的从政经验，了解社会情况，了解吏治，用他的话说是"于群情利弊事理得失无不周知""一切情伪无不洞瞩"。[①]这就有利于改革弊端，搞好政治。所以对康熙朝立太子和皇子从政问题，也应辩证地、全面地予以看待。

还应当看到，储位之争，并非某个朝代的特有现象，而是封建专制主义的必然产物。封建皇帝有至高无上的权力，多数皇子垂涎皇权，追求为太子，做皇帝。所以争夺储位，是难于措处的棘手问题，在历史上也是屡见不鲜的。康熙朝发生的废立太子问题，是违背康熙本人意志的事，他屡屡想从太子问题中解脱出来，甚至当着众臣的面投地痛哭，但仍愤懑难舒，疾病缠身。为什么？因皇帝的崇高地位，促使诸皇子拼命争夺，什么父慈子孝、兄友弟悌，统统不顾了，君臣大义，也统统置诸脑后了。处于这样情况下，任何严刑峻法，也禁遏不得。康熙废太子时所宣布的谋为太子即是国贼的命令，皇子们置若罔闻，谁也没有遵命停止过活动。如果康熙在第二次废允礽后，迅速确立新太子，事情也不见得好，新太子又会成为众矢之的。所以康熙立或不立新太子，都不会不发生问题。事实说明，出现诸皇子争位的事情，就不全是皇帝处理不善的缘故了。在这里，不能不看到封建主义的皇帝制度的作用，这个制度是造成争夺储位和皇位的根源，这个制度的独裁性质又使得储位问题难于合理解决。

---

① 雍正朝《起居注册》。

当然在同样制度下,有的王朝储位问题解决得好一些,有的问题多一些,这就同立储的帝王本身有关系了。因此,我们认为康熙朝太子问题,是在封建主义皇帝制度下,康熙不合满族传统的立嫡方针和没有正确对待太子与诸王的政策所造成的,它的出现有历史的必然性。

需要特别说明的是,不能以皇帝的是非为是非,皇帝所立的太子是合法的,是合皇帝之法;谋为储君,甚至自立者,是不合法的,是不合皇帝之法。这是以皇帝的是非为是非,是封建帝制的是非观念。皇帝所立者不一定好,非皇帝所立者不一定坏,这要看立储时(或自立时)的社会反响和其人在位时的政绩两个方面。一般说来,皇帝所立的太子登基,很少引起政局混乱;自立的,可能引起政局的不稳定。但政局的不稳,是好是坏,要做具体分析,不可全盘否定。皇帝所指定的继承人可能昏庸暴虐,造成政治黑暗,自立者也可能励精图治,政治比较清明,所以重要的是看新的统治者的政治实践。康熙朝储位之争也不能用封建伦理来评论,也就是说不要简单地指责某一个人,或肯定某一个人,要看到这个事件发生的社会原因和它的性质,据此作出科学的评论。

绵延二十年的康熙朝储位之争,对当时以及雍正年间的政治产生了巨大的影响。保卫和夺取储位的斗争,把宗室王公、国戚,八旗与内阁的满汉大臣,一部分中小官僚和士人,以及一些西洋传教士都卷了进来,可见涉及面之广。诸皇子党争斗不休,一些集团相继垮台,造成政治的混乱。它使很有作为的康熙长期纠缠在太子问题上,消耗了大量精力,影响他从事一些有积极意义的政治活动,还使康熙末年弊政丛生。储位之争给它的胜利者清世宗的政治以深刻的影响,他针对诸皇子结党的事实,反对朋党,打击科甲出身的官僚,引用异途人员。他主张为政务实,反对姑息,痛斥沽名钓誉,厉行革除康熙晚年的弊政,既是显示自己的政治主张,也是为剥夺允禩等所拥有的仁爱之名。清世宗还从储位斗争中吸取教训,即位后就实行秘密立储的制度,如此等等。离开了储位之争,他的前期政治就很难看清了。

(原载《故宫博物院院刊》1981年第3期)

康熙帝十四子胤禵改名考释

曾任抚远大将军的康熙帝第十四子允禵的名字，据他的侄子雍乾时人弘旺在所著《皇清通志纲要》中说："讳允祯，改讳禵。"①书内多次出现十四子的名字，均书允祯，而不书允禵，这是把允祯作为十四子的本名，把允禵视为后改的不通用的名字。今人王钟翰教授根据弘旺的记载，相信十四子的名字是允祯，故著《胤祯西征纪实》②，直以允祯为名。十四子的原名是否如弘旺所说，笔者认为，应予考证清楚。这是因为康熙帝十四子在雍乾之世都叫允禵，弘旺与他同朝相处，强调允祯一名，似有深意。民国前期的张尔田因十四子的改名，认为清世宗窜改康熙遗诏，"改祯为禛，固自易易"③，从而将十四子的改名与雍正继位的历史疑案联系起来。王钟翰用允祯一名，也与他相信清世宗夺允禵帝位有关。台湾地区及外国一些清史研究者，也持以上看法。

历史上一个人的本名或改名，原不是重要的事情，可是十四子的名字问题，涉及康熙朝诸皇子争夺储位和清世宗继位真相的重大历史事件，确有考辨清楚的必要。

要澄清十四子的名字，笔者认为清廷历次撰修的《宗室玉牒》(下面简称玉牒)是权威的文献。玉牒每 10 年修造一次，每次撰成"帝系"、"直格本"(或曰"竖格本")、"横格本"三种，每种又有汉、满二体文本。玉牒记载宗室每一个成员的简历，包括他的名字(原名、改名)、身世(血缘关系，即父母)、生卒年月日时、世爵官职、升降赏罚缘由、婚配及子女情况。所以要了解清朝宗室成员的基本情况，玉牒自不失为可信的、权威的文献。十四子的名字问题，从玉牒寻求答案，应当是可靠的途径。笔者曾前往中国第一历史档案馆(下面简称一史

---

① 弘旺纂:《皇清通志纲要》卷 4,北京大学图书馆藏抄本。"允"原为"胤",清世宗继位后,他的兄弟为避皇上的名讳,奉命改用"允"字。

② 王钟翰:《清史杂考·胤祯西征纪实》,人民出版社,1957 年。

③ 张尔田:《遁堪文集》卷 1《答梁任公论史学书》。

馆)查阅了玉牒及宗人府的其他有关档案,试图了解十四子的本名及其变化。

十四子生于康熙二十七年(1688)正月,死于乾隆二十年(1755),在这 60 多年中,就一史馆所藏文书获知,清朝先后于康熙二十七年(1688)、三十六年(1697)、四十五年(1706),雍正二年(1724)、十二年(1734),乾隆七年(1742)、十六年(1751)撰修过玉牒。(康熙五十四年也修过玉牒,但一史馆无存。)且看这些玉牒对十四子名字的记载。

康熙二十七年(1688)的玉牒,纂成于这一年的年底,出世将满一周岁的十四子,没有被叙入牒内。是清世宗把他删削了吗? 不是。原因乃是:出生不久的人往往不能及时地收入玉牒。笔者在一史馆藏宗人府档内看到清宣宗时的一份档案:"道光二十五年十二月二十三日,定王爷面奉谕旨:九阿哥尚未命名,俟命名后再入《星源集庆》,特记。"宣宗第九子奕譓因当时未得赐名,而不能入《星源集庆》。从这一事例可知,十四子亦可能因未获赐名而不能叙入玉牒。又,顺治十二年(1655)清朝重申旧规:宗室、觉罗生子,将年月日时,"仍照旧每年正月初十日内送宗人府、礼部记档,以便会纂"[①]玉牒。可见,宗室之子即使命名了,上报材料未赶上期限,也不能纂入玉牒。十四子之所以见遗于康熙二十七年的玉牒,可能就是上述某个原因。因此,这一年的玉牒中没有他,不足为怪。

记载十四子名字的最早玉牒为康熙三十六年(1697)所修,该牒直格汉文本在清圣祖诸子项下写道"第十四子 胤禵",与之相对应的直格满文本为:

ᠵᡠᠸᠠᠨ ᡩᡠᡳᠴᡳ ᠵᡠᡳ ᡳᠨ ᡨᡳ"(读音 juwan duici jui in ti);帝系汉文本为"第十四子 胤禵"。据此,应当认为其时十四子的名字是"胤禵"。也就是说,胤禵是他早年的正式名字。

康熙四十五年(1706)的玉牒,笔者见到满、汉文的直格本、横格本和帝系,共 6 巨册,十四子的名字,横格本和帝系的汉文本均书"胤禵",满文本都是"ᡳᠨ ᡨᡳ";直格本中十四子的名字出现二次,一是叙述清圣祖的儿子们的情况时,写到第十四子时,汉文书胤禵,满文作ᡳᠨ ᡨᡳ,以上满汉文各三见,全相同。但直格本在记叙清圣祖诸子的儿子的地方,汉文本在圣祖第三子胤祉的

---

① 光绪朝《钦定大清会典》卷 1《宗人府》。

诸子之后,写道"胤禛 四子",接着在圣祖第十二子胤祹的儿子之后,出现"胤禛二子"字样。查满文本,与先出现的"胤禛 四子"相对应的是

"ᡳᠨ ᠵᡝᠨ ᡩᡠᡳᠨ ᠵᡠᡳ"(读音 in jen duin jui)。与后出现的"胤禛 二子"相对应的

是"ᡳᠨ ᠵᡝᠩ ᠵᡠᠸᡝ ᠵᡠᡳ"(读音 in jeng juwe jui),先出现的有四个儿子的胤禛,就是清圣祖的第四子,后日的雍正皇帝,他的名字始终叫胤禛。[①]他这时已生过四个儿子,分别叫弘晖、弘昀、弘时、弘盼,所以玉牒这样记录是正确无误的。有两个儿子的"胤禛"应为十四子,观其位次,排列在十二子胤祹之后,而十三子胤祥这时还没有子嗣,从这个排列顺序上确定,这"胤禛"只能是第十四子,而此时他恰有二个儿子,长曰弘喜,次曰弘明,这"胤禛"不是十四子,又是谁人!但是问题出来了,四子名禛,十四子还叫禛,这是不可能出现的重名,四子名字既然书写无误,则十四子的必然写错了。我们再看满文,十四子"ᠵᡝᠩ"的"ᠵᡝᠩ"读 jeng,音征,与四子"ᡳᠨ ᠵᡝᠨ"的"ᠵᡝᠨ",读 jen,音真,不相同。由此可见,他的"禛"应为"祯",也就是说,满文写的对,而汉文弄错了。这大约是誊录者的笔误,祯、禛字形相近,读音亦有相同之处,误写是很容易发生的。综观四十五年(1706)玉牒中十四子的名字,满文共四见,三见作"ᠵᡝᠩ",一见作"ᠵᡝᠩ";汉文也是四见,三见作胤禵,一见作胤禛。十四子原来叫胤禵,现在于此名之外凭空出了"ᠵᡝᠩ""胤祯"(汉文误书"胤禛"),如果十四子没有这个名字,不会在满汉文上同时出现这一异象。据此,笔者认为,至迟在康熙四十五年(1706),清圣祖已将他的原名胤禵的十四子,改称为胤祯。改名的具体时间,可能就在修玉牒的当年,或者在前一二年,不会离这一年份很远。玉牒对十四子的改名作了反映,但因玉牒修纂工作的复杂等原因,造成它自身的不一致,所以说反映得极不完善。

　　这种揣测性看法,尚未有当时的资料来证实,但这以前和这以后的同类事情的处理规则提供了足资参考的例证。皇子的授名,纯粹是皇帝的事,也只

---

　　① 金承艺:《胤禛非清世宗本来名讳的探讨》,台湾《近代史研究所集刊》1979 年第 8 期。该文认为清世宗按胤祯的名字,改用胤禛,而其本名尚未考出。清世宗无夺名之事,笔者当另文辩之。

有他才有这种权力。雍正十三年(1735)九月,刚继位的清高宗,就其兄弟请避御讳说:"朕与诸兄弟之名,皆皇祖圣祖仁皇帝所赐,载在玉牒,若因朕一人而令众人改易……则帝王之家祖父命名之典,皆不足凭矣。"[1]清圣祖的孙子,都由他命名,他的儿子由他赐名,更不用说了。笔者在一史馆藏宗人府档案中看到道光十一年(1831)八月初十日的上谕:"四阿哥命名奕詝,五阿哥命名奕誴。"这是父皇给儿子起名。皇帝还给自己的近支亲属授名,如清仁宗于嘉庆六年(1801)二月十八日下令:"朕之亲兄其子孙俱朕命名。"[2]皇子皇孙及皇侄皇侄孙都由皇帝命名,他们的改名也应当是皇帝的事情,所以十四子胤禵改名胤祯,一定是出于清圣祖的圣裁。

宗室成员的命名、改名,一定要通知宗人府,作为该府管理宗室和纂辑玉牒的资料。清朝制度规定,由皇帝命名的皇子及宗室成员,于赐名、改名之后,内阁把皇帝的有关谕旨抄出,由礼部转给宗人府。如嘉庆二十五年(1820)三月十二日给宗室奕绚的命名,礼部转咨宗人府的公文是这样写的:"礼部为咨照事:仪制司案呈嘉庆二十五年三月十二日奉旨,仪亲王之孙贝勒绵志之第五子着命名奕绚,钦此钦遵,抄出到部,相应恭录谕旨并原奏知照宗人府可也。"[3]这样的通知,事主属宗室,就收入宗室黄册,是觉罗分内的,则归入觉罗红册,到兴修玉牒时,汇载于牒内。[4]事实上每至修纂玉牒时,有关部门还要把宗室成员涉及玉牒内容的变动情况专门报告宗人府。如已故去的人员的名字,玉牒中用黑笔书写,在世的人用红笔书写,或其人尚未命名,书其某人之第几子,这个"子"字,活人用朱书,已死用墨书。上一次修玉牒时在世的人,再修时已故世,他所属的部门要报告宗人府,请求改正。如正蓝旗第六族族长、学长等呈报该旗内"红名男册绵字辈玉印、谦录、德伦三名、奕字辈和鸣、宜贵、恒芳、麟瑞四名、载字辈广恩、惠林、森秀、祥桂、英隽、英全六名,溥字辈松山一名,女册内庆琳之二女、溥字辈一名,均应改黑,今在册内粘金详书年月日"[5]。

宗室命名、更名及撰修玉牒的制度,使我们有理由认为胤禵改名胤祯,出

① 《清高宗实录》卷2,"乙巳"条。

②③ 《宗人府堂来文·人事·更名》第444包。

④ 光绪朝《钦定大清会典》卷1《宗人府》。

⑤ 《宗人府堂来文·人事·更名》。

自清圣祖的旨意,并且已由内阁有关部门通知了宗人府,只是由于距离玉牒撰著时间较近,兼之十四子又是才成年的尚未预政的皇子,名字不为人们所熟知,所以他的更名没有引起承修玉牒官员的重视,因而玉牒中的一处改过来了,他处则照录三十六年(1697)的旧牒,致使同一个人的名字出现差异,这也是不难理解的。

人已改名,而玉牒反映不完善的情况,不仅在十四子身上发生了,类似的情形还有,特别是在十四子的长兄、清圣祖长子身上出现了。据康熙四十五年(1706)玉牒所载,圣祖长子"原名保清,更名胤禔"。查康熙十八年(1679)玉牒,汉文本为"第一子保清",满文本名为"ᠪᠣᠣᠴᡳᠩ"(读音 boocing)。康熙二十七年(1688)玉牒,汉文本是"第一子　保清",满文本则是"ᡳᠨ ᡨᡳ"(读音 in ti)。读者至此自会明了:十八年(1679)、二十七年(1688)两种玉牒,汉文本一致——"保清",而满文本出现了差别,尤其是后一年份的,自身满汉文不对音,显有误失。再检三十六年(1697)的玉牒,汉文本为"第一子　胤禔",满文本名为"ᡳᠨ ᡨᡳ",这样把汉文名保清改为胤禔,满汉文读音一致了,纠正了二十七年(1688)玉牒的错误。这样叙述不易说清,不妨将十八年(1679)、二十七年(1688)、三十六年(1697)、四十五年(1706)的四种玉牒中皇长子的名字变化,列如下表:

玉牒年份	汉文名	满文名　(对音)
十八年	保清	ᠪᠣᠣᠴᡳᠩ (保清)
二十七年	保清	ᡳᠨ ᡨᡳ (胤禔)
三十六年	胤禔	ᡳᠨ ᡨᡳ (胤禔)
四十五年	胤禔	ᡳᠨ ᡨᡳ (胤禔)

览表易知:康熙长子原名保清,在康熙二十七年(1688)以前改用后来通行的名字——胤禔,但在二十七年(1688)的玉牒上反映混乱,即他的改名在满文本反映出来了,而汉文本则照袭老谱,没能道出他的更名事实,只有到三十六年(1697)的玉牒才把皇长子更名事情表述清楚。所以改名尽管早进行

了,但有的人名的更动在玉牒反映上要有个过程。胤禔更名为玉牒所明载,没有异议,二十七年(1688)玉牒记叙的混乱,并不影响我们把事情弄清。由此使我们更确信:①胤禵是可以更名的,因为清圣祖能给长子改名,当然也能给十四子易名。②胤禵改名在二十七年(1688)玉牒记载上的差错,给四十五年(1706)玉牒叙述胤禵改名的差错提供了旁证,不能因为载籍的一些错误,就否认胤禵更名的事实。

康熙四十五年(1706)(或稍前)十四子胤禵改名胤祯,还可以从清圣祖《御制文集》第三集中得到证明。康熙五十年(1711)武英殿版的第三集载康熙四十八年三月因复立胤礽为皇太子而封诸皇子的给宗人府的上谕云:"兹值复立皇太子大庆之日,胤祉、胤禛、胤祺俱著封为亲王,胤祐、胤祥俱著封郡王、胤禟、胤䄉、胤祯①俱著封为贝子。"(卷14)这里胤禛、胤祯分得很清楚,胤祯就是十四子,所以最迟在康熙四十五年(1706),十四子改名胤祯当无问题。

笔者在一史馆藏康熙朝《起居注册》中见到"胤祯"名字一次,四十五年(1706)十二月初六日记载:"大学士马齐、礼部侍郎兼内阁学士黑寿、大学士舒图以折本请旨,太常寺十二月二十五日祭暂安奉殿,拟遣和硕庄亲王博古铎行礼,上曰:着遣胤祯行礼。"这个胤祯是不是十四子?据《清圣祖实录》卷227"四十五年十二月己酉条"记载:"孝庄文皇后忌辰,命皇四子胤禛祭暂安奉殿。"则此"胤祯"应该是第四子。又就祭暂安奉殿的历史看,四子胤禛与祭较多,康熙二十七年(1688)、二十八年(1689)、二十九年(1690)、三十年(1691)的十二月,胤禛与胤禔、胤祉或跟随清圣祖往祭,或兄弟三人同祭;三十五年(1696)十二月,胤禛一人奉命往祭。因此这一次的祭祀,清圣祖命胤禛前往的可能性大。或许有人会说,《实录》是后修的官书,是胤禛登基后大肆窜改史籍,把乃父派的胤祯的差使揽到自己名下,以提高他在康熙朝的地位。这种可能性看来不大。胤禛虽屡改历史文献,但这件事又不是特殊重要、特别光彩的,他将之窃为己有,似无必要,如果真是派的胤祯,他为不露乃弟事迹,只消把这条记载删掉就可以了,何须冒名顶替?笔者认为《起居注册》所载的"胤祯",是讲的四子胤禛,而不是十四子胤祯。这大约是《起居注册》的纂写人或誊录人将"禛"字误写为"祯"了。这个资料不足以说明胤禵的更名。

清圣祖为什么给胤禵改名,又何以改叫胤祯?这是十四子改名问题中应

① 光绪五年印本改作"胤禵"。

弄清楚的事情。但是现在还没有资料说明这个问题。

胤禵更名胤祯，就说到这里。胤祯一名又用到何时呢？康熙五十七年(1718)十月，清圣祖因欲平定厄鲁特泽旺阿拉布坦的叛乱，特任命十四子为抚远大将军领兵出征，敕书上说："皇帝敕谕王胤祯：……特命尔为抚远大将军，统领满洲、蒙古、绿营大兵"云云①。可见十四子授命出征之际仍用胤祯一名。他在军中写了许多奏疏，其保留至今的一份奏报军情的残件，开头是"臣胤祯谨题，为奏闻事……"②。资料表明，十四子在抚远大将军任内，使用胤祯一名，直至康熙去世。

清圣祖死后，十四子被改了名，当时只有两个人有权这么做：一是他的生母仁寿皇太后，然而她只具名义上的权威，并没有真正能实现她的愿望的权力，她不会自愿给胤祯改名；剩下来的一个人就是皇帝清世宗。说清世宗给胤祯更名，不会有错，问题是怎样改的？为什么要改？

康熙六十一年(1722)，朝鲜派往清朝祝贺冬至的正使李混、副使李万选，于次年(雍正元年)回国后的报告，说十四王被从军前召回，曾因康熙诏命问题到宗人府置对，此事宗人府作有记录，记录本封面最高行有朱笔写的十一个字，"旨：胤祯削去王爵，仍存贝子"。③据萧奭《永宪录》(卷1)记载，胤禵于康熙六十一年(1722)十二月戊辰(十七日)自西宁抵京，然后才有朝鲜官员所说的宗人府置对以及清世宗朱批事。从这件事的性质和所需时间看，清世宗的朱批大约是在雍正元年初写的，而这时十四子仍名胤祯，说明他的更名不是在清圣祖死后的头两个月内发生的。

究竟改在何日，目前尚无确切资料。查雍正二年(1724)玉牒，对十四子写的是"第十四子郡王胤禵"。这就表明至迟在雍正二年，他复名了。笔者还在一史馆藏宫中档见到清世宗的一个朱谕，观其内容是写给年羹尧的，原文录下："寄来四荷包宝石等物，皆大内有来历之物。言冲锋破敌甚有利益，盖内中亦有圣祖赐允禵带去者，今发来，若进兵时，与岳钟琪、黄喜林、武正安、宋可进等佩带"④。此谕将十四子书名允禵。这个谕旨没有署年月，不过我们知道，雍

---

① 《明清史料》丁编第8册，第782页。

② 《明清史料》丁编第8册，第784页。

③ 朝鲜《同文汇考》补编《使臣别单》卷4，转录自金承艺《从"胤禵"问题看清世宗夺位》。

④ 清世宗《朱批谕旨》，第12函。

正元年(1723)八月青海罗布藏丹津叛乱,十月任命年羹尧为抚远大将军,次年三月事平,这份朱谕无疑是在这段时间内写的。有了上面两条资料,不难明了,清世宗为胤祯复名,必在雍正元年十月以前。

清世宗给康熙十四子更名,是出于所谓窜改康熙遗诏的政治需要吗？谈到这个问题,要充分注意到清世宗是给胤禵复名,十四子原名胤禵,中间奉父皇之命改称胤祯,清世宗再命其名为胤禵,是恢复旧名。[①]清世宗给胤禵复名的缘由,初步分析是:他是为提高自己的君权降低他的兄弟的地位所采取的措施。因清世宗名胤禛,其禛字与十四子胤祯的祯字,不仅字形相近,而且字音方面也有相同之处,禛音 zhen,读真,真韵。祯有两种读音,一是音 zhen,读真;一是音 zheng,读征,庚韵。在这两个读音中,有一个与禛音相同。这就容易发生混淆！清世宗做了皇帝之后,以一个至尊之主,当然不愿意有人和他的名字类似,尤其是十四子在康熙末年声望很高,并有着清圣祖要传位给他的说法,他有着同自己相近的名字,容易造成人们的误解,只能对胤祯有利。为了贬低和打击他,令他恢复旧名,这是十分自然的事情。这种分析,还可从清世宗兄弟排行易字得到补充说明。清世宗继位后,为了当时政治斗争的需要,他独尊自己,采取了一系列打击、压制和贬低诸兄弟的势力和声望的手段,将诸兄弟名字中的"胤"改为"允"字,自己独霸胤字,[②]就是其中之一。他既然有理由改众兄弟的"胤"字,自然也有理由改十四弟的名字中的近于御讳的"祯"字。如果这个分析还有一点道理,改名的事不一定非同窜改清圣祖遗诏联系起来。

现在就来谈改遗诏的问题吧。改"十"字为"于"字、改"祯"字为"禛"字说,同只讲改"十"为"于"说一样,难以成立。有的史家假设,圣祖遗诏是"皇位传十四子胤祯",窜改后为"皇位传位于四子胤禛"。这种写法尽管添了继位人的人名,但仍不符合清朝制度。清朝同明朝不一样,明朝只皇太子、皇太孙带"皇"字,皇帝其他儿孙不带"皇"字。清朝皇帝的儿子,一定称为皇子,第几个儿子,则称为"皇某子",这是规矩,违错不得。"皇"之一字,不能随便用,也不

---

① 获悉十四子名字的变化过程,用胤禵或胤祯作为他的符号,笔者认为均可,前一名是他一生中使用时间长的,也为后人所熟知,用之固宜;后名是他一生中最重要、最得意时的用名,用之代表他亦有道理。所以不一定根绝胤禵一名。笔者主张从俗,故标题径用胤禵一名。

② 后来以特恩,准许康熙十三子胤祥用"胤"字。

能随意不用。"皇位传十四子胤祯"之说，致命伤就在缺少一个不可缺少的"皇"字。十四子不称"皇十四子"，不合当时制度，这个遗诏的文字既说不通，又怎能令人相信它的真实性呢？设若把这个传说加上一个"皇"字，则遗诏应是"皇位传皇十四子胤祯"，若清世宗改"十"字为"于"字、"祯"字为"禛"字，遗诏便成为"皇位传皇于四子胤禛"，这怎么读得通呢？

笔者留心观察了玉牒中可能出现作伪的各方面情况：凡载有胤禵的地方，都注意观看有否涂改、挖补之处，结果没有发现；查看有否整页抽换的情形，经对照有十四子的这一页与它的前后若干页，都是一个笔迹，证明该页未被后人抽换；同时也观察到全册没有改装的痕迹，从而排除了调换一部分的可能性。然则清世宗是否把全部玉牒都改换掉了呢？这在当时几乎是不可能的。自胤禵出世后，康熙年间又修了四次玉牒，每一种要抄三份，又分藏在皇史宬、宗人府、礼部三处，还有一份底本，即共四份，每一份又最少六册，每册厚薄不同，直格本、横格本往往厚至二寸以上，长几一米，宽一尺多，如果要把它作全部改动，绝非少数几个人偷偷摸摸所能成，必须找个借口改修玉牒，重新组织班子，但是还没有听说过修改玉牒的事。清世宗若这样办，岂不是欲盖弥彰吗？证诸上述种种，可以断定今日一史馆所藏康熙年间的玉牒确是原本，是可以信赖的。

总括起来说，根据清朝《宗室玉牒》等文献的记载，清圣祖十四子的本来名字叫胤禵，后改名胤祯，清世宗又命他复用旧名。清世宗这样做的目的是要压抑具有政治潜力的乃弟，避免禛、祯二名的混淆，以维护自己至高无上的地位，并非是出于窜改清圣祖遗诏的特殊政治需要。

附记：本文写作过程中，承蒙中国第一历史档案馆的诸位先生和女士热心地提供档案资料，李松龄先生帮助做满文书写和注音工作，于此谨致衷心的谢意。

（原载《历史档案》1981年第4期）

清世宗本叫胤禛，并未盗名

近年来，澳大利亚墨尔本大学金承艺教授连续著文论述清世宗继位问题。笔者见到的有《从"胤禵"问题看清世宗夺位》《胤祯：一个帝梦成空的皇子》《胤祯非清世宗本来名讳的探讨》等三篇，分别刊登在台湾《近代史研究所集刊》1976 年出版的第 5 期、1977 年的第 6 期和 1979 年的第 8 期。作者在这些论文中表述了清世宗篡夺乃弟、清圣祖第十四子胤禵的皇位的观点。他试图证明胤禵原叫胤祯，进而认为清圣祖遗诏是"皇位传十四子胤祯"，被清世宗做了手脚：改"十"字为"于"字，改"祯"字为"禛"字，窃取了帝位。他以为祯、禛二字同音，清世宗窜改遗诏时，为盗用祯音，改用原来不是其名讳的胤禛一名，并因此强令乃弟改称胤禵。他还怀疑世宗在位时径直盗用过"胤祯"的名字。对于世宗的本名，他说由于世宗隐没、窜改了有关历史记录，已不易得知；他还提出若干调查线索，呼吁各方面学者协力进行查找。

金承艺从清世宗及其十四弟原名着手，研究嗣位问题，别开生面，把孟森先生、王钟翰同志等人所主张的窜改遗诏说推进了一步。但就笔者所见，康熙十四子原由乃父赐名胤禵，更名胤祯，后经世宗复名胤禵。复名并非特别不合情理的事情，亦非"窜改诏书"的需要，而是皇帝不允许同他的名字字形相近、发音易混的他人名字的存在，即是避讳制度的产物。至于说遗诏原文是"皇位传十四子撒祯"，它的书写方法首先就不合清朝制度。因为皇帝的儿子，一定要称为"皇子"，如果有传位胤祯的诏书，就应写作"皇位传皇十四子胤祯"，若将它的"十""祯"二字加以改易，则原文变为"皇位传皇于四子胤禛"，显然不通，反倒暴露出作伪者的阴谋，清世宗就不能以此继承帝位了。所以这样的窜改遗诏说极不可信。关于改诏及十四子更名问题，本文不拟再谈，下面仅就盗名说作些考察。

一、清世宗没有占用"胤祯"一名

金承艺怀疑清世宗在位时盗用胤祯之名,提出了两条证据。一是中华书局出版的萧奭著《永宪录》所载的圣祖遗诏,将皇四子名字写作"胤祯"。他还把《永宪录》的一个抄本同这个刊本做了对照,发现两者相同,证明它不是刊误。然而《永宪录》中的遗诏文字既然录自传抄材料,则萧奭的抄录或原抄件本身都可能发生笔误,均不能作为最终的确证,而具有这种权威的应当是遗诏原件。笔者在中国第一历史档案馆(下面简称一史馆)见到遗诏汉文原件。前述《永宪录》中提到皇四子名字的那段话,遗诏原件是:"雍亲王皇四子胤禛,人品贵重,深肖联躬,必能克承大统,著继朕登极,即皇帝位。"读者自然会注意到,它与《永宪录》不同,胤禛书为胤禛,有力地证明了《永宪录》的禛字是误抄。金承艺据此而产生的怀疑显然是不必要了。或许要问,笔者所见的原件会不会是清世宗销毁了真正的原件后伪造出来的呢?笔者细审原件,似不是伪作。①笔者相信外间流行的康熙遗诏根源于此,它应当是《永宪录》所载遗诏的祖本。《永宪录》中的错误不止"胤禛"一处,笔者把它的全文,以及朝鲜《李朝实录》所载遗诏全文②与原件作了对照,发现它们都有若干小错,而《李朝实录》尤多,但是它的皇四子之名则作"胤禛",比《永宪录》正确。还须指出,这里所说的康熙遗诏原件,并不是清圣祖的作品,而是清世宗按照康熙五十六年(1717)十一月圣祖的讲话搞的,是世宗颁布的。人们可以据此不承认世宗是圣祖的合法继承人,但这是讲的世宗称帝合法与否问题,是一件事;而金承艺说遗诏中皇四子的名字有诈,系指世宗公布的遗诏本身而言,是另一回事,这两件事不能混淆。不管所谓康熙遗诏合不合圣祖原意,它的原件写的世宗的

---

① 此诏尾署"康熙六十一年十一月十三日",这是圣祖死的那一天。据《清世宗实录》记载,十六日宣布遗诏,又据《上谕内阁》所载,该日仅颁布过满文遗诏,并未公布汉文本。不过笔者看遗诏原件书写不太工整,且屡有改写之处,如"欲致海宇升平,人民乐业"一句,其"人民乐业"四字压缩写在两个字的空档之内。"盖由天下事繁"句中"事繁"二字,"惟诸葛亮能如此耳"句中的"亮能"二字,"礼亲王、饶余王之子孙现今俱各安全"句中的"安全"二字,均只占一字的空档,显系原句有误,抹去后填写的文字。另外还有错字,如把"承"字错书为"承"。由它的书写草率,可知它是宣读满文遗诏后匆促赶写成的,不是事隔多日为在名字上做伪从容炮制的。

② 见《李朝实录》中《景宗实录》二年十二月记事。

32

名字是胤禛,总可说明他没有盗窃乃弟的名字胤祯来继位。

金承艺怀疑清世宗占夺胤祯之名的第二个材料出自《圣讳实录》。乾隆中,河南祥符人刘峨刷卖《圣讳实录》,出了问题。该书开列清朝世祖、圣祖、世宗、高宗四帝的御名,提醒与试士子注意,切勿犯讳。它说世宗的御讳是"上胤下禛……下一字从正字",即名胤禛。清高宗获知此书后,大兴文字狱。金承艺因而疑心世宗曾用胤祯为御名,高宗的恼怒正是怕这一秘密泄露给后人。《圣讳实录》的作者名不见经传,但他标榜"实心尊崇君上",故录出圣讳,"稗天下之士民咸知尊之"。按理,他写的皇帝御讳不应有错。但是《圣讳实录》本身又否定了自己的说法,该书作者就世宗名下一字、高宗弘历名上一字说:"愚意天下凡父师为子弟命名取字者,于圣讳中并珍、贞、真、祯、黉、洪、鸿、宏等字异音同者亦当避而不用。"①作者既肯定世宗名字下一字为禛,扩大避讳到同音字珍、贞、真、祯,而圣讳曰禛,何以同音字中还有祯字?是圣讳那里的禛字错了,还是同音字里衍出了祯字?这两者必有一误。凭着这样的在关键字上出错的资料,说世宗强占胤祯之名还能信得过吗?若照金承艺的方法,该书列举祯的同音字珍、贞、真、祯,恰恰没有禛,可否说它是把世宗胤禛的禛字误书为祯字,所以列举同音字时有祯而无禛?但是我们不作这样的推论,只是认为该书既然自身有矛盾,从而排除了用它说明历史疑案的可靠性。

在现代人的著述中,把清世宗的名字写作胤祯的屡见不鲜,如《光明日报》1981 年 5 月 9 日关于雍和宫照片的说明,《雍和宫》小册子,蔡东藩的《清史演义》,香港出版的《抖擞》第 35 期的华明《海外文杂》,日本稻叶君山的《清朝全史》,等等。笔者认为此等都是误会,不是认为世宗有伪造名讳问题,所以不在本文辩析范围之内。

二、"禛""祯"形、音不同,清世宗可以叫胤禛

金承艺推断清世宗不叫胤祯的最重要的理由, 是清圣祖不可能用祯、禛二字给两个皇子命名。他说祯、禛两字字形接近,发音"完全相同",满文"完全一样",若用这两个字给同时生存的皇子命名,则宫里无法呼唤,所以不会在

---

① 以上俱见《文献丛编》第 4 辑中《乾隆朝文字狱刘峨刷卖〈圣讳实录〉案》。

十四子胤祯名之外,再有四子的胤禛一名。这种说法值得推敲。禛和祯,在康熙年间不是同音字。《康熙字典》示部的禛字,"之人切","音真"(即今拼音zhēn,注音ㄓㄣ,国际音标tʂan);祯字,"知盈切","音贞"(即zhēng,ㄓㄥ,国际音标tʂəŋ),是两个不同读音的字。且我们知道禛属真韵,祯在庚韵,韵不一致。禛、祯字义也不同。是以禛、祯异形、异音、异义、异韵,清圣祖用以分别给他两个儿子取名,不用担心把两个人的名字分不开、叫不清。《康熙字典》的注音是标准音,民间对此二字读音有无变化是另一件事,我们不妨也略作考察。乾隆时,王鵷作《音韵辑要》,其第十七卷《庚亭》韵中列有祯字,与征字同音,注音"知仍切"(即拼音zhēng),庚韵;第九卷《真文》韵有真、珍等字,未及禛字,因作者在《例言》中交待"至圣讳俱应恭避",属于真文等六韵中应避之字,"概不敢书",故禛字虽应在真韵而未敢载。作者还说,遇有南北音异之字"悉为注明",可是祯字下无注,表明乾隆时,就王鵷所知,禛、祯仍为两个读音。但上述《圣讳实录》把祯、禛列为同音字,实际将禛、祯也视为同音了。可见乾隆时禛、祯二字,有读音不同和相同的两种情况。这一现象,可以理解为一些地区的人,祯字zhēng音发不准,而与禛字zhēn发音混同了。金承艺说禛、祯完全同音,是否有根据呢?1967年台北出版的《中文大辞典》第二十四册,谓祯:"知盈切,音贞,ㄓㄥ,jen,庚(韵),平声";禛:"之人切,音真,ㄓㄣ,jen,真(韵),平声。"将祯、禛二字都读作真(ㄓㄣ,zhēn),发音没有区别了。我们推测,如果这就是根据,那他也是把部分地区后人对祯、禛读音的不分,扩大到康熙时代的所有地区的人了。

满文的祯、禛也是两个字。笔者在一史馆藏康熙间数度修纂的《宗室玉牒》的满文本中看到,皇四子胤禛,一概写作ᡳᠨ,满文的ᠨ,音zhēn,读真,就是汉文"禛"的对音。同一玉牒,在记载皇十四子时,满文书作ᡳᠩ(这是同汉文胤禵对音的),但有一处例外,即康熙四十五年玉牒直格本中,十四子名字写作ᡳᠩ,ᠩ音zhēng,读征,这ᡳᠩ同十四子另一汉名胤祯对音,ᠩ即祯。就是说玉牒把皇四子ᡳᠨ与皇十四子ᡳᠩ的满文名字区别开来了。再说,ᠨ、ᠩ在满文十二字头中属于不同字头。舞格作于雍正八年的《清文启蒙》,在第四字头列有ᠨ,注音"遮额恩",即今拼音zhēn,读真;第五字头中有ᠩ,注音"遮额鞥",鞥音eng,"遮额鞥",即今拼音zhēng,读征。乾隆四十五年的《三合便览·十二字头》,ᠨ入第四字头,ᠩ在第五字头。很明显,ᠨ为第四字头内的字,读音真,ᠩ则属第五字头,读征音,是两个不同的字。因此从满文上讲,皇四子胤禛与皇十四子胤祯的名字,在字形和读音上都不是同一的。[①]

"最令人生疑的是僧人弘素收贮的金刚经序文案",这是金承艺的又一个论据。雍正二年(1724),弘素弟子称有清世宗在雍邸时赐给其师的金刚经及序文,清世宗否认这回事,说:"文与字俱非联笔,且将朕名皆书写错误。"[②]金承艺断言,清世宗不承认的那个名字,正是他的真名——"这个'雍亲王'下面'胤'字后的与'禛'字不同的那个字,其实就正是世宗的庐山真面貌。"读者请注意,清世宗说的是"将朕名皆书写错误",这"皆"字不可放过,世宗的名字是由胤字下加另一字组成,他说都写错了,即胤字也不对。金承艺认定胤字写对了,只是后一字不同于禛字,符合史料本意吗?这是否先有世宗窃禛字为名的疑心,见到一说他名字不对,不管名中的胤字如何,就单挑禛字的错,以印证自己的疑惑呢!弘素弟子所称雍亲王赐的金刚经及序文的真伪,今日实难断定,以世宗与僧道密切关系而言,很可能有此事,但因其同僧道接近的事实,僧人借之作伪以招摇撞骗也非完全不可能。其作伪中把御名写错了也不难理解。因为把世宗的名字弄错的事屡经发生,前述《永宪录》不就把胤禛误书为胤祯吗!而且萧奭是雍乾时期关心政治的读书人,他可以写错御讳,为什么和尚就不能搞错呢!和尚的错,何以一定是皇帝名字本身有问题呢!

康熙六十一年十一月十六日,清世宗颁布康熙遗诏,只宣读满文本,未及汉字本。此一事被金承艺认为遗诏名字上有破绽,百官多不懂满文,可以唬弄,而汉文则不同,所以世宗不敢拿出来。其实百官中懂满文的虽然比识汉文的少,但是也不要以为懂得的人太少。我们知道,清初注重满文的教育,"顺治九年,选庶常四十人,择年青貌秀者二十人习清书,嗣每科派习十数人不等,散馆试之"[③]。康熙中,由庶常出身的官员一部分通满文,当时满洲官员多保持

---

① 金承艺举出康熙遗诏满文本两次提到"崇祯"皇帝,将"祯"书写为ᠵᡳᠨ,因而认为胤祯的满文应是ᠵᡳᠨ,与胤禛的满文ᠵᡳᠨᠵᡳᠨ之无法区别。此与玉牒不同,确是问题。但笔者看到乾隆三十七年奉敕纂修的《钦定清汉对音字式》,其第五字头内有ᠵ字,注音"正、征,俱平声读"。第四字头应该出现ᠵ的地方,没有这个字,却有"ᠵ,珍,振,禛,振,禛二字平声读"。这反映ᠵ字特殊,有两个读音,一是在第五字头中,读征,一是在第四字头中,读真;当其在第四字头时,与ᠵ同音异形。ᠵ的特性如何,笔者弄不清楚,一并书此,恳切烦请满文专家帮助解决这一疑难。在《清文启蒙》《三合便览》《钦定清汉对音字式》等书中查找ᠵ、ᠵ二字,得到王文郁同志的帮助,特此致谢。

② 《清世宗实录》卷32"雍正三年五月壬戌"条。雍正朝《起居注册》,三年五月二十五日,"文与字"作"序文与字";此系档案,藏"一史馆"。

③ 《清史稿》卷108《选举志三》。

入关之初的传统,懂本民族的语文。以为清世宗宣读满文遗诏没人懂;不是那么回事。须知满语在清代是"国语",满文是"国书",宣读满文遗诏是正常现象,很难说其中含有骗人的阴谋。

金承艺因"辅国公阿布兰擅将玉牒底本私交隆科多"①案,相信玉牒底本有清世宗的真名,隆科多收藏它,就是要后世之人知其本名及篡位真相。我们今日看到的康熙年间修撰的《宗室玉牒》,清世宗的名字是胤禛,金承艺说这是上了清世宗的当:今存玉牒是被清世宗审改了的假玉牒,只有隆科多收藏的底本才有世宗的真名。然笔者所见康熙历次纂修的玉牒,没有被世宗改动,它的记载是可以信赖的。再说玉牒底本,就是《清世宗实录》所说的"清本"②,雍正朝《起居注册》和《永宪录》所记的"清底"③。玉牒清本(清底),笔者未克获睹,但在一史馆见过雍正朝《起居注册》的稿本、底本,并把它们同正本作过比较,发现稿本修改较多,而底本抄写得比较整洁,很少再有改动,因而它同正本文字极少差异,只是纸张质量、开本及抄录工整程度不及正本。因此玉牒清本(清底)不同于稿本,它应当是稿本的誊清本,正式玉牒就是根据它誊录的,如果抄写不发生错误,玉牒正本与玉牒清本应完全一致,清本不会比正本有更多的内容,或在正本之外还有什么秘密。笔者查过康熙十八年(1679)、二十七年(1688)、三十六年(1697)、四十五年(1706)、雍正二年(1724)等年所修的玉牒,它们都将世宗的名字写作胤禛,玉牒中没有也不可能有册立胤禛为皇太子的暗示,没有伤害清世宗的内容。因此,它也就不可能被隆科多用作要挟、暴露他的主子的武器,清世宗无须乎惧怕它,更改它。

《永宪录》卷2上"雍正元年(1723)五月辛卯"条记革贝子胤禵禄米事:"云贵总督高其倬奏疏,误以大将军王与皇上并写。上以贝子在军惟以施威借分为事,以致声名赫奕,官吏皆畏惧如此,其禄米永行停止。其倬降职留任。"金承艺据此认为,高其倬必是不知清世宗登极,见到遗诏,皇帝名字叫禛(或祯),他因皇四子从不叫胤禛,误认为即位的新君就是大将军王胤祯,所以把皇帝与大将军王并写了。这是所谓从当时官僚的眼光看,世宗不叫胤禛。此种说法,是对《永宪录》记录的惊人误解。萧奭明明是在说高其倬把大将军王胤

① 《清世宗实录》卷55,"雍正五年闰三月辛巳"条;雍正朝《起居注册》,五年闰三月二十五日。
② 《清世宗实录》卷55,"五年闰三月辛巳"条。
③ 雍正朝《起居注册》,五年闰三月二十五日;萧奭:《永宪录·续编》,六年二月甲午。

祯(即胤禵)与皇上清世宗两个人并排写了,他的错误就是不该将胤祯抬写,以致同皇帝用了一样的敬体。也即是说奏疏书写不当,从而受了处分,并非把大将军王与皇上当作一个人而犯了过失。况且高其倬也不会有那种误解,他知道新君是世宗。他于康熙六十一年(1722)二月署理云贵总督,十二月实授。[①]他的出事的奏疏是在实任总督之后写的,此时他当然晓得是谁把他提升的。再说高其倬把大将军王抬写,也是遵循惯例,原没有错。且看类似事例。雍正三年(1725)三月,宗人府参奏"工部将廉亲王(按即胤禩)字样抬写行文",大学士议奏,以胤禩作威福故有此事,请革其王爵,世宗未允。[②]四年(1726)七月二十一日,世宗因民间滥称皇子为王爷的事,发出上谕,涉及王公抬写问题:"至于彼此衙门咨文往来,凡王公字样,自应抬写。礼部称咨文中不应抬写之处,亦属过刻,著照旧例行。"[③]由此可见,公文中凡遇王公处抬写本是旧例,不但康熙时合法,世宗也同样允许,只是在胤禵、胤禩处例外,乃因他们是世宗政敌,有意打击他们,自然不许别人对他们尊崇,高其倬和工部官员误犯禁忌,才得了不是。王公抬写既为惯例,高其倬依之把大将军王与皇上并写之事的出现,本不足怪,如何能把它与世宗的名字联系起来,想到他的"夺名",又如何能将胤祯与世宗二人合而为一呢!

　　金承艺还从王士禛的避讳事,认定世宗不叫胤祯。王士禛死于康熙五十年,雍正中避御讳,被改称王士正。清高宗因他是"流派颇正"[④]的名诗人,所改的名字,"与原名字音太不相近,恐流传日久,后世几不能复知为何人",遂命改称王士祯。[⑤]金承艺由此得出结论:祯字不是世宗御名要求避讳的字,故胤祯之改名胤禵与避讳无关;由王士正改士祯证明祯、禛无别,故有胤祯,则不会有胤禛;准王士禛改名之理,高宗不给胤祯复名,是怕透漏乃父窃名的实情。这样的分析似是丝丝入扣,实则全不合辙。正字,《康熙字典》有两种读音:一是之盛切,音政(zhèng,ㄓㄥˋ);另一之盈切,音征(zhēng,ㄓㄥ)。读征音的正字,只表示首月,此外的意思都念政音,所以王士正的正只能发政音。据《辞源》《辞海》《新华字典》《中文大辞典》所示,读政音的正字,系去声字,它与祯字音

---

①《清史列传》卷14《高其倬传》。

②雍正朝《起居注册》,二十三日;《上谕内阁》,同日。

③《上谕内阁》。

④《清高宗实录》卷734,"三十年四月辛亥"条。

⑤《清高宗实录》卷972,"三十九年十二月壬午"条。

相同,但调不同,与禛字音、调俱异,乾隆说王士正之名与原名音太不相近,即系指音、调之异,而祯虽与禛字音也不同,但都是平声字,比较起来,正音与禛音远,而祯与禛为同调字,所以乾隆要王士正与原名字音相近,又考虑他兄弟名字都从示旁,才改"正"为"祯"。①因此,这一改名不意味着祯、禛二字相同,不可用作两兄弟的名字。而且这一易名仍然符合避御讳的原则。不能由此得出祯字不是避讳字、胤祯更名也不是避讳的结论。还须明了,高宗给王士祯改名,不是要搞一次运动,把避其父皇御讳的人名统统变过来,因此就不能要求他给胤禵也改一改,更不能因为没有改,就说有什么问题。

清世宗曾命臣下交还保存的康熙谕旨,金承艺说他的唯一理由是"惧怕他本名泄漏在外"。保留在官僚手中的圣祖朱批、朱谕,绝大部分应是涉及保存者的政事和其私事,可以肯定关乎世宗的极少。世宗一再催交,应同他的施政方针是否和康熙朝抵触有关。

综上所述,祯、禛二字形、音俱不相同,当然可以用作两兄弟的名字,皇十四子叫胤祯,自不能排除皇四子叫胤禛。据此所谓世宗盗名篡位之说应属不实。

三、清世宗本名就叫胤禛

世宗做皇子的时候就叫胤禛,证据之一是清圣祖《御制文》第三集第十四卷所收《谕宗人府》一文。这是圣祖写于康熙四十八年三月初十日的文章,叙述其因复立胤礽为皇太子而封诸皇子的旨意。现据该文集康熙五十年武英殿版原文摘录于下:"(朕因废太子事件而得病,百官不过虚情问候)惟贝勒胤祉、胤禛,特至朕前,奏称皇父圣容如此清减,不令医人诊视,特用药饵,徒自勉强耽延,万国何所依赖,臣等虽不知医理,愿冒死择医,令其日加调治。因痛哭陈请,爰于十一月十八日始用医药……兹值复立皇太子大庆之日,胤祉、胤禛、胤祺俱著封为亲王,胤祐、胤䄉俱著封为郡王,胤禟、胤䄎、胤祯俱著封为贝子。"这个诏谕,为包括金承艺在内的许多学者所注意。因为这里的胤祯,在

---

① 王士禛兄王士禄、王士祐均系进士,以诗文出名,他们的名字"士"下一字均从示旁,王士禛改称"士正"后,与兄弟之名全不关合,乾隆再改之为士祯,"庶与其弟兄行派不致混淆"(《清史列传》卷9《王士禛传》)。

该文集的光绪五年的刻本中已改作胤禵,所以被金承艺等人用来说胤禵原名胤祯的可靠资料。但胤祯是谁呢?笔者看文中两次出现的胤祯,不是别人,正是皇四子。①

清世宗做皇子时名叫胤祯的另一种证据在清廷修撰的《宗室玉牒》中。前已叙及,这里无庸繁言。

世宗在位期间,胤祯仍是他的御讳,有各种文献可证。如署理山西巡抚伊都立上的奏折,凡遇镇、慎等字,都缺末笔,以避御讳。②镇、慎都带真字,说明世宗名字确系祯字,而不是祯字或其他字。

四、清世宗伪造名讳之不可能

世宗假造名讳,从情理上分析,会不会出现这样的事情?金承艺从他篡位需要来考察,是一种认识,笔者则考虑及下述数端,证其为不可能。

第一,清世宗在藩邸四十余年的胤祯之名不可能对朝臣隐瞒。世宗入承大统时,已四十五岁,当贝勒、亲王也已二十多年,他曾随清圣祖南巡江浙,北狩塞外,西朝五台山,曾奉命曲阜祭孔,奉天祭祖陵,在征讨噶尔丹时执掌正红旗大营,在朝中参与进士试卷的复查,清查京仓、通仓,代表乃父祭天。这样有着崇高世爵,参与过一些政务活动,年逾不惑的皇子,他的名字,肯定为一部分官员所知,他若为窜改遗诏而易名,绝对瞒不过知底的官僚,这将对继位和长远统治极端不利。清世宗同其诸兄弟一样,早就参加储位的争夺,如果说要篡位的话,也早有准备,尽可师古人故技,何需出此下策?

第二,如若世宗是为继位而改名胤祯,在位期间,不可能不再更名。在中国历史上,隐瞒真名是一种耻辱的事情。身为至尊,名字是他人的(或因他人而假造的),在外国偶或有之,中国却无先例。世宗是个性坚强的人,为人好于自圣,这样的秉性,绝不能长期忍受伪造名讳的耻辱。皇帝改名,历史上有例可循,不为不祥,如宋太宗本名匡义,乃兄赵匡胤将之改为光义,他继位后更

---

① 附带指出,这篇上谕把皇四子胤祯、皇十四子胤禵的名字写在一起了,做父亲的清圣祖把这两个儿子的名字分得一清二楚,近三百年后的人们说这两个人的名字有一个是错的,否则分不清,岂非强令古人服从今人。

②《朱批谕旨·伊都立奏折》,雍正三年三月二十四日折。

名为炅。①世宗临御十三年不改名的事实,表明他认为没有这个必要,因为不存在盗名的问题。

世宗的真名就是胤禛,再求此名以外的"真名",势不可得。谨此以与金承艺先生商讨,并就正于方家。

(原载《南开学报》1982 年第 2 期)

①《宋史》卷 4《太宗一》。

一道为允禩集团"定谳"并晓谕众人的上谕
——中国国家博物馆藏档"雍正四年五月十七日上谕"解读

　　雍正帝关于政敌允禩的上谕很多,有的是长篇大论,在打击、处置允禩集团事件中很是重要,如雍正二年(1724)七月十六日(丁巳)发布的《御制朋党论》,是向允禩集团发起总攻击的动员令,而四年(1726)五月十七日的上谕(以下简称"上谕")则具有为允禩集团谋位事件定谳的性质,并晓谕军民人等。对允禩集团的重要成员,有的在"上谕"下发前不久已经处理,有的首脑随后灭绝。"上谕"在《清世宗实录》中有记载,萧奭的《永宪录》亦有著录。雍正史的研究者对这个"上谕"有所关注,比如笔者在《雍正传》中几次引用它的文字,然而没有像对《御制朋党论》那样大段转录和分析。"上谕"的原件,很幸运,作为档案,保存在中国国家博物馆。笔者于今见到"上谕"的影印件,将它同《清世宗实录》《永宪录》的载笔做出比较,认为档案原件别有其史料价值,应当予以解读,并将从惩治阿其那(允禩)、塞思黑(允禟)、年羹尧、隆科多案件进程,从"上谕"内容,从"上谕"的各种版本,即从三个方面考察它的价值。

一、"上谕"在惩治阿、塞、年、隆进程表中的位置

　　作为皇八子的允禩,起初颇得康熙帝的欢心,18岁受封为贝勒,在康熙四十七年(1708)的废太子事件中被朝臣公举为拟议中的皇太子,这是他政治生涯中辉煌的顶点,也是他失意的起点和致命伤。从此被康熙帝视为类似的政敌,予以打击,失去了争夺皇储和皇位的机会及可能,不过他并没有死心,转而与贝子允禵一起支持拥有"大将军王"称号的抚远大将军、贝子允禵。

　　彻底改变允禩命运的是康熙六十一年(1722)十一月康熙帝的驾崩和新君雍正帝的继位。以允禩为首,允禵、允禟为骨干的谋求皇储、皇位集团,本来是雍正帝的政敌,他称帝之后,可以对他们立即加罪——惩罚屠戮,然而鉴于不稳定的政局形势,雍正帝采取打拉结合的分化瓦解政策,把允禟发配到青

海西大通,将允禵从甘肃前线召回囚禁在遵化康熙帝景陵。出人意料的是大加提拔允禩及其亲信:任命允禩为总理事务大臣,晋封廉亲王,前后兼管理藩院、工部尚书事;他的儿子弘旺被封为贝勒;他的母舅噶达浑放出辛者库贱籍,封为世袭佐领;贝子苏努晋爵贝勒,其子勒什亨出任领侍卫内大臣;原来拥戴允禩为皇储的阿灵阿之子阿尔松阿晋升刑部尚书。处于绝对被动地位的允禩及其集团成员明知皇帝的策略,但无可奈何。如同"上谕"所说,当亲戚为允禩封王而道贺时,允禩却说:"何喜之有,我头不知落于何日!"果然,就在允禩威赫赫爵位高登的时候,雍正帝不时地敲打他,向他发出警告,不让他有痛快的日子,如雍正元年(1723)十一月,指责允禩伪孝矫情。

对允禩集团战略性的变化是在雍正二年(1724)三月之后。此时,年羹尧在青海大捷,平定罗布藏丹津之乱,雍正帝政权巩固,自云"谁不诵朕之福,畏朕之威"。因而减少顾忌,全力向政敌开刀。四月初七日数道允禩之罪:"怀挟大志,至今未已……肆行悖乱,干犯法纪……当于诸大臣共正其罪",要求诸臣揭发他,不许隐讳。这可以视为正式发动对允禩集团的凌厉进攻。同月,将允禩革爵圈禁;五月,以苏努、勒什亨父子党祖允禟、允禩,革爵发往山西右卫;70名允禩党人革职。七月颁布《御制朋党论》,论述朋党之害,指斥康熙后期以来皇家亲贵与朝臣、宵小结党营私,有悖君臣大义和臣下事君之道,特别指出允禩、允禟、允禵等结为朋党谋取大位。这是从理论上晓示惩治允禩集团的必要,以便对其开展猛烈的进攻。这也是舆论的动员,是令朝臣与允禩集团划清界限,站到皇帝一边,打击允禩等人。接下来不断地谴责他们"不知本量,结为朋党,欲成大事";允禩办事皆为邀结人心,把恶名归于皇上;宣布已死的允禩党人揆叙是"不忠不孝柔奸阴险"的罪人。可是后来的讨伐并没有急骤的发展,大抵说来,雍正二三年间,对允禩党人只是责骂,而少处理,同夏天的凶猛攻势颇不协调。这是因为二年(1724)冬季以后开展了对年羹尧、隆科多的斗争,放缓了对允禩集团进攻的速度。

雍正二年(1724)十一月年羹尧进京,飞扬跋扈的行为激恼了雍正帝,联系年羹尧的"年选"、隆科多的"佟选"嚣张之势,雍正帝决心收回大权,于冬天开始整治"年党"和隆科多,到雍正三年(1725)十二月年羹尧自戕;将隆科多发往阿兰善修城和参与中俄议界,在发配与受审中,隆科多远离政治中心,并于雍正六年(1728)死于北京禁所。排除了年、隆对政治的干扰,雍正帝回过头来,于雍正四年(1726)集中力量惩治允禩党人。当年春天,削除允禩宗籍,圈禁,改名阿其那;五月将允䄉召回北京,圈禁在景山寿皇殿;同月,将从西北押往保定的允䄉改名塞思黑,并予圈禁;斩议政大臣鄂伦岱、刑部尚书阿尔松阿于贬所奉天;同月初七日至初九日锁拿审问与苏努为儿女亲家的两江总督查弼纳,被审人供出允禩党人结党情形。在大势已定的情况下,雍正帝于十七日(戊申)召见诸王大臣九卿等,宣布允禩及其党人的罪状,并命晓谕军民人等。七月,诛杀拥护允禩的民人郭允进;八月、九月允䄉、允禩先后死于禁所。至此允禩党人案基本结束。

从这个进程表不难发现,在一连串的打击允禩集团事件中,"上谕"起着算总账的作用,让王公贵胄、官员、军民人等明了允禩集团的罪行和清除的必要。接下来我们从"上谕"的内容进一步说明它的这种性质。

二、"上谕"的内容:允禩集团的罪行

"上谕"长达四千余言,宣布允禩及其同伙的罪行,表达雍正帝对他们深恶痛绝、无可包容的感情和态度;声罪致讨,以正国法,并要求所有臣民明白皇帝不得已的苦衷,争取官民的认同。"上谕"的内容,概要说来:

深知阿其那的奸恶。对阿其那的为人,众人不可能尽知,而"朕因三四十年共在一处,知之甚悉",故而有条件暴露他们。皇帝亲自出马,为国家、臣民计,也必须将他们的罪行宣示无遗。这开篇的话,将发此"上谕"的必要性表白出来。

阿其那的罪恶大于废太子允礽。阿其那等人"扰乱国家,其罪倍甚于二阿哥"。废太子(允礽,即二阿哥)之罪是众人皆知的,是有共识的。阿其那的罪过既然比废太子还加倍的严重,更应该让天下人知晓,以达成共识,共同讨伐之。

阿其那不忠不孝的罪恶莫大于对康熙帝的伤害。阿其那对高年之人的父皇康熙帝,"种种激怒,无所不至,圣躬憔悴成疾",都是他们造成的。如此乱臣贼子,自然人人得而诛之。为康熙帝,惩治允禩党人也是不言而喻的事情。其实这是打着康熙帝的旗帜惩治允禩集团,以此更为有理、有力。

康熙帝已经洞烛阿其那之奸,予以惩罚遏制。"知臣子者莫如君父,我皇考因阿其那不孝不忠、恶贯满盈,深用震怒,曾谓阿其那为乱臣贼子,乃吴三桂之再世,实梁山泊之逆党,父子之恩绝矣。"还是以康熙帝为旗号,置政敌于

无可抵御之境。

阿其那结党图谋大位。"阿其那、塞思黑、允禵、允祯等，共为党羽，包藏祸心，将不守本分诡随之人，百计千方引诱交结，又将生事凶恶喇嘛、僧道、医卜、棍徒、优人之属，种种贪利小人，留心收揽，重利贿买，各致死命，以为伊等在各处称扬伊等美名，串通内外奸伪之人，希图大位。有不入其党者，即妄加危言以恐吓之，故不为其所笼络，不为其所欺蒙者盖少。国家被其扰乱，人心受其蛊惑。外则与阿灵阿、鄂伦岱、苏努、七十、黑寿等乱臣结党往来，内则与皇考御前侍卫、拜唐阿、太监等钻营交结，探听一切喜怒信息。若非我皇考圣明如金石，未有不为伊等诡秘之计所动摇者。"这样说明阿其那的各种身份的党人，以私利相勾结，目标则是"希图大位"——从皇储到皇位。这是事情的要害之所在。

阿其那在雍正朝不改谋逆之心，对皇帝不敬。"阿其那仍不改其觊觎悖逆之心，奸伪之行，凡朕所交之事，俱有意欲败坏之，事事以美誉自居，欲将恶名归之于朕，其悖逆之心无少悔改"，乃至为封王说出"人头不知何日落地"的恶语。这是前朝作恶，今朝不改，实乃恶贯满盈、无可救药之人

阿其那才具福分平常，哪里能"位登大宝"。阿其那清誉甚高，均系误传，真实情形是"于皇考在日不能承欢奉事，以叨君父之矜怜，不能保其贝勒之爵禄，不犯锁拿之罪；伊之乳公乳母之首领不能保；妻子不能保；家产不能保。则阿其那之才具福分显然可知！夫阿其那以此才具福分，兼以不孝不忠"，倘至大位，"岂能上安宗庙、社稷，报答祖父之恩，泽被生民之众者"！

允裪、允禵等皆为不知自量的妄人。"塞思黑乃系痴肥臃肿、矫揉妄作、粗率狂谬、下贱无耻之人，皇考从前不比之于人数，弟兄辈亦将伊戏谑轻贱"，而其在阿其那事败后，"挺身觊觎大位"，真是"不量己才，不知羞耻"，"自古以来，亦未有不自度量、觍颜无耻、悖谬可杀如塞思黑者"。允禵"生性糊涂急暴，天地之高厚亦不知为何如之人"，在阿其那、塞思黑唆使下"顿萌大志"，然而"身为大将军，而所行之事，有国法在，有皇考洞鉴在，有公论在，自当勉力粉饰邀誉，亦欲强忍遂以愿望之心，而乃丑行不法，可笑至于如此。似此伎俩人品，若至大位，恣任其意，何所不为，岂能为国家万姓造福也"。"允祯乃一介下贱，原属无耻之人，但知索取民财，争夺买卖，交结内侍。"阿其那与他们交结笼络，以为党羽，实乃叛逆之行。而这样的人还妄想大宝之位，岂不是天大的笑话，如若他们得逞，臣民就要遭殃。

蔡怀玺、郭允进等系妄造谣言的奸民。蔡怀玺向允禵院内投书，内云："二七变为主，贵人守宗山，以九王之母为太后。"郭允进制作逆书，云"十月作乱，八佛被囚，军民怨新主"，"因朕庚属午，遂指马造出异言"，又谓"自朕即位以来，遭旱潦饥荒之灾"。"二七"一十四，允禵是皇十四子，其时被软禁在康熙帝景陵，名义上是守父皇之陵思过。"二七"为主，就是拥护允禵登基当皇帝。雍正帝出生在十月，"十月"可能是指雍正帝，而"作乱"则指责他夺取皇位，"八佛"指皇八子允禩，同情他的被整饬。雍正帝对这种妄造言语、摇动人心的乱民、奸民，自应诛戮数人，以示敬戒。

雍正帝自谓不结党、尽孝道、睦昆弟。"朕有能力结党而不为，只因上天照鉴可畏，皇考恩德甚重，朕心不忍忘负，是以但宁静守分，敬谨孝顺于皇考之前。朕自幼时，诸兄弟俱恭敬朕躬。朕于兄弟中亦并无私嫌，而朕亦从无希冀大位之念。……昔朕之兄弟中，往往有得罪皇考者，朕身为之解释调停，以宽解皇考之怒。……朕非邀名，而亦非为伊等，乃实为君父年高，仰体圣躬之故，是以坚持心志而行之耳。"这一番虚虚实实的自我表白，臣下只有静听的份。

雍正帝针对传言讲其勤政而不酗酒。世间传言皇帝日中醉饮，雍正帝因而云自身从不饮酒，此乃小人加朕恶名；饮酒导致废政，皇考是勤政之君，而自身尤甚。

查拿奸恶小人以正视听。对造谣生事之徒，必须严行查拿，正以国法，令民人知晓"天惟一日，国只一君，八旗人等，亦惟感戴大君，一心事朕而已"。

对允禩党人理应正法。"从前诸王大臣请将阿其那、塞思黑、允禵即行正法，断不可留，所奏甚为得理。此辈包藏异心，扰乱国政，乃获罪于宗庙、社稷与我皇考之人，理应正法。"

让京内外军民人等尽知"上谕"精神。"上谕"最后要求聆听宣讲的文武大臣，依据"上谕"定稿本向京城内外军民人等宣示，务必让他们知晓，即不为允禩集团所愚，而一心爱戴皇帝。

读者见到上述"上谕"的内容，必定已经有了印象，笔者概括为一句话：对允禩集团进行总清算的带有"定谳"性质的文件。它揭露了允禩及其同伙是以伪善收买人心，而实为不孝不忠、扰乱国政、希图大位的罪人，不得不予惩治。不过应当说明的是，这是一篇说理的文字，不是法律上的定谳文书，但在实际上具有定谳性质。惩治允禩及其党人，所根据的就是这些揭露的种种罪行。

从内容方面我们已经知道了"上谕"的性质,那么它的作用呢? 在对允禩集团斗争中的尾声公布它, 显然是在从整体上说明对允禩集团斗争的合理性,以便臣民从同情允禩集团,转移到支持皇帝清除他们的政策,可知这个"上谕"的作用,是在舆论方面争取臣民之心。

三、"上谕"档案文件的史料价值

前已交代,"上谕"被《清世宗实录》(以下简称《实录》)和《永宪录》记录;应当记载的雍正朝《起居注》,恰恰缺少雍正四年五月的内容,故而不见于该书;《上谕内阁》是否著录,笔者是于1980年在中国第一历史档案馆阅读的,20多年了,现在已经记不清了,今日也不能去查对,因而只能把它同《实录》《永宪录》核对,进一步明了其史料意义。

核校档案文件"上谕"与《实录》记录,发现约有30处的差异,其间情形有四种:一系疏通文字而改变,比如上引"以为伊等在各处称扬伊等美名",连用两个"伊等",增加人们的阅读难度,故而《实录》将"以为伊等"改为"且"字,于是文字简洁通顺。二是订正事实,如专有名词"西大同",应为"西大通"。三是改轻对允禩集团成员定性的咒骂语句。雍正帝常常说过头的话,骂人过重,既不符合实际,也有失九五之尊的身份。《实录》为其补苴,不得不改动他的语句乃至语义,诸如前引责骂塞思黑、允祯"下贱"的话,他们是皇帝的亲兄弟,如此侮辱他们,置皇帝自身于何地,是以《实录》将这样的话概行删去;又如"上谕"讲到塞思黑"悖谬可杀",《实录》改作"悖谬干法",去掉了杀气腾腾的"杀"字;"上谕"谓不杀允禵等人,他们"亦不过数名死人耳",《实录》改写成"不过稍延其性命耳"。四是《实录》删掉"上谕"中的一些话,如读者在前面引文中见到过的"因朕庚属午,遂指马造出异言""实梁山泊之逆党",再如郭允进文书内云"灾病下降,不信此者,即被瘟疫吐血而死",以及雍正帝说的"如果以惩治阿其那、塞思黑、允禵之故,天下军民遂至胥怨,则此辈实国家之贼,更断不可留于人世矣"。这些内容,统统不见于《实录》。可是它们却能反映民间对雍正朝政的怨恶情绪。

"上谕"与《永宪录》对照的结果,表明后书是忠实于"上谕"的意思,丝毫没有走样,只是在文字方面做了某种简省。

如此看来,尽管有《实录》和《永宪录》,但是"上谕"档案原件仍然有其不可取代的价值。因为它是:关于雍正四年五月十七日上谕的最原始而又最真实的文件,它保存了一些《实录》所没有的内容,而这些内容有助于我们了解雍正朝民间对皇帝和允禵党人的态度,以及这场政治斗争对社会造成的影响之广度和深度。从文字的删削订正,可以反映雍正帝的个性和弱点,对于研究雍正帝史亦不无价值。就笔者而言,由于阅览了"上谕"档案文书,进一步认识到这份"上谕"的重要性,进而加深了对雍正前期皇室政争内容的理解。

(2005 年 5 月 30 日于顾真斋,载《中国历史文物》2007 年第 1 期)

二百年疑案再断：雍正继位问题考实

雍正继位疑案是二百多年的老问题，今撰此文"炒冷饭"，原因有两个：一是近日始知雍正合法继位说首创者；二是雍正继位研究中利用中国第一历史档案馆所藏皇家玉牒的学术史。此二事事关继位疑案研究。

继位疑案有三种说法，即雍正篡夺乃弟允禵皇位，雍正系遵照康熙末命合法继位，雍正在康熙驾崩之际自立称帝。所谓"篡夺""合法"乃是以康熙之是非为是非之用词，传统概念，不足为训，不过使用起来方便，可以节省文字。三说之中，我赞成合法说。

一、从民间传说到学术研究的篡位说

雍正自继位之始，就被篡位说缠身。当时社会传言，康熙临终，遗命传位允禵，而隆科多矫诏传位雍正，在这个过程中，雍正毒死康熙。这就是雍正颁布的《大义觉迷录》一书所说的社会议论："圣祖皇帝原传十四阿哥允禵天下，皇上将'十'字改为'于'字。""先帝欲将大统传于允禵，圣祖不豫时，降旨召允禵来京，其旨为隆科多所隐。先帝殡天之日，允禵不到，隆科多传旨遂立当今。""圣祖皇帝在畅春园病重，皇上（指雍正）就进一碗人参汤，不知如何，圣祖皇帝就崩了驾，皇上就登了位。"在很长时间里，人们传播这种雍正篡位故事，越往后传说的情节越丰富、离奇，以至 20 世纪初印行的《满清十三朝宫闱秘史》说雍正少小无赖，游荡江湖，结交剑客，在康熙弥留之际潜回宫中，偷改遗诏登基。如此二百年的流传，人们多是当作奇闻趣事的谈资，并没有进行学术性研究。

时至 1935 年孟森发表论文《清世宗入承大统考实》，得出雍正实系"篡位"的学术观点：针对雍正在《大义觉迷录》中说的康熙召见七位皇子和隆科多宣布传位皇四子胤禛一事，认为根本没有康熙召见皇子和隆科多宣布继嗣末命的事，这是雍正捏造的企图说明其继位合法的谎言；雍正害死康熙得位，诸兄弟不服,于是雍正迫害允禵、允䄉等人,而允祉无意于政治,也被忌恨遭到囚禁;康熙要传位给允禵,雍正用川陕总督年羹尧钳制他,后来诛杀年羹尧、隆科多就是怕他们暴露夺位的秘密——所谓杀人灭口。这篇文章是雍正篡位说的奠基作,也是这一历史由传说、演义发展成为学术研究课题的标志。20世纪四五十年代,王钟翰在孟氏研究的基础上,以允禵西征的历史进一步说明康熙属意这个儿子,把篡位说研究推进一步。70年代后期金承艺和王氏一样,在允禵史方面作文章,认为雍正原来不叫胤禛,为篡位夺了乃弟胤禵的名字,将康熙遗诏"皇位传十四子胤禵"改易为"皇位传于四子胤禛",因而形成他的"盗名改诏"说。归结起来,篡夺说要点有二:一为康熙没有传位雍正的末命,二为康熙属意于允禵。

二、康熙末命雍正继位说

比起篡位说,合法继位说到70年代末才有像样的研究成果出现,但自此发展较快,有影响的论著相继面世。1979年吴秀良撰《通向权力之路——康熙和他的法定继承人》一书,从康熙继位一直谈到雍正承嗣,提出以康熙重视孝道作为判断他选择继承人的线索,认为允礽因不仁不孝而见废,允祉、允禵皆以不孝而不中意或被斥责,唯独雍正的诚孝被选中了。2010年6月1日,中国社会科学院历史研究所举办学术报告会,吴秀良在演讲中说:他原来是相信篡夺说的,但在一次研讨会上,何柄棣提出,雍正夺位说需要再研讨,希望吴秀良来做。这表明何柄棣不赞成夺位说,他应是合法继位说的首倡者。吴秀良主动说出合法继位说倡导人,不埋没他人业绩,令人感佩。

1981年杨启樵出版《雍正帝及其密折制度研究》一书,次后写出《"雍正篡位"再论》等文,与篡位说的孟森、王钟翰、金承艺诸氏一一辩论,赞扬雍正的优点和政治能力,相信康熙传位于他的史料,把年羹尧、隆科多被戕归咎于他们破坏雍正密折制度,而不是什么杀人灭口。同年,笔者发表《康熙朝的储位之争和胤禛的胜利》,紧接着撰成《康熙帝十四子胤禵改名考释》《曾静投书案与吕留良文字狱》等文和《雍正传》一书。笔者的意思是把雍正嗣位放在康熙后期和雍正前期的政治斗争中来考察,从康熙对雍正的一贯态度,以及与对其他皇子态度的比较中,认为取中了他;说明年羹尧、隆科多之狱,系他们擅权、妨碍皇权所致;害死允禵、允䄉是储位斗争的延续,具有保卫皇权的性质;

曾静大狱和《大义觉迷录》的出笼是雍正在政治成功之后，争取社会舆论认同的性质。

三、雍正自立说及三说中的共识

雍正继位疑案，学界普遍以为只有篡夺与合法两说，笔者的认知是——还有一个自立说，虽然关于它的文章甚少，观点不那么鲜明，论证不那么清晰，但它不同于前述二说，已有了自己的观点。庄吉发撰著《清世宗拘禁十四阿哥允禵始末》《清世宗入承大统与皇十四子更名考释》等文和专著《清世宗与赋役制度的改革》，认为康熙从无立雍正的意思，允禵被看作皇储的最佳人选，在允禵出征及其争储活动失败情况下，雍正渔翁得利，于康熙驾崩时捷足先登，"入承了大统"，无所谓矫诏篡立。庄氏虽未明言雍正自立，其意已可见了。

雍正继位三说仍处于并立状态，然而取得了一些共识，有益于今后的研讨，共识是：经过讨论之后，排除了允礽、允禩等的继位可能性，而把争储的焦点对准允禵和雍正；康熙第二次废黜允礽后，使储位久虚，因此诸皇子之间的争斗，不再是夺嫡，而是争储；改"十"字为"于"字的传说是虚妄的，不足为据；毒死康熙说，应予摒弃；雍正对其继位辩解太多，持不同观点的研究者皆从中看出问题，作出批评；继位疑案的研究意义不囿于合法与否的传统道德法统，应着眼于对社会的影响，这是研究者的共同愿望。

四、雍正合法继位的依据

笔者的主要证据有五，另有一个排除允禵继统的旁证。

1.召见七位皇子与隆科多应是事实，难于否定

雍正七年（1729），雍正就夺位事，说康熙传位给他时的情形：康熙在殡天那天的凌晨二三时，于畅春园寝宫紧急召见允祉、允祐、允禩、允禟、允䄉、允祥等七位皇子和隆科多，宣布"皇四子胤禛人品贵重，深肖朕躬，必能克承大统，著继朕即皇帝位"。其时，允禄、允礼等四位皇子在寝宫外等候。据此，康熙宣布遗命有时间、地点、人物、情节，雍正是遵照遗命继位，应当是正常的、合法的。究竟有无召见的事，七位皇子最有发言权。雍正叙说康熙召见七

位皇子事时，允禩、允禟已死，允祥是雍正死党，如果雍正是制造谎言，这三人不可能揭发。允祐，康熙说他"心好，举止蔼然可亲"，可能对雍正有看法也不会说，但允祉、允䄉、允䄉则不同了。允䄉于雍正元年(1723)被派往蒙古办事，擅自回京，在祈禳文中写"雍正新君"字样，表示蔑视；允䄉在雍正清理财政中涉及到他，公然把家产拿到大街上出卖，意在暴露雍正对兄弟的迫害，以示对抗；允祉遭到雍正打击，雍正八年(1730)允祥死时，雍正亲自祭奠，允祉故意后到，毫无哀戚之意，给人以幸灾乐祸的感觉，表示与雍正态度的差异。如果雍正当面造谣，说他们被康熙召去听遗命，他们当场不便揭发雍正，事后还不抓住这个把柄在底下说明真相，把雍正搞臭，以发泄内心的愤怒？可是并没有这种事情。当事人不否认的事情，后人就难于否定了。

康熙紧急召见皇子就传位雍正事予以明示，合乎当时情理。康熙眼看自己危在顷刻，而国无储君，再不指定，一旦亡故，将会造成纷乱，或致江山不稳，则对不起祖宗，并使令名受损，故须立刻决定继承人；至于人选，早就集中在两三个皇子身上，这时不必说是否取中允禵，单从他在数千里之外来看，火急宣诏也赶不回来，设若指定他，驾崩大事出来，他不在京城，国无君主，在诸皇子十几年结党争位的严峻形势下，不就会爆发齐桓公死后五公子停尸不葬而争位的局面吗？早在康熙四十七年(1708)废黜允礽时他就想到过这种事情的可能出现，这时怎么会忽视呢？! 弥留之际说出继承人为雍正，是刻不容缓的必然举动。

2.从天坛祭天场所征召雍正必系将赋予其特殊使命——继承大统

康熙召见七位皇子的同时，紧急征召奉命在天坛代皇帝祭天的雍正。雍正在康熙殡天这一天是在畅春园，如果他是不召自来，擅离职守，置祭天大事于不顾，是违旨抗命，岂是康熙所能饶恕。再说雍正来了，面见父皇三次，自是奉召无疑。这时的特殊召见，当系预定传位给他的极其必要措施。所以笔者认为，康熙为了皇位的稳定移交，临终前当机立断，指定久在选择中的雍正继位，这就是雍正所说的康熙"仓促之间一言以定大计"。

3.允祉等在康熙遗体前承认雍正继承大统

康熙事出，隆科多宣布康熙传位雍正遗命，这时皇三子允祉等皇子向雍正叩首，表示臣服，接着诸王大臣议定殡殓大礼，雍正为康熙更衣，奉送遗体回大内。虽然其时允禟有傲慢表现，允禩在沉思，然而授受之际一切正常，特别是允祉带动诸皇子向雍正行礼，不能说是拥戴，起码是认可雍正的继位。这

51

一事实,过往研究中颇为忽略,应予重视。若同雍正年间民间传说允祉让位的事联系起来看,亦见允祉跪伏的政治作用。民间是这样说的:"三兄有抚驭之才,钦遵父命,让弟居之,而圣君不敢自以为是,三揖三让,而后升堂践天子位焉。"将事情演义化,倒是挺有意思。

4.传教士马国贤回忆录反映雍正正常继位

马国贤住在畅春园附近,他将康熙病逝的夜间从寓所墙头看到和听到的事情,写在回忆录《清廷十三年》里,他提供了许多值得注意的信息:其一,康熙是病逝的,死亡时有御医在场;其二,雍正的继位,是康熙临终指定的;其三,继位之际状况正常,人人服从雍正;其四,雍正办的第一件事是尽孝子之责,装殓康熙,将遗体从离宫护送回大内。马国贤是事发同时获得的资讯,用今天的话说是"第一时间"得到的,因而可信度高。马国贤的记叙令读者得到的印象是:康熙是正常死亡,雍正是正常继位,而且继位时状况正常,与允祉等承认雍正的事实相符。

5.综合分析"康熙遗诏",是可信的

雍正公布的康熙遗诏包括三项内容:一是康熙对其毕生政治的看法,二是命雍正继位,三是命丧礼遵照礼制办理。遗诏第一、第三部分没有作假的问题,第二部分中指令雍正继位的内容的真实性需要讨论。议题关键是遗诏非康熙亲自书写,系雍正制作,若与康熙有意立允禵合看,则是雍正作伪。然而如同许多学者所指出的,历朝皇帝遗诏,基本上都出他人之手,不能以非亲笔书写断定雍正造假。笔者综合前述四点,即七位皇子面奉康熙传位雍正遗命,允祉等向雍正行礼表示遵从康熙遗愿,雍正被从祭天斋所召至畅春园的行为本身,无不表明雍正是合法继位者,而且马国贤第一时间的见闻表明雍正正常继位。

另外,笔者想谈谈皇家玉牒是否有雍正篡夺允禵皇位的资料及有关研究史。事情的缘起是孟森由隆科多私藏玉牒罪,想到玉牒是否有暗示传位允禵的信息?迨后金承艺的盗名改诏说,在允禵改名、雍正"夺名"上作文章。欲知允禵、雍正真名及允禵在玉牒中地位,只有查阅玉牒,因它对人名的记录最具权威性。于是查考玉牒资料摆在雍正史研究者面前。1980年秋冬之际,笔者、吴秀良、杨启樵几乎不约而同到中国第一历史档案馆查阅玉牒。笔者阅览康熙十八年(1679)、二十七年(1688)、三十六年(1697)、四十五年(1706)及雍正二年(1724)、十一年(1733)、乾隆七年(1742)等年份编纂的《宗室玉牒》(每年份均含"帝系""直格本""横格本"三种,满汉两种文本)。康熙间玉牒凡是提到皇四子名字的地方,汉文均作胤禛,满文与汉文字音相对,表明雍正名叫胤禛,始终用这个称谓,没有改名的事。"盗名改诏"无从谈起!允禵的名字,康熙间修的《宗室玉牒》前后不一,早先的为胤禵,后来的为胤祯。雍正继位后又称他为允禵,笔者把这种情形称为给康熙皇十四子恢复原名。康熙玉牒的横格本、直格本记录皇子的名字、生年、妻妾、子、受封情况以及已死者的说明,别无其他内容;玉牒帝系,对康熙皇子列表,若系允礽为皇太子年代修纂的,中间为皇太子允礽,两侧按昭穆排列。这样玉牒写皇太子之外,其他皇子依长幼之序书出,内容是规格化的,不会对某皇子作任何特殊地位的暗示,允禵亦不例外。孟森的疑问系由没有机会检阅玉牒产生的,金承艺亦然,读过清代所修玉牒的人就会释疑了。

(原载《北京日报》2010 年 10 月 4 日,标题《二百年疑案再断》系该报编辑所拟)

理郡王弘晳移居郑各庄折射雍正帝与废太子允礽关系
——解读有关郑各庄的四份满文奏折史料

中国第一历史档案馆译编的《雍正朝满文朱批奏折全译》，收有四份关于理郡王弘晳移居郑各庄的满文奏折，有其独特的史料价值。它表明雍正帝善待康熙朝废太子允礽之子弘晳，继位即封之为郡王，不久命其居住郑各庄。世间传言雍正帝杀害允礽，霸占其妻妾，由此折射其妄。这四份奏折，分别为该书序号 345《和硕恒亲王允祺等奏请理王弘晳迁居折》（雍正元年六月二十日）、356《和硕恒亲王允祺等奏请理王弘晳迁移郑各庄事宜折》（六月二十一日）、369《和硕恒亲王允祺等奏请理王弘晳迁移郑各庄折》（六月二十五日）及 645《和硕恒亲王允祺等奏请议理王弘晳移居诸事折》（九月十六日）。①《清世宗实录》卷 7"雍正元年五月乙酉"亦记载弘晳移居郑各庄事。笔者将对照解读，以明了雍正帝与允礽、弘晳父子的关系史，并涉及康熙帝对废太子的态度。

由于笔者仅仅是写作读书札记，有领会处则写几笔，不懂之处则忽略之，所以不求系统，只是一条一条叙来。

一、康熙帝将允礽部分家属养在宫中、善待允礽福晋

负责弘晳迁居的恒亲王允祺等人奏折，讲到弘晳兄弟子侄的居住状况："理王弘晳之弟在大内养育者二人，与弘晳居住一处者三人，理王弘晳之子在大内养育者三人，与弘晳居一处者五人，将此俱与弘晳一起迁移郑各庄居住。"又说："弘晳有一子由十五阿哥养育，仍由十五阿哥养育之。弘晳之弟弘晋之

---

① 中国第一历史档案馆译编：《雍正朝满文朱批奏折全译》，黄山书社，1998 年，第 180—181、186—187、193—194、347—348 页。

子,于宁寿宫其母处养育者一人,履郡王养育者一人,既系其弟之子,仍留之。"①表明弘晳有两个弟弟、三个儿子养育在宫中;弘晳之父允礽的妾居住大内宁寿宫,并抚养其子弘晋的一个儿子(即弘晳的侄儿)。允礽的妾、子、孙养在宫中,是康熙帝帮助允礽养家,是爱护自己的孙子、曾孙,实际是对允礽施恩。

康熙帝的施恩更表现在对允礽妻子石氏身上——以亲王福晋礼仪办理石氏丧事。石氏于康熙五十七年(1718)七月壬子亡故,康熙帝特谕大学士等,给予高度评价,从厚办理丧葬。康熙帝说:"二阿哥福晋,秉资淑孝,赋性宽和,作配二阿哥以来,辛勤历有年所,今忽溘逝,凡在内知其懿范者无不痛悼。"因为允礽的获罪,石氏已然失去王妃爵位,她的死,礼部不敢奏请给她写祭文,康熙帝又特别谕令大学士们同翰林院撰成祭文,交与该部,俟秋后致祭,并将祭仪酌行。②康熙帝称石氏为"福晋",仍视之为王妃。她的丧仪是按照王妃规格进行的。所以后来允礽故世,雍正帝命照亲王礼仪举办丧事,依据就是"前二阿哥福晋事,既照亲王福晋办理"③。又,《清史稿》卷220《诸王传·允礽传》亦载此事,基本上是转录《清圣祖实录》之文。④

允礽不肖,康熙帝不得不废黜他,但是以亲王王妃之礼安葬石氏,养育允礽子孙,表现出他的慈爱之心,同时也是接受汉武帝戾太子事件的历史教训,怕留下恶名。

二、雍正帝为弘晳封王

康熙六十一年(1722)十一月甲午康熙帝驾崩,次日乙未,继位的雍正帝即封八弟贝勒允禩、十三弟允祥为亲王、十二弟贝子允祹为郡王,同时封弘晳为郡王(随后赐嘉号为多罗理郡王)。⑤雍正八年(1730)五月乙未,雍正帝在封二十一弟允禧为贝勒之日,又谕"理郡王弘晳著晋封亲王"⑥。

<hr>

① 《雍正朝满文朱批奏折全译》上册,序号345《和硕恒亲王允祺等奏请理王弘晳迁居折》,第181页。以下引用该书文字,仅随文标注页码。
② 《清圣祖实录》卷280,"七月壬子"条。
③ 《清世宗实录》卷27,"雍正二年十二月壬午"条。
④ 中华书局本,第30册第9066页。
⑤ 《清世宗实录》卷1,"康熙六十一年十一月乙未"条。
⑥ 《清世宗实录》卷94,"八年五月乙未"条。

这两次封亲王、郡王的都是雍正帝的弟弟,唯独弘晳以侄子身份获得殊恩,乃因他是废太子之子,封他,令人感到雍正帝胸怀宽大,不忌嫉废太子的复辟因素,也是收买人心的政治手腕。

弘晳成为郡王后,奉命入镶蓝旗,"领取王之俸禄、米谷、属下人之钱粮、米谷时,由其府佐领行文旗下,照例领取"(第181页)。

允礽的其他儿子也得到了雍正帝的封爵。允礽第六子弘曣,雍正六年(1728)六月封辅国公;第七子弘晀,雍正十二年(1734)十一月封辅国公。[①]《清史稿》云允礽第三子弘晋、第六子弘曣、第七子弘晀、第十二子弘晥,皆封辅国公;第十子弘旳,在乾隆四年(1739)弘晳被乾隆帝削爵之后,袭郡王。[②]看来允礽诸子封爵辅国公,皆系雍正年间之事。

三、康熙帝修建郑各庄,雍正帝理解其用意,命弘晳入住

弘晳封王之后,出现给予王府的问题。哪里有现成的王府,抑或新建?

康熙五十七年(1718),康熙帝在距离京城二十余里的郑各庄修盖房屋,用途未作说明。雍正帝于雍正元年(1723)五月初七日谕旨说到此事,允祺等转述云:"(皇考)于郑各庄修盖房屋,派出兵丁,想皇考圣意,或欲令二阿哥前往居住,然无明降谕旨,朕不可揣度料理。"(第180页)同一天《清世宗实录》记载是:"谕宗人府:'郑家庄修盖房屋,驻扎兵丁,想皇考圣意,或欲令二阿哥前往居住,但未明降谕旨,朕未敢揣度举行。'"[③]两份文件内容相同,唯一差异之处是修建处所的名称,一曰"郑各庄",一曰"郑家庄"。以"家庄"为名,是普遍的习惯,以"各庄"为名,不多见,但在直隶(河北)的某些地方是民间习俗,因笔者于20世纪60年代前期在霸县(今霸州)短期生活过,得知当地村落有以"各庄"命名者。

关于郑各庄建造的具体情况,在台北故宫博物院编辑的《宫中档康熙朝奏折》第9辑(即《满文奏折》第2辑)中可以找到有关记录,唯因笔者未克获

① 鄂尔泰、涂天相等纂修:《八旗通志初集》卷75《封爵世表一》,东北师范大学出版社,1985年,第1456页。

② 赵尔巽等纂:《清史稿》卷220《诸王传·允礽传》,第30册第9067页。

③《清世宗实录》卷7,"雍正元年五月乙酉"条。

睹,兹转录杨珍据以形成的认知:"康熙五十七年(1718)十二月,康熙帝决定于昌平附近,'离京二十余里'的郑家庄建造行宫、王府、城楼及兵丁营房,由上驷院郎中尚之逊等负责监造,六十年(1721)十月全部完工。工程包括行宫大小房屋 290 间,游廊 96 间,王府大小房屋 189 间,饭房、茶房、兵丁住房、铺房共 1973 间,以及其他各项设施,总计用银 268762 两 5 钱 6 分 3 厘。"①

雍正帝认为郑各庄房舍恰合弘晳之用。因为康熙帝可能是为允礽建造的,因无准确信息,不便作此处置,而今让弘晳去住,就是合理的了。所以他说:"今弘晳既已封王,命伊率领子弟于彼居住甚合。"(第 181 页)"今弘晳既已封王,令伊率领子弟于彼居住,甚为妥协。"②

四、弘晳迁居由恒亲王等王公及内务府主持

雍正帝下令,弘晳移居郑各庄,"一切器用及属下人等如何迁移,如何安置,何日迁移,兵丁如何当差,府佐领人等如何养赡,及如何设立长久产业之处,著恒亲王(允祺)、裕亲王(保泰)、淳亲王(允祐)、贝勒满都呼会同详议具奏"。允祺等奏"现今郑各庄城内有 400 间房,臣等亲自前往办理,安置居住。若不敷用,再行添建"。(第 181 页)允祺等领受谕旨,亲自到现场查看和处置弘晳搬迁事务。

内务府的主管人员,办理内务府总管事务的庄亲王允禄和内务府总管赖保,于雍正元年(1723)九月十一日得到谕旨:"尔等会同原议弘晳事之恒王等人,务隆重会议具奏。"数日后的十六日,允祺、保泰、允禄、赖保、内务府总管李延禧、协理内务府总管事务郎中萨哈廉,联名具奏弘晳搬迁前夕及搬迁当日的具体安排。(第 346 页)

允祺是康熙帝皇五子,在雍正帝和康熙帝皇三子允祉之外,皇家地位最高,允禄是雍正帝亲近的兄弟,以他们为首主持弘晳的迁移事务,表明雍正帝极其看重此事,同时表明弘晳迁居是皇家大事,规格甚高。

---

① 台北故宫博物院编:《满文奏折》第 2 辑,第 775—779 页;杨珍:《清朝皇位继承制度》,学苑出版社,2009 年,第 312 页。

②《清世宗实录》卷 9,"二年五月乙酉"条。

五、弘晳搬家费用由内府承担

弘晳迁居的费用,雍正帝指示:"一切供用,务令充裕,勿使伊艰难,并贻累属下之人。"搬迁耗费钱财,新封的理郡王弘晳显然难于承受,如若内府不闻不问,弘晳必然艰难为之,以至勒索属人孝敬,招来抱怨。"供用"包括搬家所用物资、车辆,所谓"由内务府、兵部领官车,载运一切器用"。(第181页)

六、允祺等决定弘晳兄弟分家及随同弘晳迁移人员

"给理王弘晳分家事,钦命俱交付内务府总管。"(第186页)

如第一目所述,弘晳有被养在大内的弟弟及同居之弟五人、在大内及同居之子八人,允祺等意见,"将此俱与弘晳一起迁移郑各庄居住";弘晳之一子及其弟之子仍由履郡王允祹、十五阿哥允禑等养育者照旧。(第181页)由此可知弘晳兄弟子侄的迁居与否,不问他们本身的意愿,完全由雍正帝指派的王公决定。

七、弘晳侍卫、护军、太监及使用之人来源与钱粮

侍卫的派遣,在弘晳初封理郡王时有多种途径,及至符合王爵定制后,按常规办理——"理王弘晳处钦命补放之护军校一员,所请侍卫十二员,暂随之侍卫三员,蓝领一员及现有之侍卫,既俱已够王之份,故停止捡放,嗣后倘侍卫官再出缺,若有应补放之人,照依王等之例,咨部具奏后补放可也。若无应补放之人,于驻郑各庄之甲兵内,由王府长史会同城守尉分别后,应补放之人亦照王府之例,行文兵部,具奏补放可也。"就此,雍正帝朱批:"(补放王府侍卫)经王视看。"(第194页)意即所定侍卫人等,需要弘晳验看认可。

弘晳属人的来源。允祺等人是从诚亲王之人抽出185人,简亲王、弘昉之人各抽出80人,总共345人,令满洲府佐领章京一员、旗鼓佐领章京一员兼任理王弘晳属下侍卫官。(第181页)对这些抽调的人员,允祺等"亲自分别验看,其应于官差上行走之人,通融供给钱粮"(第187页)。护军、拜唐阿等,"每月皆均匀给发钱粮,以俾当差无碍无难"。雍正帝朱批钱粮数目,"由大臣酌情

58

办理"。(第193页)

按照康熙时的设计，郑各庄有宫城、府邸、房屋，弘晳王府官员配备齐全后，允祺等发现守卫王府官兵不足，提出解决办法："现今理王弘晳属下佐领定例后，方可整饬捡放，若仅现有之侍卫官守门，看起来冷落，驻郑各庄之六百甲兵惟城守门，并无多余官差，除城门官差外，再添堆子四处，守护王之家。每个堆子不论章京、骁骑校各一员，各率甲兵十人进住。"朱批："巡查时，王府长史城守尉公同查之可也，若有旷班、违法者，由城守尉酌加治罪。"(第194页)

弘晳的太监及待遇。因初次分家亦予特别照顾，如给予太监钱粮："凡王等分家后，无给发太监钱粮之例，既然理王弘晳初次分家，随去之太监既系由大内赏赐之太监，故仍旧供给钱粮米谷，若减员则裁钱粮米谷。"(第181页)"理王弘晳所属太监共百余人，因初次分家，随迁子弟有十一人。既然有用太监之处，故所有太监皆各给一两银，嗣后凡处整饬之时再定。"朱批："虽无给发王等府太监钱粮之例。"意思是初次分家，开恩给予太监银两。朱批又云："一年终了，奏请谕旨一次，恩从主出。"(第194页)意思是起初之开恩，不能成为定例，一年后再请谕旨，需知恩从主出，任何大臣也不能代替皇帝施恩。

八、迁移郑各庄日期

搬家需要选择吉日，六月二十一日允祺等意见："视郑各庄房屋修造完竣，交付钦天监，择吉迁移之。"(第187页)房屋修葺后，钦天监选择黄道吉日，以确定弘晳移徙日子。

允祺、保泰、允禄、内务府总管赖保、李延禧等于九月十六日奏："理王于本月二十日搬家，搬家前一日，王、福晋请圣安，次日二十日卯时起行。启程前往时，设多罗郡王仪仗，王同辈兄弟内有级之阿哥尽皆往送。遣闲散大臣一员、侍卫十名、内务府总管一员、家臣十员送之。福晋前，由管领妻四人……跟送。引路、随行时派护军参领一员、算护军校府护军二十人。此送行之阿哥、大臣、侍卫官员俱穿锦袍、补缀褂。再派内委饭上头目一员、饭上人四名、委茶上头目一员、茶上人四名，于前一日前往，备饭桌三十、饽饽桌十。照例派出府属之年高从小结发之夫妻一对，于王之前，先往新家候之，王到出迎，以善言祝

59

祷。所备饭桌、饽饽桌上之克食,供王、福晋食用之。食毕谢恩后,往送之阿哥、大臣、侍卫、官员返回。"(第347页)选定了搬迁时日,同时确定行程的具体安排:弘晳夫妇于搬迁前一日向雍正帝请安;出行用郡王仪仗;弘晳同辈兄弟送行;一些大臣、侍卫送行;护军参领引路;内务府派遣侍候茶饭人员于头一天到达郑各庄,为弘晳预备饮食;派遣吉利全福人先期到王府,弘晳抵达,致送祝词。如此安排,相当周详,令弘晳既风光,又减少搬迁劳累之苦。

九、弘晳朝会办法

弘晳新居不在京城内,上朝不能像在城里王公那样方便,于是特为议定新法,即何种情形上朝,上朝时安排临时住处:"彼处(郑各庄)距京城既然有二十余里,不便照在城内居住诸王一体行走……除升殿之日听传来京外,每月朝会一次,射箭一次,凡有齐集,听宣前来,若圣主前往野外,停止每日朝会。再,正月初一堂子行礼,进表、坛庙祭祀,因理王弘晳前来,交付内务府总管办给住房及一切事房,为王下榻之所。"(第181页)这就将弘晳迁出城后的事务,事先做了周到的处置方法规划。既要让弘晳能尽臣子之礼,又不为难。

十、雍正帝处置允礽之善后与追封亲王

允礽死于雍正二年(1724)十二月,该月壬午日,王大臣等奏二阿哥病势甚笃,雍正帝发出谕旨:

> 前看守之王大臣奏闻二阿哥病症,朕即下旨与王大臣,于太医院择良医调治,昨者稍愈,二阿哥披诚陈奏,感激朕恩,殊为可悯。近日医云病复变重,朕欲往看,恐二阿哥执为臣之礼,俟有事后,朕再往奠。前二阿哥福晋事,既照亲王福晋办理,若二阿哥有事,亦应照亲王之例办理,一切所用之物,交于内务府大臣庄亲王、常明、来保等俱于内府取给;理郡王所属人等俱着穿孝,即传谕命其预备。二阿哥之子孙交与总管太监,多派人照应。从前皇考时,大阿哥福晋,曾派在内阿哥穿孝,如二阿哥有事,着诚亲王、允裪、长子弘曙、弘晖、弘曦、弘昉、弘春、弘昂等穿孝,照亲王例齐集。……著择定出殡日期,送至郑家庄设棚安厝,令伊子弘晳得尽子

道。出殡时每翼领侍卫内大臣各一员、散秩大臣各二员、侍卫各五十员送至郑家庄。癸未，二阿哥允礽薨，追封为和硕理亲王，谥曰密。①

雍正帝按照亲王薨礼安葬允礽，令内务府照顾允礽子孙，由内府供给丧葬费用，特别是令诚亲王允祉、履郡王允祹、长子弘曙等穿孝，极其隆重，又追封亲王，赐予谥号，允礽可谓备极哀荣。灵柩安置郑各庄，令弘晳得尽为子之道。

这些是《实录》的记载，可是民间却说雍正帝"弑兄"（杀害允礽）、收用允礽妻妾（"将二爷的妃嫔收了"）。②从情理分析，雍正帝继位后仍然囚禁允礽和大阿哥允禔，是维持康熙朝状况，绝非迫害他们。若要加害允礽，也不会等到继位两年之后，尤其是平定青海罗布藏丹津之后，雍正帝帝位稳定，无须乎除掉允礽。允礽应系正常死亡，允禔死于雍正十二年（1734），亦无疑议。前已说明允礽妻石氏病死于康熙五十七年（1718），妾（弘晋之母）携一孙于康熙间居住宫中。允礽死后，雍正帝将其余宫人养在宫中，究其原因，审理曾静案的官员说是"皇上念理郡王难以养赡多人，或至少有失所，于密亲王甚有关系。是以特降谕旨，令理郡王之生母分别区处，并传旨询问诸人，若有仍愿居宫中者，悉如圣祖皇帝之老妃居宁寿宫之例"③。说得不无道理。

弘晳迁居郑各庄的过节大体如此。此事令笔者产生四点感想：一是雍正帝对弘晳寓优遇于控制之中，二是优待弘晳折射宽待允礽，三是优待允礽父子极富政治含意，第四点是关于康熙帝的。让我们先说前三点。

第一条，弘晳是罪人、废人之子，本无出头之日，未成想突然郡王显爵加身。雍正帝实在是优待他，同日封王的四个人，雍正帝给的是三个弟弟，且将其中的允䄄、允祥用为总理事务亲王，侄子辈仅有弘晳一人，凸显了他高贵独特的身份。雍正帝对弘晳的关爱，在弘晳搬家的全部过程中处处体现出来。弘晳虽然获得无上荣誉和雍正帝的优遇，但是在雍正帝的优待之中，不仅有笼络之意，更是包含控制的内容。作为废太子之子，弘晳有着某种政治潜能，虽

---

① 《清世宗实录》卷27，"雍正二年十二月壬午"条。

② 《大义觉迷录》卷1、卷3，载中国社科院历史研究所清史研究室编：《清史资料》第4辑，中华书局，1983年，第12、104页。

③ 《清史资料》第4辑，第104页。

然不会有多大,但总是不得不防备的。雍正帝让他住到郑各庄,这里有城、有王府,城有守卫,王府又有守卫,弘晳在双重守卫之中,人身安全固然有保障,而与之俱来的是人身不自由,即身在雍正帝派出的警卫控制之中。再说,如果说康熙帝原来是要将允礽隔离、禁锢于此,以当时的观念来说,这里是不祥之地,弘晳入住于此,心情能够舒畅吗?能不感到压抑吗?

其次来说,雍正帝优遇弘晳,折射出对允礽的宽容。允礽虽然仍然是罪人、囚徒,但是儿子突然有郡王爵位,他的家族恢复了在皇族中的某种地位,就不仅是康熙帝血统的自然人身份,更是皇家贵族身份。弘晳地位的获得,肇因于他是允礽的儿子,雍正帝优遇弘晳,不计较允礽的罪人身份,不计较他的原先皇太子地位,不就折射出雍正帝对允礽的宽容态度吗?说雍正帝杀害允礽,显然是无稽之谈。

复次来看雍正帝对弘晳封王的政治意图。笔者试图归纳为三条,其一,对先帝示孝。康熙帝两次立允礽,两次废黜,既是万不得已,又是怕落不慈恶名,就后一点而论,不必说传统社会的伦理,就是现代学者孟森也指出废太子事件是康熙帝的"圣明之累"。康熙帝为向允礽宣示仁慈,养育其部分子孙于宫中,以王妃之礼安葬允礽正妻石氏。雍正帝明白康熙帝的心理,向前迈一大步,为允礽儿子弘晳封王,表示顺照康熙帝意愿对允礽施恩,显示他对康熙帝的孝心。其二,封王弘晳,也是对允礽的一种补偿,是新皇帝对废太子的一种安抚,昭示雍正帝对允礽的兄弟友爱。其三,允礽在第二次被废之后,已成政治僵尸,但也还有些许拥护力量,雍正帝为弘晳的封王,对这类人是一种安抚,希图令这些人对新皇帝产生亲和力。总而言之,雍正帝的善待允礽、弘晳父子,是政治策略,收揽人心,稳定刚刚获得的帝位。

前述雍正帝的处置允礽、弘晳父子事务,不时涉及康熙帝。允礽是康熙帝头疼的事,他不得不废除允礽,又费心关照他的妃子石氏和几个孙子,显示他的仁慈,不把事情做绝。雍正帝对待允礽、弘晳父子的办法,是为保卫自家皇位不必说了,而特别显示出以康熙帝之心为心,真是用心良苦。

附记:本文的题目,本应是现在的正题、副题颠倒过来,由于将被收入关于郑各庄历史的论文集,遂成了如今的样子。

(2012 年 8 月 10 日记于南开大学顾真斋)

论清世宗的思想和政治

说到清朝的治世,人们常称"康乾",康、乾之间的雍正被略去了,究其原因,一面固然为语言简练之所需,一方面也包含了对雍正政治的轻视。清圣祖和清高宗的统治都长达六十年以上(乾隆实为六十四年),他们的业绩卓著,犹如两座对峙的山峰。雍正为时仅有十三年,但是具有传奇式品格的清世宗,在这短暂的时间里,给历史巨人形象的塑造着上了他的许多色彩,换句话说,他对历史的影响之大,不让于他的父皇和嗣子。两峰之间实在夹着他的一峰。康雍乾三代人的功业构成了一组不可断裂的群峰。本文介绍清世宗的政治思想和政治实践,试图说明他的历史地位,如果能多少反映他那个时期的中国社会的面貌,则是我们的奢望了。

一、"以一人治天下"的君主至治思想

人的思想支配人的行动,清世宗从政的指导思想是什么?他继位之初,为寝宫养心殿西暖阁亲书的对联曰:"原以一人治天下,不以天下奉一人。"[1]"以一人治天下",是他对自己政治思想的高度概括。这个思想的具体内容,我们从清世宗的言论和政治实践中不难发现,包括以下几个方面:

(一)"有治人,即有治法"

雍正元年(1723),御史汤之旭奏请划一律例条款,颁示天下。清世宗回答说:所奏"未尝不是,但天下事,有治人,无治法,得人办理,则无不允协;不得其人,其间舞文弄法,正自不少,虽条例划一,弊终难免"[2]。法令制度和制定、执行法令的人,两者与国家治乱的关系,清世宗把人看成最重要的因素,而法制的作用则取决于从政的人的状况,是次要的。他认为很好的法制也要守法

---

① 《朱批谕旨·朱纲奏折》,雍正五年九月二十六日折。
② 《清世宗实录》卷9,"雍正元年七月乙未"条。

的人来推行,若碰到坏人,反倒被他利用为"贪营巧取"①的工具。他又认为法久弊生,故法不可恃,还要靠人把它改过来,才能免除弊病。至于法不完善并不要紧,只要有好人来执行,自然会"因时制宜",加以补充调整,使之成为善法,所以他说"有治人,即有治法"②。"有治人,无治法",自从荀子提出来之后,历来被统治者所信奉,清世宗信之弥坚,他的"有治人,即有治法"之说,越发明确地把法治从属于人治,进一步说明人治的重要。

"人治",作为清世宗的政治思想的内涵,主要是帝王的励精图治。清世宗说他勤于治事,"即动静食息之间","未尝不孜孜以勤慎自勉也"。③他以"朝乾夕惕"自诩,不止一次地在朱批谕旨中叙述他"日间刻无宁晷",半夜还在批阅奏折的勤政情况。④他绝不似乃父乃子四出巡幸,"励精图治,惟日孜孜"地埋头政务。⑤他的思想和他的践履表明,帝王的励精图治,是他的人治思想的基本内容。

清世宗说:"治天下惟以用人为本,其余皆支叶事耳。"⑥又说:"择相之道,惟在得人。"⑦很清楚,他把得人、用人视为帝王治理政务的大纲。清世宗强烈主张选用有才干的人,他说官员只具备"清、慎、勤"三项条件,不会治理好国家,必须具有才技、远识和勇于任事的品格才能胜任。⑧与此相适应,他力主不秩用人,自称"朕用人原只论才技,从不拘限成例"⑨。他要求大吏推荐人才,"不必拘定满汉,亦不限定资格,府县官亦可被破格保举为封疆大僚"⑩。看来,在皇帝的指导下,建设好政权班子,是他人治思想的另一项内容。

清世宗有这样的思想是很自然的。本来,君主的权力要多大有多大,法律是他制定的,法律如不完备,或同他的意志相抵触,他会用令、式、格来补充,他的话就是法令,就是施政方针,当然法治从属于人治了,从属于君主之

---

① 《清世宗实录》卷89,"雍正七年十二月癸卯"条。

② 《清世宗实录》卷22,"雍正二年七月丁未"条。

③ 《朱批谕旨·李维钧奏折》,雍正三年二月初一日折。

④ 《朱批谕旨·蔡珽奏折》。

⑤ 《清世宗实录》卷159,"论赞"。

⑥ 《朱批谕旨·鄂尔泰奏折》,雍正四年八月初六日折。

⑦ 《清世宗实录》卷83,"雍正七年七月丙午"条。

⑧ 《朱批谕旨·王国栋奏折》。

⑨ 《朱批谕旨·石麟奏折》,雍正十年九月二十五日折。

⑩ 《清世宗实录》卷80,"雍正七年四月壬辰"条。

治了。

（二）为政"当宽则宽，当严则严"

历代统治者常说，施行政治，要宽严结合，要宽中有严、严中有宽。清世宗批评这种见解是"参杂于宽严之间"的折中说法，他认为宽就是宽，严就是严。他说在处理事情时，"当宽则宽，当严则严"，如果十个人该赏，就都给赏，不能因赏的太多，就少赏几个，同样，十人当罚，就全要处罚，也不要因罚的太多，而少罚几个。①清世宗所说的宽严也是指恩威使用"得当"②，比如对苗民，他说"地方有司实意矜恤，令其知感"是施恩，"营伍严肃，令其知畏"是用威。③

宽政、严政怎样选择，清世宗说要"观乎其时，审乎其事"④，要根据当时的社会情形、具体事物的情况，给予确定。他又说："察吏贵乎严明不懈，临民须宜宽猛兼施。"⑤就是说对官吏要严，对百姓既要实行仁政，又要移风易俗。对于他的政治，当时人多所批评，有人说他"刻薄"⑥，"烦苛琐细"⑦，"好抄没人之家产"⑧。他明白地回答说："朕治天下，不肯以妇人之仁弛三尺之法。"⑨他又争辩说，为了整饬官方，该惩罚的官吏就要惩治，这不是苛刻。⑩大臣之间互相揭发，是"言所当言，亦非刻薄"⑪，也不是"专引君主于刻薄"⑫。这些事实说明，清世宗认为严是应该的，他所要实行的就是严猛政治。

（三）为政在于务实，不可虚文邀誉

清世宗在他继位一周年之际，告诫臣工说："为治之道，在于务实，不尚虚名。朕缵承丕基，时刻以吏治兵民为念……"⑬要治理国家，是尚虚，还是务实？他的观点非常鲜明，那就是务实，注意吏治、民生。他要求臣下"筹国是，济苍

①④《清世宗实录》卷81，"雍正七年五月己酉"条。

②《朱批谕旨·马会伯奏折》，雍正三年十月二十八日折。

③《朱批谕旨·马会伯奏折》，雍正四年四月十六日折。

⑤《朱批谕旨·郝玉麟奏折》，雍正七年二月初四日折。

⑥《清高宗实录》卷3，"雍正十三年九月庚申"条。

⑦《清世宗实录》卷22，"雍正二年七月丁巳"条。

⑧《清世宗实录》卷46，"雍正四年七月丁未"条。

⑨《大义觉迷录》卷1。

⑩《清世宗实录》卷31，"雍正三年四月戊子"条。

⑪《朱批谕旨·高其倬奏折》，雍正二年二月二十九日折。

⑫《上谕八旗》，雍正二年。

⑬《清世宗实录》卷13，"雍正元年十一月丁酉"条。

生"①。学校教育要"实行""文风"两者并重。②所以他的尚实,就是要求君臣共同关心国家大计,去解决民生、吏治的实际问题。"好高人招妒",那些实心任事的官员,往往遭到诽谤,被攻击为多事喜功。清世宗敏锐地看到这种情况,告诉大吏,属员中振作有为、整理事务的,不要听信谗言限制他们办事,而应该鼓励他们,这样政事才能有成效。③可见,保护、支持官员实心办事,是清世宗务实思想的一项内容。

要务实,必然反对沽名钓誉。清世宗对官场中流行的"名实兼收"状况非常不满,他看到官员讲的"实"是"货财",是"肥家",不是国计民生的"实";官员讲的"名",是"官爵",是"钓誉",不是由于实心实政而应得的美名。④他分清"名实兼收"的"名"和"实",与为政务实以及由此而得名的"名"和"实",是两种"名实"观,他反对不顾吏治、民生的"名实兼收",要求官员"言行相符"。⑤这种名实观,进一步丰富了清世宗为政务实的思想。

(四)臣工唯知尊君,不能结党

清世宗说"朋党最为恶习"⑥,三番五次地训诫臣下,阐明他的反对朋党的政治观念。

孔子的君子"群而不党"学说,被君主奉为不可动摇的真理,用之为控制臣工的思想武器,打击臣子结党的棍棒。欧阳修对它作了点修正,认为小人不可能有真正的朋党,只有君子因道同而结党,因此他要求君主"但当退小人之伪朋,用君子之真朋,则天下治矣"⑦。清世宗说这是欧阳修"掉弄笔舌""害理伤道",他认定"君子无朋,惟小人则有之",结党哪里是卫道呢!他说欧阳修的观点被小人利用为结党的口实了,必须驳斥,"以正其惑"⑧。对欧阳修的伐挞,表现了清世宗不允许任何臣子(君子或小人)以任何原因(为国或为私)植党的思想。

清世宗反对朋党思想之产生,是他痛感朋党祸国乱家之害,他说人臣应

①《朱批谕旨·李绂奏折》,雍正四年十一月二十一日折。
②④《清世宗实录》卷3,"雍正元年正月辛巳"条。
③《清世宗实录》卷65,"雍正六年正月己未"条。
⑤《朱批谕旨·高成龄奏折》,雍正五年七月初六日折。
⑥《清世宗实录》卷6,"雍正元年四月丁卯"条。
⑦《宋史》卷319《欧阳修传》。
⑧《清世宗实录》卷22,"雍正二年七月丁巳"条。

以君主之是非为是非，若敢于"树朋党，各徇其好恶以为是非"，"是罔上行私，"犯了背叛君主的不忠之罪。又说人臣结党，讥讪朝政，扰乱君主之视听，不利于坚持既定的政策。至于朋党之间互相攻击，则干预了君主用人去人的权柄。一句话，朋党干扰了朝政，妨碍君权的充分发挥，所以他说"朋党之恶，可胜诛乎！"①

清世宗希望臣下成为忠君之纯臣，以便根绝朋党。他在《御制朋党论》中写道："朕惟天尊地卑，而君臣之分定。为人臣者，义当惟知有君。"②中心的意思是强调臣子要尊守君臣之分、尊卑之分，绝对忠于皇帝，维护君主的最高利益。

综上所述，人治的思想，是清世宗政治思想的核心，反对朋党的理念，反对臣工为政沽名钓誉而不务实的观点，以及对官吏严明不懈的主张，都为实现君主至治所要求。所以清世宗的"以一人治天下"的思想，就是君主至治的思想，也就是说，他要实现高度集权的政治，建立比较廉洁的政府，建成比较富裕的国家。

如何评价清世宗的政治思想呢？他所笃信的人治观念虽然为历代君主所共有，但在他之前，进步思想家黄宗羲已经在《明夷待访录》中提出"有治法而后有治人"的观点。黄宗羲猛烈抨击了"有治人无治法"的传统观念，认为法制对国家的兴衰比人重要，因此要求"治人"服从法制。毫无疑问，黄宗羲的观点比清世宗们先进，清世宗在他之后还强调人治，从思想体系上讲当然是反动的了。但是法治在封建社会不可能真正实现，政治的好坏在很大程度上视执政者状况为转移。清世宗的人治，强调君主励精图治，重视官吏的任用得人，要求官员有才能、勇于任事，为此不论资历，不拘出身，以期有一个比较好的政权班子，实现清明政治。因此，从实践的角度看，清世宗的人治又有着某些合理内容。同时，清世宗并不忽视法治，本文即将讲到的他的改革就说明了这一点。不过在人治与法治之间，他强调抓官僚队伍罢了。清世宗为政务实与"当宽则宽，当严则严"的思想，重视解决国计民生的实际问题，比那些沽名钓誉的空头政治家，惟知剥民害民的执政者当然要好。清世宗反对朋党的观点

① 《清世宗实录》卷 6，"雍正元年四月丁卯"条。
② 《清世宗实录》卷 22，"雍正二年七月丁巳"条。

是帝王思想,然而朋党在历史上没起多少好作用,往往同政治黑暗相联系,清世宗为避免政治混乱,反对朋党,无可非议。总之,清世宗的君主至治是统治阶级官方哲学的一种观念,原无足道,但是他主张勤政,任人尚才,为政务实,反对朋党,有利于发挥人才的作用,有利于形成比较清明的政治,有利于解决国计民生中的某些问题,则是应当肯定的。用这种思想指导行政,会有积极效果。

二、改革赋役、整顿吏治

康熙末年,赋役混乱、吏治不清。以廉洁著称的赵申乔说当时"害民秕政非止一端,而横征私派之弊为祸尤烈"[①]。更为恶劣的是,赋役征收中官吏的放富差贫,所谓"乡愚多输,而缙绅士大夫以及胥吏豪强听其自便"[②]。沉重的正税私派和严重的赋役不均,使得贫穷人民交不起钱粮,有力完成的富人又规避拖欠,于是逋赋问题严重。地方官既要贪污行贿,又畏考成,不得不挪移正项钱粮,弥补亏空,造成国库不充。

"吏治乃一篇真文章也。"[③]清世宗看到康熙末年吏治败坏的严重性,以及它同其他积弊的关系,决心整顿吏治。他知道单纯地禁止官吏贪污不可能解决问题,必须同时解决官吏舞弊的某些原因和条件。所以他把整顿吏治,同实行赋役制度的改革结合起来。即位之初,就创行火耗归公和养廉银制度,推行丁归田粮制度,随之取消绅户、宦户制度,实现了几项重大的赋役制度改革。

首先,谈清世宗实行耗羡归公和养廉银制度。

加耗积弊,康熙时就有人提出改革的主张。"供赋民力疲,况复增火耗……善政利迅复,积弊期迅扫。"[④]康熙末年穷儒沈德潜的诗句,表达了民众清理火耗的愿望。康熙六十一年(1722),陕西巡抚噶什图建议将耗羡除留官吏支用外,多余的归公弥补正赋亏空。康熙说耗羡原来是地方官的"私事",若同意这个建议,就等于国家承认火耗的合法,也即承认加派。他说:"加派之

---

① 赵申乔:《赵恭毅公剩稿》卷6《再行禁绝火耗加派以苏民困示》。
② 钱陈群:《香树斋文集》卷4《条陈耗羡奏疏》。
③ 《朱批谕旨·杨名时奏折》,雍正四年十二月十八日折。
④ 沈德潜:《归愚诗钞》卷5《百一诗》。

名,朕岂受乎！"①显然他是沽名钓誉,不去清理这项弊政,把这个棘手的问题留给了他的继承人。清世宗洞悉加耗的弊病,看到耗羡归州县私收,"加派横征,侵蚀国帑"的事实,深感对国赋的不利。他还看到,"州县征收火耗,分送上司",所以他们"有所借口而肆其贪婪,上司有所瞻徇而曲为容隐",是以吏治不清,应当剔除。②雍正元年(1723),山西巡抚诺岷奏请耗羡归公,正合清世宗的心意,遂交给廷臣讨论。朱轼、沈近思等反对。次年六月,山西布政使高成龄续请提解火耗,清世宗再发廷臣会议,并指示他们要"平心静气,虚公执正,确议具奏",不许"怀挟私意,以及任性尚气,淆乱是非",否则处以罪罚。③七月,清世宗见诸臣议复报告,很不满意,指责他们"见识浅小,与朕意未合"④。那时山西的官员也多怨恨诺岷多事,妨碍他们的生财之道。在这"内外臣工皆有异词"的情况下,清世宗乾坤独断,命令山西推行。当时还有人建议,山西之法应为试行。清世宗说"天下事惟有可行与不可行两端耳",当行即行,何须试验！⑤表示了推行耗羡归公的不可动摇的决心。

清世宗还为提解火耗确定了基本原则:"与其州县存火耗以养上司,何如上司拨火耗以养州县乎。"⑥即让州县把火耗上交布政司,由省里统一支派。他规定火耗的用途:一是官员的养廉,二是弥补官员的亏空,三是留作地方公用。他又制定耗羡上交和养廉银支放的具体办法,即州县的耗羡银全部解交藩司库房,州县所应得的养廉银不许扣留,等到上交之后,再从藩司领取。这样好像是烦琐,但他认为如此才可免除州县假扣留之名而多征多留的弊窦。

耗羡由官收转为归公一事,使我们看到清世宗具有通权达变的才识,确实是为政务实,比乃父惧加派之名高一筹。

其次,谈清世宗的丁归田粮制度。

丁役不均的问题,康熙朝也有过讨论。有人提出丁银摊入地亩征收的变法主张,以为这样就会使绅民一体当差,避免贫民逃亡,保证丁银收入,也澄清吏治。持反对意见的人认为贫丁也是民,应该服丁役,否则也是偏枯,还会使游手末作成为化外之民。结果双方争执不下,把问题拖了下来。

---

① 《清圣祖实录》卷299,"康熙六十一年九月戊子"条。

②⑤⑥ 《清世宗实录》卷22,"雍正二年七月丁未"条。

③ 《朱批谕旨·高成龄奏折》,雍正二年六月初八日折。

④ 《清世宗实录》卷68,"雍正六年四月壬寅"条。

清世宗继位之初,也不想解决这个问题。雍正元年(1723)六月,山东巡抚黄炳奏请"按地摊丁,以苏积困",清世宗斥责他"冒昧渎陈",原因是"摊丁之议,关系甚重,岂可草率从事"。①一个月后,直隶巡抚李维钧亦奏请摊丁入粮,并说:此事"有力之家皆非所乐,或有阻遏其请者,况部中止知成例,必议不准,仰祈皇上乾断,允臣所请"。清世宗不再像对黄炳那样责备他,把他的奏疏交户部讨论,同时指示:"此事尚可少缓,更张成例,似宜于丰年暇豫、民安物阜之时,以便熟筹利弊,期尽善尽美之效。"②看来,他把丁归田粮视作大事,主张慎重处理,以期筹得善策,倒不是反对改革。九月,户部议复,同意照李维钧的建议实行,清世宗还不放心,命九卿詹事科道共议,九卿有一些保留意见,清世宗训斥他们没有"据理详议,依违瞻顾,皆由迎合上意起见"③,因而不能帮助皇帝裁决问题,遂令照户部议行。十一月,李维钧大约害怕清世宗还不坚决,又奏称他因此议招致"权势嫌怨",感到孤立。清世宗知道他是为己而发,告诉他:"蓦直做去,坦然勿虑,若信不得自己,即信不得朕矣,朕之耳目当易为人荧惑耶!"④清世宗自信是意志坚强的人,一旦下了决心,就不再改变主意。这番表白,道出了他对推行丁归田粮制度的坚定不移态度。

丁归田粮的问题,从六月黄炳提出,到十一月清世宗决心实行,为时半年。其间,清世宗的态度从消极转变为积极,并把丁归田粮的办法制定了,也没有虚度。再说雍正元年的讨论,是康熙年间争论的继续,雍正元年能够迅速作出抉择,还是由于清世宗本着为政务实的精神,吸收臣僚的正确意见,作出果断的裁决。所以仍然可以说,丁归田粮制度的建立和实行,决策人物清世宗起了积极的作用。

复次,谈清世宗革除儒户、宦户。

清代,秀才之家称为儒户,监生之家称为宦户,享受优免差徭的待遇,他们又同地方官吏勾结,包揽钱粮和词讼,欺凌小民,败坏吏治,是产生弊政的一个祸源。

清世宗对于宦户、儒户的为恶看得很清楚,他说不肖生监凭恃一衿,包揽

---

① 《朱批谕旨·黄炳奏折》,雍正元年六月初八日折。
② 《朱批谕旨·李维钧奏折》,雍正元年七月十二日折。
③ 《清世宗实录》卷11,"雍正元年九月戊戌"条。
④ 《朱批谕旨·李维钧奏折》,雍正元年十一月初一日折。

钱粮,"每当地丁漕米征收之时,迟延拖欠,有误国课"。为了消除这一祸害,遂于雍正二年(1724)二月通令督抚"革除儒户、宦户名目"。若生监不法,"即行重处,毋得姑贷"。①雍正四年(1726)四月,再一次禁止私立儒户、宦户。他在实行赋役改革的同时,取消儒户、宦户,实有助于弊政的剔除和吏治的清理。

世界上的任何改革都不会一帆风顺,一部分绅衿对削弱他们的特权顽固反抗。雍正二年(1724)五月,河南封邱生员王逊等聚众拦截知县,声称"征收钱粮,应分别儒户、宦户,如何将我等与民一例完粮,一例当差"。随后又举行罢考。清世宗从河南布政使田文镜的报告中获知此事后,指示"将为首者出其不意拿禁省城","必将一二渠魁正法示儆,刁风方可少息"。②并派部臣前往审理。在处理这个案件的过程中,开归道陈时夏承审时不坐堂,反称诸生为年兄,央求他们赴考。清世宗就此情形指出:"可谓大笑谈!书生辈惯作如是愚呆举动,将此以博虚誉,足见襟怀狭隘。"③此案以诛杀王逊而结束。封邱罢考事件的处理,表明清世宗反对沽名钓誉,坚持改革,从而取得某种成效,没有这样坚定的务实态度和严格精神,不可能获得任何成功。

清世宗实行赋役制度改革,就中作了吏治这篇大文章,取得了一定效果。一时间官吏营私舞弊有所减少,赋役制度较前合理。这个成就,早在嘉庆初年史家章学诚就指出来了。他说:"康熙末年积弊,非宪皇帝不能扩清至治。"他又针对乾隆末年遗留的社会问题,要求清仁宗"效法皇祖宪皇帝之所为,则累民悉除"④毕竟清仁宗不是清世宗,前朝积弊没有解决反而越积越多,致使清朝政权日趋衰落。这一对比,更显见清世宗清厘弊政的意义及其个人在政治中的杰出作用。

三、奖励农业、压抑工商

清世宗同其他封建君主一样,有着重农抑末的思想,他说"农为天下之本

---

① 《清世宗实录》卷16,"雍正二年二月丁巳"条。

② 《朱批谕旨·田文镜奏折》,雍正二年六月二十二日折。

③ 《朱批谕旨·田文镜奏折》,雍正二年八月初八日折。

④ 章学诚:《章氏遗书》卷29《上韩城相公书》。

务,而工贾皆其末也"①。他从农业给士农工商提供食粮出发,害怕从事工商业的人多了,会影响农业,所以一再强调重视农本。他为了发展农业生产,本着为政务实的精神,采取了许多措施,并企图用农业的发展压抑手工业的发展。

耤田和先农坛,历来设于首都,皇帝亲耕和祀先农,表示对农耕的重视。雍正四年(1726),清世宗令各府州县普遍设立先农坛,置耤田,让地方官俱行耕耤之礼,"使知稼穑之艰难,悉农民之作苦,量天时之晴雨,察地方之肥饶"。他说只要地方官懂得重农课稼,"于亲民务本之道大有裨益"②。他把广设耤田作为政府重视农业的一项措施。他还决定,每年给"勤劳作苦"的老农发顶戴,以鼓励农民生产。江南民谣:"雨过番湾滑大堤,先农坛下看扶犁。争传野老荣冠带,到处撑献早罱泥。"③说明这两项措施产生些许影响。

清世宗看到"生齿繁殖"的事实,认为要解决日益严重的民食问题,"惟开垦一事,于百姓最有裨益"。④遂实行听民垦荒的政策。过往百姓报垦,官吏需索之费,反比买田价高,所以不敢开垦,清世宗明令禁止官员勒索。四川不谙垦种的地方,清世宗令从湖广、江西选择老农,给予衣食,前往教耕。清世宗希望这些办法生效,"使野无旷土,家给人足"⑤。

清世宗在畿辅搞水利田,也是发展农业生产的一项措施。雍正三年(1725)春,李维钧奏报他在保定挖沟渠,清世宗责怪他孟浪,说"此事必通盘将地之高下、水之去来,明白绘图审视,斟酌而后可定",并表示他"不甘为轻举妄动之人主"。⑥这一年直隶水灾,因命允祥、朱轼勘察水利,他们绘图进呈,清世宗很高兴,称赞他们将"巨川细流,莫不穷源竟委"⑦。于是设营田水利府,负责官民开垦水利田,招募江浙老农来教垦。

早在康熙年间,八旗生计问题就出现了。清世宗感到这个问题的严重性,设法加以解决。雍正二年(1724),命在京南拨官田二百顷,设八旗井田,选择无产业的旗人前往垦种。八旗井田土地少,容纳人数有限。清世宗晚年

---

① 《清世宗实录》卷57,"雍正五年五月己未"条。
② 《清朝通典》卷44《吉礼·耤田》。
③ 陈金浩:《松江衢歌》。
④⑤ 《清世宗实录》卷6,"雍正元年四月乙亥"条。
⑥ 《朱批谕旨·李维钧奏折》,雍正三年二月二十五日折。
⑦ 《清朝文献通考》卷6《水利田》。

打算把旗人分拨到黑龙江、宁古塔居住耕种，"俾得自为生养"①。寻因其死而未及举行。

贱民，处于社会最低层。贱民制度，是桎梏社会生产力发展的枷锁。清世宗实行解除贱民籍的政策，雍正元年(1723)四月放山陕乐户为良，并令查核类似的贱民，"概令改业"②。八月，豁除浙江绍兴堕民。五年(1727)，除安徽徽州伴当、宁国世仆，七年(1729)允许广东疍民上岸，八年(1730)削江南常熟丐户贱籍。他指责徽州、宁国府大户虐待伴当、世仆，是"相沿恶习"③，他说疍户"本属良民，无可轻贱摒弃之处，且彼输纳渔课，与齐民一体"④，不可歧视。他的释放贱民，使"不能振拔者，咸与以自新之路"⑤。为沉沦数百年的贱民获得新生提供了条件，是解放这一部分生产力的措施。

雍正二年(1724)两广总督孔毓珣奏请开矿，五年(1727)湖南巡抚布兰泰亦以开采为请，清世宗均不允许，他认为采矿一事，"目前不无小利，但聚集多人，一旦矿尽，矿徒没有生路，就会出乱子"⑥。他把开矿当作小利，不许兴办，他所重视的只是农业之利。

制约农业生产迅速发展的根本问题是封建地主土地所有制，这是那个时代任何人也解决不了的问题。清世宗企图提高农业生产水平，所采取的上述措施，只涉及少数地区、少数农民，谈不上是发展农业生产的有效办法，解决不了根本问题。但他不是空谈，在可能的条件下一件件地去做，他的尚实精神体现在这些事情中了。他把工商业与农业绝对地对立起来，重农抑末，这就阻碍了商品经济和业已出现的资本主义萌芽的发展。

四、打击朋党、变更官制、强化皇权

清世宗杀了一些人。把这个问题放在当时的政治斗争现实中，结合他的反对朋党的思想，或许会观察得清楚一些。下面一一叙述他打击朋党的几起政治事件。

---

① 梁诗正：《八旗屯种疏》，载《皇朝经世文编》卷 35。
② 阮葵生：《茶余客话》卷 2《乐户堕民丐户之世袭》。
③⑤《清世宗实录》卷 56，"雍正五年四月癸丑"条。
④《清世宗实录》卷 81，"雍正七年五月壬申"条。
⑥《清世宗实录》卷 55，"雍正五年闰三月戊午"条。

关于允禩、允禟事件。清世宗的即位，宣告了他在康熙末年诸皇子储位之争中的胜利，但他同失败者允禩、允禵、允禟之间的斗争尚未结束，失败者也不甘心臣服于新君。他们也还有一定的社会基础，如蔡怀玺往允禟院内投书，幻想"二七(指允禟)便为主，贵人守宗山"①。"以九王(指允禵)之母为太后。"②天津民人郭允进为允禩鸣冤："八佛(指允禩)被囚，军民怨新主。"③浙江人欧秀臣为之刊刻传单，"布散远近"④。清世宗认为这是他整饬吏治，革除私弊，惹起这些人的怨恨而产生的现象。看来，雍正初年，清世宗与允禩等的矛盾是康熙晚年诸皇子争夺储位斗争的继续，兼有如何对待雍正政治的问题。从当时的实际情况看，清世宗的帝位巩固，允禩等对他并不构成严重威胁，然而他们妨碍清世宗君权的最大程度的有效发挥。清世宗说他们朋党不散，不以"事君事兄"之礼对待他。⑤他绝对不允许允禩等冒犯他为君的尊严，他的政令的施行。他严厉地处置允禩一伙，置允禩、允禵于非命。因此，我们认为清世宗处理允禩朋党，是清洗政敌，以利他政令的推行。至于他对允禩等打击得那么残暴，则由于他原来也是谋夺帝位的一员，他们之间宿怨太深，因个人的仇恨而做了加重的处罚。

　　关于年羹尧、隆科多案件。清世宗说他所以治罪年羹尧和隆科多，乃因年"擅作威福，开贿赂之门、奔竞之路"，不得已而执法，"非为其权重权大疑惧而处治也"。⑥隆"亦如年羹尧一般贪诈负恩，揽权树党，擅作威福"⑦。他的话基本可信。年、隆获咎的第一个原因是他们揽权、擅作威福，第二是贪赃营私。清世宗曾对年党骨干分子王景灏说："朕非年羹尧能如何如何之主也。"⑧他这样刚强的君主，岂能容忍臣下结党作威福?! 所以年、隆的致祸，实在是他们微有瑕疵，为追求强化皇权的君主所不容。

　　关于陆生楠、谢济世案。雍正四年(1726)，李绂、谢济世先后奏参田文镜，

　　①《文献丛编》第1辑《蔡怀玺投书允禟案》。

　　②《清世宗实录》卷44，"雍正四年五月乙巳"条。

　　③《清世宗实录》卷44，"雍正四年五月戊申"条。

　　④萧奭：《永宪录》卷4。

　　⑤《清世宗实录》卷18，"雍正二年四月庚戌"条。

　　⑥《朱批谕旨·佛喜奏折》，雍正五年正月十二日折。

　　⑦《朱批谕旨·宋可进奏折》，雍正三年七月十五日折。

　　⑧《朱批谕旨·王景灏奏折》，雍正二年十二月二十一日折。

清世宗认为他们是科举出身的人，"要结朋党，扰乱是非"①。遂给以惩处，并株连陆生楠。陆后作"通鉴论"，对封建、建储、兵制、无为之治等问题发表意见，讥讽康熙不能教育太子，招致夺嫡之祸，同情允禩等，谴责清世宗滥用君权，主张无为而治。清世宗说他"借托古人之事几，诬引古人之言论，以泄一己不平之怨怒"。并对他的观点逐条辩难。其大要不外是：皇帝的行为都是合理的，他对臣民的生杀赏罚，"皆奉天命天讨以行之"，所以皇权之重，不可非议；圣帝明王"未有不以勤劳为励，而以逸乐无为为治者也"。②因此，皇帝一定要励精图治，亲理庶务，革新政治。清世宗同陆生楠的争论，是统治阶级内部不同政治见解的交锋。陆生楠对清世宗政治的责难没有多少道理，后者为了维护自身的政治，可以对他施行某种惩处，但处以军前正法的极刑，未免太残酷了。而之所以如此，则是他把陆生楠等人的言论当作为允禩朋党辩护，并且本身也同谢、李等构成朋党。其实陆、谢等根本没有结成朋党，这是清世宗由于厌恶科目人好结师生、同年的积习，神经过敏造成的。这件事反映出清世宗好猜疑的性格。

关于曾静投书案与吕留良文字狱。雍正初年的政治斗争，清世宗在组织上胜利了，但社会上流传着对他不利的舆论，特别是一部分汉族士人把这些事情视为君主失德，同潜藏的"华夷之分大于君臣之伦"的思想结合，而不满甚至反对雍正政治和清朝统治。曾静就是这种思潮和势力的代表。他认为清世宗谋父、逼母、弑兄、屠弟、贪财、酗酒、好色、怀疑诛忠、好谀任佞，故派弟子张熙向陕甘总督、汉人岳钟琪投书，策动他反清。事情发生以后，清世宗说"遇此种怪物，自有一番奇料理"③。他抓住曾静，在思想领域打了一仗。他说曾静之倡乱，是听信了允禩党徒散布的诅咒他的流言，所以他再次宣布允禩等的罪过，逐条辩明他没有过失。他又说曾静之所以倡乱还由于其本来存有华夷之辨的思想，于是大讲中外一家、华夷无别，而君臣之分为人伦之根本。为此他又把已故的宣传华夷之辨的思想家吕留良作为敌人，大张伐挞。他把讲这些道理的上谕和曾静的供词、《归仁录》，汇为《大义觉迷录》一书，颁诸学宫，

① 《清世宗实录》卷 51，"雍正四年十二月乙丑"条。

② 《清世宗实录》卷 83，"雍正七年七月丙午"条。

③ 《朱批谕旨·鄂尔泰奏折》，雍正七年四月十五日折。

使士子"观览知悉"①。

清世宗如此重视这件事,是利用它总结他在政治斗争中的胜利,企图在思想领域里加以巩固,清除社会上不利于他的舆论。从这个角度来说,曾静投书案具有政治事件的性质,即被清世宗用作政争的工具了。曾静对社会上严重的贫富分化有所不满,希望对农民的耕地问题有所解决,一定程度地反映了民间的疾苦和农民的愿望。他是被害者,是雍正朝政治斗争的牺牲品。吕留良案纯粹是文字狱,清世宗对案中人的凶暴迫害,表现了君主文化专制的残酷,也反映了清朝满族统治者对汉人的民族压迫。

清世宗打击朋党的同时,对行政制度也作了一些改革,以进一步发挥君主的作用。

清世宗在对西北两路用兵之初,设立军机房,选择最信任的臣子入内办事,每日接见他们,告以重要事务的处理意见,由他们写成谕旨,发给内外臣工,使军机房逐渐取代内阁中央政府的地位,而军机大臣"只供传述缮撰,而不能稍有赞画于其间"②。这一机构的设立,更加突出了皇帝的行政作用。

清圣祖废立太子以及诸皇子夺嫡的事实,促使清世宗总结清朝立储的经验教训,他深深感到"建储一事,必须详慎"③。他考虑到,立不立储君是宗社大事,不能不予以确立,而明立太子,又可能重演康熙末年的悲剧,于是创建秘密立太子的制度。他以为这样可以免除皇帝与太子、太子与诸王的矛盾,避免发生政变等不利于爱新觉罗氏帝系稳定的事件。

八旗制度中长期相沿的旗主、管主对旗下的治理权,影响皇帝对旗民的直接统治。清世宗着力削弱旗主、管主的权力。雍正元年(1723),谕令下五旗诸王:"其旗分人员,不许擅行治罪",若旗下有罪,亦"必奏闻交部"处理,"如不请旨,断不可也"。④用以限制诸王对下属的审理权。同时规定诸王挑选侍卫、补用王府官职、使用官员兼理家务,必须"列名请旨"⑤,以之禁止诸王向属员滥派差役。清世宗还在观念形态上降低旗主的地位,以"额真"二字非臣下

---

① 《大义觉迷录》卷1。
② 赵翼:《檐曝杂记》卷1《军机处》。
③ 《清世宗实录》卷10,"雍正元年八月甲子"条。
④ 《上谕八旗》,雍正元年。
⑤ 《清世宗实录》卷9,"雍正元年七月癸巳"条。

所可滥用,将"固山额真"改称"固山昂邦"。①这些八旗制度的变更,都是为了加强皇帝对旗民的直接统治,减少诸王利用这一制度干扰皇权的可能性。

清世宗打击朋党、变更官制的结果,强化了君主的权力。

五、奋发有为的君主、时代阶级的悲剧

叙述了清世宗的政治思想和政治实践,可以对他的为人和历史地位作简要的评论了。

清世宗的政治对清朝历史的发展有较大影响,其具有积极意义的方面是:

(1)农民、贱民人身依附关系的削弱。丁归田粮之后,政府掌握人丁的多少,"与一定之丁银全无关涉"②。即国家丁银收入已经有了保障,无须再花气力去控制人丁。雍正四年(1726),清世宗接受直隶总督李绂的建议,停止户口编审,因之人民离开乡里的限制减少了。这一变化,反映了政府对农民控制的削弱。农民人身依附关系的削弱,以及贱民的削籍从良,有利于他们改变职业,提高劳动兴趣。丁归田粮,减少了无地少地农民的徭役负担,利于他们维持再生产。所以从削弱人身控制、减少对穷人的剥削两方面来看,都对生产力的发展有积极意义。

(2)为乾隆时期的"全盛"准备好物质条件。清世宗经济改革的措施,着意解决贫富负担不均的弊病,使富人承担应出的徭役,不得逃避,而且有田的人还要分担无田者的丁役,保证丁银的不致落空。地主富人交税应役,是国家与地主间的地租再分配问题,清世宗这些办法的实行,对地租再分配有所调整。地主分子是自愿也罢、被迫也罢,必须承担这个义务,才能保证政府赋税的稳定。清世宗赋役改革的结果,增盈国课的愿望实现了。据乾隆中军机大臣阿桂说:康熙六十一年国库存银八百万两,雍正中激增至六千万两,雍正后期西北两路用兵,动用大半,乾隆初还存二千四百万两。③清世宗自言,雍正元年户部只存钱粮一千七百万,至五年冬已达五千万。④礼亲王昭梿说雍正时"仓廪亦

---

① 《清世宗实录》卷9,"雍正元年七月壬辰"条。

② 李绂:《穆堂初稿》卷39《请通融编审之法疏》。

③ 《论增兵筹饷疏》,载《皇朝经世文编》卷26。

④ 《掌故丛编》第4辑《鄂尔泰折·雍正五年十一月十一日奏折朱批》。

皆充实,积贮可供二十余年之用"①。确实,清世宗改变了康熙末年国帑亏绌的情况,在没有增加贫穷人民负担的条件下,造成国库充盈。清世宗的赋役法规,清高宗循而未改,成为定制。清高宗有所谓"十全"武功,清朝进入鼎盛时代,究其形成的原因,清世宗的赋役改革,给它奠定了物质的基础。当我们研究乾隆时期历史的发展时,不可忽视这一因素。

(3)对统一多民族国家的发展和巩固的贡献。清世宗批准鄂尔泰的建议,在西南全面推行改土归流的政策,经过艰巨的斗争,取得很大的进展。青海厄鲁特罗布藏丹津叛乱爆发,清世宗任用年羹尧、岳钟琪迅速将之平定,为了加强对这个地区的统治,推行郡县制。西藏噶伦叛乱,清世宗派兵平叛后,首次设立驻藏大臣,密切清朝中央政府与西藏地方政府的联系。清代是我国统一的多民族国家进一步发展和巩固的重要时期,清世宗对这种发展和巩固作出了不可磨灭的贡献。

(4)结束清朝皇室内部夺嫡争储祸乱。雍正以前,清朝没有完善的立储制度,不断发生争位事件。清太宗自行践祚,迫使多尔衮之母大妃纳喇氏殉死。清太宗死,多尔衮、多铎弟兄和太宗长子豪格都有资格继位,太宗亲兵巴牙喇张弓挟矢,环立宫殿,要求立皇子,于是双方妥协,立了六岁的福临,才免掉了可能发生的一场战祸。至康熙朝废立太子,问题就更严重了。清世宗创行密立储君制度后,清朝再没有立储的祸乱,说明这个制度行之有效,非常成功。储位之争,只能引起政治混乱,甚而危害国计民生,清世宗成功地创设秘密立储制,有助于政局的稳定,避免重蹈前几代出现的争位祸害,这是做的一件好事。

清世宗的历史地位,如果我们再把他放在帝王群中做一比较,或许看得更清楚。在中国历史上,商汤、周武王、秦始皇、汉高祖、汉武帝、隋文帝、唐太宗、唐玄宗、宋太祖、宋神宗、元太祖、元世祖、明太祖、明成祖、清圣祖、清高宗等帝王,或削除混乱,统一中国;或内政修明,社会经济发展;或加强民族联系,开拓、巩固边疆,或兼而有之,他们对于中国历史的发展,各自施予了不同程度的有益的影响,是杰出的或比较杰出的帝王。清世宗的改革弊政、巩固边疆,给历史留下良好的印记,堪与这些君主(包括他的父亲和儿子)比配,他应当是这个行列中的当之无愧的成员。

---

① 昭梿:《啸亭杂录》卷1《理足国帑》。

还要看到,那些帝王多半是开国和守成之君,即王朝的第一、第二代,他们处于前一王朝的末期,社会矛盾尖锐,给予他们施展才能的良好机会。这些帝王中属于朝代中期的不多,只有汉武帝、唐玄宗、宋神宗、清高宗等人。这类帝王当政之时,祖宗成法具在,要想有所作为,必须冲破祖制的束缚、守旧势力的阻挠,他们所取得的成就又自有其特殊的困难。清世宗是这批人中的一员,更应当肯定他的贡献的难能可贵了。

总之,清世宗的政治,解决或试图解决历久相沿的弊政,一定程度上适应了生产力发展的要求,促成吏治的相对澄清,造成国力的强盛和国家政局的安定,促进多民族国家的巩固,所以说这个政治史剧的主角清世宗是奋发有为的、对历史发展做出贡献的君主,是中国历史上为数不多的比较杰出的帝王之一,是值得颂扬的历史人物。

上面讲了清世宗政治的积极因素,这是为了叙述方便而采取的方法,其实他的政治是利弊相寻、得失相当,半是成功、半是失败,半部凯歌、半部丧音。下面谈谈清世宗政治的消极面。

以耗羡归公和养廉银制度来说,火耗本来是附加税,是官吏在正税之外对纳税人的勒索,是非法的行为。耗羡归公和养廉银制度的确立,对非法的盘剥加以承认,把附加税变为正税,对官吏的贪污给予有限度的认可,所以它的出现,使得加赋、贪污的丑行公开化了,正常化了,合法化了,它充分表现了封建制度的腐朽和衰落。就是说,对清世宗勇于承受加派罪名,整饬横征暴敛的弊政,给以肯定的同时,也要看到他的改革的极不彻底性和弱点。如果坚持雍正初年的办法,这个制度的出现总还是好事,但是早已败坏的官僚制度,使这个制度好的因素还没有充分显示出来,就向坏的方向发展了。雍正初讨论是否实行提解火耗时,沈近思以为"耗羡归公,必成正项,势将耗羡之外又增耗羡"①,他竟言中了。许多地方官在法定加耗成数之外,私增成数,或别立新税名。云南原有所谓"公件"的苛敛,耗羡归公时将之纳入公项开支,但此后地方官办理公事,仍"复派于民,是从前所定公件,转成厉阶"②。河南官吏"因耗羡归公,另营巧取之法,或重秤戥收,或额外加耗"③。对这类问题,清世宗有所察

① 孙嘉淦:《办理耗羡疏》,载《皇朝经世文编》卷27。

② 《清史列传》卷14《杨名时传》。

③ 田文镜:《抚豫宣化录》卷3《严禁重戥加耗以苏民困事》。

觉,也给违法者以打击,但是不能解决。到了晚年,他悻悻然地说:"……今览近日情形,恐渐有不妥之处,将来贻人以口实,则非朕准行之本意也。"①他死后,有人说"耗羡归公者,天下之大利,其在今日,亦天下之大弊也"②。可以说耗羡归公和养廉银制度的实行是革除了一项弊病,但随后又产生了一种新的弊端,这个罪过当然不能归诸清世宗,然其始作俑者之咎也不可辞。

再看清世宗大力兴办农业,效果并不好,以至清高宗不得不说乃父"仁心仁政","而民生犹不得宽裕"。③清世宗号召垦荒,有的官吏投其所好,强迫农民认垦,以为在官事迹。有的虚报垦荒田亩,"将升课钱粮飞洒于见在田亩之中,名为垦荒,实则加赋"④。清世宗也看出了问题,于雍正十三年(1735)禁止地方官将"已垦之地重报及荒熟地亩不分混行造报"⑤。清世宗给老农顶带,本以之为劝农手段,但"似农非农之辈觊觎钻谋,恃职不法"⑥。清世宗于是改成三年举发一次,以昭郑重,但那些人因难于得到,越发贿嘱钻营,以至乾隆即位后就把它取消。这样兴办农业,倒成了官吏和富人剥民、虐民的条件,善政变成了苛政。清世宗主张人治,说好法也可以被贪官利用为做坏事的工具,不幸就在他的眼皮下出现了。

清世宗打击朋党,有其合理性,但搞扩大化,随之而来的是文字狱,大搞封建文化专制,对后世的影响极其恶劣。他为了强化君权,极力愚弄人民。大讲祥瑞,什么日月合璧、五星联珠、黄河清、卿云现、谷穗多歧,等等。借天人感应论,宣扬"人君受天眷命"的天授君权论和他的"盛德"。⑦

全面分析清世宗的政治,他的善政往往同弊政相联系,他去一弊又生一弊;他兴业,造福有限,祸害随生;他去朋党,又不免扩大打击面。他的政治的消极因素不可忽视。

清世宗政治的出现,他的业绩和败政的产生,都不是偶然的,他本身的资质和性格,他所生活的社会环境,都起了作用。

---

① 《清世宗实录》卷 157,"雍正十三年六月乙亥"条。
② 柴潮生:《理财三策疏》,载《皇朝经世文编》卷 26。
③ 《清高宗实录》卷 10,"乾隆元年正月丁酉"条。
④ 《清高宗实录》卷 4,"雍正十三年十月乙亥"条。
⑤ 《清朝文献通考》卷 3《田赋》。
⑥ 《清高宗实录》卷 22,"乾隆元年七月癸卯"条。
⑦ 《清世宗实录》卷 10,"雍正元年八月戊午"条;卷 31,"雍正三年四月戊寅"条。

清世宗是颇有才华的人,他的政敌允禩评论他是"从来原伶俐"①,可见他的才智已为当时人所认识。他人又勤奋,当政以前就密切注意政事民情,自诩是有"四十年阅历世情"之人,②洞察了世态人情和社会弊病。继位之后,就能以励精图治的精神、旺盛的精力,从事社会改革,取得相应的效果。清世宗具有坚毅不拔的性格,他政治决策果断,不颠三倒四,犹疑不决。凡是做开了的事情,就坚持下去,力求达到目的。办起事来,说干就干,干就像干的样子,这才便于冲破社会守旧势力的阻挠,做出成绩。

清圣祖批评过清世宗,说他"幼年时微觉喜怒不定"③。事实上,清世宗一生也是喜怒无常的人。一时心血来潮,就忘乎所以,什么都想干,什么事情都想改一改,如何改、会遇到哪些困难、后果怎样,则缺乏深入考虑,因之一些事情办起来具有盲目性,不见效果。他虽然不愿意成为轻举妄动的人,但是实际上犯了这个毛病。他还爱记仇,虐待冤家,表现出残忍的性格。

勿庸多言,清世宗的才能和个性对于他的政治的出现,产生重大影响,赋予它清世宗的特色、形象。政治像人,也有鲜明的个性,离开清世宗其人,也就很难认识清世宗时期的社会政治了。

但是决定清世宗政治的基本面貌,以及决定清世宗本人的思想状态,还是他那个时代的社会条件和他的帝王地位。他的成功之处就在于他主观的努力同客观条件结合得好,适应了社会发展的需要,或者说,是历史给他创造了机会。

中国历史的长期发展,使一些社会问题发展到有可能解决的阶段。如西南少数民族自古生活在祖国大地上,汉唐以来与汉族的联系较前密切了,明朝虽然承袭元代的设立土司的政策,但在条件成熟的地方,推行改土归流政策,镇压叛乱的土司。清初沿续明朝的政策。民族联系的加强,中央政府的强大,就出现了改土归流的历史趋势。人民逃亡,是历代统治者经常碰到的问题,有时还很严重,自秦至明,国家控制的人口多时也不过五六千万。人口逃亡,影响政府税收,影响地主阶级使用劳动力,这是必须解决的社会问题。明代统治者防止人民逃亡,在实行一条鞭法的过程中,有的地区将丁银部分摊

① 《大义觉迷录》卷 3。
② 《朱批谕旨·孙文成奏折》,雍正五年四月初一日折。
③ 《清圣祖实录》卷 235,"康熙四十七年十一月戊子"条。

入地亩带征,这就说明丁归田粮乃是历史发展的产物。所以说随着历史的发展,出现对一些陈旧制度实行变革的要求,这是促使清世宗改革的社会条件。

中国封建统治阶级在长期的统治中,积累了丰富的统治经验。在解决政府经济基础——赋税的问题上,多次进行较大的改革,如唐代的两税法、明代的一条鞭法。君主政府不断更新办法,企图依靠地主分子保证赋税收入,如宋代用上等户充当职役,明代用纳税多的富户做粮长,既体现封建国家以地主阶级为支柱,又要求他们自身完纳钱粮,或为赋税的征收尽力。这些方法有成功的一面,也经常遭到地主分子的破坏。然而这些事实说明统治者在不断地总结经验,完善它的赋役征收制度。清世宗的赋役改革,就是宋明以来赋役制度改革的继续,是对前人经验的总结和继承,并根据新的情况加以发展。有历史经验可借鉴,这也是清世宗改革的社会条件。

"才自清明志自高,生于末世运偏消。"清世宗政治上的失败方面,是他那个可诅咒的时代、阶级,对他的不合实际的主观愿望的惩罚。

封建制发展到清代,已经衰落了,没有生命力了,已不允许人们对它的经济基础和上层建筑作较大幅度的调整。在这种情况下出现的清世宗改革,尽管对不法绅衿有所打击,但没有触动地主阶级的根本利益和它的基本制度,这怎么能解决农民生产、生活问题呢?!清世宗的改革不过是对严重的社会问题进行小修小补,不去正本清源,只想治标,当然日久弊生,去一弊而又生一弊了。即如八旗制度业已失去生机,推行八旗井田,并不能解决八旗生计问题,也不符合那些养成寄生习惯的旗人的愿望,只能以失败而告终。又如清世宗清理吏治,改革政治,还得依靠官僚。试想,封建官僚制度不变,贪赃枉法的弊病便不可诊治。清世宗使用的官吏,与贪官污吏同一种教养、同一种思想、同一个来源,这些人当然还会营私舞弊,所以清世宗制定了打击贪官的办法,官僚又利用他这一办法从事枉法活动。垦荒中出现的虚报,耗羡归公后的耗外之耗,与养廉银并行的规礼,不是最明显了吗?!这就是说,地主阶级的地位和封建制的没落决定了,这个制度的痼疾已不可能通过自我治疗而奏效了。清世宗的努力,当然会在许多方面落空了。

(原为 1980 年第一届明清史国际学术讨论会论文,收入《明清史国际学术讨论会论文集》,天津人民出版社,1982 年)

清世宗的崇佛和用佛

清世宗(1723—1735 年在位)是同佛教关系极为密切的一位君主。他自号"圆明居士",又称"破尘居士",著有阐述佛家思想的《集云百问》《圆明语录》《拣魔辨异录》等书,选编僧衲语录——《御选语录》,刊刻释典《宗镜录》诸书。他同僧徒频繁往来,直接干预梵宫事务,使朝中出现奉佛与反佛的摩擦。清世宗对佛教为什么如此重视呢?下面我们就清世宗的崇佛和用佛作些探讨。

一、目比和尚

清世宗看了抚远大将军年羹尧于雍正二年(1724)七月初二日上的奏折,批了一段与该折内容毫不相干的闲话:"京中有一姓刘的道人,久有名的,说他几百岁,寿不可考。前者怡王见他,此人谩言人之前生,他说怡王生前是个道士。朕大笑说:'这是你们前生的缘法,应如是也,但只是为什么商量来与我和尚出力?'王未能答。朕说不是这样真佛真仙真圣人,不过是大家来为利益众生,栽培福田,那里在色像上着脚,若是力量差些的,还得去做和尚,当道士,各立门庭,方使得。大家大笑一回。闲写来令你一笑。"[①]从内容和语气,我们都可以了解到,这是君臣间的欢洽交谈,又转告给另外的宠臣,令其分享余乐。文中的怡王是怡亲王允祥,他是当时的四个总理事务王大臣之一,与清世宗最为契合,是宗室中最忠实于皇帝的人。清世宗将之视为道士,自比和尚,是戏言,然又反映了某种实际。清世宗说他们君臣不是真佛真仙真圣人,只是来为众生栽培福田的,虽然不是真出世,却比一般的出家人要高明。他曾作一首题为《自疑》的诗:"谁道空门最上乘,谩言白日可飞升。垂裳宇内一闲客,不

---

① 《文献丛编》第 6 辑《年羹尧奏折》。

衲人间个野僧。"①尤可注意的是末一句,自谓是不着僧服的野盘僧,无有闲暇地为众生奔走四方,也就是说他把自己比喻成在家的为臣民谋利益的佛爷皇帝。文中说他问怡王,你这个道士为什么来为我和尚出力,而"王未能答",他遂讲了一番道理。这样的交谈与记录它的行文方法,是采用禅宗的"机锋"(所谓"机锋",是指回答敏捷,不露迹象,并含有深意的语句)。允祥不能回答皇帝的问题,是没有觉悟的俗人,只好倾听得道的皇帝的教育。而清世宗善用机锋,可见他精于佛学,自比僧人,倒也不无原因和条件。

清世宗在青年时不但有替僧(替身,即雇了人代他出家),而且在登上皇位后还自称"释主"。五年(1727)年初,发生了所谓黄河清的祥瑞,朝臣称贺,蒙古王公也凑趣,要求诵经祈福。清世宗说,若蒙古地区因做福事而人畜兴旺,是受我之赐,"朕亦即是释主",当然应当允许,并加以资助。②在这里,已不是一般地比作佛徒,而是自称教主了。清世宗在他统治的末年,于宫中举行法会,讲说佛法,供佛施僧,一与民间无异。上述事实表明,清世宗信佛,虽远不及梁武帝四次舍身出家,但确实有在家修道居士的味道。

二、用僧衲密参帷幄

"偶值朝来暇,留师品茗泉。"③这是清世宗在藩邸与沙门接触的明证。那时他在北京西山修缮大觉寺,招揽佛徒。继位后,照常同比丘往来。

禅僧性音与清世宗交往较早,曾为大觉寺住持。清世宗登基后,据说性音不图权势,到庐山隐居一寺修行,"谨守清规,谢绝尘境",与江西官吏绝无往还,一居四年,默默圆寂。雍正四年(1726),清世宗听说性音死了,追赠为国师,赐予谥号,又命令将他的关于佛学的语录收入藏经,"以彰其真修翼善之功"④。不想数年之后,清世宗大变其调,说他早看出性音品行不端,"好干世法",所以在他御极后即命其出京,以保护法门的清规。不仅如此,性音的语录也是"含糊处不少",不是"彻底利生之作"。因此,性音不能作为"人天师范",

---

① 《世宗宪皇帝御制文集》卷30《四宜堂集》。
② 雍正朝《起居注册》,五年正月十八日。
③ 《世宗宪皇帝御制文集》卷26《雍邸集·书扇与僧》。
④ 雍正朝《起居注册》,四年十二月初八日;《上谕内阁》,同日。

封号被削黜,语录被撤出藏经。还命令地方官查访,不许性音门徒"将朕当年藩邸之旧迹私记存留,违者重治其罪"。[①]性音与清世宗,原来甚为投契,世宗御极就被抛弃,大约是性音曾参与雍邸机密,他和门人又凭借早期同皇帝的密切关系招摇撞骗。清世宗为避佞佛的恶名,更惧泄露藩邸时期的密事,而惩处他们师徒。

文觉禅师始终与清世宗保持良好关系,但是也没有好下场。文觉侍奉清世宗于宫中,参与议论朝廷最机密的要务。据说年羹尧、隆科多、允禩、允禟等人的案子,他都出了主意,以是成为清世宗的高级参谋。但文觉始终没有公开参政。雍正十一年(1733),文觉年满七十,清世宗特命他往江南朝佛,行程中"仪卫尊严等王公",所过地方的官吏均对他顶礼膜拜。连年贵妃的哥哥、税关监督年希尧,文华殿大学士、吏部尚书、江南河道总督嵇曾筠都以弟子礼相见。然而好景不长,雍正十三年(1735)秋天清世宗死,当年冬天,新皇帝高宗驱逐了旧侍乃父帷幄的全部沙门,责令文觉步行回江南苏州府长洲县,敕令地方官对他"稽查管束,无致生事"。[②]其晚景之凄戚,可以想见了。

又如生于官僚家庭的禅师超盛,幼读儒书,后入空门。雍正十二年(1734),清世宗封他为"无阂永觉禅师",并起用他去执掌京师西山香山卧佛寺法席。显然这也是一个御用僧侣。

清世宗深知,用比丘参与帷幄是不名誉的事情,所以极力隐讳这种事实。清高宗时期编撰的《清世宗实录》等官书亦不予披载,致使后人很难搞清这个问题。不过,我们从只言片语的资料中可以获知,禅僧文觉等是清世宗的高参、得力的政治助手。

三、直接干预佛教内部事务

皇帝对佛教内部事务的经管,历来多寡不一。清世宗是大肆干预,在许多方面超过其他帝王。除任命寺院住持、捐资扩建、修缮梵宫、赐予释徒封号之外,还有两种活动最为突出:

一是反对佛徒中的"邪说",一是糅合儒、佛、道三教于一炉。

---

① 《文献丛编》第 3 辑《清世宗关于佛学之谕旨》。
② 萧奭《永宪录》,第 358 页;吴振棫:《养吉斋丛录》卷 4。

清世宗在赐号、修庙中已经表明他崇佛崇的是玉琳琇一派,他还觉得不够味,更直接参加佛教教旨之争,亲自著述《拣魔辩异录》,发布有关上谕。明朝崇祯间,汉月藏(法藏)著《五宗原》,密云悟与之论辩,产生宗旨之争。汉月藏法嗣谭吉忍(弘忍)作《五宗教》阐述师说,深受学者欢迎;密云悟乃作《辟妄救》驳难。清世宗把汉月藏、谭吉忍之说当作邪魔外道,说自己明于"禅宗之旨,洞之魔外之情,灼见现在魔孽之大,预识将来魔患之深",为了拯救佛徒,"不得不言,不忍不言",乃摘录藏、忍语录八十余条,予以指斥,成《拣魔辨异录》一书。同时命令销毁藏、忍语录及《五宗原》《五宗救》等书,若僧徒有私自收藏的,以不应律论罪。又命地方官查明汉月藏派下徒众,尽除出禅宗临济宗,永远不许复入祖庭。①与此同时,清世宗为宜传正宗正论,删定僧肇、永嘉觉、寒山、拾得、沩山祐、仰山寂、赵州谂、云门偃、永明寿、紫阳真人、雪窦显、园悟勤、玉琳琇、溪森等禅僧道士的语录,并加上自己的《圆明语录》《圆明百问》,成《御选语录》,于雍正十一年(1733)作序,刊行问世。

清世宗以帝王之尊,与佛徒辩难,屡遭人讥诮,不过这倒符合他的一贯作风。他前此作《大义觉迷录》,同草民曾静驳诘,还就小吏陆生楠的《通鉴论》与之对阵。他所注重的是辨明思想,即要以符合自己意见的观念作为指导思想。不仅要把自己的观念贯彻在俗民中,还要统治方外世界,为此只好不顾及自己的身份地位了。

清世宗为把儒、道、佛糅合在一起,也颇费了一番心机。作为意识形态,儒、道、佛三学有许多相同的东西,清世宗抓住发挥,给予说明。他说:"三教之觉民于海内也,理共出于一原,道并行而不悖。"比如劝人为善弃恶,儒家用五常百行之说,"诱掖奖劝",佛家的五戒十善,也是"导人于善"。都是要百姓当顺民,所以他把"劝善"看作"治天下之要道"。他还以天命论的观念来解释儒、佛的共性。儒家天人感应说警戒人们省修过愆,清世宗认为求佛也是如此,他说:"天人感应之理无他,曰诚敬而已。"当人诚心礼佛,哪怕是微贱愚夫愚妇,其精神会引起神明的怜悯而得到拯救和惠泽。所以儒、佛有同样的思想,有同一的育民作用。②释老矛盾重重,然而清世宗以帝王之力大加调和。他编释家的《御选语录》,把道家紫阳真人张伯端的语录收了进去。他给和尚赐名赠封

---

① 《拣魔辨异录》所收十一年四月初八日上谕;参阅陈垣:《明季滇黔佛教考》卷2。
② 《世宗宪皇帝御制文集》卷17《天竺寺碑文》。

号时,也赠道士张伯端为"大慈园通禅仙紫阳真人"。他认为"性命无二途,仙佛无二道"。紫阳真人的《悟真篇》,尽管是道家的著述,但在佛学中也是最上乘的。

清世宗还同道徒张太虚、王定乾等讲求修炼术,用道士贾士芳治病。清世宗讲儒、佛、道三者的关系,强调它们的一致性,目的是给释老,特别是佛教以崇高的地位。儒家思想早已具有独尊的地位,清世宗也是崇儒重道的帝王,封孔子五世为王,为孔子之名避讳,祭大成殿献爵时亲自跪拜,定孔子诞辰为大祀节日。这些尊孔活动足已显示他的态度。他把佛与儒拉在一起,是以儒助佛,为自己的信佛辩解。他既要做佛爷,又要成神仙,是以把释老联在一起。当然,糅合儒、佛、道,最主要的是为全面利用它们作为御用工具。

四、臣工反对言佛及清世宗的克制态度

清世宗的信佛,很自然地引起一些笃信儒学而又正直的大臣们的不满,并借用各种方式表达他们的意见。

雍正五年(1727),青年时曾为比丘的沈近思升任左都御史,清世宗问他:你必定精通佛教宗旨,不妨陈说一些。沈回奏:臣少年潦倒时逃于佛门,待到进入黉宫,专心于经世之学,以报效国家,哪有闲情顾及佛学。臣知道皇上圣明天纵,早悟大乘之学,但是万几庶务,系于圣躬一身,是以"臣愿皇上为尧舜,不愿皇上为释迦"。臣就是懂得佛学,也不敢向主上妄陈,"以分睿虑"。[1]这一番儒家道理,那时人都认为是光明正大的,迫使清世宗改容称是。在沈近思以前,侍郎李绂尚得清世宗宠信时,也谏言佛教无补于天下国家。雍正十一年(1733),当文觉颐指南下,地方官趋迎之时,漕运总督魏廷珍独不为礼,而且上疏,声称"臣不能从佛法",以示抗议。[2]这些官僚从维持朝纲的大题目出发,主张独尊儒术、排黜释氏。

一些官员提出抑佛的具体建议,有的还付诸实行。雍正三年(1725),御史钱以瑛奏请敕下各省督抚,勒令尼姑还俗。直隶唐山县令驱逐和尚,强夺僧舍,改为民房。有的地方官建议把寺宇改为书院,发展孔学。有的要求重申禁

---

① 《沈端恪公遗书·沈端恪公年谱》。
② 《永宪录》,第358页。

止私度为僧的条令。

清世宗对于官员的反佛情形,有时尽管暴跳如雷,最后还是不得不有所克制。如对直隶一个赶逐僧道的知县,他下旨拿问,经侍郎留保为之委婉解说,只好从轻发落。这一改变,也反映出清世宗对毁佛的人大体是持克制态度。他尽力为自己崇佛辩解,处于守势。他说佛教的善恶感报的学说有"补于人之身心","然予治天下之道则实无裨益"。①又说:"凡体国经邦一应庶务自有古帝王治世大法,一佛氏一见性明心之学与治。世无涉。"②所以没有"密用僧人赞助之理"③。他甚至瞪着眼睛说瞎话:"试问黄冠缁衣之徒,何人为朕所听信优待?"④但他也懂得一手是遮不住天下人耳目的,用缁衣总有人知晓,就又为沙门参政做解说。他说乃祖顺治帝征召玉琳琇入内廷,研究佛学,就像黄帝到崆峒山访问广成子,讲求治身之要。黄帝是圣王,所有的行为都是正确的,因此顺治帝延揽僧人,是师法黄帝,当然没有错。言外之意,我雍正皇帝效法古圣王、效法祖宗,与僧衲过从有何过失!抵赖、辩解也说明他不敢公开地以佛教作为执掌朝纲的政治势力。

清世宗的克制态度表明,他还不是佞佛,他是利用佛教,而不是让沙门利用他。他打击一些比丘,除前述教派宗旨关系,还别有含义。他厌恶木陈忞。木陈忞是与玉琳琇同时受到顺治帝礼遇的高僧,他作《北游录》,记承恩事,夸己对顺治帝的影响。清世宗指责他是无知妄人,"于瞻顾天颜后,即私乱记载,以无为有,恣意矜夸"。他是否造作顺治帝的谣言倒不一定,但以御用僧的地位实行招摇,引起清世宗的不快。清世宗再联系性音徒众私记雍邸时事,更感到问题的严重,因此下令毁禁他的书籍。⑤这是杀鸡儆猴,使御用僧从政的活动,不得超越他所允许的范围,也以此向臣民表示他不准沙门恣意干政。

五、政权与神权的高度结合

清世宗崇佛,有社会的和个人的原因。

---

① 《上谕内阁》,四年七月初二日谕。
② 《上谕内阁》,四年十二月初八日谕。
③ 雍正朝《起居注册》,三年五月二十五日。
④ 雍正朝《起居注册》,七年六月二十六日。
⑤ 《文献丛编》第3辑《清世宗关于佛学的谕旨》。

第一，是强化君主专制主义思想统治的需要。清世宗深知佛教对于稳定清朝统治的作用。前已说明，他讲佛家劝人为善，希图受苦受难的民众相信今生的不幸是前生作孽的报应，既然如此，只好甘心忍受，以求来生的幸福。孔孟之道作为官方哲学，是制驭民间思想的工具，清世宗极力利用它，又给佛学以较高地位，用来辅助儒学，这样就加强了对臣民的专制主义思想统治。

第二，用释子为谋主必然提高佛教的地位。利用僧衲密参帷幄，自然要受他们的一些影响，反映他们一定的愿望，给他们应有的社会地位。清世宗给文觉的宠幸，向名僧赐封号、赠谥号，以及修禅坛，都是使用比丘而采取的必要的奖励手段。

第三，统治蒙古人的传统方针。清朝要巩固对全国的统治，重要的一条是牢牢地控制蒙古人，并利用他们协助治理全国。所以清朝一贯实行优待蒙古的政策，皇室与蒙古王公的联姻就是明证。蒙古人笃信佛教中的藏传佛教，清朝皇帝因之很重视这一教派，给达赖喇嘛确定封号，为班禅在北京建立寺院。康熙末年，准噶尔蒙古人进入西藏，挑动西北边境的战争，清圣祖命皇子允禵统兵征讨，在任命书上说"朕欲保护黄教，拯救生灵，特命尔为抚远大将军"云云。[1]以护教为名，亦见笃信和利用佛教的重要意义。清世宗与乃父有同样的认识，他说："蒙古之人，尊信佛教，则喇嘛之教亦不轻弃。"[2]可见清世宗奉佛的原因之一，是为了笼络蒙古人，而这是清朝政府的传统方针，并非他一人所有。

清世宗身为天子，是俗民的最高统治者。他又自称深明"性宗之旨"，能提契高僧，是佛教宗旨的权威解释人，成了精神教主；他对佛教内部事务的干涉，类似僧王。由此我们可以看到，清世宗的糅合三教与崇佛，使自己身兼俗王与法王，使他的统治成为政权和神权的高度结合物。当然，前此的君主也拥有神权，也有利用佛教的，但清世宗使用得更广泛、更自觉，且不受佛教支配，因而有其特点。这样把人神高度结合的清朝政权，强化了对人民的统治，是君主专制主义的发展。

（原载《文史知识》1982 年第 5 期）

---

① 《明清史料》丁编第 8 册，第 782 页。
② 雍正朝《起居注册》，五年四月初八日；《上谕内阁》，同日。

雍正帝与道士贾士芳

　　雍正帝与佛教关系密切，前已说过，其他记述者亦颇多；而他和道教也大有瓜葛，然介绍者较少，这里略述一二。

　　康熙五十五年(1716)秋天，当时还是雍亲王的胤禛接到门下人戴铎的书启，信中写他往福建上任路经武夷山时，看见一个道士，"行径甚怪，与之交谈，言语甚奇，俟奴才另行细细启知"。这些在一般人看来并不离奇的话，却使胤禛像吃了一副兴奋剂，满有兴趣地在书启批语中追问戴铎："所遇道人所说之话，你可细细写来。"戴铎遵命回禀，说他见到道士的时候，暗中问主子的前程如何。道士回说："乃是一个'万'字命。"戴铎又说详细情形等将来到京时再行禀告。胤禛见信后异常高兴，在信上批道："你得遇如此等人，你好造化！"他把道士看作异人，能先知先觉，能言人的祸福，能预卜人的未来，得与这种人交往，当然是福大命大有造化的人了。道人说胤禛是"万"字命，就是说胤禛将离开雍亲王府邸，龙飞九五，进入大内，成为至高无上的皇帝。胤禛在欢快之余，也还有点不满足，就是戴铎没有把道士的话详尽写出来。胤禛急于知道究竟，等不得戴铎回京，就命令他将道人所说的话"细细写来"。胤禛对武夷山道士的话，如此关心、重视，无非是因为有"万"字命的内容。这可是当时胤禛哥儿们都关注的事！胤禛的八弟胤禩在京中，请相命人张明德看相，张奉承他是"贵相"，必将"福寿绵长"。胤禛的另一个弟弟抚远大将军胤禵在西北军前让张恺算命，张献媚地说他"元武当权，贵不可言，将来定有九五之尊"。皇子与三教九流结缘，都希望有朝一日应了术士的话登基称孤。他们的父皇康熙帝认为张明德是教唆允禩夺嫡，而将他处死，允禩也因此落了不是。可见这种算命是犯罪的行为。戴铎对武夷山道士的话总是不敢详述，也正是怕泄漏出去获罪。在康熙朝的储位之争中，出世的道士并没有超凡脱俗，也成了皇子们的谋臣策士。

　　中国第一历史档案馆有一件雍正帝手书的给地方大吏的密谕，他亲自抄了好几份。内容如下：

可留心访问有内外科好医生与深达修养性命之人，或道士，或讲道之儒士俗家。倘遇缘访得时，必委曲开导，令其乐从方好，不可迫之以势。厚赠以安其家，一面奏闻，一面着人优待送至京城，朕有用处。竭力代朕访求之，不必预存疑难之怀，便荐送非人，朕亦不怪也，朕自有试用之道。如有闻他省之人，可速将姓名来历密奏以闻，朕再传谕该督抚访查，不可视为具文从事。可留神博问广访，以符朕意。慎密为之！

这个朱谕没有署年月，然雍正八年（1730），他身患重病，这个密谕大约是为此而发，他急需高明的医生。正是由于这种需求，道士贾士芳与雍正帝再结缘法，并因而丧命。贾士芳原是京中最有名的道家圣地白云观的道士，怡亲王允祥认为他"精通医术"，把他荐给皇兄。雍正帝召见后，感到他虚诈不实，就打发出去了。

贾士芳于是浪迹河南，很有名气。浙江总督李卫慕其名声，为执行雍正帝的密谕，再次把他推荐过来。雍正帝命河东总督田文镜将贾士芳送到首都。贾士芳开始给雍正帝治病，大显身手，疗效甚好。雍正帝十分高兴，寄字给宠臣云贵广西总督鄂尔泰，说："朕躬违和，适得异人贾士芳调治有效。"贾道士由被驱逐的妄人，一变为受宠信的异人，身价陡增百倍。哪知九月间皇帝突然将他下狱议罪，十月即行处斩，连家属也遭到惩罚。这是怎么回事呢？原来有一天，贾道士给雍正帝治病，一面用手按摩，一面口诵经咒，只听念道："天地听我主持，神鬼听我驱使。"雍正听到这里，勃然大怒，心想：我这个至尊的皇帝，不过是老天的骄子，还听命于天地神祇，你一个方外的道士，居然要天地神鬼听你摆布，这不是亵渎神明吗！你不就是大逆不忠的反贼吗！当然要捉拿问斩了。其实雍正帝的恼怒，更在于他认为贾士芳的治病，目的在操纵皇帝的健康："其调治朕躬也，安与不安，伊竟欲手操其柄，若不能出其范围者。"贾士芳吃了豹子胆也不敢开这种控制皇帝龙体健康的玩笑，他给雍正帝治病，当然要竭尽全力将皇帝龙体治愈，可是雍正帝的感觉也不是发神经病得来的。事情可能是贾士芳综合使用催眠术、按摩术和气功给雍正帝治疗，而自身功力不济，令雍正帝时而有疗效感又时而失望，因此认为其欲操纵龙体康宁。贾士芳行"以手按摩之术"，无疑施行按摩术，同时"口诵经咒"，装神弄鬼，以"驱神"为皇帝疗疾，而他本人也可能会点气功术，在向皇帝发功。施按摩术、念经咒,诱导皇帝进入睡眠状态,以便得到休息。按摩术、催眠术、气功施行疗效如何,要视施术人的功力来定,还要被施术者的配合,因为被施术者的心理、情绪和精神状态同样影响治疗效果。

看来,贾士芳多少有点功力而又有限,他从河南初进宫时,雍正帝对他期望甚高,与他配合得好,因而有些疗效,待后功力不济,以装神弄鬼欺骗皇帝,为雍正帝识破,要了他的性命。贾道士未卜自家生死,当然算不得什么异人;雍正帝大耍君威,喜怒无常,也绝非厚道之君。贾道士的遭遇,倒是正合"伴君如伴虎"的俗谚。

(原题《雍正帝怒斩道士》,载《紫禁城》,后收入《故宫轶事》,上海文化出版社,1984 年)

倡导改革的清世宗胤禛

清世宗胤禛登基后改年号雍正,故又称雍正皇帝。雍正是一个毁誉不一的君主。在他生前,小民曾静就指责他有十大罪恶,就是毒死父亲、逼死母亲、屠杀兄长和弟弟、诛戮功臣、猜忌、好色、好酒、贪财、宠幸佞臣等。这些罪状多是就他的道德修养讲的,当时人对这些方面看得很重要,今天仍然应当注意它。但更重要的是看雍正的政治好坏,看他对当时社会及历史的影响。笔者正是本着这种认识,简要地叙述他的历史。

一、雍正的继位及处理政敌

雍正,生于康熙十七年十月三十日(1678年12月30日),是康熙帝的第四个儿子,母亲德嫔,就是后来的仁寿皇太后。雍正名叫胤禛(zhen,音真),他的同母弟、康熙第十四子允禵(ti,音题)一度名叫胤祯(zheng,音争),禛、祯两个字字形、字音相近,容易混淆,读者宜加区别。雍正21岁时,即康熙三十七年(1698)被封为贝勒,32岁晋爵雍亲王。

雍正青少年时期受过良好而又严格的教育,熟读经书和史书,写得一手好字,又爱同僧侣讨论佛学。除了汉文,对当时的国文(满文)也是通晓的。自然科学知识略通一二,武艺科目也学习过。他还随从康熙办理过一些政事,康熙第二次亲征噶尔丹,雍正从军,掌管正红旗大营。康熙秋狝热河,西巡五台山,南巡江浙,雍正都跟从过。他奉命到盛京(今沈阳)、遵化拜谒祖陵,去曲阜祭孔,代行南郊祭天。参与查察京城仓储,磨勘会试原卷。到各地考察及处理政事,使雍正能在实践中学习,锻炼了他的从政能力。康熙晚年把皇太子废了立、立了废,最后没有太子,他的儿子们乘机谋取储位,其子皇八子贝勒允禩(si,音祀)公开活动,得到朝臣的拥护,皇九子允禟(tang,音唐)、皇十子允䄉(e,音莪)及允禵都支持他。雍正也积极参加争夺,他采取外弛内张的策略,表面不动声色,暗中加紧活动。他组成一个小集团,成员中有步军统领、理藩院尚书隆科多、川陕总督年羹尧。他奉命处理一些政事，以严厉的态度进行办理。他的手下人福建道员戴铎，说他的主子德才兼备，恩威并施，是大有作为的人。这表明雍正政治上主张整顿积习、刷新朝政。而允禩以仁义为纲领，所以获得人心。由此可见，康熙末年皇子争夺储位斗争中，各个集团有自己的政纲，以此而论，也是一场政治斗争。

康熙六十一年(1722)，康熙病故，隆科多传出遗言，说大行皇帝讲：皇四子胤禛，为人作风行事很像我，命他继承皇位。胤禛就在隆科多的支持下登基称帝，改年号为雍正，于是成为雍正帝，这时他已45岁了。官书是这样记载他的继位的，但是人们怀疑实际情况与此不同。有一种说法，康熙要传位给允禵，遗诏是"传位十四子"，雍正把"十"字改为"于"字，篡了位。还有说康熙临终征召允禵回京继位，因为当时他出任抚远大将军，领兵在甘肃，准备征讨准噶尔，而隆科多不发诏书，致使十四子不能及时回京登基。这些说法是民间传闻，与当时的宫廷警卫、公文制度及诏书制度都不相合，如御前大臣不可能只有隆科多一个人，发诏书是内阁职责，与隆科多无关，皇子一定要称"皇某子"，若真有传位十四子的遗诏，应书写为"传位皇十四子"，若把"十"改为"于"，就读不通了，雍正不可能以此继位。所以这类说法并不可靠。雍正是合法继承抑或是篡位，都没有足够的资料来说明，这个问题可以存疑。不过笔者比较相信他是按康熙的意志继位的。

储位斗争进行了十几年，雍正登基把它结束，但允禩党人反对新君，希冀皇位，雍正就要把这场斗争进行到底。他利用皇帝的优越地位，对允禩集团实行分化瓦解的政策。雍正继位，封允禩为廉亲王，与他关系最好的弟弟允祥为怡亲王，用允禩、允祥、隆科多和大学士马齐为总理事务大臣。马齐原来是拥护允禩的，雍正这一手，明示优待政敌及其支持者，但不给允禩实权。在这四人中，允祥管户部，隆科多管吏部，掌握要害部门，允禩掌管工部，后改管理藩院，实权小。雍正对允禩集团的骨干严惩不贷，允禟发遣至青海，允禵囚禁于遵化康熙帝景陵，允䄉圈禁在京中，就把这个集团给拆散了。三年后将允禩、允禟害死，允禵因系同母弟，不便致死，改囚京城。于是彻底打垮了政敌，他的统治也随之而巩固。

二、雍正的改革思想

雍正即位的当月，要求大学士、尚书、侍郎等高级官员，根据有利于国计民生的原则，提出改革的建议。接着他对左副都御史李绂说：我如今登基，应当出现"政治一新"的局面。表明他登基伊始，即以改革政治为己任。目睹康熙末年的社会矛盾和吏治败坏的现实，体验了储位斗争，雍正发展了他在皇子时期的政治思想，形成了比较完整的改革政治主张。这就是：

反对因循守旧。康熙晚年思想保守，认为办一件好事，也会产生一个弊病，因此多一事不如少一事，安安静静地保持现状比冒风险的改革好。雍正不赞成他父亲的主张，认为那样把百官惯坏了，大家只知道因循苟且，过一天算一天，不能奋发有所作为。因此问题成堆，不能处理。他认为这是人心怠惰太久，百弊滋生，如果他再不给这种恶习以惩罚，发展下去就不可收拾了。他要求官员和他一样，具有改革思想，着意搜求前朝弊政，甚至几百年前的积弊，将它们清除干净。如科举中的弊病，是唐宋以来的积染之习，雍正宣布与它作斗争。他是看到科甲出身的人比较保守，清理科举之弊，也是冲击科目人的守旧思想。他的反对因循的改革思想，被人攻击为"多事"，他则指斥这些人"浅见无知"，表示他坚持反对因循苟且。

为利民生而整饬吏治的思想。康熙晚年在主静思想下，对官吏的不法行为，睁一只眼闭一只眼，于是吏治腐败。官吏贪赃剥民，还以假行仁义来掩盖。雍正看透了这种鬼蜮伎俩，他说当今的官员，贪污肥了自家，而又沽名钓誉，倒落了个"名实兼收"，可是老百姓却受害。他在即位的元年(1723)元旦给从督抚到知县的各级地方文武官员的诏书中，对这种"名实兼收"作了揭露，要求官员廉洁奉公，实心实意地去办事。他决心整顿吏治，剔除官吏贪赃枉法、因循苟且、朋比结党的积习。他的目的是使官吏实行他的改革政策，以利于国计民生，维持清朝的长远统治。

反对朋党的思想。朋党活动的过来人雍正深知它的危害。朋党各自按照自己的奋斗目标去行事，破坏朝政的统一，损害君主的权威；各党之间互相攻击，任用私人，不仅失去正常的用人原则，也干涉了君主的用人去人的权柄；朋党各抒己见，自我标榜，批评朝政，扰乱君主视听，妨碍实行既定的政策。所以雍正说朋党的危害最大，搞朋党的人罪行最重，诛杀他们也不为过。他站在君主的立场上强调政治的统一，反对官僚的结党。他特别撰写了专门文献——《御制朋党论》，诏告天下，表示他反对朋党的观点和决定。他打击允禩、允禟、年羹尧、隆科多、李绂、蔡珽就是在反朋党的名义下进行的，将这一思想付诸行动。

雍正政治思想的核心内容是兴利除弊、富国裕民。他主张办事从实际出发，踏踏实实地去做，这是他的政治思想的灵魂。他反对因循苟且和沽名钓誉，同务实思想相表里，是为在改革政治中清除思想障碍。他主张施政严猛，即要有雷厉风行的办事作风，这是他施政的策略和手段。雍正的改革思想实有他的可贵之处。

雍正从他的改革思想出发，制定了一系列的社会政策，并且逐一实践。这就是下面要说明的他的经济、政治等项改革活动。

三、改革赋役制度

雍正改变了千百年赋役分征的规则，实行影响深远的"摊丁入粮"制度，实行"耗羡归公"的征税法，同时制定与之紧密相关的养廉银制度，他还清理经济，打击贪官污吏，整饬不法士绅，使他们负担法定的钱粮，限制他们向农民转嫁赋役负担。雍正实行的政策有：

(一)清查亏空

雍正即位一个月，就向户部下达了清查钱粮的命令。他知道，从中央户部三库到地方州县库房，都有大量的亏空，造成国库空虚，一旦有事，将无钱可用，不抓紧清理不得了。他要求各省自行清查，如有亏空，限三年之内弥补上，否则从重治罪。

为着清查中央各部的钱粮，特别设立会考府，并派允祥负责其事。经过允祥等人的清理，发现户部库银亏空250万两，雍正责令该部历任堂官、司官和吏员赔偿150万两，另100万两由户部逐年弥补。

地方上的清查在雍正元年(1723)普遍开展起来，发现有贪赃的，不管原任、现任，逮捕审查。当年逮捕的就有巡抚、布政使、按察使等地方大吏多人。抄他们的家产，甚至令他们的亲戚代为赔偿亏空。此举引起人们的不满，说雍正好抄人之家产。清查3年，还没有完毕，雍正又宽限3年。

清查取得了相当效果，各级政府弥补了亏空，充实了国库，打击了贪赃不法的官吏,一度使吏治有所澄清。

(二)实行耗羡归公制度

地方官征收钱粮时,借口有耗损,于定额赋税外,征收加耗,数量很大,往往是正额钱粮的三成、四成。地方官把耗羡银部分用于进奉上司,一部分落入私囊,它既败坏吏治,又引起税民的不满。康熙时这种现象已很严重,许多人提出改革主张,康熙一概不加理睬。雍正元年(1723),山西巡抚诺岷首先请求,将该省各州县耗羡银,全部上交布政使司库,把大部分用作地方公费,小部分给地方官私用。雍正立即批准实行,同时命令九卿讨论,企图向全国推行山西的办法。九卿讨论,相当多的人不同意,认为这是把地方官的私征,变为地方政府的合法征税,是加税,名声不好听。他们说得冠冕堂皇,实际是耗羡归公之后,地方官得的少了,这些人不满意,故而反对。雍正看出官僚的私心,知道很难讨论出满意的结果,就在雍正二年(1724)七月,下令在全国推行。他说明这样做的理由:第一,州县官征收火耗分送上司,上司日用之资依赖于州县,州县为非作歹,他们就不敢管了,故而吏治不清。第二,州县官征火耗为私利,比征国税还看得重,往往造成赋税收不上来,致使国帑匮乏。第三,火耗归公家收,用这个钱给官员发养廉银,是上司养下级,把过去的关系颠倒过来,可以澄清吏治。诺岷的办法是把地方官私征耗羡,改为公家征收,确实是把附加税变成正税,但是雍正限制耗羡额,把它限定在正赋的一至二成之间,比原来私征时的耗羡率有所下降。所以他承担加税之名,而实际降低了火耗,这既有利于税民,也是他为政务实的表现。

(三)实行养廉银制度

清朝施行低俸禄制,正一品官年俸180两,七品知县一年才45两的俸银,无法维持生活,加上官僚制度决定,他们必然大肆贪污。雍正实行耗羡归公的同时,把耗羡的很大一部分,按照地方官的职务,发给不等量的银两,督抚大吏每年一两万两,知县也有一两千两,做为他们的生活补助费和办公费,这个钱叫作养廉银,意思是说得了这笔钱,就应该廉洁奉公,不再贪赃剥民。这一制度的实行,使雍正朝的吏治比其他朝略好一些。

(四)实现摊丁入粮制度

徭役是人人有份的,而在实行中,官吏放富差贫,很不合理,而且穷人也无力承担徭役,对官府征收也不利。康熙时就有人建议把丁银摊到土地中征收,即无财产的人不再出丁银,他们应交纳的丁银由有田产的人代纳。富人不同意,这一办法不能推行。雍正元年(1723)直隶巡抚李维钧倡议实行摊丁入亩,知道定会遭到富人的反对,遂请求雍正乾断。雍正命他提出详细的合理的施行办法,以便堵住反对派的口。李维钧拟出细则后,雍正表示满意,命令在第二年开始实行。直隶施行后,各省效尤,除山西外,迅速实行摊丁入粮制度。

(五)推行士民一体当差政策

官僚、读书人称为官户、宦户、儒户,可以优免粮差,他们还凭借势力,与地方官吏勾结,包揽词讼,包纳钱粮,为恶乡里。雍正于二年(1724)、四年(1726)先后下令,取消儒户、官户,只免除士人本身丁徭,他的家庭、宗族要按规定纳粮当差,不许逃避赋税,也不许借包揽之名侵剥里民和亏空官帑。这一政策的推行引起士人的不满,河南封邱县生员罢考,反对士民一体当差,雍正毫不退让,将为首者正法,坚持这一政策。他甚至下令,每年年底每个生员互相作证,不做非分之事,才允许参加科举。

四、变革行政制度

雍正确立秘密立储制度,完善与推行奏折制度,建立军机处,对行政机构和管理制度做了一些重大改革。

清朝没有完善的建储制度,清太宗、顺治及雍正继位都有一番争斗。雍正作为过来人,深感建立行之有效的立储制度对巩固清朝政权的重要性,于即位当年的八月,就想出秘密立储的方法:将预定的皇太子名字写在诏书中,并不宣布。而把诏书密封起来,置放在乾清宫最高处"正大光明"匾额之后,待到皇帝死后,才能打开诏书,由指定的皇太子继位。这样既确定了皇太子,而人们又不知皇太子是谁,免得发生皇太子与皇帝、与其他皇子的争斗,以及朝臣的结党营私。乾隆的储君地位就是根据这个制度确定的。

奏折制度在康熙时就基本确定了,但具折人尚少,奏折内容也较单调,具体办法还不完善。雍正扩大奏折人员范围,凡京中部院堂官、地方督抚布按提镇均可书写,有的知府、同知、参将中下级官员,经过特许,亦可上奏。奏折内容广泛,官员与皇帝互相交换政见、情报,交流感情,官员有什么政治见解或施政设想,先写奏折报告皇帝,皇帝同意了,再写题本正式提出来,以便内阁讨论施行。雍正对奏折很认真,奏折不经过任何政府衙门,由具奏人派专人送到宫门交内奏事处,或送皇帝指定的亲信大臣家中,转呈皇帝,任何人不能拆封。皇帝亲览,并在奏折上书写谕旨,由原投递人领回,具奏人依照朱批谕旨办理政事。所以这一制度的推行,更能贯彻皇帝旨意。雍正利用奏折制度,贯彻他的改革方针政策,使它在行政上发挥重大作用。简单地看奏折只是一种文书制度,但是它在行政上发挥的作用却不能低估。

雍正七年(1729),雍正开始对准噶尔部用兵。为及时处理军务及保守秘密,设立军机处,到雍正十年(1732)铸造关防。乾隆以降,长期保持了这一机构。这个机关设有军机大臣,由雍正指定亲信大臣担任。这个机构的职责是撰写谕旨,并发给有关衙门和官员。军机大臣特别是首席军机大臣每天觐见皇帝,有时一天几次,皇帝向他发布指示,或者令他提出意见供皇帝裁决。军机大臣领命后撰写成谕旨,叫"寄信上谕",直接发送出去。内阁发出的明发上谕,公文传递较慢,而军机处的上谕可以日行八百里,速度快,可以收到快速贯彻的效果。而且军机处还本着当日事当日毕的原则处理事务,所以它的设立大大提高了行政效率,体现了雍正雷厉风行的作风。军机处处理的是军国要事和机密事务,自从它设立以后,内阁只处理日常事务,重要性降低了。军机处只是禀承皇帝的旨意办事,它的权力实际上是皇帝的权力,它取代了一部分内阁职权,实质上是皇权更加集中了。

五、对边疆少数民族的政策

雍正民族事务中最成功的一件事,是在西南实行改土归流。在西南少数民族地区,元明以来施行土司制度,即中央政府承认土司世袭制,不向该地派遣流官,这样全国政体不能统一,不利于国家的进一步统一和边疆秩序的稳定,也不利于该少数民族的发展。雍正即位就看到了土司鱼肉人民的残暴性,有人建议实行改土归流政策,雍正怕不成功,没有批准。雍正四年(1726),管理云贵总督事务的鄂尔泰提出改土归流的办法:设法命土官自动献出土地,争取和平解决;必要时出兵,也以用计擒为主,不可全凭恃武力;对交出土地的土司,给以职衔冠带,让他有出路;对土司属民,编制户口,征收田赋。雍正认为鄂尔泰是能人,会把事情办好,便批准了他的建议,并把广西划归他管辖,任命他为云贵广西总督,加兵部尚书衔。在鄂尔泰、张广泗、哈元生的努力下,到雍正八年(1730),云贵两省的改土归流基本完成,贵州改设流官地区竟与原来州县地区相等。在云贵改流的声势推动下,湖北、湖南土官纷纷献出土地,没有经过什么战争,也实现了改土归流。广西、四川的改流也有所发展。到雍正十三年(1735)春天,贵州古州地区发生反对改土归流势力的叛乱,雍正派兵镇压,到乾隆初年竣事。雍正的改土归流胜利结束。

雍正的另一个成功是在青海用兵。雍正元年(1723),在青海的蒙古和硕特部首领罗布藏丹津妄图脱离清朝统治,攻打西宁,拘留清朝官员,发动叛乱。雍正任命年羹尧为抚远大将军,四川提督岳钟琪为奋威将军,领兵镇压。岳钟琪深入敌巢,迅速获得胜利。年羹尧处理善后事务,在青海推行札萨克制度,有效地统治蒙古族,又在青海增设州县。雍正向青海派驻办事大臣,加强了对青海地区的统治,为日后青海发展为行省创造了一定的条件。

雍正解决了青海问题,有利于加强对西藏的管理。雍正五年(1727),西藏发生了阿尔布巴的叛乱,雍正派遣查郎阿率军入藏,消灭叛乱势力,留兵两千,分驻前后藏,又在西藏设立驻藏大臣,率领清军,稳定西藏局势。到乾隆时,驻藏大臣与达赖共理西藏事务。雍正的派遣驻藏大臣是这一制度的滥觞。

雍正处理青海、西藏事务,都考虑到准噶尔人问题。准噶尔人要控制黄教,干预西藏政事,而罗布藏丹津逃亡准噶尔,清朝屡索不给。康熙末年,允禵领兵,对准噶尔人是以攻为守,雍正初年纯粹采取守势。雍正七年(1729),雍正认为财力充实,军队精良,可以对准部用兵,于是用富尔丹、岳钟琪为大将军,从蒙古和甘肃两路出兵攻打准噶尔部本土,但在哈密地区被准部偷袭,辎重损失惨重,又有和通泊之败,唯在额尔德尼昭得一胜仗。到雍正晚年战争打不下去了,双方议和。雍正没有达到预定目标,用兵失败了。

六、雍正的社会文化政策

雍正对什么事情都想改一改、变一变,他要移风易俗,要在礼制上、文化上、风俗上来一些变化。他实行的一些政策,今天看来是可笑的,但他当时却很认真。

尊孔。雍正搞得特别热闹。他封孔子五辈先人为王,使他们的尊崇地位超越历代。别的帝王去太学,叫作"幸学",表示皇帝尊贵,到这里来视察,雍正说他担受不起,下令将"幸学"改称"诣学"(表示皇帝去朝拜孔子)。他到孔庙,在举行献帛礼时,不按历来成规,而是亲自下跪,还对别人说,这才显出他对至圣先师的诚敬。为什么要这样呢?他说孔子的学说太伟大了,别人只看到它教育民众怎样做人的作用,没有认识到它对帝王最有好处,因为民人都被教育得服服帖帖,帝王统治就稳固了。他公开承认这一点,比别的统治者坦率。

崇佛。雍正也搞得很凶,但不敢公开承认。雍正号"圆明居士""破尘居士",自称"和尚""释子"。他密用僧人文觉,参与对允禩、允禵、年羹尧、隆科多的处理。他在北京修缮大觉寺,又广修天下名山古刹,派遣自己信任的僧侣去一些寺宇做住持。他在宫中开法会,将贵胄(包括皇子弘历,即日后的乾隆)、官僚、和尚、道士收为徒弟。他派人编辑佛家典籍,刊刻出版。同时汇集释氏名僧语录和自己的佛学语录,编成《御选语录》一书。更稀奇的是,他以帝王之尊参加佛教禅宗内部的宗旨斗争,把明末清初的汉月藏一派看作异端邪说,开除出去,不许他们的经书流传,不许人信仰,为此还搞了一部《拣魔辨异录》。

雍正笃信天人感应说,大搞祥瑞。雍正一朝官员报祯祥的特多。有的报瑞谷,称麦子、谷子、稻子长十几穗,其实是龙须谷,本来就是多穗的,但雍正当作喜庆事,煞有介事地绘制成图,刊印让臣下传阅。有的报卿云,说五彩庆云,经时不散,而卿云出现,表示皇帝孝顺,这同世传雍正谋父逼母说相反,很合雍正心意。有的报告在雍正陵寝采石工地上发现凤鸟,五彩斑斓,向北飞鸣,简直是向皇帝朝贺了。有的报告天降甘露,还有说牛生麒麟的。雍正三年(1725)发生了日月合璧、五星联珠的稀罕事,钦天监测算出来,有人认为这是自然现象,不值得大肆张扬,雍正不得不承认这是可以预测的自然现象,但又认为在他的统治时期出现这样的祥瑞,还是要广为庆贺。于是百官上贺表,年羹尧在表中用错了词句,被抓住后严加惩治。雍正之世,似乎祯祥毕呈,无瑞不有,是太平盛世。但是雍正崇佛与信祥瑞,使当时人看不起,后人也批评他。

雍正大肆宣扬所谓拾金不昧好风尚。开始有官员奏称有个八旗兵运草,把他人遗落的银子交了公,雍正认为一个士兵能这样做,不简单,予以鼓励。接着河南巡抚田文镜奏报有个农民拾到商人的银子,交还原主,失主要给一半酬谢,农民坚决不要,雍正命赏他银子,还给八品顶戴。自此以后,拾金不昧就层出不穷了。有报改土归流地区出现的,有报台湾少数民族中出现的,有报兵丁、妇女中发生了,于是各地区、各民族、各类人都有了。雍正说这个好风气,是真正的祥瑞。其实有的是弄虚作假,因为拾金不昧,可以得到赏赐和官衔,好处比拾金还大,何乐而不为?乾隆看出它的弊窦,即位后禁止再报拾金不昧。

广东、福建人地方口音重,不会说官话。雍正认为这会耽误公事,他说做地方官的人,说话老百姓听不懂,就要用当地人的胥吏传达,胥吏就可以乘机做坏事,因此要求闽粤官员讲官话。他还规定闽粤士人在 8 年以内要学会官话,否则不许参加科举。到了 8 年之后,没有学会官话的,照样可以赶考。其实他是心血来潮就做了决定,而没有看是否有实现的条件。

旌表孝子顺孙节妇烈女,雍正也比别的皇帝上心。雍正说穷乡僻壤的人没有条件申请旌表,因此有的节妇烈女得不到表彰,为此令地方官着意采集这类人。在他的时代,放宽了旌表节妇的条件,原来 30 岁以内守寡,50 岁以外故去的妇女才符合旌表条件,雍正接受大学士张廷玉的建议,45 岁死了的也可以,使得更多的寡妇可以得到表彰。

山陕的乐户,浙江绍兴的惰民,江苏常熟的丐户,安徽的世仆、伴当,广东的疍户都是贱民,不得与良人通婚,不得读书出仕,不得改变职业,备受凌辱。雍正为移风易俗,除豁他们的贱籍,允许他们改业从良。贱民的职业不是一纸命令所能改的,地位也不能因之骤变,但雍正的命令在法律上允许他们走上解放的道路,还是有意义的。

七、雍正之死及关于他的传说

雍正于十三年(1735)八月二十一日亡故。关于他的死因有几种说法。官书记载,二十日白天他还在办理政事,晚上得病,次日凌晨死去。根据这种迹象,有的学者认为他是中风而死;有的学者认为雍正与道家接近,宫中养有方士,他好吃丹药,可能吃药中毒烧死;有的小说中说吕留良的孙女吕四娘为父祖报仇,进宫刺杀雍正,所以雍正暴卒。被刺之说颇为流行,直传到 1980 年河北易县曾经发掘雍正泰陵地宫,没有挖开就中止了,对雍正尸体状况自然毫无所知,但社会上传说,雍正地官打开了,发现只有尸身,没有头颅,似乎证实了被刺之说。其实遇刺说是无稽之谈,前二说当有待于证明,而最能证实的,只有等待地宫打开检验其尸体了。

雍正和他的子嗣乾隆的出身,都有人提出与官书记载不同的说法。有人说雍正的生母是侍卫卫某的妻妾,有孕进宫生了雍正,故雍正是卫家儿。稍有历史常识的人就会知道这是脱胎于秦始皇出身的故事,因始皇母后赵姬是吕不韦的姬妾,怀孕送给秦公子异人的。异人的处境与康熙怎么相比,康熙身上绝不可能重演嬴异人之事。有人说雍正没有儿子,浙江海宁陈阁老家生了男孩,雍正用女孩把他换了来。后来乾隆南巡,还到阁老家探视过。乾隆自然是雍正的血胤,他有四个哥哥,其时有一个健康地活着,他的弟弟弘昼在他出生几个月后也来到人间,这就是说雍正并非没有后嗣,何须抱养他人之子!狸猫换太子故事的流传,可能给后人生造雍正换子说提供了一点编造的素材。

传说中的雍正很有武功,养有剑客死士,现今内地和香港的雍正戏,都说他养有人熊,护卫自己,又说他发明杀人利器血滴子。雍正经过骑射训练,会有一些武艺,但不会太高。他继位以后没有举行过一次秋狝,固然有客观原因,但也说明他对习武不是太感兴趣。送他武术家的桂冠,恐怕他也是担当不起的。

关于雍正私访的传说亦很多。有说大年三十晚上他到某衙门,遇一自愿值班的兰某,交谈之下,知其欲因勤谨得一广东税官,开年后雍正就令兰某如愿以偿。又有说鼎甲出身者朱某,新年休沐日在家同姬妾(或说同友人)打牌,忽然丢了一张,就不玩了。假日过后上朝,雍正问他新春做什么了,朱某如实回答,雍正很高兴,说他细事不欺君,就把他丢的那张牌还给他。这些说法给人造成雍正搞特务统治的印象。雍正实行奏折制度,得到情报多而且快,又派侍卫到地方大员身边,自然他们会打小报告。故而上述传说不一定是真的,但其产生是有某种事实作为根据的。

雍正是近于传奇的人物。关于他的传说很多,也远离其人实际,故而给他作传记,也需要就此废点笔墨。

八、对雍正的评价

雍正在位只有 13 年,但对社会、政治、经济、文化制度进行了多方面的改革,他实行的摊丁入粮、耗羡归公与养廉银、奏折制度与军机处、秘密立储、改土归流、除豁贱民、设立驻藏大臣,都成为清朝一代不可移易之法。他的政策自然含有消极与积极两方面的后果,不过积极意义是应当注意的。

他的许多政策是直接或间接地解决农民生产生活问题。摊丁入粮,耗羡归公,适当减少加耗的同时,纠正徭役不均的偏向,令富人增加赋税而减轻贫民负担。这些政策的执行,国家收入不但没有减少,反而能及时征收。这是用调整地租再分配的办法,强令富人支持国家,而削减国家对贫民的压榨,以利贫苦农民维持生产和生活。摊丁入粮制度实行后,政府不再需要严密控制人口,取消户口编审制度,放松了对人民的人身控制。政府又打击不法绅士,取消、限制他们的法外特权,平民从而少受他们的侵凌,这样就有利于发挥劳动者的生产积极性。除豁贱民,更是对这部分人的生产力的解放。所以雍正的政策在一定程度上调整了国家与劳动民众、地主与佃农的矛盾,或多或少地有利于劳动群众,提高生产力和改善生活。

雍正改革政策的实行,使他的政府成为相对廉洁的高效率的政府。雍正清理亏空,实行耗羡归公和养廉银制度,打击了贪官污吏,养廉银保证官员生活过得去,令他们不敢以身试法,故而在一定程度上澄清了吏治,使他的在位时期成为清朝吏治最好的时代之一。军机处的设立和奏折制度完善化,加上雍正的勤政,大大提高了行政效率,政事能得到较及时的处理。秘密建储制度的确立,使雍正以后清朝再没有出现储位斗争,有利于政局的稳定。各项财经政策的实行,赋税收入有保障,国库充盈,国力强大,促进清朝的强盛。

雍正对边疆的经营,在西南少数民族地区、青海蒙古族地区、西藏地区是卓有成效的。统一行政制度,加强对边疆地区的管理,有利于我国统一多民族国家的巩固和发展。

总之,雍正的这些改革措施解决了一些社会积弊,有利于社会生产的发展,增强了国力,使清朝沿着康熙时期的发展轨道向前推进,为日后的乾隆时代的发展创造了条件,从而出现康雍乾三朝盛世,成为中国君主社会晚期的一个繁荣时代。从爱新觉罗清王朝看,雍正的一系列定制,稳固了清朝的统治。

就雍正个人讲,不必过分纠缠于他的继位之谜问题,他所进行的政治斗争是必要的,他的一系列的社会政策基本上是可以肯定的,他的政治活动又同他的才能、性格、作风息息相关。没有他的才华,没有他的刚毅性格,没有他的雷厉风行的作风,也就没有他那个时代的政治。雍正时代的政治深深打着雍正个人的烙印。对雍正政治的肯定,同样也是给予他的褒扬。总之,我们认为雍正是中国历史上为数不多的杰出的帝王之一,他的改革事业值得后人重视。

(原载肖黎主编《中国历代名君》,河南人民出版社,1987 年)

雍正帝的各项社会政策

讲到雍正帝的社会政策，是指关于民众日常生活各方面的行为规范，诸如群体生活、社会等级生活、服色婚丧仪礼、民众运动等。这些方面的规定，有的属于法律范畴，有的属于思想教化性质。因为它们是些关乎民间的政策制度，所以是基本的国策，影响及于民众的各种日常生活和国家政治状况。雍正帝施行的社会政策，内容丰富，涉及民间生活的方方面面，他企图令百姓生活在政策法律规范之中，老老实实做顺民。

一、宣讲《圣谕广训》与乡约制度

康熙朝颁布康熙帝的"圣谕十六条"，要求各地宣讲。这十六条是："敦孝悌以重人伦，笃宗族以昭雍睦，和乡党以息争讼，重农桑以足衣食，尚勤俭以惜财用，隆学校以端士习，黜异端以崇正学，讲法律以儆愚顽，明礼让以厚风俗，务本业以定民志，训子弟以禁非为，息诬告以全善良，诫匿逃以免株连，完钱粮以省追科，联保甲以弭盗贼，解仇忿以重生命。""十六条"全面系统地宣扬君主社会伦理纲常，是约束民人思想行为的规范，让人们安分守法，保持社会安定。这十六条是对人民进行教化的纲领性教材，但是只有十六句话，宣讲起来，只能由宣讲人凭其理解进行，他们发挥的正确与否就难说了，能不能达到预期的效果更难把握；再说"十六条"发布年久，官员早已当作例行公事，不再留意，使宣讲制度成为具文。雍正帝发现这种问题，又认为这道上谕极其重要，因为它把对民间的规范都讲到了："自纲常名教之际，以至于耕桑作息之间，本末精粗，公私巨细"，无所不包。于是在二年（1724）二月撰著《圣谕广训》，使用较为通俗的文字，洋洋洒洒万余言，对"十六条"逐条讲解，即给出标准性宣传材料，颁布各地，作为宣讲教材。

为什么要纂写此书，他在序文中说了两条理由。首先是继承康熙帝遗志，所谓"朕缵承大统，临御兆人，以圣祖之心为心，以圣祖之政为政，夙夜黾勉，率由旧章,惟恐小民遵信奉行久而或怠,用申告诫,以示提撕"。雍正帝在即位初年凡事打出继承先帝的旗号,表示他的厉行孝道,同时也是借助康熙帝的余威,推行其政策。第二个原因是为移风易俗,希望通过宣教,令小民"共勉为谨身节用之庶人,尽除夫浮薄嚣凌之陋习,则风俗醇厚,室家和平"。①

政府要求《圣谕广训》的宣讲,要在直省民间和八旗中普遍进行,每月初一日与十五日两次,一定要做到家喻户晓。此事在直省由乡约负责,八旗由各级衙门经管。乡约制度是在雍正七年(1729)确立和推行的,办法是乡村设立乡约,凡大的村庄设约正一人,值月三四人。约正由地方官于生员中拣选充当,政府酌量发给廪饩,值月由耆老充任。他们备置两种簿册,一种记录民间"善行",另一种记载"过恶"。②以便对人民进行表彰和教诫。就雍正朝讲,乡约的主要事务是宣讲《圣谕广训》。雍正帝始终关注宣讲情况,晚年发现八旗中的宣讲流产了,于死前数日谕令八旗都统,于每月逢三、逢八操练之后,讲解一两条。③

地方上的宣讲日。在农村,由值月宣读,约正用通俗的语言解说,以使听众知晓,若有不明白的地方可以提问。讲解完毕,进行善、恶二册的登记。在州县,地方官和绅衿集会于文庙明伦堂,主讲者在鼓声中登上讲坛,宣读《圣谕广训》条文。④在省城,仪式非常隆重,届期,先在公堂设置香案,文武官员齐集,穿著礼衣行三跪九叩礼,礼毕赴宣讲所,先由司礼生宣布讲解会议开始,宣讲人到香案前跪拜毕捧上谕登讲台,由司教老人跪着宣读,司礼生再宣布开讲,宣讲人始行解说。在整个过程中,军民都站立严肃谛听。⑤由这种烦琐的仪礼,可知对宣讲的高度重视。有的地方官考虑到宣讲时有过恶的人不出席,无法教育,建议在乡约公所前面树立木榜,上写"奸盗诈伪,干名犯义,有伤风俗,现经犯法治罪"者名单,以便邻里宗党监督教育,等到一年后改正了,再将名字从榜上去掉。雍正帝说,横暴不法的人,乡约一定不敢公布他们的名字,

---

① 《圣谕广训·序》,宣统二年刊本。

② 王士俊辑订:《吏治学古编》卷下《劝戒》,雍正十二年刻本;凌如焕:《敬陈风化之要疏》,载贺长龄、魏源等编:《清经世文编》卷23,中华书局,1992年,上册第581页。

③ 《上谕内阁》,十三年八月十六日谕,拱北楼书局藏版印本。

④ 光绪朝《奉贤县志》卷5《学校·乡约附引旧志》。

⑤ 雍正朝《河南通志》卷10《礼乐》;《朱批谕旨·王士俊奏折》,八年二月十六日折,光绪十三年上海点石斋缩印本。

而有小的过失的懦弱乡民倒可能上榜,因而此举或许会有名无实。可是他又认为这是有益无损的事情,可以试行,尽量努力办好,不要弄成民间的笑话。①

《圣谕广训》不过万言,逐条宣讲,有 16 次就可以了,每月两次,用时也就是 8 个月,而雍正帝要求成年累月地进行,势必重复讲解,令人生厌。所以雍正帝督责虽严,听众和宣讲人都把它视为具文,使宣讲流于形式。

雍正七年(1729),曾静案基本结束,形成文件《大义觉迷录》。雍正帝下令将曾静、张熙师徒押赴各地,宣讲《大义觉迷录》,也是通过地方官和乡约组织进行,有的同《圣谕广训》的宣讲结合开展。②

《圣谕广训》内容的广泛性和开始宣传的重大声势,使它产生了社会影响,此后的一些政策的实施,诸如保甲法、民间的建设义庄、民间的笃实风俗,都被说成是《圣谕广训》宣讲的结果。

二、全面推行保甲制

雍正朝的大力实行保甲制度,有着历史的继承性,更同摊丁入亩赋役制度的实行有着直接的联系。

传统社会以户口编审制度治理民众,侧重于人口数字与家庭财产的掌握,以便征收赋税和徭役,如明朝实行的赋役黄册制度。与此同时,有的王朝施行保甲制度,如北宋王安石变法时期行保甲法,明代王守仁在南赣亦强力推行这种编制方法。保甲法与户口制度都是对民人加以编审,但重点不一,前者是从社会治安角度立法,而后者是为赋役的征收。清朝初年实行户口登记制度,以户为单位,记注丁口、籍贯、职业、资产。丁口与资产,是政府征发徭役和赋税的根据;籍贯,关系到人们居住、读书、应试、做官等权利;职业,对于有些人来讲是不可以改变的。这些内容关系政府和民人双方的利害,自然都很重视,政府由于据以进行征税和治理,所以更其留心。人们的家庭状况总在不断地变化,因此户籍登记要不断地进行。清初规定 3 年一次编审,随后改作 5 年进行一次,稽查户口,特别注意于核实丁口,所以叫作"编审壮丁"。当编审

---

① 《朱批谕旨·王士俊奏折》,八年二月十六日折朱批。

② 雍正朝《河南通志》卷 10《礼乐》;《清代文字狱档·屈大均诗文及雨花台衣冠冢案乾隆三十九年十月至四十年三月》,原北平故宫博物院文献馆刊版。

之年,各省于年终报告户部,若违限不报,经管官员照违限例议处。① 可见编审户口是政府,尤其是地方政府的重要事务。

上一目说明雍正二年(1724)颁布《圣谕广训》,其第十五条为"联保甲以弭盗贼"。雍正帝解释说,安民之道在于消弭盗匪,而治贼的最有效办法是实行保甲制,使民众互相监察,不容奸匪窝藏、盗贼窃发。他看到当时保甲法推行不力,有名无实,盗匪不能肃清,便希望改变这种状况,要求"城市乡村严行保甲,每处各自分保,每保各统一甲,城以坊分,乡以团别,排邻比户,互相防闲"②。雍正帝这时是在户口编审为主的前提下,谈论保甲制的推行和作用。然而事情很快起了变化,四年(1726),雍正帝再次强调实行保甲法就有了新的内容。因为这时摊丁入亩制度已经开始实行,新制度使编审壮丁的必要性大大降低了。

最早实现摊丁入亩制的直隶,在实行两三年之后,总督李绂发现了新问题,即体现丁役的丁银已摊派到钱粮里面,而且丁银的数量是固定的,不需要考虑增减,因之政府了解人丁数字,已同征收钱粮没有关系,这样编审制度就成为多余的了。他在雍正四年(1726)五月的密折中写道:"直隶丁银业已照粮均摊,是编丁之增损与一定之丁银全无关涉","似宜斟酌变法"。编审不仅是多余的,而且需要一笔经费,购买纸张,登记造册,报告户部,这些费用派向民间,胥吏还要侵贪。为了免除这种弊病,李绂请求停止编审。废除编审后,如何管制民人的问题他也谋虑到了。他认为保甲法既能清查户口,又能稽查游民,比编审更有效。因此他建议严饬地方官推行保甲:"于编排保甲时逐户清查实在人丁,自十五岁以上毋许一名遗漏,岁底造册申送布政司,汇齐另造总册,具题敬呈御览。"③

以保甲代替编审,雍正帝也在思考中,在李绂上奏折的前半个月,他再次发布施行保甲法的上谕,指责地方官把保甲当作陈规故套,"奉行不实,稽查不严",针对村落零散、沿海、少数民族地区不宜实行的观点,指出数家亦可编为一甲,汉化程度较高的苗民、僮民都可以编为齐民。他怕地方官仍然不实力

---

① 乾隆朝《吏部则例》卷18《户口》。

② 《圣谕广训·序》。

③ 《朱批谕旨·李绂奏折》,四年五月初十日折;李绂:《穆堂初稿》卷39《请通融编审之法疏》,乾隆五年刊本。

奉行,下令制定相应的惩罚条例。①当见到李绂的奏折后,详加批阅,认为所议非常合于情理,只是实行摊丁入亩制度不久,骤然取消编审是否会产生别的问题,还吃不透,因此让李绂正式题本,发给廷臣,广泛征求意见。②七月,吏部遵旨议定保甲条例:①十户为一牌,设一牌头,十牌为一甲,设甲长,十甲为一保,设保正;②畸零村庄、"熟苗""熟僮",一体编入保甲;③地方官不实力奉行,按情节分别议处;④建立民间劝惩办法,对违犯保甲条令的人,若行告发,按被揭发的人数给奖,若为隐匿,予以杖责。雍正帝批准了这一条例,命各省通行,限一年内执行完毕。③该条例的制定与推行,就在事实上停止了户口编审制度,不过该制度到乾隆三十七年(1772)才正式取消。编审停止后施行的保甲法,与此前的差异很大,它包含调查户口和维持治安两项内容,突出了治安管制性质。也就是说,自此以后,政府日常控制百姓的手段不再是户口编审,而是保甲法。所以自雍正四年(1726)始,厉行保甲,是在摊丁入亩制新形势下对民人进行约束。

为了推行保甲制,其执行状况成为考核地方官员的一项必备的内容。河南巡抚田文镜在雍正三年(1725)就开始关注推行保甲法应注意的事项,要求州县官做好选择捕役,严查窝家,训练民壮,查察寺庙、饭店等项事务。④雍正四年(1726),他用保甲推行状况衡量属员优劣,唐县知县周璠"不能勤查保甲,一任捕役纵贼",加之"诸务废弛",将其参劾。固始县县丞程秉礼署理光山县及息县知县事,"奉行保甲极其谨严",又能革除地方积弊,将他推荐,提拔为唐县令。⑤田文镜还赞扬考城令高镗"稽查保甲,亦无盗案"⑥。田文镜的捕务、民壮、保甲编查相结合的办法,使保甲法得以有效地推行。河南之外,另一个模范督抚李卫在其浙江任所积极施行。

在户口编审制度实行之时,有一些流动人口的管理问题难于解决,如江西的棚民,在康熙年间发生暴动,对他们不好管制。雍正朝实行保甲法,同时解决了棚民的治理难题。有一部分在本籍无业的农民,到异地谋生,开山种

① 《上谕内阁》,四年四月二十三日谕。

② 《朱批谕旨·李绂奏折》,四年五月初十日折朱批。

③ 《清世宗实录》卷46,"四年七月乙卯"条。

④ 田文镜:《抚豫宣化录》卷3上《特揭保甲之要法以课吏治事》,雍正五年刻本。

⑤ 《抚豫宣化录》卷1《奏请调补事》。

⑥ 《抚豫宣化录》卷1《题考城高令能改旧习》。

地,或做雇工,因系搭棚居住,被称作"棚民"。他们多生活在丘陵地带,江西、安徽、浙江、福建、湖北、陕西、四川等省山区尤多,在广东被称作"寮民"。他们生活没有保障,迁徙不常,与土著居民不时发生冲突,引起官府注意。雍正二年(1724),户部尚书张廷玉说浙、赣的一些抢掠事件,是棚民煽惑倡首,应设法安置,疏请敕令督抚派遣能干的州县官严行管制,加以编排,在稽核保甲时一体查察,并请允许棚民读书进学,使他们变为土著,以绥靖地方。①雍正帝命有关官员议处。雍正三年(1725),两江总督查弼纳、浙闽总督觉罗满保疏奏处置浙、闽、赣三省棚民办法。雍正四年(1726),雍正帝下令仿照保甲的法规,按户将棚民编查入册,租地的山主、雇工的雇主,要对棚民做出担保;愿意入籍的棚民一经获准,即与土著一体当差;入籍 20 年的可以参加文、武生的考试。②条令制定了,由各地督抚落实,浙江巡抚李卫和浙江观风整俗使王国栋严厉执行。雍正六年(1728),大理寺卿性桂到衢州密访后,奏称"棚民近日光景,皆知安分,不敢生事"。雍正帝因而自得地说:"在昔棚民,何有今日光景,经大费一番措置,方能如是帖然。"③然而编查棚民令下达时间日久,地方官和担保的山主、地主就不太在意了,可是最高统治者雍正帝结记不忘,死前的一个月仍发出上谕,要求"督抚等转饬有司实力奉行,毋或怠惰,倘有不遵,即行严参,从重议处,若督抚失于觉察,朕访闻亦必加以严谴"④。

雍正朝保甲法的推行,在中国历史上是划时代之举,在此之前,保甲法只是辅助性的编制民众的手段,此后它代替户口编审,成为政府控制民人的主要措施,不仅影响清代中后期,乃至民国时代。保甲法适应赋役制度的变化,当摊丁入亩制刚一实行,从地方大吏到皇帝立即意识到传统的户口制度已不适用,相应调整有关制度,表明政府反应灵敏,行政效率较高,说明雍正王朝是个有为的政府。保甲法对人民的控制,比起与赋役紧密联系的户口制度要松动一点,因为政府的基础在赋役,政府既然有了财政制度作为保障,对人民的控制要求相对减弱,不再需要像以前那样的户口编审制度了。从这方面来说,是一种社会进步。保甲法的实行,维护社会秩序,对于富人有益。嘉道时期

---

① 张廷玉:《澄怀园文存》卷 4《请定安辑棚民之法疏》,光绪十七年刊本。

② 《清朝通典》卷 9《户口丁中》,浙江古籍出版社,2000 年,典 2070 页。

③ 《朱批谕旨·性桂奏折》,六年九月二十八日折及朱批。

④ 《上谕内阁》,十三年七月十四日谕。

常州词学创始人张惠言说："保甲之法,原为保安富户起见。"①讲述得明白。

三、提倡宗法伦理与设立族正

家族伦理所讲的忠孝是人伦的中心内容, 也是儒家思想的核心部分,雍正帝为在民间提倡和实现宗法伦常,采取了一些新的措施,即设置族正、调整科举考试的内容、大力表彰孝义行为。

《圣谕广训》开头两条讲述的就是家庭家族的忠孝伦理, 特别是第二条"笃宗族以昭雍穆",概述宗族建设的必要、内涵和政府的相应措施。雍正帝在此要求宗族成员因同宗共祖而相亲相爱:"凡属一家一姓, 当念乃祖乃宗,宁厚毋薄,宁亲毋疏,长幼必以序相洽,尊卑必以分相联,喜则相庆以结其绸缪,戚则相怜以通其缓急。"因为族人是一本所出,应当遵守长幼尊卑的自然伦序;为着老祖宗,大家应该患难与共,互相帮助。具体说来,需要注意四个方面:"立家庙以荐烝尝,设家塾以课子弟,置义田以赡贫乏,修族谱以联疏远。"②将兴建宗族祠堂、开办宗族学校、置办宗族公共财产、纂修族谱四件事情,作为建设宗族群体的主要内容。

祠堂是宗族的组织形式和体现,它有管理人员,即族长、房长和其他职员,主持宗族的祭祖和其他公共事务,是治理族人的机构。一个家族能不能组建群体,重要的是看有无祠堂,南方尤其如此。祠堂在族人中应当具有权威性。族长的产生,基本上是两个条件:一是自然伦序的辈分和年龄,另一是人品和威望。具体的选择,在这两项中往往要进行综合考虑。这种人员的确定是宗族内部事务,政府不予干预。雍正四年(1726),政府为强化职能,下令在宗族中设立族正,任务是"察族之贤不肖",就是考察宗族内部民人的行为是否符合忠孝伦理的道德标准,表彰遵守楷模,谴责它的破坏者。族正设在汉人地区,并希望在苗族等少数民族中着力。③族正由政府认定,代表官方,加重了宗祠的权力。五年(1727),雍正帝提出了更改与祠堂有关的法律条例的设想,他说经官惩治而不悔改的人,准许祠堂告官,从而可以将这种人流徙远方,以为

---

① 张惠言:《论保甲事例书》,载《清经世文编》卷74,1992年,中册第1826页。
② 《圣谕广训》。
③ 《清朝文献通考》卷19《户口》;《吏治学古编》卷下《劝戒》,雍正十二年刻本。

宗族除害;如若祠堂私自以族规处治,以致身死,可以免除执行人的抵罪,即不判死刑,从轻处责。九卿根据上谕精神,拟订了相关的律例:"因为合族公愤,以家法处死不肖子孙,如果死者确有应死之罪,将为首者照罪人应死而擅杀律予杖,若罪不至死,将为首者照应得之罪减一等,免其抵偿。"①给予祠堂族长处死族人的某种权力。这种司法权本应只在政府手中,这一变更使祠堂也拥有了惩治族人的某种司法权,族长的权力因而加大了。政府企图利用宗族权力辅佐政权,使两者更好地结合起来,维护清朝的统治。但是这种变更破坏了政府司法权的完整性,不法族长加以滥用。因而族正与规定祠堂族人司法权的律例能否长期存在,就成了问题。到了乾隆初年,就将族正制度否定了,可是到乾隆二十二年(1757)又重新设立族正。此后族正制需要与否,乾隆与嘉庆两朝不时地进行讨论,表明族正制是讨论性的事物,政府对它拿不准,希望通过它强化宗族,但又容易造成宗族侵犯政府权力,究竟政权与宗族如何进一步结合,政府在探讨最有效的方法。

宗族能否正常开展活动,受诸多因素影响,有没有家族公有财产是一种先决条件,如若缺乏公产,祭祀如何能够隆重进行,族内赈济也难于开展,这样族人就难于产生向心力,宗族就缺少凝聚力,这就是雍正帝强调置义田以赡贫乏的原因。在宗族内部有人捐献地亩钱财,作为祭祀、族学产业,更有人捐出大量土地,建设义庄,资助贫困族人。雍正十年(1732),内阁学士兼礼部侍郎张照奏称,恭读《圣谕广训》,有"置义田以赡贫乏"的教导,其祖张淇用己田一千亩作为义田,赡养同族的贫民,现今请求皇帝允许立案,即在政府注册,载入县志,该项土地不许他人侵占,即使张淇子孙亦不得出卖,违者照律治罪。如此则该项田产可以长期保存,以利贫宗生活的改善。雍正帝见是响应他的号召,立即准许立册存案,并说"张淇以己田作为公产,赡养宗党,其敦本厚族之谊可嘉"②,应当表彰他这种义举。这种义庄田地,一经政府登记,不仅他人不得侵犯,连政府也保证不损害它,设若该家族有人犯罪抄没,宗族义产是不没收的。历史上出现最早的义庄——苏州范氏义庄,自北宋一直维持下来,雍正年间该族候选知州范瑶又捐田一千亩,就此申请立案,巡抚尹继善因之奏称,范瑶的行为是受皇上《圣谕广训》教导的结果,现今"化

---

① 雍正朝《起居注册》,五年五月初十日,中华书局,1993年,第2册第1243页。
② 《张氏捐义田奏折》,南开大学图书馆藏抄本。

行美俗,群黎编德,三吴士庶,莫不闻风兴起,咏歌盛世,传为美谈"。雍正帝说范瑶义风可嘉,应予鼓励,立授为员外郎,同时教训尹继善,说他的报告夸大了风俗的变化:"地方上偶一善事,何得遽云'化行美俗,群黎编德'?"表明他不以有少数义庄为满足,希望义庄能大量出现,以实现他倡导宗族义行的主张。雍正帝希图利用宗族内部的有无调剂、赈济贫乏,以减少政府的压力,使那些不稳定的社会因素因生活问题的某种解决而安定下来,这也是用宗族支持政权。

政府提倡孝义的一种方法是旌表节孝。元年(1223)二月,雍正帝令礼部研讨建立忠孝节义牌坊事务,他说以往疆吏把此事当作形式,没有认真实行,以致富室巨姓滥膺表扬,穷乡僻壤的孝子节妇反而隐没不闻,督抚、学政必须加意搜罗,不让贫民孝义之人隐没。①报请旌表,申请人到城里,要花路费,要给胥吏酒食钱,这笔开销。使得穷人不能申请。雍正帝着意于寒素之家,就是要在实际上扩大表彰对象的范围,以发挥表彰的影响。礼部遵照指示,议请建立两种祠宇,一为忠义孝悌祠,一为节烈孝妇祠,祠庙由政府拨给银两建设。雍正帝批准办理。②实行情况各地不尽相同,然都较为重视。雍正七年(1729),马淑襄出任河南光州学政,"抵任值督抚旌表节孝,即为悉心采举,于无力者尤极搜扬"③。马淑襄完全按照朝廷的精神办理,务使穷困节义人士得到表彰。有的地方利用驱逐西洋传教士后空闲出来的教堂,改造后作为节义祠宇。有的地方官侵占建坊银两以致祠宇易于倾毁,雍正帝对此大为恼火,下令把检查祠宇作为地方官交接手续的一项内容,希望用措施控制官吏的侵贪。④

忠孝节义祠堂表彰的是个人,对于累世同居的家族,雍正帝同前代君主一样加以表扬。雍正十年(1732),湖南沅江县谯衿家族七世同居,雍正帝亲书"世笃仁风"匾额赐予。⑤同年,雍正帝又给七世同居的陕西武功县李倬、同州刘运悼颁赐御书匾额,照例建立牌坊。⑥地方官也仿效执行,比如湖南宜章知县胡星认为属地曹氏家族,"循理守法,安分乐业,秀者诗书,朴者耒耜,凡牵

---

① 《上谕内阁》,元年二月十三日谕。
② 《清世宗实录》卷 12,"元年十月甲寅"条。
③ 乾隆朝《光州志》卷 49《宦迹》。
④ 雍正朝《起居注册》,五年闰三月二十五日,第 2 册第 1148 页。
⑤ 《清世宗实录》卷 125,"十年十一月乙未"条。
⑥ 《上谕内阁》,十年十二月十五日谕。

牛服贾之俦,莫不以孝悌为先,而寇攘奸宄之事无闻焉",于是赠送"淳善可风"匾。①

雍正帝认为能够高龄的人,为人多半忠厚,而且讲究养生之道,值得表彰。雍正四年(1726),普遍赏赐七十岁以上的老人,领赏的达1421625名,政府发出绢布价银八十九万两、米十六万五千石,这些人都是农民,仕宦、绅士、商贾、僧道不包括在内,如果将后一部分人中的老年人算上,老人数字还应增添不少。雍正帝对出现的大量老人,除了称赞他们本身的养生有术之外,就是归功于康熙帝常年仁政养育,他真是处处要表现出他的孝道。此外要求人们讲求谋生之道,应当务本业、行节俭。②

雍正朝提倡孝道和宗法制度,着眼点离不开维护正常的社会秩序。咸同时期的政治思想家冯桂芬,鉴于实行摊丁入亩制度后人民"轻去其乡",政府不易控制的状态,认为需要实行"以保甲为经、宗法为纬"的治理。③如前所述,雍正朝在摊丁入亩制度实行之始,就停止户口编审,制定新的保甲法,设立族正,提倡孝道。雍正朝君臣虽然没有像冯桂芬那样明确了保甲与宗法的经纬关系,确是真正注意实践的。保甲是自上而下的垂直治理系统,宗族是没有直线关系地散布民间,宗法观念和制度令各个家族步调齐一,形成横向治理系统,如此纵向与横向结合,将统治真正深入民间,于是政权自上而下地支持族权,宗族自下而上地维护政权,两者紧密结合,治理应当有效得多,雍正朝的统治基础得到稳固。这是事情的实质。家族的公产,穷人固然受惠,捐献者也受益,正如雍乾时期人孙璜所说,宗法义行者,"一以行惠,一以保家"④。宗族内部人们贫富不均,就会产生摩擦。雍正帝看到宗族不睦的原因:"大抵宗族所以不笃者,或富者多吝而无解推之德,或贫者多求而生缺望之思,或以贵凌贱而势利汩其天亲,或以贱骄人而忿傲施于骨肉。"⑤行惠者以消失部分财产而保留另外的产业,也是有失有得。这也是通财的某种实质。

<hr/>

① 宜章县《曹氏族谱》。
② 雍正朝《起居注册》,四年十月十三日,第1册第812—814页。
③ 冯桂芬:《校邠庐抗议》下篇《复宗法议》,中州古籍出版社,1998年,第168页。
④ 沈德潜:《归愚文钞余集》卷5《文学孙古愚传》,教忠堂藏版本。
⑤《圣谕广训》。

四、改订服色婚丧仪制

人们的衣着、婚嫁、丧葬、节日生活方式以及民俗娱乐生活中,选择何种方式,如何进行,做出怎样的开销,本来是个人、家庭的消费观念和经济能力所决定的,但是在传统社会,政府又来规范,而民众往往越出定制,政府又要加以纠正,或修改规则。雍正朝就是如此。它更改服色婚丧仪式制度的精神,是改变奢侈的风俗,崇尚节俭。元年(1723)八月,雍正帝谕百官:"国家欲安黎庶,莫先于厚风俗;厚风俗,莫要于崇节俭。《周礼》一书,上下有等,财用有度,所以防僭越、禁骄奢也。"①雍正帝指出安黎民、易风俗、崇节俭、防僭越几者间的关系,只有崇尚节俭,才能使官民各守本分,尊重名器,无所僭越,因之黎民乐业。要做到崇朴素去奢华,必须采取措施,形成良好的社会风气。据此,政府倡导移风易俗,维护既定的服色、婚丧法规,并对它的不完善或不实用的部分进行改订。

服制方面。雍正元年(1723)五月,因为一些官员不依品级,随便使用素珠、马项悬缨(踢缨)、导马,出现违制僭越现象。雍正帝下令,文武官员要按品级规定戴素珠,穿马褂,用座褥,放引马。他说大小官员有一定的品级,就有一定的服制,"所以重名器也"。要求八旗大臣、步军统领和都察院严加查核,对违犯者即行指参。②接着,福建巡抚黄国材折奏,请将服色违制的人员治以僭妄之罪,雍正帝认为移风易俗不是性急的事情,宜于渐进,从容不迫地进行,对违犯的人先教导,然后严加定制,以法绳之。③可知雍正帝禁止乱用服色,然而要有节奏地进行,逐步加严。同年八月禁止官民服用带有五爪龙图案的纱缎衣服。次年二月,左都御史尹泰疏称:"玄狐、黄色、米色、香色,久禁官民服用,今后如有违犯,加等治罪。"④雍正帝允准。百官朝服顶戴早有规制,但平时所用没有区别。五年(1727),雍正帝谕诸王大臣,要求将平常穿用服色,按照品级做出规范。朝臣经过讨论,规定了贵胄百官和士人的暖帽、凉帽制式:亲

①《清世宗实录》卷10,"元年八月己酉"条。
②《上谕内阁》,元年五月初六日谕;萧奭:《永宪录》卷2上,中华书局,1959年,第114页。
③《清世宗实录》卷10,"元年八月己未"条。
④《清世宗实录》卷16,"二年二月壬申"条。

王、郡王、入八分镇国公用红宝石帽顶;不入八分公、民公、侯伯、镇国将军、辅国将军、奉国将军、固伦额驸、和硕额驸、多罗额驸、一品大臣使用净明珊瑚顶;二、三品大臣服用起花珊瑚顶;奉恩将军、固山额驸、四品官员用青宝石顶;五、六品官用水晶石顶;七品以下官员及进士、举人、贡生用金顶,生员、监生用银顶。[①]雍正八年(1730)十月,又因一品以下官员帽顶区分不够细致,做出进一步的详细规定。[②]

关于丧葬和婚姻的仪礼。雍正帝即位一个月,于康熙六十一年(1722)十二月下令九卿,分别为满汉职官和兵民制定新的婚丧礼节,特别要求丧葬"务从俭朴,毋得僭妄"。[③]雍正元年(1723)五月,定出兵民丧葬礼仪:前后敛衣五袭,鞍马一具,棺罩用春布,若是秀才、监生则用青绢。[④]雍正二年(1724),对出殡做出补充规定,因为在有的地方,军民送葬前一天,聚集亲友,设宴演戏,出殡时队列前面也有戏剧演出,雍正帝严加禁止。[⑤]对于使用金银陪葬,五年(1727),雍正帝说它对死者毫无益处,是极愚蠢的行为,要求官员说明利害,予以劝阻。[⑥]对于婚仪,雍正元年(1723)五月规定婚嫁彩礼、鼓乐数目,汉人纳采成婚,四品以上官员之家,绸缎、首饰以八件为限,食物限十样,五品以下官分别递减,平民之家送绸绢,果盒限四种。举行婚礼这一天,品官用本官执事,限用六个灯、十二个吹鼓手,庶民限四灯、八名鼓乐人。[⑦]

婚丧的新规制,把握的是两条原则:一是身份,二是节俭。朝廷劝人俭约,可谓不惮其烦,对旗人、商人尤其如此。元年(1723)八月,雍正帝谕各地盐政,指斥盐商过于糜费:"衣服屋宇,穷极奢华,饮食器具,备求精巧,俳优伎乐,恒舞酣歌,宴会嬉游,殆无虚日,金钱珠贝,视为泥沙。甚至悍仆豪奴,服食起居,同于仕官。越礼犯分,罔知自检,骄奢淫逸,相习成风。"因而要求对他们严行

---

① 《清世宗实录》卷61,"五年九月丙寅"条;萧奭:《永宪录续编》,第368页。

② 《清世宗实录》卷99,"八年十月庚子"条;《永宪录续编》,第369页。

③ 《上谕内阁》,康熙六十一年十二月十二日谕。

④ 《清史稿》卷93《礼志》,中华书局点校本,1976年,第10册2725页。

⑤ 《清世宗实录》卷28,"二年十一月庚戌"条。

⑥ 《近代中国史料丛刊三编》第69辑《钦定大清会典事例》(嘉庆朝),卷611《刑部·礼律仪制》,文海出版社,1992年,第1589页。

⑦ 《清朝文献通考》卷155《乐考》,浙江古籍出版社,2000年,考第6213页;《清史稿》卷89《礼志》,第10册第2644页。

约束:"使其痛自改悔,庶循礼安分,不致蹈僭越之愆。"①

　　民间的春祈秋报,酬神赛会,庆祝一年的收成,感谢上苍,也是借机进行娱乐,这是传统的习俗,可是在雍正朝一度成为问题,被禁止,后来才又开放。雍正元年(1723),鸿胪寺卿李凤翥奏言,迎神赛会,造成男女混杂,耗费多端,要求加以禁止。雍正帝表示同感,以为集会可以招致匪类,有碍治安,男女混杂,有伤风化,演戏费钱,影响生活,同意禁止。在以农为本的社会,对于农民祈求好年成的愿望、收成后的谢神,历史上大多数统治者并不干涉,雍正帝在几年之后,发觉做错了。雍正五年(1727)四月,河南巡抚田文镜奏折,报告他在禁止迎神赛会,雍正帝就不以为然了,说酬神祭饗是庆祝有秋之意,不要简单地禁绝,只需惩治借端生事的地棍。雍正六年(1728)三月,安徽巡抚魏廷珍疏称将违禁演戏的歙县保长处责了八十板,雍正帝说,对演戏要区分情况,给予不同的对待:"有力之家祀神酬愿,欢庆之会,歌颂太平,在民间有必不容已之情,在国法无一概禁止之理。今但称违例演戏,而未分析其缘由,则是凡属演戏者皆为犯法,国家无此科条也。"②雍正帝知道如何正确对待祈赛了,而地方大吏的思想还没有转过来,雍正帝倒在开导他人了。祈神赛会中应该禁绝的是豪势借端敛财、鱼肉农民的弊病,而应当尊重民间的习俗。雍正政府在处理祈神赛会方面的反复,是没有抓住事情的主流。

　　在禁戏中,雍正帝对官员的自设戏班,尤为不满。二年(1724)十二月,雍正帝说地方官个人设置剧团,使用二三十人,一年要开支几千两银子;官员以此为乐,耽误公事,如广西按察使白洄终日以看戏为事,诸务俱皆废弛;所养演员,有的仗势扰害平民,有时送到属员、乡绅处打秋风,因而接交,夤缘生事。于是下令禁止总督、巡抚、提督、总兵、藩、臬、道员、知府家中设立戏班。

　　婚嫁丧葬是人生大事,祈神赛会同社会主体生产的农业收成关系密切,在这些事情的处理上,民间考虑的常常是形式与体面,以及难得的娱乐生活,雍正帝思考的是等级身份、治安和节俭,所做出的规范经常为民间所忽视,敏感的政府就不断地调整有关政策,试图将民众的生活纳入预设的轨道。雍正帝更订服色婚丧仪制,大讲移风易俗、勤俭节约,表现出他的敏感和强烈干预民众生活的政策。

---

① 《上谕内阁》,元年八月初二日谕。

② 《上谕内阁》,六年六月二十三日谕。

五、设立善堂和对乐善好施的奖励

政府兴办善堂,自宋代以来时有出现,民间的办理为政府所鼓励。无论官办,抑或民办,均属不易,而维持更难,所以各地的善堂总是办办停停,难以为继,不过总的趋向是与时俱增,这种事业是在发展之中。雍正帝鼓励民间参与开办善堂,给予优厚的奖励,特别是旌表拾金不昧,希望酿造优良的民风。

二年(1724),雍正帝号召各地举办普济堂和育婴堂。由中央政府在京师彰义门外建立普济堂,收养鳏寡孤独无依靠的老人、无以为生的病人,国库拨款作为每年的经费,每月派遣大臣去检查。[①]北京广渠门内原有育婴堂,中央政府拨款扩充,交由顺天府尹经管,经费除了政府补给,京中贵族、官员、士人及有钱人加以资助,以便收养弃婴。雍正帝就此说:孔子讲,大道之行也,人不独亲其亲,不独子其子。这些善堂的建立,就是实现孔子讲的大道。他希望京城做出表率,四方都来学习,做到"老安少怀,风俗益臻醇茂"。[②]在雍正帝的倡导和中央政府的带动下,各地地方官、士绅、大商人、大财主纷纷效尤,建设各种善堂。江苏扬州贡生耿兆祖捐田三百亩,另外每年捐银二千两建置瓜洲普济堂。[③]河南确山县令同绅商共建普济堂,官方拨给公田,绅商买田捐助,收入用作贫民衣食费用。[④]江西新城知县邵鸿元与监生邓其铨建成普济堂。[⑤]山东淄川知县和绅士买地、捐田,构成普济堂的基业。[⑥]江苏苏州善堂本来就多,这时创建锡类堂,为无力安葬的死者收尸。[⑦]松江府南汇县绅士朱日成等兴办育婴堂。[⑧]江西南昌原有育婴堂,但有名无实,没有普济堂,两江总督赵弘恩使用公项建房置产,交给绅衿、职员经理。[⑨]此外,绅衿商人田主还捐献银房田产,修缮或兴建文庙、城垣、书院、义学、考棚、道路、桥梁、义仓、宗族义田等公产义产。

---

① 《归愚文钞余集》卷4《淮安普济堂记》。
②③ 《清世宗诗文集》卷14《育婴堂碑文》,光绪五年《清历朝御制诗文集》本。
④ 乾隆朝《确山县志》卷4《艺文》。
⑤⑥ 同治朝《新城县志》卷2《寺观》。
⑦ 乾隆朝《苏州府志》卷15《义局》。
⑧ 嘉庆朝《松江府志》卷16《建置》。
⑨ 《朱批谕旨·赵弘恩奏折》,十二年二月初八日折。

雍正帝为鼓励臣民的乐善好施,制定旌奖法规,凡捐助数量众多的,由疆吏题请议叙;数量少的,发给匾额,登记档册,免除差徭。这就将乐善好施的捐助与捐官的捐纳等同起来,比照捐纳议叙事例给善堂捐献者议叙,即有职衔而没有缺的官员,可以得到立即补缺的机会,有的立刻升官,无职的贡生、监生准给职衔选用。江南有个革职官员倪兆鹏,做了捐助,便准许复还职衔,恢复原品顶戴。①捐助议叙,历来没有这样的事情,所以疆吏李绂议及此事,将它同明朝相比,说捐助"授以秩官,视有明之以劝之者尤厚"②。他是歌颂当朝,同前代相比,其实顺治、康熙年间也没有这样的事。这实在是雍正朝的创举。乐善好施是富人用小部分钱财,帮助政府救助穷人,得到议叙的回报。就政府讲,是利用富人的财力帮助稳固社会秩序,而以议叙作为交换条件。从议叙讲,捐助与捐纳有相同之处,捐助议叙同样有卖官的性质。到了晚年,雍正帝已经意识到并且承认这一点。雍正十三年(1735)春天,山西巡抚石麟奏报,曲阳、汾阳两县绅衿愿捐银两,存贮公所,以备周济乡里贫民之用。原来乐善好施都是因事而捐献,而这却是无事备用,分明是为议叙而来,所以雍正帝说"此乃另开捐纳之条也"③。乾隆初,监察御史郭石渠更进而指责捐助议叙本身了。他说:素封之家,"趋捐纳以博功名,假好善之虚声,启夤缘之捷径,因之贿嘱官吏以虚作实,以少报多,受爵公朝,拜恩私堂,种种弊端,皆从此起"④。几乎予以全盘否定。

捐助应当是自愿的,然因政府大力提倡,视为地方风移俗易的一种标志,地方官为博取化民成俗、风气丕变的美誉,授意下属捐助;并为显示勤于职守,根据属民的财产状况,定出认捐数目,强迫交纳。实行起来,与捐助原则并不完全相合。

捐助性的乐善好施,总是做些实事、善事,实行中出现多少问题,还是反映风气的某种变化。与此有某种类似的,是奖励拾金不昧,这在雍正朝也是闹得沸沸扬扬的。

雍正五年(1727),上驷院奏称,铡草夫满人六十一在送钱粮的回程中,发现车内有他人遗落的元宝一个,呈报主官。雍正帝说:一个卑微的夫役能够献

---

① ④《澄怀园文存》卷 4《议复好善乐施奖励叙用疏》。

② 李绂:《穆堂别稿》卷 24《尚义左氏族谱序》,乾隆二十四年刊本。

③《清世宗实录》卷 156,"十三年五月癸亥"条。

出拾物,深属可佳,就将那个元宝赏给他,并将此事在八旗内传播。①这是雍正朝报告拾金不昧的开始。次年六月,田文镜折奏,河南孟津县农民翟世有在地里拾得商人秦泰一百七十两银子,交给原主,秦泰要分给他一半,坚辞不受,他的妻子徐氏支持他的义行。遂给他赏银五十两,并送"士女淳良"匾额,又在县里给他立碑,教育民人,向他学习。②雍正帝另予赏银一百两,特别赏给翟世有七品顶戴。他还以翟世有和六十一事例,要求官绅士民效法,说那些贪赃枉法的,出入公门,网利营私,不端士品的人,怎不惭愧呢?③一个月后,田文镜又报告商丘贫民陈怀金拾银二十三两八钱,如数交给失主,坚不受谢,与翟世有的事情如出一辙,"仰见圣教流行之速"。这句话说到了雍正帝的心田,因之大力提倡,说:"朕训诲臣民,惟以正人心厚风俗为首务,期以薄海内外去浇漓之习,敦仁让之风。"并说,由翟、陈的义行,"可见民心纯朴性善,皆同率教","实风俗转移之机会",希望今后"人人各怀乐善之心",遂给陈怀金九品顶戴,赏银五十两。④河南带了头,各省岂甘落后,于是纷纷呈报路不拾遗的事情。同年,直隶总督何世璂先后奏报平山县民郭见忠、景州民李世齐拾金不昧,雍正帝命各赏八品顶戴、纹银五十两。此后,疆吏再报不拾遗金的人,就是各行各业、各个民族的人。川陕总督岳钟琪报告,绿营兵丁刘子奋在张掖拾银交给原主。云贵总督鄂尔泰奏报云南兵丁李应芳、金贵拾金不昧。雍正帝说,这些事出在边疆,更为可嘉,除赏给银两外,给予把总衔,遇缺拨补。直隶巡察御史鄂昌奏报,文安县织席民妇卢梁氏拾金不受谢,雍正帝命赏给米布和匾额。磁州佃农杨进朝拾银四十两,送交地主,转给失主,也按例给赏。雍正八年(1730),贵州巡抚张广泗奏报古州土通事杨士奇、麦董寨仲家人阿罗拾金交还原主,雍正帝因为这事出在新近改土归流的地区,非常高兴。又有湖南凤凰营汉人妇女张林氏,迷路走入苗民村寨苗龙有家,家主报官,将人送回。雍正帝赞赏说:"苗民有此善举,足征苗俗之奉公向化,应加格外之恩,以示嘉奖。"⑤在台湾,有高山族母女二人,拾得银钱衣物,报官交还原主,雍正帝以"廉让之义

① 《上谕内阁》,五年十二月十三日谕。

② 《朱批谕旨·田文镜奏折》,六年六月二十一日折。

③ 《上谕内阁》,六年七月初五日谕。

④ 《上谕内阁》,六年十一月二十六日、十二月二十日谕。

⑤ 《上谕内阁》,十二年四月十二日谕。

举,见之番黎妇女,更属可嘉",赏银三十两,以示奖励。①等等。

路不拾遗,表示民风淳朴、世道清明,自古以来作为盛世的标志。它偶或见于史书记载。雍正帝着力宣扬拾金不昧,含有双重意思,一是用以教育民众讲求礼让,以便治理,他要求人们讲礼义,兴仁让,端正心术,做出事来就能符合礼法,若人人如此,社会风俗就纯正了,压倒了邪气,坏事就少了,或者不发生了,这样的人民当然易于治理。他说:"天下之治平,在乎端风俗,而风俗之整理在乎正人心。"②他用倡导路不拾遗作为正人心的一种手段。二是宣传朝廷的治理已成盛明之世,按照雍正帝的说法,拾金不昧发生在社会下层,军民男女,内地边疆,满、汉、苗、仲家、高山各民族,在在皆有,似乎形成了社会风尚,仿佛雍正时代已经成为太平治世。田文镜就瞿世有的事歌颂当朝,"圣治淳熙,化及愚夫愚妇"③。雍正帝则说,那是"风俗休美之明征,国家实在之祥瑞"④。这种人心向化、风俗休美,只有仁育万民的政治才能做到,因此雍正帝虽未把拾金不昧诸事说成尧舜之世的再现,但已俨然以盛世自居了。人们之间的互助以及拾金不昧,是传统美德,政府的大肆渲染,并予职衔、物质和精神的奖励,其规模之大,大约是前所未有,这就使此类事情超出了当时民众自觉的范围,尤其是用名利引诱人交还拾金,从而把它变成宣教手段,所以这种旌表含有许多不实成分。

以重赏诱人不去遗金,不可避免地出现作弊现象,故而有人弄虚作假,谎称拾金不昧,领取奖赏;官员为表示化导有方、劝奖有功,也以制造拾金不昧猎取名声,为升迁铺平道路。乾隆帝即位后,有鉴于此,加以禁遏,规定:若真是拾金不昧,州县官可以酌量奖励,不许申报上司,督抚大吏亦不得以此陈奏。⑤由此可见,雍正朝的道不拾遗多系雍正帝君臣的宣教。说白了,是个别的民人拾金不昧,被雍正帝发现了,借机拿他造势,官吏凑趣,弄得煞是热闹,最终是愚弄民众的把戏,但在雍正朝不会收场,要由新君来了结。

---

① ④《上谕内阁》,十三年闰四月二十八日谕。

②《上谕内阁》,六年七月初五日谕。

③《朱批谕旨·田文镜奏折》,六年六月二十一日折。

⑤《清高宗实录》卷5,"雍正十三年十月乙酉"条,中华书局,1985年,第1册第240页。

六、主佃关系平民化

佃农和地主形成的生产关系及社会关系在清代具有普遍性。佃农的社会地位,在法律上多数人是平民,少数是半贱民,实际上与地主是少长关系,地位略低一点,而且要视地主的社会身份来决定。地主等级的构成复杂,有贵族、官僚、绅衿、平民,地主身份越高,佃农的地位相应就越低,不法绅衿地主欺诈佃农往往很残酷。

雍正二年(1724),广西生员陈为翰踢死佃农何壮深,案子报到中央,雍正帝深知佃农必然不敢先动手殴打生员,陈为翰一定是劣衿,遂令巡抚李绂严审清楚。他认为读书人打死人,与有知识的孔门信徒身份不合,应该对他们要求高一些,不应当按照常人案例论处,因此命刑部与九卿重议生员"欺凌百姓,殴人致死",如何加倍治罪的法令。①河南监生郑当时诬告佃农高琰,"明火执仗,烧抢其家",巡抚田文镜审实,革去郑当时的监生,张贴告示,传播此事,"使通省之绅衿皆以郑当时为戒,不敢依恃护符,违禁诬告"。②雍正五年(1727),田文镜上疏,请将凌虐佃户的乡绅按照违制例议处,将犯事的衿监吏员革去功名职衔,雍正帝说他只考虑了绅衿欺压佃农一方面,没有顾及佃户拖欠地租和欺慢田主的事情,命各衙门再行详细斟酌,遂制定田主苛虐佃户及佃户欺慢地主的律例。③雍正十二年(1734),对此律条加以改订,形成律文:

> 凡不法绅衿,私置板棍,擅责佃户,勘实,乡绅照违律议处,监衿吏员革去衣顶职衔,照律治罪。地方官容隐不行查究,经上司题参,照徇庇例议处;失于觉察,照不行查出例罚俸一年。如将佃户妇女占为婢妾,皆革去衣顶职衔,按律治罪。地方官徇纵肆虐者,照溺职例革职;不能详查者,照不行查出例罚俸一年;该管上司徇纵不行揭参,照不揭报劣员例议处。至有

---

① 雍正朝《起居注册》,二年六月十二日,第 1 册第 258 页。
② 《抚豫宣化录》卷 3《为通饬出示晓谕事》。
③ 《清朝文献通考》卷 197《刑考三》,第 2 册考 6617—6618 页;《清世宗实录》卷 61,"五年九月戊寅"条。

奸顽佃户,拖欠租课,欺慢田主者,照例责罪,所欠之租,照数追给田主。[①]

对于秀才、监生欺压佃户,又特别规定,如若他们擅责佃户,除了革退功名,另处以杖八十的刑法。[②]清朝法律,凡人之间拷打监禁,最严重的杖八十,雍正朝定的律例,将秀才、监生擅责佃户以满刑论处,表示了严厉禁止绅衿欺压佃户的态度,同时表明佃农的法律地位和地主是平等的,至少在这里是如此。这种明确规定的主佃对等关系,有点异乎寻常,所以清末侍郎薛允升论到这个律条,仍然有所不解,有所不满。他说:"佃户究与平民不同,擅责即拟满杖,似嫌太重。"[③]佃户究竟与平民不一样,可是这条例竟然相同,说明雍正帝的立法具有强烈的针对性,就是要压抑绅衿,不允许他们恣意作恶,为此,对于佃农全部的法律地位,并没有做出通盘的考虑。但是这种律条的出现有其不可忽视的意义。它在客观上提升了佃农的地位,一定程度上限制了绅衿对佃农的欺压。

七、除豁贱民

清朝社会有许多种前朝遗留下来的贱民,如乐户、世仆、伴当、堕民、蛋户、丐户等,他们没有任何政治权力,从事卑贱的职业,为良人所不齿,地位在佃农之下。他们忍辱多年,不满意的情绪日益暴发出来。如徽州府祁门县的贱民,在康熙年间奋起反抗,所谓"越分跳梁者比比,是为厉阶"[④]。被官方视为严重的社会问题。宁国府泾县的"附丁",于康熙二十七年(1688)要求开户独立,争取摆脱主姓的控制,并实现了愿望。[⑤]同年,江苏常熟贱民"丐户"(不是乞丐)中以制绳为业的,因地方势力勒派绳索,上告于江苏巡抚,经查实,系奸徒所为,于是县府立碑,禁止再差派丐户供应绳索。[⑥]官定的浙江堕民服制,早在

① 光绪朝《钦定大清会典事例》卷100《吏部·擅责佃户》,中华书局版。

② 光绪朝《钦定大清会典事例》卷809《刑部·刑律斗殴》。

③ 薛允升:《读例存疑》卷35《刑律斗殴威力制缚人》,光绪三十年刻本。

④ 同治朝《祁门县志·风俗》引康熙朝《祁门县志》。

⑤ 乾隆朝《泾县志》卷2下《乡都》。

⑥ 江苏省博物馆编:《江苏省明清以来碑刻资料选集》,生活·读书·新知三联书店,1959年,第621页。

明朝中叶就不太遵守了。①这是一些不稳定的社会因素。雍正朝采取削除一些贱民的名籍，允许他们成为平民，不过这在通常的情况下只是名义上的，他们的实际地位的提升幅度并没有那么大。

雍正元年(1723)三月，监察御史年熙上书，请求开豁山西、陕西乐户的贱籍。山陕乐户是明朝初年遗留下来的贱民。明成祖起兵夺得帝位，加害建文帝的坚决维护者，除杀害他们本人，还将他们的妻孥罚充官伎，世代相传，久习贱业。他们因身陷乐籍，无法脱离卑贱处境，不仅政府不准许，地方上的绅衿及恶势力以他们为蹂躏对象，也不容他们跳出火坑。年熙奏疏说他们是忠义之士的后代，沉沦至此，无由自新，请求皇帝除豁他们的贱籍，准许改业从良。雍正帝认为这个条陈很好，令礼部议行。王大臣秉从旨意，说"压良为贱，前朝弊政。我国家化民成俗，以礼义廉耻为先，似此有伤风化之事，亟宜革除"。雍正帝遂批准革除山陕乐籍，同时下令各省检查，若有类似的贱民，一律准许出贱为良。②于是其他地区的贱民也得到开豁为良的机会。

在山陕乐户除籍之时，雍正帝下命解除京中教坊司乐户。清初制度，凡宫悬大乐，均由教坊司演奏，雍正帝令乐户从良，另选精通音乐的良人，充当教坊司乐工。③这就使教坊司的乐人改变了属籍，成了良人的职业。七年(1729)，雍正帝又把教坊司改名和声署，④由内务府管理，太常寺、鸿胪寺官兼摄。教坊司乐工改用良人后，若仍用原来名称，由于习惯观念，人们仍可能将他们视为贱民，所以改变名称，使名实相合，进一步巩固乐户除豁的成果。

雍正元年(1723)七月，两浙巡盐御史噶尔泰因乐户的削籍，上奏折请求除豁浙江绍兴府堕民丐籍。他的折子概述了堕民的基本情况：

> 所谓堕民者，细问土人，并查绍兴志书，相传为宋罪俘之遗，故摈之，而名以堕民。其内外率习污贱无赖，四民中居业不得占，四民中所籍不得籍，即四民中所常服彼亦不得服，特别以辱之者也。……男子只许捕蛙、

---

① 徐渭：《青藤书屋文集》卷18《会稽县志诸论·风俗论》，《丛书集成初编》本，商务印书馆，1939年。

② 阮葵生：《茶余客话》卷2《乐户惰民丐户之世袭》，中华书局，1959年；《永宪录》卷2上，第102页。

③ 光绪朝《钦定大清会典事例》卷524《乐部·设官》。

④ 《清朝通典》卷63《乐典》。

卖饧、逐鬼为叶,妇则习媒,或伴良家新嫁娶,为人髻冠梳发,或穿珠花,群走市巷,兼就所私,丑秽不堪,辱贱已极,实与乐籍无二。间有流入他方者,人皆贱之。[①]

堕民籍属丐户,不得列于士农工商四民的名籍,是为贱籍,不准改变。他们的职业是四民所不屑于做的,男子做小手艺和小买卖,当吹鼓手,演戏,抬轿子;女子保媒,当伴娘,充栉工,卖珠,做收生婆等。他们从事的是服务性的、被当时人贱视的作业。政府不许贱民读书应试,不能做官,不得充当吏员、里长,不准与良人通婚,也不可与良人平等相称。政府为侮辱他们,在居住地区、房屋样式、穿着打扮、行路乘车等方面,都做出规定,所以堕民同乐户一样是贱民。噶尔泰认为应该给予自新之路,请求照山陕乐籍例开豁,雍正帝命礼部议奏,礼部持反对意见。[②]雍正帝另有看法,说除籍"亦系好事",礼部不要反对了。[③]于是命堕民放弃原来职业,别习新业,脱离丐籍,转为民户,按照良民纳税服役。

安徽宁国府世仆、徽州府伴当开豁为良的事情,由雍正帝于五年(1727)亲自提出。他将听说的世仆、伴当问题缕述为:

> 近闻江南省中,徽州府则有伴当,宁国府则有世仆,本地呼为"细民",其籍业下贱,几与乐户堕民相同。又其甚者,譬如二姓,丁户、村庄相等,而此姓乃系彼姓伴当、世仆,彼姓凡有婚丧之事,此姓即往执役,有如奴隶,稍有不合,人人皆得加以捶楚……此朕得诸传闻者,若果有此等之人,应予开豁为良,俾得奋兴向上,免至污贱终身,且及于后裔。[④]

遂令安徽巡抚魏廷珍查核,提出处理意见。魏廷珍议请区别对待:绅衿之家的典买奴仆,有文契可考,未经赎身者,本身及其子孙俱应听从伊主使役;即已赎身,其本身及在主家所生子孙仍应有主仆名分;奴仆在赎身后所生子孙,与原主没有也不应再有主仆名分,应准许豁免为良;年代久远,没有文契,

---

① 《朱批谕旨·噶尔泰奏折》,元年七月十一日折。

② 《永宪录》卷2下,第131页。

③ 雍正朝《起居注册》,元年九月初六日,第1册第96页。

④ 《上谕内阁》,五年四月二十七日谕。

也不受主家豢养的，一概不许以伴当、世仆对待。雍正帝认为他所议允当，批准执行。①政府的除豁，使他们中的一部分人免遭主姓的凌辱，得为编户齐民。然而在实行中，对年代久远、文契无存的贱民，如何区别豢养与不豢养，不好把握，纷争不已。②

早在宋元时期，广东沿海有一种疍民，采集珍珠，向政府纳贡，还被称作"乌旦户"。③明代又称为"龙户"，清初则称为"獭家"。这些人属于广州河泊所管辖，每年按户按船交纳鱼课，少数人略通文字，上岸居住。④雍正帝于二年（1724）亲书朱谕，命将疍户编立埠次，加以约束。⑤七年（1729）五月，雍正帝向广东督抚发出上谕："粤民视疍户为卑贱之流，不容登岸居住，疍户亦不敢与平民抗衡，畏威隐忍，跼蹐舟中，终身不获安居之乐，深可悯恻。疍户本属良民，无可轻贱摈弃之处，且彼输纳鱼课，与齐民一体，安得因地方积习，强为区分，而使之飘荡靡宁乎！"疍民交纳鱼税的基本事实，表明他们应当是良民，被地方积习压抑为贱民是不合理的，应该改变这种状况，因此雍正帝指示广东督抚："凡无力之疍户，听其在船自便，不必强令登岸。如有力能建造房屋及搭棚栖身者，准其于近水村庄居住，与齐民一同编列甲户，以便稽查，势豪土棍不得藉端欺凌驱逐。并令有司劝谕疍户，开垦荒地，播种力田，共为务本之人。"⑥这个上谕为疍户开辟了自新之路。

前述反对土豪勒要绳索的苏州府丐户，隶属于常熟、昭文二县，他们的籍属、社会地位与浙江的堕民完全一样。雍正八年（1730），江苏巡抚尹继善以他们业已"化行俗美，深知愧耻，欲涤前污"，请照乐户、堕民事例，除其丐籍，列入编户。雍正帝批准了他的请求。⑦

在雍正朝的短短几年中，宣布除豁上述几种贱民名籍，试图解决历史上遗存数百年的社会问题，是什么原因促使政府这样做呢？笔者分析及揣测，可

① 《清世宗实录》卷 56，"五年四月癸丑"条。

② 《朱批谕旨·刘柟奏折》。

③ 俞正燮：《癸巳类稿》卷 12《除乐户丐户籍及女乐附考古事》，商务印书馆，1957 年；陶宗仪：《辍耕录》卷 10《乌旦户》，中华书局，1959 年。

④ 屈大均：《广东新语》卷 18《舟语·疍家艇》，中华书局，1985 年，下册第 485 页。

⑤ 《朱批谕旨·孔毓珣奏折》，二年九月初八日折。

⑥ 《上谕内阁》，七年五月二十八日谕。

⑦ 《清世宗实录》卷 94，"八月五月"条。

能是:

第一,政治改革的一项内容:厘革前朝弊政。雍正朝大力进行社会改革,以"振数百年颓风"为目标。雍正帝为澄清吏治宣称:"务期振数百年之颓风,以端治化之本。"①针对科举之弊,表示"将唐宋元明积染之习,尽行洗涤,则天下永享太平"②。开豁贱民就成为清除积弊的一种内容。雍正帝君臣认为明成祖"压良为贱"产生的山陕乐户,是"前朝弊政",所以"亟宜革除"。因此,开豁贱民、同摊丁入亩、耗羡归公、改土归流等项政事一样,是政治改革总体中的一个组成部分。

第二,雍正帝获取政治资本。据载,乐户除豁,"令下之日,人皆流涕"③。噶尔泰请求削除堕民丐籍,说此举"使尧天舜日之中,无一物不被其泽,岂独浙省堕民生者结环、死者衔草,即千万世之后,共戴皇恩于无既矣"④。可见释放贱民,作为一项仁政,可提高皇帝的威望。在雍正初年,统治尚不稳固,特别需要民众的拥护,这时忙于除豁贱民,自然会起到这种作用。

第三,移风易俗,维护君主专制秩序和伦理。雍正朝臣说:"我国家化民成俗,以礼义廉耻为先",贱民"有伤风化",理应清除。⑤雍正帝则说:"朕以移风易俗为心,凡习俗相沿,不能振拔者,咸予以自新之路",令贱民改业从良,就是"励廉耻,而广风化也"。⑥可知他们的动机是维护他们认定的伦理道德。

第四,压抑绅权与消弭贱民反抗意识。雍正朝实行打击不法绅衿的政策,贱民主要受绅衿和土豪控制,为他们服务,贱民要脱籍,他们不乐意,所以除豁贱民的法令,包含禁止绅衿土棍阻拦贱民出籍的条文。本目开篇说到贱民脱籍从良的要求和活动,这也会迫使统治者改变传统的贱民政策,并同整体的改革方针结合起来施行革除某些贱民的政策。

各项除豁令下达,在执行中遇到阻力,主要是主户不乐于放弃原有的权力,希望贱民继续为他们服务。如雍正六年(1728),发布除豁安徽世仆令,执

---

① 雍正朝《起居注册》,五年正月十七日,第2册第935页。
② 雍正朝《起居注册》,五年二月初三日,第2册第959页。
③《清朝文献通考》卷152《礼·泰陵圣德神功碑》。
④《朱批谕旨·噶尔泰奏折》,元年七月十一日折。
⑤《永宪录》卷2上,第102页。
⑥《清世宗实录》卷56,"五年四月癸丑"条。

行颇不顺利。雍正十二年(1734),世仆葛遇等十人进京鸣冤告状,请求立户,在中央政府支持下得以实现。[1]可见法令条文的规定与实践颇有距离。事实上,只有少量贱民能够改业从良,多数贱民依然如故。苏州的丐户还要应承迎春扮演的差役。[2]宁波府很多人没有得到除豁丐籍的机会,到光绪三十年(1904)才有第二次除籍可能。[3]安徽贱民的出籍更是艰苦,与主户的斗争一直没有中止。如祁门县周姓为李姓世仆,于嘉庆十四年(1809)按雍正朝开豁例成为良民,但周姓恐怕李姓不依,照旧服役。道光元年(1821),主姓的李应芳强迫周觉春当吹鼓手,以致闹出人命案件。[4]

丐户、乐户、疍户、世仆等贱民是历史遗留问题,几百年间没有解决,雍正朝豁除贱民,清人俞正燮研究乐户、丐户史指出:"本朝尽除其籍,而天地为之廓清矣。"[5]"廓清"为谀词过誉,下令开豁则是事实。此事表现出雍正帝和雍正朝富有政治气魄,敢于革除旧弊,使政治趋于修明。

八、镇压民众运动

雍正朝的政治、经济制度所决定的贫富差距、等级的差异、满汉歧视与压迫,等等,必然造成下层贫苦民众的不满和抗争,政府所推行的保甲制、宗法制、开豁贱民、移风易俗的各项政策,纲常名教的宣传,虽然能够起到缓解作用,但是政府不可能窒息民众中潜存的不满和反抗意识,也不可能完全控制民人的行动。对不时发生的破坏社会秩序的行为,甚至暴动,政府则采取镇压和化导政策。

(一)不时出现的风潮

朱一贵余众的活动。康熙六十年(1721),台湾朱一贵暴动,当年失败,余众到大陆继续活动。被朱一贵封为元帅的福建上杭人温上贵返回家乡,转移到江西万载,联系棚民。雍正元年(1723),在与前来镇压的官军的战斗中,他同三百余名伙伴遇难,其族弟温廷瑞继续团聚民众,设将军、军师,操练武艺,

---

① 乾隆朝《泾县志》卷 2 下《乡都》。

② 《江苏省明清以来碑刻资料选集》,第 276、645 页。

③ 《清德宗实录》卷 536,"三十年十月丙寅"条,中华书局,1987 年,第 139 页。

④ 《刑案汇览》卷 39《刑律斗殴·道光五年四月题准案》。

⑤ 《癸巳类稿》卷 12。

打造兵器。雍正十二年(1734),署理两江总督赵弘恩重申对温案的通缉令,次年二月出现变节者,温廷瑞等被捕。雍正帝得到报告,说"蔓草不除,逢时勃发",忧虑于温上贵余党的长久性,要求赵弘恩继续"严饬搜缉,务尽根荄,毋使一匪漏网"。①

湖南谢禄正占据山谷。辰溪人谢禄正于康熙五十九年(1720)开始组织队伍,占据山谷。雍正四年(1726),清军一千余人前来围剿,谢禄正被捕,凌迟处死,妻子没为奴隶,同伙发配三姓地方为奴。②温上贵、谢禄正都是聚众,准备武装反抗,尚未起事即被瓦解,然已具有武装暴动性质。

兴国佃农会馆。江西兴国佃农于康熙年间组织会馆反对地主撤佃、转佃,于康熙五十二年(1713)取得一些成果,以后每到分租之时,佃农以收成不好为由要求减租,地主若不应承,则率众捣毁其房屋。雍正初年仍是这种情形,佃农林其昌不允举人曾霖退佃,曾霖告官,林其昌邀集同伙,乘曾霖出门,于途中将他痛打,江西巡抚迈柱发兵,拆毁会馆,地主因而庆幸"顽梗无自逞也"③。

崇明佃农抗交附加地租。江苏崇明地主在收取正租之外,还要轿钱、折饭、家人杂费等额外地租。雍正八年(1730)五月,地主催收麦租,佃农拒不交纳,商人罢市支援,夏君钦等撰写传单,张贴闹市,揭发大地主施大受与崇明镇总兵施廷专联宗,馈送金帛美女,倚势勒逼佃户交租。浙江总督兼理江苏盗案李卫认为这是佃户图赖正租,聚众妄行,恶风断不可长,严拿为首之人,同时将施廷专调离。④佃农与地主的对立,是构成社会基本矛盾的要素,兴国、崇明佃农的抗租就是这种矛盾的反映,从这里我们看到了佃农抗争的根本原因。

各地抗粮运动。约在雍正元年(1723)冬天,山西万泉数千农民冲进城内,焚烧衙门,抗议瞿知县的横征暴敛,巡抚诺岷一面参劾瞿令,一面令平阳知府董绅镇压,愤怒的民众几乎将官兵杀光,董绅保证不杀害民众,事情才和平解决。⑤约在雍正四年(1726),福建安溪民众反对政府追征屯地欠银,举行罢市,浙闽总督高其倬逮捕为首者,严刑打死。雍正帝支持他:"应如是惩办,以儆刁

---

① 《清世宗实录》卷13,"元年十一月乙未"条;《朱批谕旨·赵弘恩奏折》,十二年三月十五日折及朱批。

② 《上谕内阁》,四年九月初十日谕;《清世宗实录》卷60,"五年八月乙未"条。

③ 同治朝《兴国县志》卷46《杂记》。

④ 《朱批谕旨·李卫奏折》,八年六月初六日折;《朱批谕旨·尹继善奏折》,八年六月初三日折。

⑤ 汪景祺:《读书堂西征随笔·西安吏治》。

顽。"①约在雍正六年(1728),安徽唐缮等抗粮,发动罢市,打闹公堂。②

抢米与勒借。雍正四年(1726)五月,广州民众因米贵,抢劫米厂,打伤前来制止的官兵,并有驻防士兵参与抢米。雍正帝认为事态严重,特派兵部侍郎塞楞额驰驿赶赴广东,会同地方官审究。③雍正五年(1727)春天,湖北民人因去年水灾,春荒乏食,结伙向富户强借食粮,雍正帝要求署理总督福敏"竭力惩治,以振其颓风"④。

苏州、松江踹匠抗争。苏州踹匠是碾布作坊工匠,系来自外乡,雍正朝多达两万人。他们工价低廉,伤亡,顾主及包头均不负责,不断发生踹匠反抗事件。康熙三十二年(1693),踹匠罗贵领导"齐行增价"斗争,撕毁政府的禁压告示。⑤雍正元年(1723),踹匠栾晋公、徐乐也聚众,预备于五月五日夺取仓库,被包头告发,三十五人被捕,栾、徐逃脱,政府搜捕多年,均告失败。⑥雍正七年(1729),栾晋公的侄子栾尔集和段秀清等二十二人拜把结盟,准备罢工,遭到破坏。同时,松江府嘉定县踹匠王朝和监生姚秉忠同海上反清势力联系,从事反政府活动。⑦

苏州机工"叫歇"。苏州丝织业发达,机工与踹匠一样罢工,要求增加工钱。雍正十二年(1734),长洲县竖立"永禁机匠叫歇碑",迫使机工停止反抗。督抚为此建议设立专事弹压官员,调整驻军规制,加强治安稽查,雍正帝批准执行。⑧

铸钱工匠闹堂。雍正六年(1728),户部宝泉局铸钱工匠集合抗议官员克扣工食钱。⑨

内务府披甲闹事。雍正二年(1724)十月,削减内务府佐领披甲人数,佐领下人见夺其衣粮,数百人到参与此事的廉亲王允禩、内务府总管李延禧府中吵闹,步军统领阿其图派兵捉拿为首者。雍正帝指责负责的官员办理不善,将

① 《朱批谕旨·高其倬奏折》,四年十月十三日折及朱批。
② 《上谕内阁》,七年七月初三日谕。
③ 《清世宗实录》卷44,"四年五月丁巳"条。
④ 《朱批谕旨·福敏奏折》,五年三月十六日折。
⑤ 《江苏省明清以来碑刻资料选集》,第33—36页。
⑥ 《朱批谕旨·李卫奏折》,八年七月二十五日折。
⑦ 《朱批谕旨·李卫奏折》,七年十二月初二日折。
⑧ 《江苏省明清以来碑刻资料选集》,第6页;《朱批谕旨·李卫奏折》,八年七月二十五日折。
⑨ 《上谕内阁》,六年二月初五日谕。

管理内务府总管事务的庄亲王允禄罚俸三年,革去常明、来保内务府总管,以平众怒,并将闹事的佐领下人中一部分人分发云南、贵州、四川、广西另户安插,充当苦差,或给该地兵丁为奴。

雍正五年(1727)七月,河道总督标下参将兴王政克扣兵饷,激起兵丁交甲退伍。雍正帝命将兴王政革职,严惩闹事兵丁,为首者治罪,愿退役者押回原籍管制。①

上述种种事变,有佃农的抗租和农民的抗税,是农民运动;有城市居民的抢粮,是通常所说的民变;有工匠的叫歇增价斗争,是为工变;有士兵闹退伍的活动,是为兵变;还有旗下人的抗争,可谓为旗变。这些事件,规模不大,但涉及各种职业的人,是社会下层对社会现实不满的表现。更有民众准备暴动,汉人策划反满,这就具有反对清朝政权的性质。这都表明社会不稳定的因素长期存在,然而远没有达到激化的程度,而朝廷采取的手段是强硬的,对闹事者严加镇压,特别是对为首者。

(二)窃盗频仍与对策

盗案,有小偷小摸,有结伙打劫,在各地经常发生,而江南、直隶两省尤为严重。

江南。苏州人沈德潜诗云:"南方多暴客,杀夺为耕耘。瑹靴刀裹红帕,行劫无昏晨。事主诉县官,县官不欲闻。"②这是写实诗,打劫无时不有,并没有太多的夸张。雍正初,两江总督查弼纳因为盗贼太多,想在河道钉木桩,以防盗船的出没。尽管官方加强了防范,在雍正三年(1725)六月十七日至七月十七日的一个月中,江南所报盗案就有一百零九起③,没有报告的小窃自然更多。雍正五年(1727),松江奉贤县发生黄三圣等抢劫裴诗度当铺事件。④次年,江苏巡抚陈时夏奏报有四人窃得绸布三千余匹,其实四个人怎么能偷这么多的布匹,显然不是毛贼小窃,而是大盗抢劫,而陈时夏没有如实报告。⑤雍正七年(1729)正月,江宁城里出现的强盗夜劫案有四五起,小偷小窃不在其内。⑥

---

① 《上谕内阁》,五年七月十五日谕。
② 沈德潜:《归愚诗钞》卷5《百一诗》。
③ 雍正朝《起居注册》,三年七月二十一日,第1册第537页。
④ 《清世宗实录》卷60,"五年八月癸丑"条。
⑤ 《上谕内阁》,六年七月十一日谕。
⑥ 《上谕内阁》,七年二月十九日谕。

直隶盗风,经过整肃,到六年(1728),据雍正帝讲,业已"渐觉少息",然而盗案接连发生。六月初九日,强盗进入署理卢龙知县卫步青衙内,误将幕宾当作县令,捆绑拷索,劫去财物,知县害怕有盗贼而遭到处分,只报了个失窃。同夜,贼入山永协副将胡杰内宅,胡杰因寝于外堂,发觉了,盗贼逃去,胡杰并不报案。十一月,数人白昼抢劫山海关何字号当铺,官役兵弁如同不知其事,不闻不问。直隶有总督、提督,还有巡察御史,既不查处,又不奏报,雍正帝很不满意,责令他们明白回奏。①

其他省区也是盗案频发。

山东。雍正六年(1728),济宁州城内,一伙人劫狱,抢了仓库;又执持兵器,突然袭击正在聚会的文武官员,将游击、守备、州同、闸官等官员砍伤,雍正帝为此给地方官配备长随,以资保护。②

江西。在省会南昌,沈二、杨二等人盗窃知府和盐驿道两个衙门,潜逃河南,被河东总督田文镜捕获,发回江西,在押途中又行逃脱。③

山西。雍正七年(1729)二月,蒲州盗伙在同一天夜间,明火执仗,分别到道员、知府和武官衙门,抢去衣物。④

广东是多盗地区。广南韶道林兆惠命差役往从化县山中采买陵工木料,被当地盗伙掳去十二人,放回四人,要求衙门拿数百两银子赎取余人。另一伙数百人,原来没有兵器,到龙门营七子汛抢夺兵杖,该汛有官兵三十余名,躲藏起来,他们就将所有的兵械抢去。署理两广总督阿克敦不敢缉捕,捏称在兵丁睡熟之时,被十余名窃贼偷去兵器,薄责兵弁了事。电白县山中聚有千余人,白昼沿乡抢劫,有时一天连抢二十几家,把追捕的乡勇捉进山里,割去双耳放出,威胁官府不得追捕。广州将军石礼哈的标兵中,有人窝盗分赃,巡抚常赉发函要求提审,石礼哈护短,嘱常赉审以被人诬陷,常赉顾于情面,不再提起。有意思的是,常赉衙门被盗,连奏折匣子的钥匙都被盗走,而这种匣子是皇帝特制发给的,专用作递送奏折用,不可以仿制,害得常赉只得向石礼哈借用。盗伙在广州城内恣意行动,民谣说:"孔督(毓珣)去,阿婆(阿克敦)来,

<hr>

① 《上谕内阁》,六年十二月初十日谕。

② 《上谕内阁》,六年十一月十三日、二十五日谕。

③ 《上谕内阁》,七年十二月二十七日谕。

④ 《上谕内阁》,七年二月二十三日谕。

盗结党,民何赖。"巡抚衙门都出盗案,民间的严重情况可以想见了,也可知盗伙力量的强大和官府的无能为力。①

上述种种盗案,有个别人的偷窃,有千百人的成群结伙,劫持官兵,尤其是强劫官衙和府库,闹得官府不得安宁。这种盗案和盗贼,性质比较复杂,有的是土匪、窃贼,不分对象,乱抢乱杀,危害平民,然而也打劫官僚,破坏秩序的安宁,一定程度上反映了失业人群的反抗情绪。

对于盗案,中央政府的重视程度要远高于基层政府,这同官员的考成制度有极大的关系。雍正帝极其留心于盗案,五年(1727),在田文镜的奏折上批道:"朕自即位五年以来,曾经日夜思维,总无善策,不得已而为严责督抚大吏,俾督抚大吏严责州县有司,有司自必勒比捕役,勿令玩愒疏纵。"②尽管他严加督责,地方官对盗案缉捕依然不力,原因是多方面的,主要一条是考成。考成中的大计,有才力不及、罢软无力的处分标准,地方多盗贼,正是它的内容。因此若地方官报盗案多,倒说明他抚缉无方,有碍考成,不如隐匿不报,或以抢作窃,或以多报少,潦草结案。雍正帝知道这种情形,力图改变,采取了多种措施。

重订讳盗不报处分例。雍正元年(1723)十二月,他说:"州县有司因畏盗案参处,往往讳盗不报,或以抢为窃,或以多报少,或贿嘱事主通同隐匿,以致盗贼肆无忌惮。"因而令九卿重议处治地方官讳盗办法,以及如何加重对盗案的处理。③次年二月,刑部议复讳盗不报处分例:凡讳盗不报,州县官革职,道、府、同知、通判失察的,降二级调用,徇庇者降三级调用;州县既经揭报,而上司不行转报者,降四级调用。州县官以强盗为窃贼,案重而报轻,上司不行核查代为转报,及解审时又不能审出真情,亦降三级调用;若督抚失察,降一级留任。由武官兼职的,亦照文职例议处。法律规定,犯窃罪的,至三次该处绞刑,贼赃在一百两以上的也该处绞。官员若不照章究拟,或于窃贼初犯、再犯时不依律文处罚刺字,因而使他得以屡次犯案,应照失出例议处。雍正帝批准这一立法。④此后就是严格执行。雍正五年(1727),湖北磁阳知县惠克光不及

---

① 《朱批谕旨·孔毓珣奏折》,七年十二月二十七日折。

② 《朱批谕旨·田文镜奏折》,五年八月二十八日折及朱批。

③ 《清世宗实录》卷14,"元年十二月庚申"条。

④ 《清世宗实录》卷15,"二年二月癸卯"条。

133

时审理盗案,吏部议请将其革职,雍正帝说他既不提审犯人,又不申报上司,情罪可恶,不但革职,还把他投入该县监狱,等到案件审明之后,再行释放,以为不实力奉行者戒。①这就比规定的讳盗不报处分例严厉了。不过地方官还是讳盗,所谓"疏纵盗贼,习以为常,故失察之案甚多"②。到雍正六年(1728),又规定:对雍正三年(1725)以前的过失者不再究治,而"自雍正三年正月以后失察盗案之官员,仍照例查参处分"③。事实表明,中央政府的严厉立法并没有什么效果。

教育官员重视盗案。雍正五年(1727),河南河北镇总兵纪成斌在奏折中讲到一起盗案,说案犯不过是游手无赖之徒,"其意在于劫掠富户,似非谋为不轨之类"。一般地讲这并没有错,但雍正帝不以为然,将他严加训饬:"出语可谓乱道之至。试思此等匪类,目无法纪,劫掠富户之后,将作何结局?身膺封疆之责,凡百宁过于慎重,小事如大事办理方是。似此立意宽纵疏忽,甚负朕之任用。"④雍正帝是如履薄冰,以安为危,以小事为大事,从盗贼抢掠富人,想到强盗可能走上反对国家的道路,故而训诫臣下,抓盗贼如临大敌,慎重办理盗案。

(三)严禁民间秘密宗教

历史上的民间的宗教,往往有连续性,活动一个时期,被官方破坏了,后来者换个名称或者仍用旧名,继续进行组织民众的活动。雍正时期,民间有许多秘密宗教,继承前朝余绪,活动不辍。它们的名目很多,如清净教、无为教、白莲教、罗门教、悟真教、三元会、祖师教等。活动地区广泛,山东、河南、直隶、山西、陕西、湖南、湖北、江西、浙江、江苏诸省都有其组织,而直隶、河南、山东、山西的活动尤为活跃。他们的活动方式隐蔽,夜间聚会,教首演说,信徒烧香求佛,白昼即行散去。其首领解说内容,或预言天灾、瘟疫将要流行,声称能指导教友消灾避难;或言人的生老病死,为人治病除祟;或言天命,如何争取光明世道的来临。会众有组织,教首设立名号,给教徒封号符札。会中有纪律,徒众应交纳香钱。

---

① 《上谕内阁》,五年四月二十六日谕。

② 《清世宗实录》卷74,"六年十月乙未"条。

③ 《上谕内阁》,六年十月十九日谕。

④ 《朱批谕旨·纪成斌奏折》,五年七月初八日折及朱批。

以察察为明的雍正帝，没有放过民间宗教，即位之时，就向各地疆吏布置缉破秘密宗教的任务和方法。元年(1723)春天，雍正帝任命石文焯为河南巡抚，陛辞时要他清除白莲教。一年后，受令者对此没有反应，雍正帝遂特别提醒他："处处留心，时时密访。第不可妄嘱属致令扰民惊众，魁奸得以诇知消息，深藏潜匿，反与事无益。须不露声色，严加伺察，少有风声即权巧设法，不惜重赏，弋获首恶，必能除其教长，方为拔树寻根之善着，庶可永断瓜葛。倘若处置失宜，反致激出事端，则又大不可也。"①要求他不要因密办而放松不办，只是要特别注意查办的方法。石文焯随即奏报查拿白莲教事。雍正二年(1724)，谕告湖广总督杨宗仁楚省秘密教徒众多，要"饬行所属各员密访渠魁，严拿究惩，化导胁从，去邪返正"。办法是"密加侦伺，设法缉禽"②。同年，因江西"颇有邪教"，要求该省官员密察严拿。③又警告浙江巡抚黄淑琳，该省民间"颇尚邪教"，应急早根除。④还给总督查弼纳、署理江苏巡抚何天培朱谕，要他们查拿邪教。⑤这些谕令，表明中央政府对秘密宗教的方针，一是高度警觉，将它视作隐患，不因其势未成、其变未作而忽视。二是秘密进行，以密对密，不动声色，力求抓住首领，一网打尽。三是稳妥，不必急躁求成，因秘密宗教不是一朝之事，也非一日能危害政府，故应讲求方法，逐步瓦解它。

雍正帝在后来几年的实践中，更加知道破坏秘密宗教的困难，并想出打入其内部进行破坏的方法。五年(1727)，雍正帝在田文镜的奏折上批道："此等邪党，率皆诡寄深藏"⑥。因此"非深入其教者，断不能窥测底里，访察愈严则闭藏愈固，不但地方大吏莫能施为，便州县有司亦无从探其脉络。盖胥吏中即有党羽为之耳目，以伺官之动静，非才能牧令默运机巧，设法钩致，弗克稽获"⑦。田文镜遂令有才能的州县官选择一二心腹，"改装易姓，潜入其教"⑧。

在政府的严行搜查下，发生两起秘密宗教大案。一起是雍正五年(1727)

① 《朱批谕旨·石文焯奏折》，二年五月十八日折朱批。

② 《朱批谕旨·杨宗仁奏折》，二年闰四月二十二日折朱批。

③ 《清世宗实录》卷21，"二年六月庚子"条。

④ 《朱批谕旨·黄淑琳奏折》。

⑤ 《朱批谕旨·何天培奏折》，二年闰四月二十六日折朱批。

⑥ 《朱批谕旨·田文镜奏折》，五年闰三月二十日折朱批。

⑦ 《朱批谕旨·田文镜奏折》，五年六月初三日折朱批。

⑧ 《朱批谕旨·田文镜奏折》，五年七月初四日折朱批。

的"泽州匪类妖言聚众"案。案子的主角是翟斌如,又称翟神仙,河南济源人,曾在陕西郃阳"妖道"潘凤池率领传授符术①,会看风水,以行医掩护传道。主要人物有,张冉公,组织教会,藏有立天后会经一部,内中"俱是泄漏天机的话",雍正帝说它是"妖妄邪书"②;杨廷选,原为河南济源县千总,靳广,原系山西泽州王泰来家人,不满富人的刻薄,聚众在大箕村练习武术,准备打劫王泰来家,被人告密,泽州知州刘毓嵒逮捕二人,靳广率众途中抢劫,擒拿兵役十三人,知州请绅士出面讲和,而暗中捉人。③山西方面知会河南,田文镜等尽力配合,翟斌如、靳广先后被捕,杨廷选自杀。案发后,雍正帝派监察御史性桂到山西审理,指示竭力缉捕,不令一人兔脱。④最后,翟斌如、靳广、张冉公等六人处斩,杨世隆等秋后处决。办案不力的山西巡抚德明销去记录二次,田文镜等从优议叙。⑤由于这个案子,令怡亲王允祥和大学士转谕各省督抚藩臬,务将民间宗教"随时随地逐一搜剔,铲除净尽"⑥。

另一起是三元会案。山东东平州人牛三花拉(又名牛三花子,真名牛见德),组织三元会,又名空宗教,以贸易为名,在莱州、青州等府传教,自云能超度人的祖宗,宣传"正(真)空家乡,无生父母,现在如来,弥勒我主"经文,告人可以去灾获福,广收徒众。⑦雍正六年(1728)七月,被人告密,牛三花拉逃亡。雍正帝指示,要查清教派,对参加者,区分出哪些是为敛财的,哪些是有政治目标的。⑧"渠魁务须捕获,万勿疏脱"。⑨山东、河南官员追查一年,毫无牛三花拉的踪影,河东总督田文镜题请,将教徒分别判处枷号三个月重责四十板、枷号二个月重责四十板的刑法,为雍正帝批准,仍要求他"严缉正犯,务获究拟示惩"⑩。牛三花拉捕获与否,此后没有下文,显然官方的愿望是落空的。

民间秘密宗教,形式上、内容上有许多令人不易理解的东西,或者说许多

①《上谕内阁》,六年四月二十九日谕。
②④《朱批谕旨·高成龄奏折》,五年八月十六日折朱批。
③《朱批谕旨·纪成斌奏折》,五年七月初八日折。
⑤《上谕内阁》,六年三月二十五日谕。
⑥《上谕内阁》,六年三月五日谕。
⑦《朱批谕旨·田文镜奏折》,六年九月初八日折。
⑧《朱批谕旨·万际瑞奏折》,六年七月二十二日折朱批。
⑨《朱批谕旨·岳濬奏折》,六年八月十七日折朱批。
⑩《朱批谕旨·田文镜奏折》,七年七月二十一日折朱批。

荒诞无稽的东西,但在清代,处于痛苦中的民众,要求得到解脱,求助无门,科学文化又不发达,很容易将希望寄托于秘密宗教的神明,想靠天神和自身力量的结合,反对黑暗的现实,赢得美满的生活,这就有它的合理性。

前面业已说明,雍正时代没有大规模的民众运动,社会秩序基本稳定,但是不稳定的因素大量潜存着,并不时地有所表现,故有秘密宗教的活动,农民暴动的准备,抗租抗粮的出现,盗窃案件的层出不穷。抗争的产生是必然的,社会财富占有的不均,以及由此而来的分配不均,造成众多的贫苦者难以为生,以致不得不干犯禁令。雍正帝的改革赋役、惩治不法官吏和绅衿,一定程度上减少了民众负担,但政府厉行征收额定赋税,也使一部分人难于承受,同时保护地主对佃农的法定利益,也为部分佃农所难于承担,这就必然会引起民众运动。而且这仅仅是经济原因,贪官污吏的暴行同样促成民间的反抗活动。

雍正朝对民间的抗争以镇压为基本方针,不论具体原因与情节,只要是抗官的,就被视为邪党乱民,即以犯上作乱的反叛罪论处,对那些首领,严刑杀戮,从不手软。另一方针是对民众运动中暴露出来的官府问题认真处理,对为恶和失职的官吏也不姑容,以便肃清政治,力求减少日后可能发生的反抗运动。

九、社会政策旨归

归纳雍正朝社会政策的基本点,笔者认识到下述数点,不知准确与否。针对性很强。当政者对民情的把握真可谓具体入微,诸如贫病老人的无助,弃婴现象的流行,劣衿势豪的欺压良善和佃农,民间秘密宗教的盛行,祠堂的普遍存在,贱民的疾苦,盗案的频仍,等等。官员通过密折不断奏报,皇帝耳目的密察私访,都汇总给雍正帝,他本人又是在宫廷以外生活几十年的人,这就使他比较准确地把握了民情,从而能够制定相关的政策。

力求将治理直达民间。政权系统基本上到县一级,离直接治理乡民有着不小的距离,雍正帝企图直接插入民间,于是从政府系统延伸,实行保甲制,又支持在民间具有一定普遍性的宗族祠堂系统,甚而指定族正,使保甲与祠堂经纬相织,形成对乡民的统治网络。但是这在很大程度上是一种目标,实现的程度并不很高,不过比起以前的统治者,雍正朝推向民间的治理已经直接得多了。中国学术界广泛认为,中国古代是高度的中央集权政治,亦有外国学者提出疑问,理由是政府并不能有效地直接管理乡村。在笔者看来,两方面的观点并不冲突,而是互为补充。古代中国确实是中央集权国家,但是统治基本上只到县一级及其派出机构巡检司,在村民与政府机构之间有着一个空间需要有村级机构来填充,有时政府利用里长制、保甲制作为填充物,而雍正朝同时推行保甲法和族正制,企图直接治理村民,完善统治机构,这在历史上是少见的。将政权延伸到农村是在 20 世纪逐步实现的,雍正朝的努力,是在向着这个方向移动,有着继往开来的意义。

释放生产力的尝试。贱民的开豁,主佃关系在法律上的调整,都有益于生产力的解放,顺应了社会发展的需要。

利用民力建设慈善机构。政府出面建立的善堂非常少,主要是鼓励富人、绅衿、官吏个人开办,政府给予匾额、免役等奖励,甚而予以议叙,立即补官,于是做善事者有如捐纳买官。就政府而言,用出卖功名换取富人建立善堂,以博取实行仁政的美名,这是装点门面的事情,并非要政。两江总督赵弘恩折奏在江西、江苏料理慈善事务,雍正帝朱批:"育婴、普济固属应行善举,然亦不过妇女仁慈之类,非急务也。"①这种密折中书写的私房话,生动地暴露出善举在官方的无足轻重地位,可是公开发布的那些上谕又是讲得那样冠冕堂皇,所以这种善堂的建设不得不被认为有着某种欺骗性,是一种对民间教化的手段。笔者还发现,要想让清朝政府在经费预算之外做任何事情,它都不会掏钱,必然是利用民力,如开垦水利田,实质上就是靠捐纳。

制造盛世风气。社会风气应当是自然形成的,人为制造的只能行于一时,甚而会发生弊病。雍正帝善于造势,以重赏制造路不拾遗的虚假现象,以为社会风尚在《圣谕广训》宣讲后出现多么大的变化,那是官员在奉承皇帝,以适应新皇帝稳固宝座的需要,所以另一个新君乾隆帝就不许官员举报遗金归主的义举了。造势历来是一种治理手段,以适应当时政治的需要。雍正朝的造势,再次证明了这一点。

以伦理规范、教化追求在等级制下的社会稳定。雍正帝大力向民间开展伦理教育,有教材《圣谕广训》《大义觉迷录》,有组织乡约助理宣讲,以期伦理贯彻于民间,使人人遵守,出现理想的尧舜治世。而伦理的精神,是维系君臣、

---

① 《朱批谕旨·赵弘恩奏折》,十二年二月初八日折朱批。

父子、夫妻的等级关系。所以雍正帝追求的是等级制度社会的安定。

一句话，雍正帝的社会政策，既有留心民众生活的一面，而更重要的是以此和那些教化性的宣传结合在一起，企求获得等级社会的君主专制制度的稳固。

（原载朱诚如主编《清朝通史》中冯尔康主编《雍正朝》分卷，紫禁城出版社，2003 年）

雍正帝文化教育政策

雍正帝颇为致力于意识形态的宣教,具体表现在科举、儒学、宗教等领域,并同政治紧密结合,打上了王朝政治的鲜明印记。

一、尊孔新制度与观念

历代王朝的尊崇孔子和儒学早成定制,作为素王的孔子被顺治帝尊为"大成至圣先师",尊号已经无可再加,但是雍正朝仍然想出几种办法来尊孔崇儒。

封孔子先世为王。孔子先世前朝已经被追封为公爵,雍正帝认为,天地君亲师是人人所至为尊重的,阐明天地君亲大义的则是教育,教育又以孔子为最圣明,所以自幼读书,就极其崇敬他;孔子既然有了脱离人臣的尊号无法再为尊封,因而加恩于他的先世。元年(1723)三月,雍正帝下令将孔子五代先人从过去的公爵追封为王爵,是为启圣王。①

改"幸学"为"诣学"。二年(1724),雍正帝将举行临雍释奠礼,谕告礼部,前代帝王去学宫,称作"幸学",表示尊重帝王的巡幸,这本是臣下尊君的意思,可是没有表现出对孔子的特殊敬重,故而"朕心有所未安",以后凡去太学,所有奏章记注,"将'幸'字改为'诣'字,以申崇敬"。②从此帝王亲临太学,称作"诣学",在这一点上显示尊孔甚于尊君。四年(1726),雍正帝临雍祭孔,在奠帛献爵时,改变过往帝王立献的办法,行跪拜大礼。使得与祭官员目瞪口呆,因为礼部和太常寺官员所拟订的仪注没有下跪礼。事后雍正帝解释他如此行礼的原因:对孔子行立献礼,心中不安。③看来雍正帝是真把孔子视作至

---

① 萧奭:《永宪录》卷 2 上,中华书局,1959 年,第 99 页。
② 《清世宗实录》卷 16,"二年二月辛酉"条,中华书局,1985 年。
③ 《清朝通典》卷 48《礼典》,浙江古籍出版社,2000 年。

圣先师了,不惜屈帝王之尊,加倍礼敬,将尊孔推向巅峰。

为孔子名字避讳。三年(1725),雍正帝指示礼臣,如何将孔子名字像帝王那样避讳,改变与孔丘之"丘"字相同的地名、姓氏。礼部议请:除天坛圜丘的"丘"字不避讳外,凡遇姓氏都加偏旁,作"邱"字;如系地名,则改用其他字样;单用"丘"字,则书古体。雍正帝对单用丘字的避讳方法不满意,说今文出于古文,若改用古体字,还是没有回避,这个字还有"期"音,以后除"四书""五经",并加"阝"旁,作"邱"字,地名也不必改,通用"邱"字,读"期"音。①

定孔子圣诞为大祀礼。雍正五年(1727),定八月二十七日为孔子圣诞节,典礼规格同于康熙帝的圣诞节,这天禁止屠宰,命天下臣民虔诚斋肃。②孔子圣诞,以往是中祀礼,至此改为大祀。

修缮曲阜孔庙。雍正二年(1724)六月,曲阜孔庙火灾,烧毁大成殿及两庑,雍正帝令工部官员赶往兴修。雍正八年(1730)十月,大成殿竣工,"黄瓦画栋,悉仿宫殿制",用银一百一十五万两,所用器皿,由宫中颁出。雍正帝命皇五子弘昼、淳郡王弘景前往参加落成告祭典礼,弘昼回京复命,奏报孔林围墙倾圮,雍正帝遣官修缮。③四年(1726),雍正帝亲书"生民未有"四字匾额,颁发天下学宫悬挂。另为曲阜孔庙书写"德冠生民,道隆群圣"对联,并书大成殿榜额。④并应衍圣公孔传铎的请求,为《圣迹图像》作序,亲自书写。⑤八年(1730),雍正帝以曲阜孔庙执事人员没有爵秩,不足以光祀典,遂特设执事官,三品者二员,四品者四员。这些官员由衍圣公于孔氏子孙内拣选,报礼部备案。⑥

如此隆礼尊孔,是看重儒学对于君主治理国政的极大的作用。他说:"至圣先师孔子以仁义道德启迪万世之人心,而三纲以正、五伦以明,后之继天御宇兼君师之任者有所则效,以敷政立教,企及乎唐虞三代之隆大矣哉。圣人之道,其为福于群黎也甚溥,而为益于帝王也甚宏,宜乎尊崇之典与天地共悠久

① 《清世宗圣训》卷 1《圣德》,"十朝圣训"本,光绪内务府刊。《永宪录》卷 3,第 226 页;卷 4,第268 页。

② 《永宪录·续编》,第 347 页。

③ 《清世宗圣训》卷 2《圣德》;《清史稿》卷 84《礼志》,中华书局 1976 年点校本,第 2539 页。

④ 中国科学院近代史研究所中华民国史研究室、曲阜文管会编:《孔府档案选编》上册,中华书局,1982 年,第 268 页。

⑤ 《永宪录》卷 3,第 228 页。

⑥ 《清世宗圣训》卷 2《圣德》。

也。"①孔子儒学对黎民、对帝王的巨大思想价值，使它与天地共悠久。因此雍正帝又说："若无孔子之教，则人将忽于天秩天序之经，昧于民彝物则之理，势必以小加大，以少陵长，以贱妨贵，尊卑倒置，上下无等，干名犯分，越礼悖义，所谓君不君，臣不臣，父不父，子不子，虽有粟吾得而食诸? 其为世道人心之害尚可胜言哉?……使为君者不知尊崇孔子，亦何以建极于上而表正万邦乎? 人第知孔子之教在明伦纪、辨名分、正人心、端风俗，亦知伦纪既明，名分既辨，人心既正，风俗既端，而受其益者尤在君上也哉! 朕故表而出之，以见孔子之道之大，而孔子之功之隆也。"②雍正帝直言不讳，大讲君主从孔子思想得到的利益最多，所以才极力推崇他。儒家思想叫人各守本分，实现君君、臣臣、父父、子子，三纲五常，没有犯上作乱的人，君主的统治就安稳了，当然是君主从中受益最多。过去人们只讲遵循孔子名教，令风俗端淳，于民有益，不懂得或不敢讲最终是对君上有好处。雍正帝体察到了，并且毫不掩饰地讲出来，这有他坦白的一面，更重要的是在儒学与维护君主治理的关系上，他比大多数帝王要认识得深刻一些。在孔子被尊崇得无以复加的情况下，雍正帝仍然想出一些新招数，进一步表示他以儒学为意识形态，去强化他的政治统治。

二、提倡"四书文"

宣传儒家思想，重要的途径是学校教育和科举考试。

(一)从《孝经》出考题

顺治、康熙两朝撰述《孝经衍义》，康熙四十七年(1708)以前会试第二场的试题，是从《孝经》选出，后因康熙帝着力倡导宋儒理学，改从周敦颐的《太极图说》《通书》等书出题。雍正帝继位后强调孝道，重视《孝经》，下令从元年(1723)恩科会试起，仍用《孝经》命题，以便"士子咸知诵习，而民间亦敦本励行，即移孝作忠之道胥由此乎"③。同时说："宋儒之书，虽足羽翼经传，未若圣言之广大悉备。"④他是需要什么就用什么，对理学就是这样。雍正十一年

---

① 《清世宗圣训》卷4《圣学》。
② 《清世宗实录》卷59，"五年七月癸酉"条。
③ 《上谕内阁》，元年五月二十一日谕。
④ 雍正朝《起居注册》，元年五月二十一，中华书局，1993年。

(1733),福建学政杨炳条奏,认为《孝经》中可出的题目不多,要求在它之外,也从性理著作中选出一些题。雍正帝不允许,他说:《孝经》是孔子的撰述,宋儒理学再好也是解释圣人著作的,两者不能等量齐观。他所以让士人留心理学,"盖欲其实体圣贤之德性,非徒记诵宋儒之文辞"①。因此还是专从《孝经》出题。为迎合皇帝,国子监司业那布尔建议,将录取童生复试时用的"小学"试题,改用《孝经》之题,雍正帝批准了。②不过《孝经》确实分量小,可出之题不多,所以乾隆帝继位,乡试会试二场的试题就参用性理之书了。③

(二)增加科举项目

科举是读书人的进身之路,雍正帝增添了科目和录取范围,为士子开拓出路。

1.增设科目和科次

开设回避卷。雍正帝继位,下令于元年举行恩科会试,同时考虑到入闱官员的子弟需要尊例回避,这个规矩不能破,还要不使这些人向隅,决定另开回避卷,令他们得以应试。④

举行孝廉方正科。雍正帝即位恩诏,要求府州县卫官员各举孝廉方正,暂给六品顶戴荣身,以备召用。数月后没有官员推荐,雍正帝再次命各省督抚速遵前诏,"广询博访",属民中"果有行为笃实,素为乡党所推者,即例名具奏"。⑤次年,根据浙江、直隶、福建、广西疆吏的荐举,各用二人为知县,年龄在五十五岁以上的用作知州。这是清朝实行孝廉方正科的开始,此后新皇帝继位照例举行。雍正三年(1725),命在八旗、汉军中推举孝友读书人士。雍正五年(1727)四月,令州县官会同教官,在府州县学的贡生、秀才内,公举"居家孝友,行己端方,才可办事,而文亦可观"的一个人,于年底申报上司,偏僻地方若真是无人才可举,州县官必须出具甘结,以免遗漏人才。⑥这两项也是举行孝廉方正科的意思。

恢复满洲翻译科。元年(1723),命八旗满洲人于考试汉字生员、举人、进

---

① 《上谕内阁》,十一年九月二十四日谕。

② 《清世宗实录》卷145,"十二年七月己卯"条。

③ 《清朝通志》卷72《选举略》。

④ 雍正朝《起居注册》,元年十月二十一日。

⑤ 《上谕内阁》,元年四月十五日谕。

⑥ 《上谕内阁》,五年四月初八日谕。

士之外另试翻译,恢复康熙间中断的满洲翻译科。

开办蒙古翻译科。九年(1731),雍正帝顾虑蒙古文字的废弃,特设蒙文翻译科,取中生员、举人、进士,以备理藩院使用。

开设专门技术科。元年(1723),侍讲学士戚麟祥疏奏,请设医学,考取医生,雍正帝也想以良医救治众人,令礼部议奏。寻因礼部意见不一,遂命吏部参议,"将如何教习方成良医之处详议具奏"[1]。十一年(1733),雍正帝以算法为六艺之一,要求各部院笔帖式、官学生、候补笔帖式学习,三年后举行考试。还没有到期,他就辞世而不能进行了。

准备开办博学鸿词科。康熙间举行博学鸿词特科,至雍正十一年(1733)已经有五十余年没有再进行这样的盛举,雍正帝遂下令,准备开此特科,要求三品以上京官各举所知,外省督抚会同学政保题,除现任翰林院、詹事府官员外,均可被推荐,届时亲试,优加录用,"广示兴贤之典,茂昭稽古之荣"[2]。在雍正帝驾崩前的两年中,只有河东总督和直隶总督各举荐了一二人,其他疆吏迟迟不动作,雍正帝下诏催促,然而他不久死亡,留下遗憾。乾隆帝继位,承乃父遗愿,分两年举行博学鸿词考试,取中不多,因此这次特科的影响远不及康熙朝的盛大。

2.扩大录取范围

复检遗卷。雍正元年(1723),顺天乡试,录取基本完毕,雍正帝命检查落榜的试卷,从中选取二人。同年会试,亦复查落选的卷子,又额外选中七十八人。次年会试,如同上年一样复检。

两次副榜授予举人。清朝乡试有录取副榜的制度,雍正四年(1726)乡试,命中副榜者,若以前已经中过,则两次合一,授予举人。从此开了例子,以后照此办理。五年(1727)会试,雍正帝命于落第的举人中,选择"文理明通"的,引见后发往各省,担任教职。[3]

缩短选取拔贡年限。拔贡,旧例州县学每十二年一选取,雍正帝即位开恩,普选一次。至雍正五年(1727),命以后六年一选。因此生员成为拔贡的机会比原先多了一倍。

---

① 雍正朝《起居注册》,元年十月初二日。

②《上谕内阁》,十一年四月初八日谕。

③《清世宗圣训》卷 10《文教》。

上述雍正朝科举科目、科次及录取范围的增多与扩大,无疑增加了士人做官的机会,而且增加较多。雍正帝有意识地打击读书人,尤其是在李绂和田文镜互控案中,对读书人压抑,减少衿士的优免特权。通过科举政策,不难发现他仍然依靠科举人员作为官僚队伍的基干,并且谋求这个队伍的壮大。在下述的诸种措施中仍会帮助我们认识这一点。

3.笼络士子的几种方法

会试时间与地点。雍正元年(1723)恩科,殿试在十月二十七日进行,时天气寒冷,雍正帝考虑砚水可能结冰,令陈规的贡士在丹墀的对策,改在太和殿内进行,又令太监多置火炉,使室内温暖以便书写。雍正五年(1727),会试原定在二月进行,因天寒改在三月,可是气温仍然低凉,若再延期,考虑到许多士子盘程不够,遂按期考试,特许携带手炉和穿皮衣,并由官方供给木炭和姜汤。

湖南建立乡试试院。湖南省的乡试以往在湖北省进行,考虑到许多士子要经过洞庭湖,有覆舟溺死的危险,因而雍正帝命令在湖南设立贡院,自此湖南士子减少了奔波之劳和危险。

公费建立进士题名碑。国子监进士题名碑原由公家树立,康熙三年(1664)裁省,由进士出资自建。雍正帝认为这是关系国家振兴文教的大事,下令恢复公费建造,以便士子观览丰碑,"知读书之可以荣名,益励其自修上达之志"①。

会试的时间、地点的临时变动,湖南的建设乡试试院,公费建造题名碑,都是完善科举制度,改善考试条件,以便国家吸收和笼络人才。

此外,与科举制度有关的事情亦有发生。雍正帝因为广东和福建官员说话难懂,影响临民施政,先期要求这两省读书人学会说官话,然而没有成功。推广官话,是一种语言规范,对于统一的多民族国家有其必要性,将有利于政令的准确推行,特别是普及到民间,也有益于人们思想感情的交流,有益于生产力和民族文化的提高。这本是应当进行的好事,但是地方话是千百年形成的,改变它岂是容易的事情,推行官话应该有方法、有步骤,要求士人首先接受,在步骤上是正确的,但是没有创造必要的条件,只令士子自学,虽然督以功令,仍是不得其法,不可能取得预期的效果。不懂官话就不许参加科举,这

---

① 雍正朝《起居注册》,二年十二月初四日。

是以科举作为一种惩罚手段了。更有甚者，是因为出现浙江人汪景祺案和查嗣庭案，停止浙江人的乡、会试，作为对浙江士人的惩罚。用科举作为惩罚手段，历史上罕见，实系雍正帝政治乖张之举。

三、讲求祥瑞的政治

"祥瑞"，讲的是好事情的征兆、征象。祥瑞之象，常常被用来形容国家、政权的兴旺繁荣。帝王讲求祥瑞，是中国历史上常见的事情，总是同政治联系在一起，讲祯祥就是制造政治清明的舆论，以期达到预定的政治目的。古人把"天降甘露""麒麟见""瑞芝生"之类当作嘉庆吉祥，以为它们标志着政治清明、人民乐业的太平治世的出现。相信和制造祯祥的主要是统治者，在历代君主中有些人热衷于此，也有人对它不感兴趣。康熙帝属于后一种人。他认为讲庆云、景星、凤凰、麒麟、甘露、天书、月宫诸事，实在是贻讥后世的事情。①可是他注意灾异，每当遇到日月食、旱涝不常的情况，就认为是天象示警，表示要处理好政事，以挽回天心，为民求福。雍正帝与乃父不同，属于前一种类型的君王。

（一）呈报祥瑞和宣付史馆

雍正朝，自始至终，所谓祥瑞层出不穷。凡历史上说有的，这时也都被说成出现了，或者说类似的事物产生了。官员以此奏报雍正帝，雍正帝叠加鼓励，郑重地宣付史馆。下面将官员呈报的所谓祯祥诸事，分类列出，以见当时奏报祥瑞的热闹景象。所谓"宣付史馆"，是皇帝下令，将官员所奏报的祯祥让史馆做出记录，即载入史册，为国家之大事、要事也。

1.嘉禾

雍正元年（1723）八月，大学士等奏称，江南、山东出产的麦子、谷子，大多双歧、双穗，蜀黍有一本四穗的，这都是"皇上圣德之所感召"，请宣付史馆，雍正帝予以批准。②这是报瑞谷的开始。这时只报一本两穗、四穗，而后则越报越多，以至离奇了。雍正二年（1724），顺天府尹张令璜进呈耤田瑞谷，一茎四穗。同时，大学士等奏报，皇帝亲耕的丰泽园稻田，大量出产多穗稻，而且"穗长盈

① 《清圣祖实录》卷291，"六十年三月乙丑"条，中华书局，1985年。
② 《清世宗实录》卷10，"元年八月戊午"条。

尺,珠粒圆坚"①。雍正五年(1727),巡抚田文镜奏报河南所产谷子,有一茎十五穗的,雍正帝高兴地说,这是田文镜忠诚任事感召天地的表现。②同年,浙江巡抚李卫奏进一茎二穗、三穗瑞稻谷数本,大学士等认为是皇上"至德光昭,太和祥洽,是以寰宇之内遍产嘉禾",民必乐业,雍正帝说,并非朕之凉德所致,可能是浙江省的浇薄风习有了改变的征兆,可以为浙江人庆幸。③雍正七年(1729),广西巡抚张广泗报告,新近改土归流的地方,稻谷、粟米一茎数穗,多的达十五六穗,稻谷每穗四五百粒、七百粒,粟米每穗长至二尺余。雍正帝命将他呈进的瑞谷及图重新绘画刊刻,颁发各省督抚观览。④雍正十二年(1734),镇算镇总兵官杨凯等分别折奏改土归流地区,谷子一茎五六穗,或十余穗,雍正帝将他们的折子及谷本图样发给廷臣观看。雍正帝还将臣下奏报的瑞谷嘉禾,制成《嘉禾图》《瑞谷图》,亲自作跋,写道:"览各种瑞谷,硕大坚实,迥异寻常,不但目所未见,实亦耳所未闻,若但见图画而未见谷本,则人且疑而不信矣。"⑤他自己相信那是真的,也要求臣民和他共同相信实有其事。雍正七年(1729),顺天府尹进呈耤田嘉禾二十四穗,雍正帝说这种谷子本来是多穗品种,叫"龙爪谷",播种时不应将它掺入,因而告诫该尹,"此后不可被小人愚诈"。⑥他以此证明他懂得哪些是真的嘉禾瑞谷,不会受人欺骗。很难说他这不是自欺欺人。

2.蓍草、瑞芝

雍正元年(1723)四月,马兰峪总兵官范时绎进呈蓍草,说是顺治帝的孝陵所生,雍正帝命廷臣传阅,百官"惊喜赞颂以为奇瑞"⑦。雍正七年(1729),康熙帝景陵的圣德神功碑建成,领侍卫内大臣尚崇廙奏称碑亭仪柱石上生出瑞芝一本,长六七寸,"祥光焕发",雍正帝说这是"上天特赐嘉祥,以表扬我皇考功德之隆盛"。⑧雍正十年(1732)和十二年(1734),官员先后奏报景陵生长瑞

① 《清世宗实录》卷 23,"二年八月己亥"条。

② 《上谕内阁》,五年八月二十日谕。

③ 雍正朝《起居注册》,五年十月初七日。

④ 《上谕内阁》,七年十一月初四日谕。

⑤ 《清世宗诗文集·瑞谷图跋》,光绪五年《清历朝御制诗文集》本。

⑥ 《上谕内阁》,七年闰七月二十四日谕。

⑦ 《清世宗实录》卷 6,"元年四月丁丑"条。

⑧ 《上谕内阁》,七年十月初五日谕。

芝,雍正帝命宣付史馆,昭示中外。

3.卿云

据雍正朝曾任总督、侍郎而又入狱的李绂记载,康熙六十一年(1722)十一月二十日,雍正帝正式登基的前几天,天气阴霾惨淡,到举行登基典礼时,"天忽晴明,赤日中天,臣民欢呼,占为圣主之瑞",待到第三天,空中发现了卿云。雍正元年(1723)九月,雍正帝发送生母孝恭仁皇后灵柩赴遵化景陵时,卿云再次出现。次年正月,雍正帝举行祈谷祭天礼毕,卿云再现。①这一类的卿云出现记载,并非官员奏报,亦未见雍正帝的批示,故不是这里所说的官员报告祥瑞。开始奏报卿云祥瑞的是云贵总督鄂尔泰。雍正六年(1728)十二月,他奏称:十月二十九日圣寿节这一天,云南四府三县地方,出现"五色卿云,光灿捧日",次日"绚烂倍常"。②在雍正帝的支持下,继鄂尔泰报卿云的纷至沓来。雍正七年(1729),署山东巡抚岳濬奏报,当曲阜孔庙修缮工程进行到大成殿上梁的前两天,庆云出现在阙里上空。雍正帝说前次阙里火灾,此次庆云,可视为功过相抵,不算祯祥,但因此增加明年会试的取中名额,即由上科的二百二十六人,加至四百名。③山西巡抚石麟奏报,十一月初二日保德州民人发现卿云捧日,外绕三环,光华四射。又报临晋县卿云丽日,五色缤纷,霞光万丈。雍正帝认为这是山西民风淳朴的验证,命照奖励河南拾金不昧的事例,每个州县可以多报一个老农,赏给八品顶戴。④

4.五星联珠

太阳系的九大行星集于太阳一侧的90度和104度张角范围以内,是我们今天说的"九星联珠",1982年就出现了两次,是为罕见现象。中国古人尚不知道围绕太阳运行的有九大行星,但已有"五星联珠"之说。清代,人们将金木水火土五星同在太阳一侧四45度角范围以内叫作"五星联珠"。雍正三年(1725)二月初二日发生了日月同升("日月合璧")和五星联珠的自然现象。这种情形,数百年才会出现一次,历来被古人视为嘉瑞,钦天监在推算出这一现象将要发生之后,雍正帝以为这是难得遭逢的幸事,命令史馆加以记录,并通

---

① 李绂:《穆堂初稿》卷1《卿云颂》,乾隆五年刊本。

② 《朱批谕旨·鄂尔泰奏折》,六年十二月初八日折。按:雍正帝生日在十月三十日,这一年十月小,故以二十九日为生辰。

③ 《上谕内阁》,七年十二月十三日谕。

④ 《上谕内阁》,七年十二月十九日、二十九日谕。

148

告人民知晓。①届时举朝庆贺。

5.黄河清

雍正四年(1726)十二月,河道总督齐苏勒、漕运总督张大有、河南巡抚田文镜、山东巡抚塞楞额、陕西巡抚法敏先后奏报黄河水清。据说陕、豫、鲁三千一百余里的黄河水道上,在十二月初八日至次年正月十三日之间河水清澈见底。②与此同时,山西巡抚德明奏报,河曲县至垣曲县黄河水,在雍正四年(1726)十二月初九日、初十日逐渐澄清,冰冻之处取水,水清亦觉异常。雍正帝说,黄河之水虽然浑浊,而结冰则清,今以冰清为河清之据,未免牵强。③雍正八年(1730),甘肃巡抚折奏,从七月初五日起的三天间,积石关一带河流澄清彻底。雍正帝认为这是正在河源筹建河神庙,才得到这个祯祥。④对于"黄河清",雍正帝君臣大肆张扬,群臣说这是从来未有的上瑞,雍正帝说这是上天和皇考的赐福,他不愿独享,转赐诸臣,给知县、参将、主事以上朝内外百官每人加一级的恩典。⑤在群臣受赏喜庆之际,也有个倒霉鬼。因为河清,文臣遍写贺词,太常寺卿邹汝鲁作《河清颂》,中有"旧染维新,风移俗易"的话,原意是说皇帝实行新政,才得此河清之瑞。这本是颂词,并没有错,不想惹出雍正帝的恼怒,他说:"朕御极以来,用人行政,事事效法皇考,凡朕所行政务,皆皇考已行之旧章,所颁谕者,皆皇考所颁之宝训,初未尝少有所增损更张也。"接着责问邹汝鲁:"所移者何风,所易者何俗,旧染者何事,维新者何政?"⑥并将他革职,发到湖北荆州沿江工程处效力。雍正帝对乃父政事做了许多改变,但又要打着法祖的旗号和讲究孝道,现今正在说河清是康熙帝保佑的结果,邹汝鲁却说对旧政做了改革,不是同皇帝唱反调吗?邹是书呆子,马屁也不会拍。而雍正帝大耍淫威,未免可恨。

6.甘露

雍正七年(1729),浙江观风整俗使蔡仕舢折奏,正月二十二日,天降甘露于嘉善、嘉兴二县,遍结树枝苇竹之上,形若脂凝,味如饴美,实系太平上瑞。

---

① 《上谕内阁》,三年正月二十九日谕。

② 《清世宗诗文集》卷15《黄河澄清碑记》。

③ 雍正朝《起居注册》,五年三月二十七日。

④ 《上谕内阁》,八年八月十三日谕。

⑤ 《上谕内阁》,五年正月十三日谕。

⑥ 雍正朝《起居注册》,五年正月初九日。

雍正帝信而不疑,夸奖地说:"汝等大员果肯秉公持正,察吏安民,实为国家宣猷敷化,此等征应,乃必有者也。"①

7.瑞茧

雍正七年(1729),署理浙江总督性桂奏称,湖州民人王文隆家万蚕同织瑞茧一幅,长五尺八寸,宽二尺三寸,老农都说这是从来没有的事。雍正帝怀疑有人为加工成分,命确查清楚。性桂回报确系天然而成,雍正帝遂宣布于廷臣。

8.凤鸟

雍正八年(1730),雍正帝正在经营他的陵寝,总理石道事务的散秩大臣常明等奏,在房山县采石工地,飞来一只凤凰,"五色具备,文采灿然"。同时另有官员报告,见到高五六尺的神鸟,"毛羽如锦,五色具备,所立处,群鸟环绕,北向飞鸣"。②自古以来称凤鸟为王者的嘉祥,出现在陵工工地,更同皇帝圣德联系起来了。在此以前,即雍正二年(1724)七月,松江提督高其位奏报飞鸭捕食蝗虫,大学士马齐请宣付史馆,以昭应瑞,雍正帝不准,因为若以此为瑞,那么有蝗虫不就是有灾害吗,怎么能称得上祯瑞呢?但这件事还是要让廷臣知道,虽有蝗虫而没有成灾。③

9.瑞麟

雍正十年(1732),山东巡抚岳濬报告,巨野县民家牛生瑞麟,麇身牛尾,遍身皆甲,甲缝生紫豪,玉定文顶,光彩烂生,实为盛德瑞征。雍正帝因为山东连年水旱灾浸,因此对这件事不敢当作祥瑞,可是告谕天下臣民共知。次年四川总督黄廷桂奏称,盐亭县农家牛生瑞麟,绘图进呈。雍正十二年(1734)十月,山东官员再次报告,宁阳县牛产毓麒麟。"圣人生,王道行",则麒麟现。雍正朝三次获麟,当然是奇瑞了。

地方大吏如此奏报祯祥,雍正帝频加鼓励,可是却说:"朕从来不言祥瑞"④,"朕素不言祥瑞"⑤。他用尚崇廙奏称直隶遵化州凤凰翔集、鄂尔泰奏贵州都匀府石芝丛生二事没有向廷臣宣布的事情,表明他不谈祥瑞:"天下之人勿误以

---

① 《朱批谕旨·蔡仕舢奏折》,七年三月二十日折及朱批。

② 《上谕内阁》,八年正月二十九日谕。

③ 雍正朝《起居注册》,二年七月初三日。

④ 《清世宗诗文集·瑞谷图跋》。

⑤ 《上谕内阁》,七年八月十八日谕。

为朕为夸张祥瑞而忘自修之道也。"①不管怎么说,官员的屡报祥瑞是在他的奖励下进行的。雍正帝之所以要做这种掩饰,是因为大讲祥瑞并不是正常的事情,名誉攸关,会有少数官员议论。可是他为什么还乐于官员呈报祯祥呢?必然有其政治上的需要!

(二)祥瑞的"天人感应"与政治修明

讲祥瑞是为政治,这两者之间有一个认识上的桥梁,就是"天人感应"观念。古人认为天意有两种表现形式,当国泰民安时屡现嘉祥,至政乱刑紊之际,则灾异频兴,即统治者对民瘼是否关注,上苍时刻注意,会给予警示或嘉奖,祯祥的出现就是肯定时政的表现,或者说祥瑞是政治修明的象征。

"天人感应,捷如影响"的说教。雍正帝笃信汉朝董仲舒的天人感应之说,于二年(1724)三月初五日说:在二月二十八日向刑部官员讲,"刑狱上关天和,当钦恤民命,牵连之人,毋得久羁监禁",刑部遵旨释放了几百人,感动了上天,到三月初三日普降大雨,消除了春旱的危险,可见"天人之感,捷如影响,莫谓适逢其会,事属偶然"②。三年(1725)四月十一日又说:三月底,田文镜奏报开封干旱,他于四月初一日祈祷神明,初三日河南就下雨。据此,他进一步阐发天人感应的理论:"天人感应之理至微而实至显,凡人过实尽诚敬,自能上格天心,人君受天眷命,日鉴在兹,其感通为尤捷。"③

雍正帝将自然现象与朝中政治、民间风俗联系起来,用以说明他的政治清明,具体地说:

1.宣扬朝政海宇升平

官员报告祯祥,总不忘声明这是"皇上敬诚所感,仁孝所孚"④。"此皆皇上之至诚,足以感召天和,协应地灵。"⑤把祥瑞的降临视为雍正帝虔诚敬天的结果。对此雍正帝完全承受,毫不推让。他就五星联珠、日月合璧一事说,日月五星运行于天,原本有规则,可以测算出来,但是在什么时候遇到它是幸运的,这个时期必定是"海宇升平,民安物阜"⑥。他之所以大肆庆贺海宴河清,奖励

---

① 《上谕内阁》,七年十二月初一日谕。

② 《上谕内阁》,二年三月初五日谕。

③ 《上谕内阁》,三年四月十一日谕。

④ 《清世宗实录》卷 23,"二年八月己亥"条。

⑤ 《上谕内阁》,七年十月二十日谕。

⑥ 《上谕内阁》,三年正月二十九日谕。

151

百官,就是为了说明雍正朝已经成为太平盛世。

2.宣传雍正帝圣孝

出现频率高的祥瑞是卿云。卿云、庆云是一回事。相传虞舜将让位给大禹,和臣僚一起唱歌:"卿云烂兮,纠缦缦兮,日月光华,且复旦兮"。[1]卿云现是表现太平气象。此外别有含义。鄂尔泰在雍正六年(1728)十二月报告出现卿云的折子中援引《孝经纬·援神契》的话,"天子孝,则庆云现",说明云南出现的卿云,是"皇上大孝格天"所至的麻征。雍正帝见到这份奏折异常高兴,在朱批中写道:"朕每遇此祥瑞,蒙上天慈恩,岂有不感喜之理。"因为这个祯祥是鄂尔泰报告的,所以雍正帝嘉许他是上天恩赐的"不世出之良臣"[2]。随即谕示廷臣,特别引出"天子孝则庆云现"的话,并说"朕之事亲,不敢言孝,但自藩邸以至于今,四十余年,诚敬之心,有如一日,只此一念,可以自信"。[3]因为鄂尔泰把卿云与天子孝道联在一起,使他的这次报卿云不同寻常,雍正帝大为开恩,为云南官员加级进爵,鄂尔泰由头等轻车都尉超授三等男爵,云南提督郝玉麟从云骑尉进为骑都尉,其他巡抚、总兵官各加二级,知县、千总以上俱加一级。[4]雍正帝如此重视此事,同当时正在进行的曾静案有着极其密切的关联。鄂尔泰奏报前的三个月,曾静案件发生,曾静反映社会传言,指责雍正帝谋父(毒死康熙帝)、逼母(逼母后自杀)、弑兄(杀害废太子允礽)、屠弟(害死允禵),即是大逆不孝的人。在这种情形下,不论雍正帝有无谋父逼母的事情,颂扬他是圣孝的天子,正是他在政治斗争中的需要,以此证明他是无辜的,谁若再相信曾静之流的传言,就是悖逆天理、昧于忠义的乱臣贼子。所以卿云现不是一般的谈论中的祥瑞,而是雍正帝政治斗争的一种工具,是用以对付政敌的舆论。

3.借以教育、鼓励臣工研究政治得失

雍正帝说他坚信天人感应,一时一刻"不敢自懈自逸"[5],凡是遇到水旱灾浸,就"内省行事之过愆,详察政治之阙失"[6]。雍正九年(1731)上半年天旱,自

---

① 陈寿祺辑校:《尚书大传》卷1下《虞夏传》,光绪十六年刻本。

② 《朱批谕旨·鄂尔泰奏折》,六年十二月初八日折及朱批。

③ 《上谕内阁》,七年正月初九日谕。

④ 《上谕内阁》,七年正月二十四日谕。

⑤ 《上谕内阁》,十二年正月初一日谕。

⑥ 雍正朝《起居注册》,三年四月十一日。

认为是他"一人之咎"①。他这样说，包含有内省的因素，但主要是为教导百官。凡是他宠信的人奏报嘉祥，必然就此赞扬他们治绩显著，堪为臣工表率，如田文镜报告十三穗瑞谷，雍正帝就说："朕前降旨，言田文镜、杨文乾、李卫皆实心办理地方事务，今闻广东、浙江二省今岁皆获丰收，而广东之熟为数年所未有，豫省民田又产瑞谷，此即该省巡抚诚意感通之征验也。"②表彰田文镜的政绩，连带肯定广东杨文乾、浙江李卫的治绩。雍正帝不满意的官员奏报灾害时，必遭一通责骂，往往说有你这样的封疆大吏，地方上不受灾才怪呢。他用天人感应观念要求官员检讨自身的行政得失，改善吏治，就有其意义了。对于人主来讲，言官的进谏在可采与不可采之间，若"天变示警"，不管相信或不相信天人感应之说的君主，常常会起一点内省的作用，康熙帝如此，雍正帝亦是如此。

宋代以前，君主在政治上不景气时，或有某种特殊需要时，常向祥瑞求救，自欺欺人，这样也将祥瑞搞臭了。雍正帝在这之后讲求祯祥，不免羞羞答答、遮遮掩掩，可是又非搞不可。究其原因，一方面他相信天人感应，更重要的是复杂的政治斗争的需要，借此打击政敌，争取民众拥戴。不过使用祥瑞造势，并非是强有力的表现，某种意义上说是无奈之举动，也是愚蠢的做法。乾隆帝即位，将献祥瑞也当作前朝败政之一取消了。③

献祥瑞为雍正帝的政治品德做赞誉，为朝政歌功颂德，为君臣反省求治，所有这些都是政治目的，所以这种活动本身就是政治行为，因此不仅是宣扬天人感应的思想观念，应该说这种活动第一的目的是政治，其次才是意识形态。将献祥瑞宣示廷臣，宣付史馆，这是制造舆论，所以祥瑞、舆论、政治三位一体。

四、崇佛用佛的政治

尊崇喇嘛教是清朝国策，但是雍正帝执行得不免离奇，他自称"释主""破尘居士"，著作《集云百问》，编辑《御选语录》，干预佛教内部事务，在宫中开法

---

① 《朱批谕旨·鄂尔泰奏折》，九年五月二十八日折朱批。
② 《上谕内阁》，四年八月十五日谕。
③ 《清高宗实录》卷7，"雍正十三年十一月癸丑"条。

会,收门徒十四人,广修庙宇,使用禅师参政。雍正帝将佛道与儒拉在一起,是以儒助佛,将道附于佛,都是为抬高佛教地位,当然中心位置仍然是儒家,为了信佛,还得靠儒家的帮助。雍正帝身为天子,是俗民的最高统治者;又以佛教宗旨的权威释者自居,有类于精神教主。雍正帝身兼俗王与精神教主的双重地位,使其统治成为政权与宗教权的高度结合物。雍正帝与佛教的关系,因本卷另收有《清世宗的崇佛与用佛》专文,为免于重复,此处从略。

(原载朱诚如主编《清朝通史》中冯尔康主编《雍正朝》分卷,紫禁城出版社,2003年)

释雍正帝的"为君难"印章

雍正帝镌刻"为君难"宝印,以之为座右铭,惕励自身,表示他深懂为君之道,是要朝乾夕惕、兢兢业业、励精图治;同时"为君难"与"为臣不易"相对应,他以此要求臣工忠于职守、勇于任事,君臣一体,同心同德,兴旺清朝,造福万民。

一、镌刻"为君难"宝印

雍正帝即位初年,书写"为君难"三字的匾额,悬挂宫室,又用"为君难"三字镌刻宝印一方,印文系汉文篆字,质地为寿山石,雕刻螭纽,长方形。清朝为官员镌刻印信,极其讲究材质。雍正帝更于六年(1728)六月下令,即使微员印信,一定先由钦天监选择吉日,然后铸造。[①]"为君难"的宝印,是石材,虽然不同于金银制品,要上好成色,但石质一定是上上等的;其镌刻时日,必定是钦天监选定的吉日。由关于印信制造的上谕可知,雍正帝镌刻"为君难"印章,无疑是非常讲究和认真的。这枚宝印今存于北京故宫博物院。

"为君难"是一种闲章,雍正帝为什么镌刻它?又是怎样对待它的呢?他在雍正二年(1724)四月初九日闽浙总督觉罗满保满文谢恩折的朱批中说到此事:"'为君难'数字,朕写成匾额,镌刻宝印,时刻置放眼前,心中时常挂记思考。"[②]表示他对"为君难"有深刻的理解,深知它对君主为人施政的重要,将之视作座右铭,时时刻刻惕励自己,按照君主的准则去行事,做君主应该做、必须做的事情。

---

① 雍正朝《起居注册》,中华书局,1993年,第2043页。
② 中国第一历史档案馆译编:《雍正朝满文朱批奏折全译》上册,黄山书社,1998年,第760页。

二、"为君难"观念的渊源与雍正帝的理解

　　雍正帝的"为君难"思想,源出于孔子,欧阳修的理解亦应对他有影响。孔子是将"为君难"与"为臣不易"作为对应观念讲解的,系总体回答传统社会执政的两个方面——君主和臣工关系问题,指明君臣既是对立的,更是一体的,并由他们决定国家的兴亡盛衰。对此《论语》是这样记载的:"定公问:'一言而可以兴邦,有诸?'孔子对曰:'言不可以若是其几也。人之言曰,为君难,为臣不易。如知为君之难也,不几乎一言而兴邦乎。'"[①]意思是国君懂得为君难的道理,行为谨慎,善于对待和能够采纳臣工的好主意,就能收到一言兴邦的作用,警惕一言丧国的危险。欧阳修将"为君难"作为专门命题,给后世为君者规范其内涵,即君应做明君,能在用人上下功夫,做到知人善任。他的《为君难论》认为"为君难"之难,最难的是用人:"语曰'为君难'者,孰难哉?盖莫难于用人。"进而讲了用人的三项原则:一是用人坚守专职、笃信的原则,给予任用之人专职专权,不予干涉,因为信任不疑,官员就可以在皇帝的指导之下成就事业,所谓"夫用人之术,任之必专,信之必笃,然后能尽其材,而可共成事"。二是吸收众议。虽说用人不疑,但是需要采纳众人意见,发现问题及时改正,是以强调"群议"。三是考虑所用之人可能产生的政治效果,即所用之人能否建立事功,不可"不计功之成败"。欧阳修同时指出,君主能够选取人才,在于他是明贤之君,而非暗愚之辈,故应警惕昏君之失:"夫用人之失,天下之人皆知其不可,而独其主不知者,莫大之患也。前世之祸乱败亡由此者不可胜数也。"[②]雍正帝熟读经史,无疑知道孔子、欧阳修关于"为君难"的论述,否则也不会镌刻"为君难"宝印。说来有趣,欧阳修另外撰有《朋党论》,主张君子有党,而小人无党,与雍正帝的《御制朋党论》正好相悖。雍正帝为反对朋党,严厉谴责欧阳修的观点,说他要在世,会把他杀掉,而《为君难论》则为雍正帝所鉴赏。

　　"为君难"与"为臣不易"是互为联系的观念,君臣各有难处,各自理解好、处理好,将使政兴国强。这一观念,孔子发其端,欧阳修、雍正帝先后续解之,对于雍正帝来讲,不仅在于认知,更要去实践。他自身恪守"为君难"信条,同

---

①《十三经注疏本》下册,中华书局,1980年,第2507页。
②《欧阳修全集·居士集》卷17,中国书店,1986年,第126页。

时要求臣工信守"为臣不易"之说,故而教导满保"将'为臣不易'四字铭记于心",满保折奏表示遵行,雍正帝又开导他"为臣之人,理应如此将'为臣不易'四字照尔所奏谨记思索"①。他是要求臣下将"为臣不易"当作座右铭,砥砺自身行为,遵守臣道。"为君难"与"为臣不易",要求君臣都能"君君臣臣",各守本分。

三、雍正帝认知的"为君难"在于行事符合天意祖制与用人

雍正帝在满保的雍正二年(1724)二月二十四日奏折上朱批讲道:因继位不久,朝内外没有熟知之人可用,只好物色择取数人试用,"故此,朕之难处惟有苍天及朕皇考、诸天神洞见而已。属一等难事。若能遇一名贤能之人,乃朕如得活宝矣,将欣喜若狂",为此希望你等地方大员尽力培养人才,供朕使用。②他实话实说,一等难事是讲求符合天意祖制,取得天祖的理解,同时希望有贤能之臣为其所用,态度甚为殷切。这份朱批集中表达出他对"为君难"的理会,可知他所说的"为君难"有两个方面的含义:懂得与符合天意、祖制难,得人用人难。

下面笔者将从雍正帝的言论和行为进一步解读他对"为君难"和"为臣不易"的认知。

四、君主自律——承认误失与体谅"为臣不易"

"为君难"与"为臣不易"是对应的观念,为君者知道为君难,但是也应该体察到为臣不易,让君臣双方互相体谅,有感情地处理好双方关系,才有益于朝政。曾经作过康熙帝侍卫的拉锡,于雍正六年(1728)二月初二日在江宁将军任上回忆说:"昔日圣祖在世时曾对奴才等曰:'皇帝之苦,唯皇帝知之,何人能知?'兹圣主日理天下万机,宸衷劳顿无暇歇息,非御前行走,亲身经历者,既使朝中大臣亦未必悉知,想到此处,奴才不禁凄然。"③拉锡只知劳顿之

---

① 《雍正朝满文朱批奏折全译》上册,第 760 页。
② 《雍正朝满文朱批奏折全译》上册,第 679 页。
③ 《雍正朝满文朱批奏折全译》下册,第 1604 页。

苦,而不知皇帝终生不得卸肩和心理压力不得解脱之苦恼,但是他已经比其他臣工多知道一些为君难了。雍正帝与他有共同心理,对"为臣不易"也有切身体会,为此知道应给臣工以恩惠,发现用人不当、自身有错应羞愧自责,对忠于职守的良臣,甚至以恩人视之。

体谅"为臣不易"。两江总督查弼纳于雍正元年(1723)五月二十六日奏报稻秧即将插完,雍正帝喜悦,在折子上写道:"唯彼此体恤'为君难''为臣不易',上苍必加厚爱。"①肯定对方勤于民事,同时表示自家懂得"为臣不易"的道理,应当体恤臣下。晋抚诺岷雍正二年(1724)闰四月初九日折奏养廉银事,朱批"今我君臣皆为学而办事,难保无误"②。知道办理这样的新事,没有经验,可能会有失误,但是不要紧,即使有错,也是可以原谅的。喀尔喀副将军策凌雍正五年(1727)七月十八日奏报图理琛与俄罗斯使臣会商边界议定《恰克图条约》事,雍正帝朱批:"此事尔等责任大,关系万年是非之名。朕将尔等信而用之,是非在于尔等,日后或有议论。"③又说"至于地方应否如此办理,朕今不深知,故不能降旨言是与否"④。雍正帝坦白地承认自己的边疆事务知识不足,不能发出明确指示,惟要求臣下认真理论,彼此顾及名声——当世的、历史的。

承认用错人,愧悔莫及。从消极方面说,皇帝用错人,是没有眼力,是丢人没面子的事,所以严加警惕。雍正帝对大功臣年羹尧、隆科多原先是表彰、施恩到人臣所难得的程度,后来大肆整治他们,并认为他们各自有党人,扩大打击面。在这种情况下雍正帝多次自责,表示无颜面对臣工,体谅某些人与年羹尧、隆科多的关系,予以开脱。左都御史查克旦雍正三年(1725)五月十一日上折奏参年羹尧属员、固原提督杨启元,雍正帝就此写道:"今年羹尧诸多奸恶之事皆已败露,朕实甚不好意思了。岂有此理?在世上如年羹尧负恩之人未必再有。朕今恨伊之意是轻,确是自己不明,愧悔莫及。"⑤承认自己看错了人,用错了人,追悔无及。雍正三年(1725)七月初九日查弼纳奏折涉及署理江宁巡抚、江南提督何天培,雍正帝说何天培"绝非负朕、弃主、重异党之大臣,只

① 《雍正朝满文朱批奏折全译》上册,第 155 页。
② 《雍正朝满文朱批奏折全译》上册,第 794 页。
③ 《雍正朝满文朱批奏折全译》上册,第 1216 页。
④ 《雍正朝满文朱批奏折全译》上册,第 1493 页。
⑤ 《雍正朝满文朱批奏折全译》上册,第 1126 页。

不过惧怕年羹尧而迎合罢了。此皆朕错用年羹尧之过,朕确无责备何天培之意"①。表明他通情达理,何天培并非有意党附年羹尧,只是惧怕年羹尧势大,不得不应付他,因此不必惩治他。雍正帝深知人不可能不犯错误,而重要的是能够知过必改。他在雍正五年(1727)三月十一日发出的上谕中表示以此自勉,他的这番话有意思,不妨过录于次:"天下庶务殷繁,人情诈伪,变幻百出,蒙蔽欺罔之处往往有之,而(朕)一时听从,遂不能不有所错误,此亦势所必然。惟知其错误而即为改易,不存回护之见,则误者可以不误,而是非昭然,人亦知所儆惧,所以古之圣贤,不曰无过,而曰改过不吝,朕常以此自勉也。"②

由用人不当而感激良臣为恩人,知其为臣不易。雍正初年重用的疆臣有山东巡抚黄炳、四川巡抚蔡珽、安徽巡抚魏廷珍等人,后来黄炳因操守不谨,蔡珽因监禁属员致死而获罪。雍正帝因而在二年(1724)闰四月初一日查弼纳奏折上写道:"今有黄炳、蔡珽、魏廷珍,皆难多容留。每想到此,即要流泪。得人甚难,如何为好?故以尔等几名忠诚省臣,不仅为朕之忠臣,实视为朕之恩人。"③本来是信任的人,现在却要整饬他们,故而伤心,以至要落泪。这样对比之下,那些忠贞不贰的臣工,为皇帝存脸面,因之心存感激,乃至把他们视作忠臣和恩人。誉臣工为忠臣不算什么,而说成是自己的恩人,实在是不寻常。自来是臣工将皇上当作恩人,哪有君主把臣工看作恩人的?雍正帝这样说了,表明他对"为臣不易"有深刻的理解。

五、君臣一体、同心同德的道德准则

雍正帝在臣工奏折的朱批中反复说明君臣一体,应当同心同德,相待以诚,彼此应肝胆相照,互不负心,臣下尤其要有良心,有竭尽忠诚的意念,君主则应有爱惜臣工之心。以此教导臣工,也以此自律。

反复与多方面强调君臣应有相待以"诚"的态度。雍正帝在闽浙总督满保元年(1723)六月十七日奏折上写道:"君臣相互信赖,凡事开诚相见,毫无掣肘疑惧之症,则何事不成?我君臣唯求一个'诚'字,彼此体谅爱惜,勿玷负皇

---

① 《雍正朝满文朱批奏折全译》上册,第 1167 页。
② 雍正朝《起居注册》,第 1056 页。
③ 《雍正朝满文朱批奏折全译》上册,第 788 页。

考多年养育之恩。落泪而书。"①流泪书写君臣相待以诚之道,是多么郑重,多么动感情。稍后又在满保元年(1723)十一月初九日奏折上写朱批:"我君臣推诚相待,其益无穷。"②在二年(1724)六月二十四日折上的批示是:"君臣之间,几分信任几分利,几分猜疑几分害,关系甚大。彼此唯求'诚信'二字。"③反反复复强调臣下应对君主具有忠诚态度。元年(1723)七月二十七日晋抚诺岷奏折,朱批谓:"尔此奏甚真诚,朕览折大为嘉许。"④二年(1724)二月初一日副将军阿喇衲奏报巡抚绰奇办事观望推诿,朱批谓"尔之所奏,至为诚实"⑤。这两件朱批,都是赞赏具折人的忠诚态度。

雍正帝讲"诚信",具体的内涵是君臣互相信赖,互不辜负。查弼纳于元年(1723)八月初十日奏报整饬驿站营武情形,雍正帝表示:"朕信赖尔,对尔朕一向绝非负心之君。"⑥君主对臣下说自己不会负心,也即做出保证,实在不寻常。元年(1723)九月十八日诺岷奏折朱批:"尔即照此矢志向前,既便朕有负于尔,上苍亦必知垂爱于尔。"⑦雍正帝因初政不熟悉政事、不识臣工,甚望君臣合作,臣下尽力,故表示不会辜负臣下。不负心,应知耻,故雍正帝又对满保说:"我君臣应知耻以求"⑧。

"诚"的另一个含义是君教导臣、臣进谏君,互信纠正偏差。雍正帝在满保元年(1723)四月二十四日折上写道:"我君臣共勉。彼此之间,朕则训示,尔则劝谏矫正,内外一心,为国家万民谋利益。"⑨复在满保元年(1723)十一月初九日折上朱批:"我君臣彼此唯期进谏提携,若尔等无负皇考多年养育高厚之恩则善也。我君臣时刻毋忘警惕,竭力黾勉。"⑩要求君臣互相提携,臣尊君训、君听臣谏。如此谆谆言之,看来态度诚恳。

雍正帝讲求诚信的要点是反对臣下欺瞒。镶蓝旗蒙古副都统光喜四年(1726)十二月初八日奏折上的朱批:"各大臣尔等以诚心为国家效力,以辅助

① 《雍正朝满文朱批奏折全译》上册,第 178 页。
②⑩《雍正朝满文朱批奏折全译》上册,第 491 页。
③ 《雍正朝满文朱批奏折全译》上册,第 853 页。
④ 《雍正朝满文朱批奏折全译》上册,第 255 页。
⑤ 《雍正朝满文朱批奏折全译》上册,第 640 页。
⑥ 《雍正朝满文朱批奏折全译》上册,第 277 页。
⑦ 《雍正朝满文朱批奏折全译》上册,第 351 页。
⑧ 《雍正朝满文朱批奏折全译》上册,第 281 页。
⑨ 《雍正朝满文朱批奏折全译》上册,第 101 页。

朕,好生行走。于事稍稍糊涂则可,但勿得欺诳行事。"①办事不力尚可有所原谅,而欺罔则是绝对不能允许的。雍正帝在湖广巡抚纳奇哈元年(1723)九月初七日折上批示:"庇护他人,欺瞒于朕,有负朕之任用,抑或朕错用尔等矣。我君臣皆需细心检讨各自之错误,实心实意治理政务。"②出现欺瞒情况,臣下应检查欺蔽之罪,君主则须检讨用人不当之咎。奉恩辅国公法尔善十二年(1734)五月初四日奏报京城得雨,朱批:"下点小雨,有何不胜欢忭之处?所奏夸张不忠。"③杭州将军阿里衮八年(1730)四月初三日奏报访查总督李卫折,朱批:"断不可为迎合朕意而捏造具奏。"④这些朱批表明雍正帝深知报喜不报忧、隐瞒、欺蔽、瞒上不瞒下乃官场风气,难于改变,但他不放弃努力。

六、臣工应有守有为、勇于任事、业绩卓著、流芳百世

流芳百世,应是臣工努力的方向,为此不得尸位素餐,不承担责任,遇事推诿,让皇帝遭埋怨,受恶名;更不得怀挟私心,瞻顾徇隐,结党营私;办事认真,可能遭到嫉妒,遭人议论,舆论不好,但不应惧怕。

勖勉大臣有守有为、流芳百世。雍正帝在满保元年(1723)六月初九日的谢恩折上写道:"封疆大吏,名芳千古,即是报答皇考及朕矣,勉之。我君臣内外大小员职,倘能英名天下万世,其光彩荣耀更有愈此乎?"⑤元年(1723)七月初三日诺岷奏折得到的批语是:"若能名留万年,即为报答朕矣。"⑥雍正帝赐予诺岷"真如郑里"匾额。诺岷写奏折谢恩,朱批遂写道:"我君臣苟能恪守此道,必为万世之人也。"⑦署理抚远大将军延信元年(1723)九月初七日的奏折,得到的朱批是:"万年芳名此时不立,岂知承恩也。"⑧几件朱批,不惮其烦,教导臣下留名后世。

胸怀大志、敢作敢为,为推行新政不怕遭人嫉恨而承受恶名,不可做无大

① 《雍正朝满文朱批奏折全译》上册,第 1428 页。
②⑧ 《雍正朝满文朱批奏折全译》上册,第 324 页。
③ 《雍正朝满文朱批奏折全译》下册,第 2263 页。
④ 《雍正朝满文朱批奏折全译》下册,第 1964 页。
⑤ 《雍正朝满文朱批奏折全译》上册,第 168 页。
⑥ 《雍正朝满文朱批奏折全译》上册,第 208 页。
⑦ 《雍正朝满文朱批奏折全译》上册,第 470 页。

志的小器之人。侍读学士常宝因得到两次嘉奖，于十二年(1734)四月初八日上折子奏谢，雍正帝却因他对待流放犯不严厉而教导他："女流怜悯轻视国法，以此小气（"小器"？）愚昧心之本领，何以可为大名人？朕期尔之意，灰心失望，再不觉悟，不过为一地小气(小器)保卫自身之当差人而已，可为无用之物。"[1]雍正帝强烈主张为政务实，人们应追求实至名归，而不应图取虚名。此种观念体现在下述两件奏折的朱批上。郡王允祹元年(1723)十一月十四日折上的朱批："谋奸宄狡诈之虚名，朕一世愧而不行。……应弃伪名。"[2]广东藩司图理琛二年(1724)十月十五日折上的批示："并不在于尔等之此奏，在于自己诚实而行，再取虚名之事，全然不可。……徒取虚名，朕甚厌恶。"[3]有些事君主不便说，或者不便明说，而又要办理，如清查经济中催征积欠、追取赃款及于贪官的家人亲友，于是让臣下出面，办理者可能以此招致恶名，不过应有这种担待。故雍正帝就查弼纳元年(1723)九月初一日奏报开捐事说："甚有理，很好，但朕难以降旨。"[4]陕西巡抚图理琛三年(1725)十月初二日折奏，督抚标营兵丁补用满洲幼丁，以改善旗人生计，然此为改变定制，侵犯汉人利益，故朱批云："朕原来亦曾有此意，但关系甚大，朕未敢行。此事朕不能降旨。尔身为满洲，率先行此事，必遭全省绿旗之怨恨。"如果总督岳钟琪出面就好了。[5]

操守要好。臣下有守有为，有能耐的同时，一定要廉洁奉公，不得贪赃枉法。雍正帝对旗人的操守不谨，屡屡指责。散秩大臣兼副都统达鼐收受土司赠送的盘缠银二千九百两、马骡六匹，后觉得不妥，归还二千两，并于七年(1729)五月奏报此事。雍正帝对他臭骂一通，辱及其父母："不懂羞耻，父母生养成这样，只值这几两银子吗？"[6]归化城都统丹津十二年(1734)十二月十三日奏谢皇帝赏赐医药，雍正帝就此教导他："欲报答，则勤于操守。断勿效法蒙古人不体面恶习。"[7]

臣下公忠体国，不得徇情瞻顾和结党。贝子允裪的家人路过山西横行不

---

① 《雍正朝满文朱批奏折全译》下册，第 2250 页。
② 《雍正朝满文朱批奏折全译》上册，第 506 页。
③ 《雍正朝满文朱批奏折全译》上册，第 975 页。
④ 《雍正朝满文朱批奏折全译》上册，第 315 页。
⑤ 《雍正朝满文朱批奏折全译》上册，第 1220 页。
⑥ 《雍正朝满文朱批奏折全译》下册，第 1740 页。
⑦ 《雍正朝满文朱批奏折全译》上册，第 794 页。

法,巡抚诺岷未加奏报。雍正帝遂在诺岷二年(1724)七月二十一日的奏折上的抱怨:"隐瞒不报,殊负于朕,为此朕颇心寒。"①责其不忠。杭州将军安鲐二年(1724)七月二十八日奏报浙江大吏情形,谓巡抚黄叔琳勤于事务,操守比前任巡抚好。雍正帝认为他徇情蒙蔽君王,朱批责问他:"黄叔琳痛打商人致死,三次罢市之处,为何不奏闻朕,反而为黄叔琳巧奏,因此朕甚寒心。"②查弼纳三年(1725)五月十三日奏报与隆科多结交所犯错误,朱批指斥他前与苏努、现同隆科多勾结,"务与朕作对,朕亦无奈也"③。也就不能保全他。齐齐哈尔副都统额尔钦谢恩折上的朱批:"若轻朋友之礼、重君臣之义,有何不成之事,幸福将自行降临,罪责断难临头,朕笃定。"④轻朋友之义、重君臣之伦,是大是大非的准则,朱批皆以此为意。

　　总之,以"为君难"为座右铭,表明雍正帝懂得为君之道——应当自律,不敢恣意妄行。为此一要合于天心,也即顺乎民意;二要遵循祖法,又要革除弊政;三要行为得体,顾全颜面,令臣下信仰;四要富有才技,能够识人,善于用人,令之建立功业,朝政清明,百姓颂德,致天下于治世。"为君难",体现了雍正帝积极有为的精神状态,激励他励精图治,推行社会改革大业,令清代社会持续发展,使其本人成为中国历史上难得的杰出帝王。尽管雍正帝在惩治各种朋党及所谓朋党中有扩大化的问题,伤害了一些人才,有悖"为臣不易"之意,他为本身远避恶名而让臣下担当,是为耍弄权术。但从总的方面来讲,"为君难",雍正帝的答卷是合格的。

　　(2009 年 6 月 22 初稿。部分文字以《释"为君难"宝印》为题,载于台北《故宫文物》2009 年 9 月号,总第 318 期)

---

① 《雍正朝满文朱批奏折全译》上册,第 866 页。
② 《雍正朝满文朱批奏折全译》上册,第 880 页。
③ 《雍正朝满文朱批奏折全译》上册,第 1127 页。
④ 《雍正朝满文朱批奏折全译》上册,第 1444 页。

从历史长河看雍正帝地位

雍正帝生活在中国历史上最后一个王朝的历史时代，又不是开国之君，似乎历史没有给他提供更多的活动空间，然而他在位的短短 13 年间，却成功地做出几件在历史上称得上大事的事情，因此为当今史学家所称道；与此形成鲜明反差的是他继承皇位一事，是否篡夺，无论是学术界还是民间，聚讼不已，加上他的刻薄为人，业已挨骂近三百年。

本文将不涉及嗣位事，也不着墨于他的刻薄人品，关注点在他的事业上，他的社会改革上。笔者认为他是兴利除弊的改革家，他除的是数百年历史积弊，难度很大，表现出他的睿智和勇气；笔者还说他是杰出的帝王，是就他的革新隐含近代因素而言，为前代改革家所不可企及；就其政治经济制度更新引起的反弹，笔者对他挨骂的原因，奢望做出比较深入一点的解释。

一、革除历史流弊

雍正帝是富有改良社会抱负的帝王。他一再宣称"朕励精图治，整饬弊端"，"振数百年颓风"，严惩贪官污吏；针对科举形成的官场朋比行私恶习，表示"将唐宋元明积染之习，果能尽行洗涤，则天下永享太平"。他是有革除数百年积习的愿望，是在向历史形成的弊病宣战，抱负甚伟。他有行动吗？做得又怎么样呢？

在位期间的雍正帝，表现出两种狂热，一是疯狂地办事，日以继夜，孜孜不倦，真正是朝乾夕惕；另一是热衷于创新更革。对于前朝遗留下来的各项制度，不是予以完善，就是加以变革。比如闽粤籍官员的乡音，雍正帝说他们异地为官，百姓听不懂，政事难于治理，于是令官员和读书人学习官话，开办正音书院，限期学会。改变方言谈何容易，只能有流产的结果。又如提升州县，将一些县改为州，州改作府，到乾隆帝继位，保留了一些州县的升位，有一些则又回到原来的位置。这两件是不怎么成功的更革。在奏折制的建设方面就效果显著，行之久远。奏折制基本上形成于康熙朝，而在增加奏折的书写人员和书写内容制定奏折的传递程序和回收制度，则是他的杰作。奏折用纸的质地、大小尺寸、封面的署名、传递的奏折匣规格，都是他划一的，甚至奏折匣由宫中统一制作，所用之锁钥，也要由他制造和发放。他变更的事，或完善的事，在在皆有，处处可见，不必一一道及，笔者有兴趣的是他那些创新的制度，是他强力推行的政策，是更革中的荦荦大者和社会意义重大者，并区分其类型、效果，加以说明。

雍正帝政事的变革，可以区划为三种类型，即创造型、革故鼎新型和试验型。

创造型的制度有：

创设摊丁入亩制度。在中国赋役史上，历来是人口税和财产税分别征收，而且人口税的徭役很重，甚至超过财产税，从而成为农民造反的根由或爆发点。历代王朝时或进行改革，如唐代杨炎改变租庸调法，实行两税法，令赋役合一，按照包含财产、人丁在内形成的户等征税，其人口税在赋役中的比重要比租庸调法减少；明代张居正制定一条鞭法，统一役法，役银不再像以往按照户、丁征税，改从丁数和田粮征纳，于是田粮多者役银增加，部分地实行摊丁入亩。雍正帝的摊丁入亩制度，是在康熙五十年(1711)实行"滋生人丁永不加赋"的基础上实行的，其时人口税已经冻结，成为固定不变的数目，雍正帝将额定的丁银摊到税田上征收，即全面实现人丁徭役税从土地税征收的制度，使得人口税与财产税合一，所以摊丁入亩实质上是政府从分征人口税、财产税转变为征收单一的财产税。摊丁入亩，对于政府讲没有减少税收，并没有取消原来丁银的税额；而对民间讲没有名义上的人口税了，纳税也只是财产税，至于没有田产的人，更与人口税脱离关系。这是赋役制度前所未有的创新，是继承唐朝、明朝的改革，又是历史上历次改革家所未能想象、未能做到的赋役合一。

创立耗羡归公和养廉银制度。税外的羡余，对于雍正帝讲也是历史遗存问题。唐代两税法时，就有"用度羡余"，贡献皇帝。明代实行低俸禄制度，地方官以征收耗羡自行增加收入，又因明朝后期加派严重，闹得民不聊生，导致王朝的覆灭。康熙年间，额外征收的耗羡占到正税的二三成、三四成，以至更多，成为民间的沉重负担。有的官员建议整饬，晚年倦勤的康熙帝以耗羡征收是地方官的私事，若获允准则成为国家定制，将承担加赋的罪名，故不予采纳。

雍正帝继位,不能容忍耗羡滥征的状况继续下去,同时他知道州县官所以征收耗羡,乃因俸禄低,不能腹枵办公;衙门办公费不足,官员不可能自掏腰包;临民的州(散州)县官收取耗羡,地方长官的督、抚、藩、臬、道、府、直隶州等官则要靠他们孝敬来维持生计和衙门正常开支。故而耗羡不能取消,而滥征则不能允许,即使征收耗羡,也要规范其用途,否则还会出现耗羡的无艺之征,无度的增加。所以耗羡同官员补贴、办公费联系在一起。雍正帝于是将耗羡归公制度同养廉银制度一并进行。办法是限制耗羡征收成数,一般为正税的一成,或多一点;州县官收取之后,全部上交布政使藩库,不得存留;督抚统一安排耗羡银的用度。耗羡银的开支区分成三项;从州县官到督抚,根据职务给予数量不等的养廉银;确定地方公共事务的费用;衙门日常办公费。另外,在耗羡归公之初,在清查经济中,有的官员的亏空,本人确实无力赔补,从耗羡银中提取补纳,清补完成,所有耗羡银用作前三项支出。这样一来,耗羡由州县官的私征,变成国家的正赋,雍正帝就不能不承担加赋之名。如果从实际情形讲,私征时百姓交纳的多,纳入正税之后交纳的少,实际减轻了负担,是好事、好制度。雍正帝强烈主张为政务实,宁可挨骂,不要虚名,故而才能制定这两种制度。要之,由于耗羡归公,地方官滥征也不能落入私囊,加之有了法定的地方政府办公费和官员生活补助费,于是有效控制耗羡的滥征,解决了历史形成的耗羡过度征收的积弊,确立了新的地方财政制度和官员待遇制度。

首创秘密立储法。历史上传统的皇位继承制度是立嫡制,以册立嫡长子做皇太子为主要原则,无嫡长子则立其他嫡子,办法虽则完善,不过夺位事件层出不穷,并非无瑕疵的绝对善法。清朝初年试图实行立嫡制,未能成功,在太祖朝和康熙朝先后产生废太子事件,出现清太宗继位疑案和雍正继位之谜。雍正帝是在康熙朝储位虚悬十年后继位的,有的学者,如陈捷先、白新良、李宪庆、杨珍认为康熙帝已经有秘建储君的设想,笔者以为很有可能。从现有史料来看,雍正帝认识到皇子参政的满洲习俗与立嫡制下太子、皇子不预政的传统不相适应,不宜采取公开的立太子制度,于是创造秘建储君法。皇帝秘密确定继承人而不宣布,表示国本已立,国家不会动摇;储君人选不公布,意味着可以改变人选,也不会因此发生变乱,影响国家的正常秩序;储君和其他皇子可以从政,表现好的,会影响皇帝对储君人选的安排。所以这种传承法,含有选择贤能的意思,与完全凭借嫡长的血缘因素不同。此法成为清朝传承家法,乾隆帝以此而继位,此后相沿未改。秘密立储制改变了三千多年的继承制度,为前所未有的创新。

建立军机处。雍正帝设置军机处,原为对准噶尔蒙古用兵参谋之用,所任用的军机大臣皆为亲信,不必是部院大臣,军机章京,常用亲信大臣子弟充任;皆为兼职,升迁在原来衙门进行;没有衙署。后世赫赫有名的实际地位在内阁之上的军机处,原来是皇帝处置军国要务的秘书处。这是传统社会中枢机构的又一次重大变化,而皆遵循由内廷而外廷、由亲信而显赫的规律。西汉实行丞相制,东汉于内廷设立尚书省,至唐代实行三省制,尚书省成为宰执的中枢机构;明代废黜丞相制,提升六部,而后产生内阁制;雍正帝建立军机处,多少架空了内阁,有取代的味道。丞相制对皇权有制衡作用,丞相制逐步被取消,造成皇权的更加集中。雍正帝建立军机处,令军机大臣成为皇帝的秘书长、参谋长,致使皇权集权达到登峰造极的程度,是前辈帝王所望尘莫及的。

封建王朝中央政府对西藏的治理,历来是通过喇嘛教首领及其治下的噶布伦机构。康熙末年派兵进藏,驱逐准噶尔蒙古势力,随即撤出军队,及至雍正五年(1727)平定阿尔布巴之乱,派遣驻藏大臣,监督西藏地方政府,派军分驻前藏、后藏。到乾隆年间,由驻藏大臣主持新达赖喇嘛人选的抽签仪式和坐床仪式,共同处理对外事务,正式形成驻藏大臣制度,加强了中央政府对西藏的管理力度。雍正帝的派遣驻藏大臣和驻军,是乾隆朝正式确立的驻藏大臣制度的滥觞,是中央政府加强对西藏管理新阶段的开端,是巩固西南边陲的重要制度和措施。

意识形态方面强调华夷一家,雍正帝为第一人。少数民族入主中原,对汉人实行歧视政策,汉人往往以华夷之辨理念反对其统治,清代亦复如此。雍正帝在《大义觉迷录》中大讲民族认同,从四个方面进行说明,一为有德者为王,内地没有有德者,上天才让有德的外夷满洲抚有天下,这是一条政治标准,问题不在民族,而在有无圣德。二是将少数民族与华夏之别视为籍贯的不同,而不是"非我族类"的人兽之别。三是批判"华夷之辨",指其是分裂时期互相丑化之事,敝俗之见,应当摒弃,而今天下一统、华夷一家,再讲华夷之别,就是逆天悖理的叛逆言论。四是进一步以清朝版图辽阔说明满洲君临天下是臣民幸事。这种国家认同观,逐渐为后人接受,华夷之辨在舆论界的影响力逐渐降低。及至清朝逊位,诏书讲到优待满洲皇族,还要优待蒙古、西藏,强调建立满汉蒙回藏的国家。孙中山则以汉满蒙回藏"五族共和"与之呼应。国家同地域、疆域、民人、民族联系在一起，全面地、综合地认同。雍正帝的天下一家观念，适应统一多民族国家发展的历史趋势。

革故鼎新型的政策、制度有：

强力推行改土归流政策。对西南少数民族地区的治理，元朝开始实行土司制，明朝在土司衙门设置辅佐性流官，康熙朝也想推行改土归流制度，惜于未能大力进行。雍正帝全面推行改土归流政策，令土司主动献出土地，给予大土司爵禄，离开本地养起来；如若抗拒生事，则派兵征剿。实施剿抚两手策略的实现，由中央派遣流官，使得土司治区成为中央管理的州县行政区，从而加强中央政府对边疆的控制力，同时有益于当地经济文化的发展。改土归流是大趋势，历经数百年，到雍正帝治下得以基本实现。

历朝政府对民间的控制，主要实行户籍编审制度，辅助以着眼于治安管理的保甲制，但后一制度只是在特定时期才予以强调。雍正帝实行摊丁入亩制度之后，没有必要再坚持户籍编审制，而且每次编审的行政成本不少，因此不再进行。而于雍正四年（1726）推行新的保甲制，定出保正、甲长、牌头赏罚规则，若能实力查访行为不轨之人，照捕役获盗过半之例酌量奖赏；如瞻徇隐匿者，即酌量惩警。新条例是将调查户口和维持治安两项内容合一，突出治安管制性质，以便控制民人，稳定地方社会秩序。全面推行的保甲法，改变了政府在州县之下无机构的状况，它同雍正帝推行的另一政策——族正制相结合，形成对民间的统治网。保甲制，民国时期仍在实行。从长过程来看，雍正帝的保甲制是保甲史上的划时代之举。

族正制的制定与推行。"族正"之名，始见于隋代什伍制，五家一保，五保一闾，四闾一族，其首领曰"族正"，是宗法性社会的产物。清代亦为宗法性社会，居民聚族而居，雍正帝在《圣谕广训》中提出建设宗族的四项内容："立家庙以荐蒸尝，设家塾以课子弟，置义田以赡贫乏，修族谱以联疏远。"即宗族需要具备祠堂、祠产、族谱、祖坟、族学等要素，是抓住宗族建设的根本，对宗族建设、发展起着重大影响。他之强调宗族建设，是为通过它治理民人，故在推行保甲制同时，下令设立族正，拣选人品好、有威望者担任族正，如有匪类，报官究治，徇情隐匿者与保甲一体治罪。借着族正督察族人的贤良与不肖。族正制实行到乾隆后期，官方以其利少弊多而废弃，但嘉道以降，迄于光宣，闽、粤、赣宗族制发达地区时而恢复之，时而着力推行。族正与保甲长相同，是职役，并非政府正式成员。雍正帝实行族正制，是直接插手宗族内部事务，任用族正行使教化、约束宗族族人之职,并通过他联系、掌控宗族,令其起桥梁作用。这是清朝管理宗族的一大发明,具有北魏宗主督护制的遗意。

黜豁贱民。贱民中的山陕乐户,始于明初永乐帝对拥护建文帝臣工妻孥的惩罚;浙东和苏州的堕民可能出现于宋元时期,至晚产生于明初;安徽宁国府有世仆、徽州府有伴当人群,"伴当",系元朝人的语汇,由此推测这种人对主家的隶属性年代久远;广东沿海的疍民,产生于宋元。这些群体的身份是贱民,从事卑贱职业,不能进学出仕,都有三百年以上的沉沦史。雍正帝一一宣布解放,令他们可以脱离贱籍,成为良人。除豁令虽然不能全部实现,但是贱民有了自新的可能。

主动出击准噶尔本部。从疆域底定来说,清朝要想北方、西北、西南边疆稳定,必须解决新疆准噶尔蒙古归服问题。康熙年间准噶尔是攻势,搔扰喀尔喀蒙古,宣称"以黄河为马槽",一度控制青海、西藏。康熙帝三次亲征朔漠,予以回击,但清朝基本上是守势,康熙帝在西藏底定后,极想出兵准噶尔本部,未能进行。雍正帝在平定青海蒙古罗布藏丹津之乱以后,练兵选将,遂从甘肃、哈密的西路和喀尔喀蒙古的北路两路出师准噶尔,发动攻势,虽未有成效,然变被动为主动,开启胜利之途,而后乾隆帝彻底解决蒙古问题,稳定疆宇,历三代而竟功,此一事即见雍正帝在清代的承上启下作用。

在对俄国关系事务中,雍正帝继承康熙帝事业。清代,中国与外国订立近代意义的边界条约,始于康熙帝与俄国订立《尼布楚条约》,确定中俄东段疆界,继之是雍正帝又与俄国签订确定中俄中段边界的《恰克图条约》。条约签订,臣下颂扬雍正帝仁育万方之功,雍正帝说是康熙帝事业的继续,不能那样称道,有自知之明。

试验型的八旗井田制。清朝实行将旗人养活起来的政策,雍正帝发现一些旗人靡费和不善治生的问题,采取种种措施维持旗人生活,如实行优抚政策,婚丧给予银两;挑选八旗余丁当差;限制出卖甲米和旗地。着力进行的一项是八旗井田。他按照孟子的井田制建设八旗井田,在京南用二百多顷耕地为井田,于京城八旗中选取旗人二百多户前往耕种,官家为其建盖房屋,发银购置耕牛、农具、种子;设立井田管理处,派遣尚书、侍郎级别的高级官员主持其事。但是前来的旗人不事生产,偷卖耕牛,私自出租田亩。雍正帝的八旗井田,地少人少,系试验性质,毫无成效可言,以失败而告终。井田制根本行不通,雍正帝以主观代替客观,盲目实践,失败是必然的;而希望发展旗人的生产,是为有识之见。

雍正帝革新的三种类型,共同构成三个特点:一是进行的是制度性的或具有制度性的变革,二是清除数百年积弊,三是基本成功。

二、改革的近代因素及对历史的深远影响

雍正帝的各项改革,每一项都有其独特的历史价值,综合地观察,不难发现它促进清朝治世的产生,解放生产力,促进社会经济发展,特别是改革具有近代因素,有益于中国传统社会向近代社会的转化。

(一)承前启后,促进清朝稳定地持续发展,达于盛世

康熙帝给雍正帝留下的政治遗产,有积极的和消极的两个方面,其消极面是储位斗争造成一定意义上的政治危机,国库空虚,与准噶尔斗争尚未能完全扭转被动局面,有关民生的赋税制度、职官制度中亟待解决的问题甚多。雍正帝面对诸多难题,即位之后立刻一一大力整饬,取得显著效果,下面分出几项事务做出说明。

从储位之争危机中解脱出来,并以创立秘密立储制度保证未来的皇位继承不再重演争位的政治风波。康熙末年,诸皇子结党谋求储位,雍正帝继位,是康熙帝指定的,或篡夺的,或自立的,无论何种情形,都不可能令党争立即消失,它还会对政坛发生影响,因为失败的一方不会甘心,会质疑新君继承的合法性,也可能采取某种不轨行动,所以隆科多不止一次地说诸王谋变,怕有刺客而搜查,雍正帝明确地说他不能像康熙帝那样离开京城举行秋狝大典,原因是允禩意欲谋反。看来,皇室内部的斗争,使得雍正帝政权并不稳定,至少在雍正帝及其心腹大臣隆科多等人心理上存在着巨大的阴影。雍正帝对政敌采取打拉结合的方针和打击朋党政策,继位即封敌对势力首领允禩为廉亲王,打发允禵到青海,先后因禁允禟于康熙帝景陵和景山,从而分化瓦解允禩集团,终令允禩、允禟死于非命,彻底击败集团性敌对势力,巩固了政权,同时表明爱新觉罗氏王朝的稳固。为了不再产生皇家继位之争,雍正帝于继位后九个月内就制定了秘密建储法,并向诸王大臣公开宣布这一制度。密定储位的谕旨存于大内和圆明园两处,利于实行。雍正帝及乾隆帝先后运用这一方法立储,实践证明它是行之有效的皇位继承法。

财政状况迅速地好转,雍正即位六七年后就可以对准噶尔两路用兵,发

动攻势。康熙末年,因各省钱粮亏空,户部库存仅有八百万两银子,日用不敷。雍正帝继位刚一个月,发动清查经济运动,从中央户部到州县,清查亏空,责令有关官员赔偿,并在中央设立会考府负责其事。贪赃官员对吃进嘴里的肉岂肯吐出来,雍正帝乃采取非常措施,诸如抄家、令子孙亲友代赔,绝不宽恕。追赔取得效果,查出户部亏空二百五十万两,责令历任堂官、司官、吏员赔偿一百五十万两,另一百万两由户部逐年弥补。对原任总河赵世显及家人陈恩官等贪赃、诈骗银两之追赔,雍正帝指示两江总督查弥纳:"对此等贪婪之人,朕不追究到底决不罢休","对此类蠹贼,不可仁慈,凡有请托求情,分毫不可款让,务必仰副朕意,切勿有半点姑息迁就"。可见他的追赔决心之大。晋抚苏克济被告发贪赃四百五十万两,籍没其家产外,凡他给人的,或他人索取的财物一律追取。经过如此严厉处置,起出赃官大量钱财。与此同时实行的摊丁入亩制度,起到平均赋役作用,税收稳定。雍正帝又实行汇追与首隐政策,向民间追取拖欠的钱粮。这一系列政策措施的实行,财政状况极大地好转,到雍正七年(1729),库银已达五六千万两之多。正是在这种财力基础上,才能对准噶尔用兵。众所周知,赋税是政府的经济基础,政权的维系及生存状况,视赋役征收情况而定,赋役制度的改革,关系政府的命运,被政府视为维系生存之举。财政状况的好转,对清朝的持续向前的意义自不待言。

吏治有所澄清。这是清查经济等项政策实行的必然结果。清查中的抄家、亲友代赔措施,令官员知道赃物非吐不可。清查中,挪移之罪甚或重于侵欺之罪,因为挪移钱粮。可能因公务所需,罪责轻于侵贪,清查中赃官就将贪赃推卸为挪移。雍正帝乃采取重治挪移之罪,以及先赔补挪移款项的办法,堵塞赃官对抗之路。这样就令众多官员知道贪赃得不到好处,而且没有好下场,从而不敢贪赃枉法。若有苟且不懂时局之人,陷于或涉嫌陷于贪赃案件,必得报应,如山东巡抚黄炳原是雍正帝信任的疆吏,在摊丁入亩制度制定中做出贡献,但收受昔日规礼,获罪撤职。如此整饬的结果,改变了康熙末年官场的污浊风气,官风为之一清。

民族关系有所调整,多民族国家继续巩固发展。对于满汉矛盾,对于蒙藏以外的少数民族关系,康熙帝采取诸多措施令其缓解,如举行博学鸿词特科,如南巡的祭祀明孝陵、大禹陵等。雍正帝继承乃父政策,使民族关系继续朝缓和方向发展。如下令举行博学鸿词科,由于骤亡未能进行,由嗣子乾隆帝完成遗愿。为明朝皇帝立嗣,明朝灭亡,清朝保护其皇陵,但无后人的正常祭祀,雍正帝宣称明太祖是圣明之君,应由其裔孙为明陵奉祀官,雍正二年(1724),以朱之琏为世袭一等侯,承担明陵祭祀事务。雍正帝宣扬满汉臣工一体,表示不歧视汉人,特令大学士管部务的张廷玉行走在满人尚书之前,令刑部尚书励廷仪亦行走在满人尚书之前,给人重用汉人的观感。其实他的用人方针,次第为宗室、满人、汉军、汉人,满汉岂能一体,他是固守满洲为根本的原则,给汉人一些甜头和希望。直隶多旗地,旗汉杂处,旗人往往欺压汉民,地方官不敢、不能惩治,是满汉矛盾的一个集中地区,雍正帝下令严惩不法庄头和旗人,以示公允。少数民族内部土司与属民的冲突,少数民族民众与汉民的冲突,在改土归流实现之后,由中央政府统一处理,土司辖治属民的关系原则上不存在了,苗民、彝民与汉民之间关系的复杂性亦向单纯方向转化。这种民族关系的缓解与雍正帝对西南、北方、西北、西藏的经营,使边疆民族地区与中央政府的关系有了新的发展,如西宁设府,为后世的建立青海省奠定基层;雍正帝颁布《大义觉迷录》,除了为自家继位表白之外,意在调和满汉思想对立,破除民族成见,以适应统一多民族国家的历史趋势。如此等等,都是巩固和发展统一多民族国家的有利因素,再经过乾隆时代的努力,中国统一多民族国家的巩固发展达到前所未有的程度,成为出现康雍乾三朝盛世的主要内容和标志。

行政效率的提高。雍正帝的行政作风是雷厉风行,设立军机处,更有了制度的保障。理事,真正是朝乾夕惕,事不过夜。军机处的紧急公文"寄信上谕"("廷寄")日行八百里,比内阁抄发的明发上谕快得多。雍正帝是工作狂,臣工也必然跟着紧张理事。以年节而言,他也很少休憩。过年的节目,必有太庙、奉先殿、寿皇殿的向祖宗行礼和天坛大享殿(祈年殿)祈谷礼,若在节间去圆明园,则有恩佑寺之祭礼。必有朝正外藩的一次、二次的赐宴。从初二日起到十五日,雍正帝也频频发上谕,召见大臣,引见官员,往往在元宵节过后,休息二三日,然后就急急忙忙办事。雍正四年(1726)正月二十日,雍正帝召见郡王允礼、锡保和大学士马齐等人,说今日坐勤政殿等待诸臣奏事,竟无一人到来,是不是诸臣以为朕驻跸圆明园是图安逸,故将应奏之事减省,不知朕来此是这里水土气味好的缘故,因此应同在大内一样理政。诸臣未必是这种原因,而是节间休息之故。可以设想,正月上半月有那些典礼,如何歇得下来?节前节后,自动少做事,等于是补假。雍正帝身为皇帝,比朝臣多操心,急于理事。在他这种作风之下,朝臣也不敢怠慢,行政效率就很高了。

一个王朝建立的初期,常常是锐意进取的,但时间一长,守旧的观念日益浓重,社会弊病也是日趋增多,以至难于解决,于是乎统治危机就发生了,康熙末期就出现这种征兆,有待有为之君为之整顿更新。雍正帝正是这样的君主,以革新进取的精神,针对社会弊病、社会问题,进行了前面所叙述的多方面的、成功的政治经济改革,化解了许多危机因素,或遏制其发展,推动清代社会持续向前发展,产生康雍乾三代百年间的鼎盛时期。就中,雍正帝是清朝盛世的创造者之一,是康乾盛世的承前启后者。笔者曾经将康乾两朝治绩比作两个山峰,认为雍正朝是夹在当中的又一座山峰,不宜忽视。学术界普遍地将雍正帝视为清朝的承前启后者,形成共识,是如实地反映雍正帝的历史作为,此种历史地位的定位,应当说是公允的。

(二)改革削弱了对民人的人身控制,客观上起到解放生产力、促进经济发展的作用

上面说到清朝盛世,是就疆域巩固和拓展讲的,这是主要方面,此外在经济领域也有进展,雍正帝的改革在此起到重大作用。如果就摊丁入亩、耗羡归公、豁黜贱民等项革新,从社会经济、百姓生存状态、人口状况三个方面观察,就会发现四种变化:

人身控制削弱,为手工业、服务业发展提供劳动力,有促进经济发展的作用。摊丁入亩制度实行后,停止户口编审制度,以至乾隆朝正式取消。在户籍编审制度下,民人不得自行离开乡里,否则被视为犯罪,要遭受刑事处罚。户籍编审是政府对百姓的宗法性人身控制,是百姓对政府的宗法性隶属,是君父子民关系的法律身份的体现,也是政府征收财产税和徭役的依据。财产税和人口税合一之后,政府不怕民人离开乡土,有产者即使离开家乡,田产不可能带走,仍会纳税。停止和取消户口编审之后,民人可以自行离开乡里,有了实际的移徙自由;同时是百姓对政府人身隶属关系的减轻,百姓有了相当程度的人身自由。除豁贱民,令他们成为平民,有了选择职业和离开居地的自由。在摊丁入亩制和豁黜贱民政策实行之后,民人可以游动四方,就为商业、手工业提供了大量劳动力。其时手工业、服务业大发展,发达地区动辄拥有上万从业人员。如苏州织布行业中的染踹业,其中的一种人员——踹匠,在雍正年间就多达二万余人,他们大多来自江苏、安徽农村。江西景德镇制瓷业的工匠大多数是外地人。设若编审制度没有停止和取消,农民不能离开乡里,这是不可能出现的情形。很明显,雍正帝的摊丁入亩制度和豁黜贱民具有解放生产力、促进社会经济发展的意义。

附加税定额化之后,有利于农业产出的提高。耗羡归公制度和士民一体当差方针的实行,在维护政府利益的前提下,限制绅衿特权和不法行为,平均赋役,令富人、有田人代贫民交纳丁银,这是在政府与富人之间实行收益的再分配,实际上减轻了民众、尤其是贫民的赋役负担,农民在经济上直接收益,从而可以改善生活,改善劳动条件,增添生活情趣,提高产量。贱民从良之后,必然会像雍正帝说的,"奋兴向上,免致污贱终身且及于后裔",能够释放出新的生产能量。

有益贫窭者生存。没有耕地的平民,在摊丁入亩后,没有了人口税的负担,同时可以外出谋生,对原来的生存状况应该有所改善。

人口大量增加。这是摊丁入亩制度的直接后果。其实康熙帝的固定人口税额,就是有利人口增长的措施。因为政策实行,实际减少了人丁应摊的税额,及至人口税摊入地亩,民人不再惧怕人口税负担,出现人口暴涨现象,到乾隆末年众达三亿多人,为康雍时期的一倍以上。

(三)特别应当看到的是,雍正帝改革具有近代因素

其一,从名义上取消人口税看近代社会的因素。如前所述,传统君主制社会的民人对君主具有人身隶属关系,人口税是这种关系的体现形式和重要内容,而取消人口税是近代平等、自由、民主社会的理念,是近代社会才能够实现的。雍正帝将人口税摊入地亩,对部分人取消了人口税,依然交纳人口税的人,也是以财产税名义交纳的,而不是独立的人口税名目。他做出近乎取消人口税的事,无疑具有近代平等社会意味。史家庄吉发在《雍正事典》一书中说到除豁贱民的移风易俗,"是尊重人权、深得人心的一项重要社会改革,较之历代帝王,雍正皇帝的进步思想,及其社会政策的执行,都具有正面作用,确实是值得大书特书"。雍正帝接近于尊重人权的政策,确实是值得大书一笔的。

其二,累进税之滥觞。摊丁入亩制度,前无古法,是巨大创举,而向后世看,由有田者交纳人口税,自然是田多者多纳,与近代社会的累进税制有相通之处——资产多者赋税多。

其三,开始出现近代式的政府财政预算成分。前辈史家孟森在《清史讲义·雍正朝特定之制》中指出,耗羡归公与养廉银制度结合,有独特意义:"养廉自督抚至杂职,皆有定额,因公办有差务,作正开销,火耗不敷,别支国库,自前代以来,漫无稽考之赡官吏,办差徭,作一结束。虽未能入预算决算财政公开轨道,而较之前代,则清之雍乾可谓尽心吏治矣。"固定地方政府办公费,

虽然还不是实行近代行政预算原则,不过笔者受孟氏启发,认为耗羡归公和养廉银制度已在向近代财政预算方向努力。

凡此种种,笔者认为雍正帝改革具有某种近代意义,具有由古代向近代过渡的始初因素。雍正帝的意识中大约不会有这种前瞻性,不过确有近代赋税制度因素。雍正帝的这些社会改革,适应了社会经济发展的要求,促进了社会经济发展,在历史上起到积极作用。

三、改革难度与遗留问题

雍正帝在雍正六年(1728)九月二十七日发出谕旨,依据"古人云:'利不什不变法,害不什不易制'"的原则,不许随意更改政策、法律。可见他对于政治经济的更革是谨慎的、严肃的,会预计某项更革的成败得失。然而他也必然遇到诸多问题,因为任何政事的兴革,会遇到既得利益集团的反对,甚至发生破坏事件;成功的改革必须符合社会的需要和可能,因此会有其限度;任何制度都会有得失两方面因素,会在实践中显露出来,事情是当政者能否预料,客观条件下能否克服。这三个问题,雍正帝的改革都碰到了,有的他成功地解决了,有的他则无能为力。

(一)官吏利用政策作弊,破坏改革声誉

利用贯彻政策之名,行营私舞弊之实,是不法官吏的惯常手法。

耗羡归公的实行中就出现这种事情,由于这是新制度,所以具有破坏改革声誉的性质。雍正四年(1726)三月,晋抚伊都立有升任云贵总督的任命,很快又有回任的命令,他在离任之前,为留下美名,将耗羡予以裁减,并不顾及裁减是否得当、后任是否为难。及至回任,又将裁减的耗羡加以恢复,如此对耗羡的裁革与减少,任意为之,不论兴革是否合理。雍正帝得知后,指出他的行政"朝三暮四,有同儿戏,甚属不合。如此则何以取信于地方官民",指斥他"无知庸愚之极",必须将裁减的耗羡仍然裁去,以取信于官民。雍正帝敏锐地看出,伊都立的私心作怪,导致的是失去政策的信誉,所以将其改正过来。

雍正六年(1728)九月二十二日,雍正帝发出一道上谕,指责有的官员假借耗羡归公之名,行贪占之实。他说有的督抚将地方官本不应得的陋规、地方相沿的积弊奏请归公,似乎是急公奉法,实际是为博取清廉之美誉;有的是怕败露,将已入私囊的赃私奏请归公,以盖前愆;有的是为回护前任,以奏请归公掩饰其罪恶。因此下令各省督抚一定要确查清楚,无碍于国、无碍于民的可以归公事项,才可以奏请归公,永行裁革,不许借归公之名以遂其私心。

耗羡归公首先在山西实行,伊都立怀私乱政,在此之前,山西籍京官与原籍士绅配合,发生御史刘灿上疏反对耗羡归公的事,令推行最力的晋抚诺岷感到压力,题参刘灿,向雍正帝求援。雍正帝于二年(1724)七月二十九日将诺岷奏疏交由九卿、詹事、科道议论,并令刘灿回奏,八月十日九卿回奏,刘灿亦上请罪折,雍正帝因刘灿系言官,不予治罪,调为刑部郎中,但追查当初保举他的人,同时革去刘灿两个弟弟的举人功名,以示惩戒,支持诺岷继续推行耗羡归公政策。此事表明,改革的阻力来自官场和绅衿。

雍正帝实行士民一体当差政策,河南先后两任巡抚石文焯、田文镜贯彻最力,这项政策平均赋役,有益平民,不利于士绅。雍正元年(1723),巩县知县张可标发布"生员与百姓一体当差"的告示,生员乃控告知县贪赃,雍正帝一面令石文焯调查张可标是否贪婪不法,一面令将闹事的生监重加惩处,遏制刁风。二年(1724),封邱文武生员拦截执行士民一体当差政策的知县,随后在学政按试中罢考。事件发生后,雍正帝派遣侍郎沈近思、阿尔松阿前往审理,科甲出身的官员从内心深处同情生员,而雍正帝和田文镜坚决严惩闹事生监,如此一体当差政策才得以落实。

雍正帝创立死刑案的存留养亲法,凡祖父母、父母年龄在七十岁以上,家无次丁可以养亲的死刑囚犯,地方官可以建议判刑留养,经由皇帝审批,可以免死,留养老亲。贵州瓮安县民刘应科踢死人,本应判死刑,可是贵州巡抚祖秉圭,以其父母六十余岁,向皇帝请求按存留养亲法免死。刑部等衙门认为不合律例,应予驳回。雍正帝就不是一般性的驳回,而是要对祖秉圭严加议处,原因是他无视律例,意欲博得长厚之名,市恩纵法,殊失人臣之道。存留养亲是新法,官员可以打着不熟悉的幌子卖法,以沽名钓誉。雍正帝予以惩处,以便推行他的新法。不法官员以执法之名,行舞弊之实,不只是对新法如此,而是在行施陈法中训练出来的,所以在新法中舞弊,倒成了"正常"现象。在传统的人治社会,官吏犯奸作科是无法根绝的,只是对革新之事的舞弊,破坏改革声誉,给它蒙上阴影,不利于其推行,不过在雍正帝严猛政治下,被化解了。

(二)有人预见到的改革后出现的新问题,系客观条件下不可能不发生、亦不可能制约

山西试行耗羡提解之初,多数官员持反对态度,内阁奏请禁止耗羡归公,

雍正帝乃令总理事务大臣和九卿翰詹科道以公心讨论。吏部侍郎沈近思认为耗羡归公使火耗和正税之征无异,不是善法,他说"今日则正项之外更添正项,他日必至耗羡之外更添耗羡",他反对耗羡归公,不懂得无节制的耗羡是必除之大弊,是不对的,但是他预见到未来还会有加征,则是不易之见。雍正帝当时和他争论,只是就他任县令时征收火耗的原因进行辩难,没有涉及以后的新耗羡的可能出现,也没有给他任何处分,可见雍正帝也知道未来可能会有弊病的出现,不过那不是耗羡归公之弊,而是整个税收制度的问题,现在顾及不了那么多,还是乾断推行耗羡归公制度。沈近思及其引发的讨论说明,雍正帝君臣在改革之始已然预见到未来可能发生的事情,仍然毅然决然地进行改革,这是以解决当前弊端为目标,只能走一步是一步,前进一步是一步,不能以后日的问题障碍当下的前进步伐。他们的思路和实践,是正确的,无可非议的。至于以后耗羡之外的再征额外税,有吏治的原因,亦有其客观情况,如同有的学者所说,定期增加火耗有其必要,即用以应付通货膨胀和人口增殖后行政费用的增加。至于雍正帝清查经济,实行养廉银制度,打击贪官,任用能员,有学者亦从两方面分析,认为雍正帝片面倚重惩防措施,只能收澄清吏治的一时之效,而过分倚重能员,鄙薄清官,不重视气节操守道德人品,造成社会坏风气。任何事情均有利弊两个方面,人们权衡轻重,往往只能取其一端。雍正帝改革埋伏下的问题,需要注意到,不过应当观察其主要方面,基本的社会影响。

(三)对现行制度的改革,受到深度的限制

在清代,君主专制之下的职官制度和地主土地所有制是两项根本性制度,雍正帝所实行的各项改革,是在不触动这两种制度的前提下实行的,是在敬天法祖的国策指导下进行的,所以不可能向更深的社会层面开展。如同前面从不同角度论述耗羡归公和养廉银制度的意义,可是说到底,它不是取消加派,只是减轻、节制加派的恶性发展。因为清朝看到明朝亡于三饷加派,宣布不增加田赋,可是面对官员低俸禄、办公费无着落的难题,只有在耗羡、盐税和捐纳方面想辙,官吏乱加耗羡不行,那么就采取节制办法。这就是雍正帝在两江总督满保元年(1723)七月初八日奏折上朱批所写:"朕亦非命尔等一文不取,但亦不可滥派于民。倘上依天时,下顾民情,取之有理,用之为公,则惧何耶?"在这种情况下,耗羡归公是最好的办法,然而不涉及赋税制度本身,不影响田赋是国家财政来源的本质问题。在这里笔者不是要求雍正帝彻底改革财政制度,仅仅是说耗羡归公的作用有其限度。改革受时代的制约,是在传统社会制度内进行的,是从维护这种制度出发的,而这种制度已经进入了它的晚期,时代已不允许它做出更有深度的制度性的更新和生产关系的调整,所以改革的成果是有限度的。

四、雍正帝改革与挨骂的辨证考察

开篇即说雍正帝挨骂近三百年,挨骂源于他的被认定夺位,和他的改革有何关系? 本文是讲他的革新政事的,何必牵涉出挨骂的问题? 提出此事,源于笔者认为他的挨骂同改革有极其密切的关联,故而特立此子目予以辨析。

对雍正帝之骂,究其原因,可以进行四个层次的分析:

其一,受惩罚者的怨恨。雍正帝的政绩是以牺牲一些贪官污吏的生命为代价取得的,他清查经济,为向贪官追赃,动辄抄家,甚至令其子孙、亲戚帮助赔偿,穷追窝藏者。这同康熙帝的"睁一眼,闭一眼"方针大相径庭,而官员习惯了前朝的宽大,对雍正帝的严厉政策自然不满,甚而仇恨。这是必然之事,勿庸多说。

其二,储位之争后遗症与世俗同情弱者观念的结合。对康熙朝储位斗争中失败的一方,雍正帝继位之初尽管实行打拉结合的策略,但人们很快发现他的真实意图是打击、消灭对方,于是议论纷纷,说皇帝"凌逼弟辈",惩治人是"报复私怨",翰林院检讨孙嘉淦为此上疏,要求皇帝"亲骨肉"。对皇家内部政敌的打击,应当适可而止,不为已甚,雍正帝不懂得这个道理,对宗室成员打击过分,特别让人反感,甚至让人痛恨。史家杨珍撰文《关于雍正帝毁多于誉的思考》,就此分析甚为透彻。再说雍正朝政治案件过多,打击面过大,比如无端惩罚杨名时,令人同情他,而不满于雍正帝。这是雍正帝不懂得斗争的有理有节原则,分寸拿捏不准。这种本身的策略失误造成的被骂,赖不得他人。

其三,改革政治和严猛的方针政策造成的因素。雍正帝弃置宽仁之政,严猛为治,触动的不只是犯法者或被误认为犯法者的个人利益,从制度层面看,涉的是集团利益,如士民一体当差,触犯士人整体利益,不是个人不满,而是群体反对,如在河南发生的封丘罢考事件。这样事情就严重了。实行耗羡归公制度,有钱人不满意,所以在最早实行的山西,巡抚诺岷、布政使高成龄均感到压力,可见斗争的激烈程度。对改革事业,集团性的反对,如以舆论的方式公开向皇帝,向执行革新方针最力的官员挑战,与被触动的个人抱怨不同,它令事态严重化。雍正五年(1727)春天,社会上流传署理山东巡抚塞楞额"精明严刻"之说,雍正帝敏感地发现这是把矛头指向他的,乃于五年(1727)四月初八日发布上谕说,"近闻外间议论,有谓塞楞额署山东巡抚事务精明严刻者,既加以精明之誉,复加以严刻之讥,此皆由于塞楞额莅任以来,实心办理数事,而宵小之人不得自便其私,故造作此语",以阻扰其认真办理事务。雍正帝挑明抨击塞楞额的实质是反对他实心办理的革新之事,是改革与反对改革的两种势力的斗争。接着雍正帝对号入座,针对传言,为自己革新辩解,说他本人不严刻,如李卫清查李维钧家产,涉及其婢妾,就说李卫不识大体,不讲究忠厚,因此不让他参奏李维钧的家事,以此表明自家的仁爱心怀。同年夏天,社会上流传京城选绣女赐给西洋人、浙江海宁屠城等谣言,其时海宁籍的查嗣庭案结案,故有此说。雍正帝说,这类邪说不胜枚举,"必系奸恶之徒,不肯改过迁善,怨朕约束惩治甚严,故肆其鬼蜮之伎俩,以摇惑众心,以希朕之畏而终止"。他准确地将事情视作严厉惩治不法之徒与不法之徒反抗的大事,不是个人恩怨的小事,于是他明确表示,"朕非庸懦无能主也",传言不会使他中止革新。事情的实质是雍正帝整顿积习,引发既得利益者不满,加诸严刻的罪名。妙就妙在严刻之前加上"精明"一词,正是精明,严刻就令那些被"严刻"者受不了了。

其四,严猛政治,为崇尚仁政政治理念的人士不满,给予否定。对雍正帝政治最早持某种反对态度的是刚继位的乾隆帝,否定前朝几项政策,搞翻案,四川巡抚王士俊表示不满,说现在的好上疏是将前朝的案子反过来。因为说了这种实话,几乎遭到杀身之祸。当时及后世崇尚宽仁政治的官员、学者,责骂雍正帝的模范督抚田文镜,是冲着严猛政治来的,冲着雍正帝来的。

集团利益受损者、仁政维护者的反对,与被触动的个人怨恨不同,应作具体分析。不过,革新政治的产生与推进是非常不容易的,要付出代价,不宜多做指责。如果承认雍正朝是改革时代,则要给予那些政策的制定者、执行人以肯定的历史评价。

结语:杰出的帝王改革家

归结雍正帝的社会改革,得知它适应了社会经济发展的要求,促进了社会经济发展,在历史上起到积极作用。雍正帝的所作所为,放在历史长河中,在历代明君名臣中,他的历史地位是需要另眼相看的。前述杨炎、张居正被誉为历史上的改革家,他们的改革局限在赋役制度一个方面,而雍正帝的改革涉及的社会层面,包括赋役制度、职官俸禄制度、等级制度、民族政策等方面,远比他们广泛,是他们所不可企及的。无疑,他是务实的、积极的、成功的社会改革家。改革中具有的某种近代成分,更是传统社会改革家所不可能有的。

笔者的结论是:雍正帝是中国历史上成功的改革家,清朝的承前启后者,是在某种程度上顺应社会发展要求的杰出帝王。雍正帝自诩"朕非庸懦无能主",应当承认他是大有作为的政治家。要之,在历代帝王评价中,给他好评不为过分,他的历史是值得大书一笔的。

笔者附说:由于笔者对雍正史已有《雍正传》《雍正帝》二书问世,尤其是前一部书是完全按照学术规范写作的;雍正史是学术界业已大力开展研究的领域,研究者对雍正史的史料本已熟悉。有鉴于此,作为概说性质的本文,笔者以为在注释方面可以从简从略,就没有依照学术规范进行。另外,设若按照规范去做,注释繁多,或许会超过正文的篇幅,可能会使读者感到阅览的不便,故而采取便宜方法,在述及当代学者的观点时,随文注出引文的作者、书名、篇名;在史料转述及引用方面,全不作注。为弥补这种缺憾,列出主要原始资料书目于后:《雍正朝起居注册》《清世宗实录》《雍正朝朱批奏折汇编》《雍正朝满文朱批奏折全译》《清世宗文集》《上谕内阁》《清史列传》《清史稿》等。不当之处,尚祈读者谅宥。

(写于 2009 年 11 月 16 日,载李天鸣主编《两岸故宫第一届学术研讨会:为君难——雍正其人其事及其时代论文集》,台北故宫博物院,2010 年)

雍正帝自称"汉子"

——解读一条史料

雍正帝在署河南巡抚田文镜于雍正二年(1724)十二月的一道奏折上书写朱批,有"朕就是这样汉子"的文字,令阅览者惊愕:堂堂九五之尊,如何像庶民那样自称"汉子",自轻自贱,不尊贵如此,颇令人费解。笔者于是有解读的兴趣,撰述小文,与读者共同讨论解析,以理解这位颇有争议的君王——实在不是一般的人呀!

一、田文镜奏折与雍正帝自称"汉子"的朱批

雍正二年(1724)十二月十五日,署河南巡抚田文镜上了一道谢恩奏折,雍正帝阅后,写出朱批:"朕就是这样汉子,就是这样秉性,就是这样皇帝,尔等大臣若不负朕,朕再不负尔等也。勉之。"①朱批中有称自家"就是这样汉子"的话。田文镜为何谢恩,雍正帝又怎样自称"汉子"呢?

事情的缘起是:江南(江苏)遇灾,民间食粮不足,朝廷令"山东、河南二省买(小)米运送江南平粜"。署河南巡抚田文镜鉴于"江南人不食小米"的情况,请求采买小麦送往,雍正帝认为有道理,同意其便宜行事,并向吏部尚书朱轼、户部尚书张廷玉道及,意欲令山东巡抚陈世倌也依照田文镜的方法行事。然而朱轼、张廷玉认为没有必要,说"小米煮粥甚好,江南人亦多食之",雍正帝因而未令山东效法。及至山东小米运到江南,无人采购,署理江宁巡抚何天培奏称,"江南小米不能发卖,请易小麦"。以此证实田文镜意见正确,朱轼、张廷玉判断错误,陈士倌办事不力,因此雍正帝发出上谕,嘉奖田文镜尽心办理,应予议叙;陈士倌草率从事,山东所买之小米,让他照依时价在江南地方

---

① 中国第一历史档案馆编:《雍正朝汉文朱批奏折汇编》第 4 册,江苏古籍出版社,1990 年,第 190 页。原件藏台北故宫博物院。

自行发卖,不敷之价,由其赔补。在上谕中为突出表彰田文镜,雍正帝甚至批评朱轼、张廷玉、年羹尧、隆科多:"朱轼、张廷玉不过因张廷璐之事归怨田文镜,欲使所奏不行耳。大将军年羹尧曾奏田文镜居官平常,舅舅隆科多亦曾奏过。此皆轻信浮言,未得其实,现在请买一事,即是实心办事之确据。"①十二月初六日,吏部向田文镜转传了这道谕旨,田文镜接到后立即上奏折谢恩,表示他对皇帝交办的事情向来抱持勤谨的态度,买麦一事只是理解圣谕精神所致:"随时随事恪遵圣训,心体力行,并不敢稍留一毫心血,亦不敢旦夕苟且偷安。至买米一事,臣实愚昧无知,并不识如此料理方免贻误。此皆叠蒙圣恩,多方教导之故。因此而仰邀旷典,惟感戴圣恩深重。"②雍正帝看到这份奏折,随即写出前述朱批,君臣如同民间江湖好汉之间那种讲义气关系,表示作为皇帝的他奖励得力大臣是正常的,只要臣不负君王,他一定不负臣工,臣下应黾勉做尽心的臣子。

这份奏折,实际包含三项内容,即一道转述的上谕、田文镜谢恩与雍正帝朱批。奏折与朱批,有二事需要先做了解,即江苏的灾情、有关张廷璐之事。

为何要河南、山东买小米接济江南,因为那里有灾,需要粮食支援。雍正元年(1723)十月,两江总督查弼纳奏报豆麦播种情形,预言来年收成有望;同时报告江苏有受灾地区,正在核查赈济。他在雍正二年(1724)十月初八日奏报米价情形,朱批写了这样的话:"尔等省大臣若心底驳杂,天必有所表露而已,凡事只在于自身行为。天无心眼,全在于人。"③雍正帝极其相信天人感应之说,以此警告查弼纳,要求他反省,这可能同江苏受灾有关。而在十一月二十八日查弼纳的奏折上,雍正帝朱批明确指出:"尔全省近二年来有旱涝虫潮之灾,而此灾害若非尔之过,即为朕之非也。理当念及于此。"④可知江苏遭受旱灾、水灾、蝗灾、海潮灾害,稻谷减产,不够民间食用,故而雍正帝令邻省山东、河南采办粮食接济。

谕旨说到,本拟将田文镜改买小麦的建议转告陈士俊,受到朱轼和张廷玉的劝阻而未行,他们之所以阻拦,乃因"张廷璐之事归怨田文镜"。张廷璐的事,是指河南封丘生员罢考事件。雍正帝实行士民一体当差政策,雍正初年河

①②《雍正朝汉文朱批奏折汇编》第 4 册,第 189 页。

③ 中国第一历史档案馆译编:《雍正朝满文朱批奏折全译》,黄山书社,1998 年,第 953 页。

④《雍正朝满文朱批奏折全译》,第 985 页。

南先后两任巡抚石文焯、田文镜贯彻最力。这项政策平均赋役,有益平民,不利于士绅。雍正元年(1723),巩县知县张可标发布"生员与百姓一体当差"的告示,生员是"儒户",监生是"宦户",他们本身享有免除徭役的特权,现在无端被取消了,让他们与平民一同应役,自然不满,乃控告知县贪赃以泄愤。雍正帝一面令石文焯调查张可标是否贪婪不法,一面令将闹事的生监重加惩处,遏制刁风。二年(1724),开封府封丘令唐绥祖因黄河堤防需用民工,定出按田出夫的法则,凡有土地的人,不论绅衿、庶人,必须出河工。田文镜支持他的办法,随后正式报告雍正帝。五月,生员王逊、武生范瑚等人拦截唐绥祖,声称应当区分儒户、宦户,不能与庶民一例当差。张廷璐,张廷玉的弟弟,康熙五十七年(1718)榜眼,雍正元年(1723)出任河南学政。雍正二年(1724)按考到开封府,封丘生童遂行罢考,范瑚将少数应试者的试卷抢走,不让考试,以示对士民一体当差的抗议。雍正帝命石文焯、田文镜严行查办,申明国宪,并派遣侍郎沈近思、阿尔松阿赴河南审理,将王逊、范瑚斩决,王前等斩监候。在审理过程中,科甲出身的张廷璐、开归道陈时夏、钦差沈近思同情生童,沽名钓誉,而田文镜系监生出身,并非科甲之人,不讲情面。所以生童说:"宗师(张廷璐)甚宽","陈(时夏)守道是好人",唯独田文镜是无人不怨、无人不恨。[1]九月,雍正帝将张廷璐革职。[2]在雍正帝心目中,张廷玉因兄弟张廷璐的遭遇,朱轼为维护科目人,均对田文镜不满,故而对他的建议不予肯定,并加阻挠,致使陈士倌不能获得有益信息办好买粮事务。

至于自称汉子的雍正帝对田文镜、陈士倌赏罚是否得当,下节即为解说。

二、解读之一:就事论事,买米事件透视出雍正帝为政务实的精神与敢作敢为的好汉性格

买米一事,雍正帝对田文镜、陈士倌的赏罚公允吗?田文镜该赏,陈士倌该罚吗?

田文镜,康熙二十二年(1683)出任县丞,康熙五十六年(1717)升任内阁

---

① 《朱批谕旨·田文镜奏折》,雍正二年八月初八日折;参阅冯尔康著《雍正传》第四章第三节"士民一体当差"。

② 王钟翰点校:《清史列传》卷14《张廷璐传》,中华书局,1987年,第1046页。

侍读学士。雍正元年(1723)，田文镜奉命往西岳华山告祭，返京奏报路经山西所见的灾情，如此不避山西地方官的怨恨，为雍正帝赏识，即令往山西赈济。九月署理山西布政使，雍正二年(1724)正月实授河南布政使，八月署豫抚，即建议更改一些州县的隶属关系，以便加强治理，获得允准。他是多年老吏，了解民情，加之实心实意的办事精神，政绩显著，运麦江南一事即为明证。他得到议叙，是完全应当的。他的谢恩折，不敢居功，谦逊有加，这是做官法则，田文镜深谙此道，不愧为老吏。雍正帝不只是给他议叙，同时实授为巡抚，田文镜为此恭上谢恩折，雍正帝朱批："你要负了，想亦奇事矣。没得讲，好生做千万的人物。"①要求他好好做官，留名后世，不要辜负擢拔之恩。他不让田文镜负恩，有特殊的原因。众人不待见田文镜，朱轼、张廷玉如此，年羹尧、隆科多都以平常人看待田文镜，可知他的才能不为众人看好，唯独获得雍正帝赏识，力排众议，屡加拔擢，是以说"田文镜并无一人保举他，系朕独用之人"，又告诫田文镜"着实勉力做好官。你舆论甚平常了，你乃朕独用之人，莫要羞朕的脸才好"。②田文镜知恩图报，一直勤谨理政，坚决贯彻雍正帝的治国方针政策，被雍正帝称为第一个好督抚，并升任河南山东总督、加兵部尚书衔、太子太保。③

山东巡抚陈士倌，浙江海宁人，康熙五十九年(1720)任顺天学政，雍正二年(1724)闰四月出任山东巡抚，七月就社仓事提出建议，被批准执行。九月以左道惑民，请禁回教，毁其礼拜寺，雍正帝不允，并予斥责："今无故欲一时改革禁除，不但不能，徒滋纷扰，有是治理乎？未知汝具何意见！"④"未知汝具何意见"，话很重，意思是陈士倌不懂事、不称职。买米的事，若照常规，不该受罚，他是依照指示采办小米运送江南的呀，本来没有过失。可是雍正帝不按规矩处置，是额外要求臣工办事用心、细心、尽心，要能合于实际情况，取得良好效果，做出成绩，而不是应付差事的态度草率了事，所以说他办事态度草率。陈士倌在雍正朝不得意，革职回籍。乾隆朝大转机，乾隆六年(1741)晋升文渊阁大学士，乾隆二十三年(1758)卒。乃父陈诜，官至礼部尚书。《清史列传》为他们父子作有传记。陈氏是官宦世家，传说中的乾隆帝生于陈家——时为雍

<hr />

① 《雍正朝汉文朱批奏折汇编》第 4 册，第 184 页。
② 《雍正朝汉文朱批奏折汇编》第 4 册，第 40 页。
③ 《清史列传》卷 13《田文镜传》，第 962、963 页。
④ 《清史列传》卷 16《陈士倌传》，第 1146 页。

亲王的雍正帝用女婴与陈氏交换，将乾隆帝抱到王府。这当然是无稽之谈。

雍正帝在五年(1727)三月二十二日论及群臣的忠诚度，谓怡亲王允祥、朱轼、张廷玉"毫无欠缺"，而大学士马齐"稍有不及"。[①]张廷玉，雍正四年(1726)晋大学士兼尚书，六年(1728)为保和殿大学士兼管吏部尚书事，还兼任国史馆总裁、《康熙实录》总裁等职，雍正帝不时召见，一天三次，习以为常。他对军机处的建设有规划之功，并任军机大臣，稍后雍正帝将他和另一大学士鄂尔泰说成是左膀右臂。他在雍正朝始终得宠，遗命配享太庙，是汉人的殊荣。朱轼，雍正三年(1725)九月授文华殿大学士兼吏部尚书，后奉命在懋勤殿为皇子宝亲王弘历(乾隆帝)、和亲王弘昼师傅。[②]他反对耗羡归公制度，雍正帝亦能容纳，仍然视其为忠贞不贰的大臣。他晚年多病，屡次乞求休致，雍正帝慰留他，甚至说道："尔病如不可医，朕何忍留；如尚可医，尔亦何忍言去。"说得如此恳切，如此推心置腹，令朱轼感激涕零，从此不复言退。[③]总体评价如此，雍正帝对他们在田文镜事情上的私心杂念并未放过，稍稍地点了一点，让他们也知惭愧。然而亦是公开的批评，不留情面。

至于抚远大将军、陕甘总督年羹尧和舅舅、吏部尚书、步军统领隆科多，是雍正初年最为显赫的重臣。这道上谕中说他们轻信浮言，误解田文镜，对他们可不是好兆头，对此留待后面叙述。

雍正帝表彰田文镜，是他办事尽心，取得好成绩；惩罚陈士倌，是他办事草率，不能尽心，乏善可陈；批评朱轼、张廷玉，是因为他们有私心，多少有点误事；年羹尧、隆科多与买米之事无关，捎带批评他们，是借题发挥，有意而为，预示他们将要倒霉——被整饬垮台。暂且不说年羹尧、隆科多，就对田文镜、陈士倌、朱轼、张廷玉而言，雍正帝处置之中，体现出他的为政务实精神。田文镜实心办事，不怕得罪士绅，士绅掌握着话语权，是舆论的制造者，开罪他们就不会有好名声，所谓田文镜无人不恨、无人不骂，实在是执行士民一体当差政策的必然后果。

说到雍正帝的为政务实、不尚虚名，这是他的执政理念和方针，是在他继位之初就明确的。他在登基一个多月后的雍正元年(1723)元旦，给从督抚至

① 雍正朝《起居注册》，中华书局，1993 年，第 1075 页。

② 《清史列传》卷 14《朱轼传》，第 996 页。

③ 陈康祺著，晋石点校：《郎潜纪闻初笔二笔三笔》，中华书局，1984 年，第 689—691 页。

知府、知县的各级官员分别发布谕旨,指示为官之道。在给总督的上谕中说:"朕观古之纯臣,载在史册者兴利除弊,以实心行实政,实至而名亦归之,故曰'名者实之华'。今之居官者,钓誉以为名,肥家以为实,而曰'名实兼收',不知所谓名实者果何谓也。"①他在继位一周年时再次强调说:"为治之道,要在务实,不尚虚名。朕缵承丕基,时刻以吏治兵民为念。"②雍正帝是从国家大计着眼,来讲为政务实,不尚虚名,反对名实兼收。他的为政务实,要点是有益民生和澄清吏治,为此反对官员营私舞弊的名实兼收,于是设立会考府,清查经济,严惩贪官污吏;实行耗羡归公和养廉银制度,减少民间耗羡负担,防范官吏税外鱼肉百姓和官吏舞弊;实行摊丁入亩制度,取消无田贫民的人口税。利民的这些制度要靠官吏来实现,而传统社会是人治社会,多好的政策也要靠官吏执行,所以整饬吏治,势在必行。

雍正帝的为政务实方针,重在实行,表彰田文镜是务实的一个实例,不允许陈士倌取缔回教,是怕无故扰民,也是一个实例。要之,赏功罚罪,是为政务实的有力措施。

田文镜务实而名声不好,张廷璐、陈时夏实心任事不足而有虚名。雍正帝就是向博取虚名者,向名实兼收的官场风气,向吏治不清的官风开战。为此不怕挨骂,不要虚名,这就是雍正帝意识中的"汉子"行为,好汉行为,是顶天立地的大丈夫行为。雍正帝有其异于官场的"名实观",是条汉子。

三、解读之二:就"汉子"本意,认知雍正帝继位初年以江湖义气作为笼络臣工的手段

"汉子"一词,究竟是什么意思?是褒义,贬义,抑或兼而有之?不妨了解"汉子"的渊源流变,理解雍正帝使用的原意。

《现代汉语词典》说到"汉子",通常释义为男子,妻子谓丈夫。如1997年商务印书馆《现代汉语词典》"汉子"条即作如此解释。比较大型的辞书则说明得详细一些。笔者查阅辞书及一些文献,清理出这样的头绪:"汉子"源出于北方少数民族对汉人的称呼,由褒义词变为贬义词,及褒义词、贬义词兼具,并

---

① 《清世宗实录》卷3,"元年正月辛巳"条。
② 《清世宗实录》卷13,"元年十一月丁酉"条。

且与好汉词义相近。

"汉子"源出《北史》卷 56《魏兰根传》附《魏恺传》,原文是:魏恺"自散骑常侍迁青州长史,固辞。文宣大怒曰:'何物汉子,与官不就!'"又说:"何虑无人,苦用此汉!放还,永不须收。"①《北齐书》卷 23《魏兰根传》附《魏恺传》同样记录此事:魏恺"迁青州长史,固辞不就。显祖大怒:'何物汉子,我与官,不肯就!'"并说:"何虑无人作官职,苦用此汉何为! 放还其家,永不收采。"②文宣、显祖,即北齐君主高洋,他要任用魏恺为青州刺史,而魏恺拒绝就职,高洋既气愤又不理解,才说这是什么样的汉子,连官都不做;既然这汉子不愿意做官,何必非用这"汉(子)",那就永远不许他做官。高洋话中的"汉子""此汉"中的"汉"是同义字,不过单称的"汉",令人想到汉子的民族含义,或者说民族成分。高洋是鲜卑化了的汉人,他说魏恺是汉子,是此汉,这"汉"是指汉人,"汉子"也是指汉人。"汉""汉子"的指汉人语义,联系古文献中的"好汉"一词,更易领会。《询刍录》中有这样的记录:"汉自武帝征伐匈奴,二十余年,闻汉兵莫不畏者,称之为'汉儿'。又曰'好汉'。自后遂为男子之称。"③原来在汉武帝时期,匈奴人称汉朝男人为"汉儿",为"好汉",具有褒义。匈奴、鲜卑对汉人的两种称谓联系起来看,似乎可以这样理解:鲜卑人的称汉人为汉子,是匈奴人的汉儿、好汉的延续,换句话说,汉子是少数民族对汉人男子的称呼。对此,1933 年版《辞源》"汉子"条认为此词"盖始于五胡乱华时"④,蕴含民族称谓之意;及至 1979 年版《辞海》"汉子"条:"古代北方民族对汉族男子的称呼",下引《北齐书·魏兰根传》的材料为证。⑤至此,笔者同意《辞海》之说,"汉子"是历史上北方少数民族对汉人男子的称呼。还应当看到语言流变,"汉子",不仅是少数民族称汉人,汉人也用此称谓,从下述"汉子"变成贬义词可知。

陆游在《老学庵笔记》中说:"今人谓贱丈夫曰汉子。"⑥汉子是贱丈夫,反映的是南宋人的观念。元末明初人陶宗仪的《辍耕录》也说:"今人谓贱丈夫为

---

① 《北史》卷 56《魏兰根传》附《魏恺传》,中华书局,1974 年,第 7 册第 2048 页。

② 《北齐书》卷 23《魏兰根传》附《魏恺传》,中华书局,1972 年,第 1 册第 332 页。

③④ 转引自《辞源》"好汉"条,商务印书馆,1933 年。

⑤ 《辞海》"汉子"条,上海辞书出版社,1979 年。

⑥ 陆游著,杨立英校注:《老学庵笔记》卷 3,三秦出版社,2003 年,第 85 页。

汉子。"①清人梁章钜《称谓录·贱称·汉子》，引《西湖志余》的话，"杭人贱丈夫曰'汉子'"②。自宋代以来，汉子具有"贱丈夫"的词义，成了贬义词。何谓"贱丈夫"？词出《孟子》。孟子讲到商业征税，是因"有贱丈夫"垄断牟取暴利所致。③所以贱丈夫是贪财之人，因为贪财，被人轻视、鄙视、贱视。鲁迅在《答徐懋庸并关于抗日统一战线问题》文中，说从汽车"跳出四条汉子"。是不满、蔑视那四个人，使用汉子一词，不无贬义。

宋代以降的汉子词义，也不全为贬义，也用作褒义。清代李光庭的《乡言解颐》记录直隶宝坻裁缝吕五福，自卑地说自家"以男子为妇人之事，已不如人"④。他虽然自轻自贱，但仍然认为男子高于女子。联想到妻子称丈夫为汉子，为自身的依靠，这"汉子"就有褒义了。清代安徽芜湖人称长工是"二汉子"，意思是"贱男子"⑤，表示蔑视这种人。二汉子，是够不上汉子的人，那么汉子就是普通人了，没有歧视的味道。

汉子，若有前置词，就寓意不同了，如好汉、癫汉、懒汉、醉汉。"穷汉"之"汉"，被认为是"好博、好饮、好斗、好讼、好色"之徒⑥，于是穷汉与光棍意思相近。

汉子词义既明，再来看雍正帝自称汉子，就容易体察了。雍正帝是满洲人，大概念地讲他是北方人，接受北方民族传承的观念、语汇很容易，很自然，所以他能熟练使用汉子词语。从这个角度讲，他说的汉子，是褒义，与好汉是同义词。具体地说，他的"汉子"，笔者忖度有三重含义：

其一，汉子等同好汉，是英雄，说话算话，不做负心人，一定对得起臣工。他说："朕就是这样汉子，就是这样秉性，就是这样皇帝，尔等大臣若不负朕，朕再不负尔等也。"说白话，他的意思是，我是一条汉子，有汉子的秉性，是汉子般的皇帝，说话算数。因为说到做到，臣工若尽心尽职，不辜负皇帝，皇帝也一定对得起大臣。皇帝如此保证，臣工就应该实心实意为皇上办事了。君父向臣子下保证，其他帝王很难这样做，而雍正帝则是不断重复这一行为。如两江

---

① 陶宗仪：《辍耕录》卷8《汉子》，中华书局，1959年，第104页。

② 梁章钜撰，吴道勤、邱远华点校《称谓录》卷32《贱称·汉子》，岳麓书社，1991年，第414页。

③《孟子》，《十三经注疏本》，中华书局，1980年，第2698页。

④ 李光庭：《乡言解颐》，中华书局，1982年，第42页。

⑤ 嘉庆朝《芜湖县志》卷1《方言》。

⑥ 王有光：《吴下谚联》，中华书局，1982年，第52页。

总督查弼纳于雍正元年(1723)八月初十日奏报整饬驿站营伍情形,雍正帝表示:"朕信赖尔,对尔朕一向绝非负心之君。"①同年九月十八日,山西巡抚诺岷奏折,雍正帝朱批:"尔即照此矢志向前,既便朕有负于尔,上苍亦必知垂爱于尔。"②雍正帝在闽浙总督满保元年(1723)九月十一日的奏折上写道:朕"实无指教尔等省臣之才;再则,初理政务,亦甚生疏,全赖尔等内外之臣,竭力以求。若实心黾勉而行,朕断不有负臣等。"③雍正帝在继位之初,因不熟悉政事、不识臣工,甚望君臣合作,臣下尽力,故表示不会辜负臣下,不负心,君臣合力理好政事。由此也可以证实,雍正帝的汉子之谓,也如同民间一样,赌咒发誓,保证不做负心人,让臣下放心;同时是要求臣工尽忠,不负皇恩,否则也是对不起皇上。故在湖北巡抚纳齐哈雍正元年(1723)六月二十九日的奏折上,雍正帝朱批教导他:"修身端正品行……切勿有负朕恩,自招祸害。"④雍正帝的奖励田文镜,批评陈士俊,都是勉励,令君臣各不相负,大家都做汉子。

其二,自信于深知下情,是条汉子。雍正帝自信于自己的驾驭能力,能够指导臣工,制御臣工。拔识田文镜于众人怀疑、反对之中,使用得当,尽人才之力;懂得田文镜的采办小麦建议,那是了解江南民间饮食习俗,始能正确决策;督导陈士俊改正失误,有办法驾驭。

其三,讲脸面,重然诺。人人讲面子,而江湖中人尤其如此。雍正帝亦然,如前述要求田文镜做好官,"莫要羞朕的脸才好"。雍正帝在不同年月给担任不同官职的图理琛三份批件中,着眼点是官员不要给皇帝丢脸,免得有用人不当之咎。兵部郎中图理琛雍正元年(1723)八月二十三日折朱批:"参尔之人甚多,朕排众议,任用于尔,断不可有辱朕之颜面。"⑤图理琛在广东藩司任上于雍正二年(1724)十月十五日折子,雍正帝朱批要求其行事"勿玷污朕之脸面"⑥。稍后图理琛升任陕西巡抚,于雍正三年(1725)九月二十五日奏报丰收,朱批:"尔能如此为朕作脸,朕实在未曾想到悦。"⑦由此可见雍正帝掌握这样

---

① 《雍正朝满文朱批奏折全译》,第277页。
② 《雍正朝满文朱批奏折全译》,第351页。
③ 《雍正朝满文朱批奏折全译》,第328页。
④ 《雍正朝满文朱批奏折全译》,第204页。
⑤ 《雍正朝满文朱批奏折全译》,第308页。
⑥ 《雍正朝满文朱批奏折全译》,第957页。
⑦ 《雍正朝满文朱批奏折全译》,第1216页。

的原则:为皇帝丢脸者责之,获得好评者奖赏之。雍正帝的顾颜面,真可以与江湖中人比美。

汉子被视作贱丈夫,甚至与"光棍"粘连,雍正帝并不顾及于此,亦是市井汉子行为。

雍正帝自称汉子是在雍正二年(1724)十二月,他讲君臣各不相负,顾全脸面,也都在雍正元年、二年。他甚至还称臣工是他的恩人,如在查弼纳雍正二年闰四月初一日奏折上朱批写的:"尔等几名忠诚省臣, 不仅为朕之忠臣,实视为朕之恩人。"①他也称年羹尧为恩人。②雍正帝说这些话都在继位之初,权威不足,尤其是在康熙后期皇子结党谋取储位之后的继承帝位,政权极不稳定,亟须建立自己的施政班底,必须刻意联络臣工,特别是封疆大吏,如田文镜、诺岷、查弼纳、满保等人,什么手段都使得出来,什么话都说得出来,"汉子"之称就是要同臣工拉近乎、讲义气,建立成某种"帮派关系",达到"君臣一体"的境地。

四、解读之三:整饬年羹尧、隆科多的先声——向臣工打招呼

前述上谕说年羹尧、隆科多不认可田文镜。隆科多被人吹捧为"柱石大臣"。年羹尧于雍正二年(1724)十月进京述职,成了他人生的转捩点。开始他飞扬跋扈,奉命与总理事务大臣马齐、隆科多一起向臣工宣布上谕,实质上成了总理事务大臣。然而雍正帝赏军——外间传说是年羹尧让皇帝办的——极大地伤害了好于自圣的雍正帝自尊心。年羹尧功高震主,与隆科多一起,对雍正帝来说有尾大不掉之势。到十一月,雍正帝就想铲除年、隆,逐渐向臣工透露意向。

十一月十五日上谕说外间有人议论年羹尧、隆科多,是出于嫉妒和陷害,但又说:朕非冲幼之君,岂能受年羹尧指点;年羹尧只是督抚、大将军的材料,不具备天子的聪明才智。③流露出对年、隆的不满。

约在十五日之后的数日, 雍正帝在直隶总督李维钧十三日的奏折上写

① 《雍正朝满文朱批奏折全译》,第788页。

② 《掌故丛编》第5辑《年羹尧奏折》,中华书局,1990年。

③ 雍正朝《起居注册》,二年十一月十五日。

道:"近日年羹尧陈奏数事,朕甚疑其居心不纯",有揽权之意。①李维钧被年羹尧视为家奴,雍正帝写此朱批,是要李维钧疏远年羹尧,不要在整饬年羹尧案件中成为他的死党。

四川巡抚王景灏是年羹尧推荐的人,雍正帝在他十一月初二日奏折上写道:"年羹尧今来陛见,甚觉乖张,朕有许多不取处。"②意思是让王景灏与年羹尧划清界限。

十一月十五日,湖广总督杨宗仁的奏折,得到如下朱批:"年羹尧何如人也?就尔所知,据实奏闻。'纯'之一字可许之乎?"③就是告诉杨宗仁,年羹尧不是纯臣。

十二月十三日,河道总督齐苏勒的奏折朱批,雍正帝明白地说:"近日隆科多、年羹尧大露作威福、揽权势光景……尔等皆当疏远之。"④

自十一月十五日起,雍正帝公开地、秘密地向臣下透露打击年、隆的意向,在十二月初六日就表彰田文镜而说年、隆的话,显然是挑动田文镜对年、隆的不满,让他明白大势,站在皇帝一边。

雍正帝就年羹尧的事,打招呼的臣下还有一些,不必一一列出。得到皇帝透信的人可分为两类:一是年羹尧的亲信,让他们知道年羹尧不能再当靠山了,要远离他,揭发他,和皇帝站在一起,好让雍正帝惩治年羹尧时少些阻力;另一类人和年羹尧没有私交,甚至关系不好,雍正帝让他们知道自己的态度,希望他们成为打击年羹尧的积极因素。雍正帝为整倒年、隆,计划周详:第一步让臣工思想转弯——年、隆不再是宠臣而是罪臣,以便他们跟上形势,和皇帝保持一致。第二步才是公开的声罪致讨。雍正帝就以这样的汉子形象,与臣工交往,不拘身份,不择语言,示人以真诚、亲切,好令臣工亲近,便于其驾驭,稳定、巩固其皇位。

五、解读之四:雍正帝具有多面性格

雍正帝的自称汉子,是一种俗气,与皇帝的庄严神圣形象的雅气绝然不

---

① 《朱批谕旨·李维钧奏折》,二年十一月十三日折朱批。
② 《朱批谕旨·王景灏奏折》,二年十一月初二日折朱批。
③ 《朱批谕旨·杨宗仁奏折》,二年十一月十五日折朱批。
④ 《朱批谕旨·齐苏勒奏折》,二年十一月十三日折朱批。

同,可见俗气、雅气兼容于雍正帝一身,表明他具有多重性格。是的,多重性,在雍正帝身上有着多方面的表现。

雍正帝的性格中,残忍、偏激、多疑与精细、慈爱交织。他将同父异母弟允禩、允禟致死,将异母兄允祉、同母弟允禵、异母弟允䄉圈禁,六位兄弟遭遇如此厄运,全无手足之情。亲子三阿哥弘时被逐出皇家,交给政敌允禩,弘时虽属病故,亦系年轻受摧折之故,可知雍正帝对他全无父子之情。这些人中多有政敌,有自取之咎,圈禁也就可以了,何必非要致死。除了积怨太深,也在于他的残忍性格。对于年羹尧,酬劳其稳定雍正帝政权的青海之功,重赏是必要的,因此对他说:"朕实不知如何疼你,方有颜对天地神明也""我君臣非泛泛无因而来者,朕实庆幸之至"。[1]后来大翻脸,整治他,令其在京城寓所自裁,可怜年羹尧对雍正帝犹存幻想,以为皇帝在时辰未到之前,会有特赦令下达,哪知雍正帝是铁了心地叫他死,不绑赴刑场已经是开恩了,年羹尧遂在绝望中自戕。这一对知心的君臣,"非泛泛无因而来者",雍正帝这时就不讲佛缘了。心狠手毒,的确不假。雍正帝将年羹尧贬为杭州将军,因有"帝出三江口,嘉湖作战场"的民谣,杭州恰在其处。雍正帝在他的奏折上批写:"想你若自称帝号,乃天定数也,朕亦难挽。"[2]竟然怀疑他可能造反,吴耿尚"三藩"之后,朝廷没有出现过叛臣,雍正帝竟然想到了,不能不说他多疑。

在对待官员的防范、严刻、残忍之中,雍正帝也有关爱的因素,谁办事让他高兴,谁向他报告令他高兴的事情,他会施恩,体现他的爱护、爱惜之情。西安将军延信在西北军前之时,雍正帝有时能同他互道真情。延信于雍正五年(1727)三月十五日奏折表示:"延信我愚昧过失之处,圣主均宽宥免罪,又施以殊恩训示降旨,延信我不胜惶悚感激不尽,臣惟日夜铭记圣主教诲之风诏,遇事追根究底竭力黾勉,以图仰报圣主眷爱擢用之重恩于万一耳!"内中有套话也有真情,而雍正帝的朱批则是真实感情的表露:"理应黾勉,如朕当奴四十载之主实难相遇。即便相遇,如朕无私心杂念之人,相遇更难。"[3]自云在康熙朝当奴才不容易,意即能够体贴人,而他又是无私心杂念的纯正君主,臣工遇上了是万幸,应当努力相处,奋勉向前。如此自许地教导臣工,是真心实意

---

① 中国第一历史档案馆藏雍正帝"朱谕"。

② 《年羹尧奏折·奏谢调补杭州将军折朱批》,载《文献丛编》第 8 辑。

③ 《雍正朝满文朱批奏折全译》,第 1450 页。

的。延信在四月十五日奏折中,还说到雍正帝让他学习汉文的事。康熙六十一年(1722),雍正帝奉命清查京、通二仓仓粮,随员中有延信,便中问他懂不懂汉文,回说不通,后来在朱批中要他学习:"认学几个汉字容易,若学写文章诗赋、背诵经史书籍,现已年迈难矣。但粗通几字读懂文书较易,闲时何不少加留意。"延信表示:"臣钦遵圣旨,抽闲尽力认学。"雍正帝再次开导他:"很好。若立意学会,则必成,并非难事。每日认记二字,一年认六百字,已足用。"[①]通篇奏折与朱批,是君臣交心说实话,对于已经有了年纪的满人延信,雍正帝那么上心同他谈论学习汉文的事,有那种耐心,用那样的精力,不是真心的关爱,绝不能做到。看来,雍正帝也有动真情的时候。

不难看出雍正帝的性格与为人,他疑心病重,残忍刻薄,而又仁爱慈祥,是多面性格,是残酷与慈爱的交汇,是雅气与俗气的集于一身。其实人人都有多面性,雍正帝亦复如此,不过特别明显罢了。

总起来说,雍正帝在继位初年,对臣下自称"汉子",以及称臣工为"恩人",表示自家是好汉,重信誉,不会亏待臣下,定会做到赏罚分明,而臣工就应该尽心尽职,君臣同心同德,为政务实,不尚虚名,治理好天下,稳定、巩固他的得之不易的皇位;并以这种汉子的市井手法,动员、笼络臣工整饬其昔日的宠臣年羹尧和隆科多;雍正帝的性格具有多面性,皇帝贵胄的雅气和民间的俗气融为一体,表明他不是一般的帝王,为推行其政策,不择手段、残酷无情,是市井汉子,是不同于一般君主的另类,真正是传奇人物。

(原载《第一届中日学者中国古代史论坛文集》,中国社会科学出版社,2010年。本文是在《雍正皇帝自称"汉子"的涵义》一文基础上扩充而成,《涵义》文发表在台北故宫博物院《故宫文物》第322期,2010年1月号,2009年10月18日定稿于顾真斋)

---

① 《雍正朝满文朱批奏折全译》,第1463页。

雍正帝的削除绍兴和常熟丐籍

雍正皇帝削除乐户、丐户、世仆、伴当、疍户等贱民的贱籍,是清代历史上有一定影响的事件,还在清朝,就引起了一些学者的注意①,近代史家也常常考虑到它。贱民身份的变化,反映了被统治民人政治地位的演变和生产力的发展,是历史研究的课题。本文不全面叙述所有贱民籍的解除,仅剖析绍兴堕民和常熟、昭文②丐户的历史,试图说明丐户的职业和身份地位,雍正削除丐籍的原因、进程和历史意义。

一、绍兴堕民、常熟丐户的名籍

民户的属籍关系到人们的职业、地位和对政府的义务,而且具有不可变动性。因此考察堕民的削籍,首先要明了他们的名籍问题。

关于堕民的名籍,明朝人徐渭(文长)说:"四民中所籍,彼不得籍,彼所籍,民亦绝不入。"③就是说他不在良民的属籍之中。他的属籍是什么?许多历史文献在记叙雍正一系列削除贱民籍时,只提堕民,而不讲其户籍中的名称,④从而容易使人误解,以为堕民的名籍就叫"堕民",其实不然。两浙巡盐御史噶尔泰的"请除堕民籍疏",劈头就说:"请除堕民丐籍。"⑤很清楚,雍正帝敕

---

① 俞正燮作《除乐户丐户籍及女乐考附古事》(见《癸巳类稿》卷12),叙述清朝解除乐户、丐户籍的历史。李慈铭把这篇文章和俞的其他几篇文章说成"他日国史所必需者"(《越缦堂日记》同治壬戌十月二十三日),亦表示他对除贱籍的重视。

② 常熟、昭文两县原为常熟县,雍正年间始分置。我们为省事,行文中以常熟代表常、昭二县。

③ 徐渭:《青藤书屋文集》卷18《会稽县志诸论·风俗论》。

④ 如《清朝通志》卷85《食货略》记:"时山西省有曰乐籍,浙江绍兴府有曰堕民,江南徽州府有曰伴当,宁国府有曰世仆,苏州之常熟、昭文二县有曰丐户,广东省有曰疍户者,该地方视为卑贱之流,不得与齐民同列甲户…"又如《清朝通典》卷9《食货典》记:"(乾隆)三十六年定,削籍乐户、堕民、堕户、九姓渔户、丐户等报捐应试例……"都只说绍兴"堕民",并不指明其丐户名籍,而提"丐户"处,则专指常熟之贱民。

⑤ 《朱批谕旨·噶尔泰奏折》。

除的堕民的籍称是"丐户"。堕民籍名丐户由来已久,据乾隆时修的《余姚县志》引前人记载,早在南宋,堕民就叫丐户。①到元朝,称为怯怜户,明朝又叫丐户,清朝沿习不变。

堕民,也有被定为乐籍的。在绍兴府新昌县,明神宗万历年间的户籍登记中有乐户。②民国时编纂的该县志书,又明确指出:"乐户,府志作丐户。"所以,新昌的乐户也是堕民的籍称,也即丐户。在习惯称呼上,亦有把丐户的堕民称为乐人的,如康熙朝《会稽县志》写该县婚礼习俗,谓新娘过门,由"乐妇扶掖出轿"③。这里的乐妇即指堕民家妇女,但行文者不称其为丐户妇,而称乐户妇,是把丐户与乐户等类观之。丐户与乐户的生活、地位有许多相同之处,所以噶尔泰就说他"实与乐籍无异"④,要求照开豁山西、陕西乐籍例放良。户部答复这个建议时说,堕民"较之乐户别编籍贯,逼勒为娼不同"⑤。因而提议饬令地方官严禁豪强欺凌堕民,而无须削籍。这又说明堕民的丐籍与乐籍不是一回事。笔者认为,尽管堕民地位与乐户相近,甚至有少量的人被籍为乐户,但是他们是丐户,而不是乐户。

堕民的丐籍,与那种乞讨叫化的丐民户也不同。乞丐,贫穷到无以为生,靠讨米度日,他们虽然也同堕民一样为人们所轻视,但政府并未将他们列为贱民。明朝人冯梦龙编的《古今小说》中的《金玉奴棒打薄情郎》中说:"若数着良贱二字,只说娼、优、隶、卒,四般为贱流,到数不着那乞丐。"看来乞丐只是没钱,身上却无疤癞。这种小说家之言,倒真实地反映了乞丐的良民地位。作为堕民的丐户,"其人非丐,亦非必贫也"⑥。他的丐籍表示身份,同没有职业的乞丐的民户在户籍分类上截然不同——一属贱民,一属良民,不可混淆。

至于同被雍正削籍的绍兴堕民丐户与常熟的丐户,则在名与实两方面全是一致的——都籍名丐户,都是生活、身份相同的贱民。故清政府以常熟丐户,"与浙江堕民无异"⑦才准予除籍。在习惯称呼上,浙东丐户"俗名大贫"⑧,

① 乾隆朝《余姚县志》卷12《风俗》。

② 万历朝《新昌县志》卷4《风俗》。

③ 康熙朝《会稽县志》卷7《风俗》。

④ 《朱批谕旨·噶尔泰奏折》。

⑤ 萧奭:《永宪录》卷2下。

⑥⑧ 沈德符:《万历野获编》卷24《丐户》。

⑦ 《清朝文献通考》卷19《户口》。

常熟丐户“男谓之贫子，妇谓之贫婆”[1]，两处都离不开一个“贫”字。

贱民丐户，被赦除的是绍兴府、常熟和昭文一府两县的，其他地方也有这种人户。《堕民猥编》说堕民散布“苏、松、浙省”[2]。确实如此，绍兴的邻郡宁波府奉化县，四民之外，“有所谓丐户，俗谓之大贫”[3]；在鄞县，有堕民，男子被叫做“堕贫”[4]；苏州府的附郭长洲、元和、吴县三县也有同于常熟的丐户[5]。

通过以上辨析，笔者得出两点结论：

其一，绍兴堕民、常熟丐户的名籍是丐户，它不同于乐户、乞丐户，更不同于军、民、匠、灶等良人户。雍正朝的所谓削籍，就是豁除其丐户户籍。

其二，绍兴、宁波、苏州三府的堕民，基本社会地位、职业一致，构成一个社会群体，因此应当把他们视为一体，对他们的历史统一考察，统一说明。具体地说，绍兴堕民的放良与常熟丐户的除籍是一回事，而不是两件事，这也是我们把它当作一篇文章来作的原因。

二、丐户来源的诸种说法及其不可考

堕民何以成为堕民，成为丐户？请先看文献资料所提出的几种不同的说法：

(1)南宋罪俘被罚说。徐渭说：“丐以户称，不知其所始，相传为宋罪俘之遗，故摈之，名堕民”，“丐自言曰：宋焦光瓒部落，以叛宋投金故被斥”。[6]沈德符《万历野获编》卷24《丐户》把“丐自言”的内容记叙得又具体些：丐户，“乃宋将杨延昭部将焦光瓒家丁，得罪远徙”，流传下来。

(2)南宋罪犯，明太祖处罚说。《堕民猥编》的记载基本上同于徐渭文章，但又指出：“明太祖定户籍，匾其门曰丐。”是说明太祖痛恨南宋汉人投降金朝，进一步罚及其后裔。

---

① 瀛若氏：《琴川三风十愆记》。

② 转引自乾隆朝《鄞县志》卷1《风俗》。

③ 祝允明：《猥谈》。

④ 民国《鄞县通志·文献志·庚编·方言》。

⑤ 江苏省博物馆编：《江苏省明清以来碑刻资料选集·奉宪永禁差役梨园扮演迎春碑文》，生活·读书·新知三联书店，1959年，第276—277页。

⑥《青藤书屋文集》卷18《会稽县志诸论·风俗论》。

(3)官员获罪被罚说。祝允明《猥谈》说丐户皆来源于"宦家",是政府"以罪杀其人,而籍其牝"。

(4)明初处罚蒙古人说。瀛若氏《琴川三风十愆记》说:"明灭元,凡蒙古部落流寓中国者,令就所在编入户籍,其在京、省,谓之乐户;在州邑,谓之丐户",在常熟者即然。

(5)明太祖处罚胡惟庸后裔说。此说见民国《新昌县志》卷6《风俗》,并说是据《鄞县志》所载,然我们查鄞县乾隆、同治、民国诸志书,并无此记叙。

(6)元灭宋罚罪俘说。1979年出版的《辞海》"堕民"条说:"元军灭南宋后,将俘虏及罪人集中于绍兴等地",产生堕民。此说少见,不知何所据。

此外还有一些推测的说法,如稻叶君山说堕民,"虽不知其起源,大约为反抗明太祖之陈友谅之后裔,亦未可知"[1]。鲁迅说堕民的祖先,"倒是明初的反抗洪武和永乐皇帝的忠臣义士,也说不定"[2]。

对这种种歧异的说法,我们很想将之辨析清楚,何说为是,何说为误,以便明了丐户的来历。但是探索资料的结果,令人失望,可以说丐户来历问题,已没有办法完全搞清,原因是:

(1)明代与丐户同时同地生活的学人已不得其详。徐渭,绍兴山阴人,生于公元1521年,卒于1593年,是明代有影响的文学家,又重视堕民问题,写出《全稽县志风俗论》专文,但他坦率地表示不知丐户之所始,把南宋罪俘后裔的说法只是当做传说加以记载,可见他的态度是严肃的,不强不知以为知。祝允明,苏州长洲人,1492年中举,卒于1526年,比徐渭早半个世纪,却没能比后者提供得更多一些。沈德符(1578—1642),嘉兴秀水人,视听颇广,下笔甚勤,然其所知也不过焦光瓒家丁之说。《堕民猥编》一书,不知出于何人何时何地,笔者亦未克获见,但浙东志书引述该书内客,置于《万历野获编》之前,是明人之作,其立说也同于徐渭。徐渭、祝允明等人是勤奋而严肃的学者,处于明代,和丐户生活在同一地区,他们对其来源问题已不考校,可见他们是把它当做无法澄清的问题了。

(2)削除丐籍的当事者也不清楚。雍正帝君臣除豁丐籍,按理需要查明丐户源流,但是他们没能做到,他们所了解的,没有超过明人记载。噶尔泰奏

---

① [日]稻叶君山:《清朝全史》第43章,中华书局,1915年。
② 《我谈堕民》,载《鲁迅全集》第5卷,人民文学出版社,1958年,第176页。

疏中关于丐户的起源,只是抄录了《堕民猥编》的文字。雍正帝死后,以乾隆帝名义写的《泰陵圣德神功碑》,颂扬雍正帝除贱籍,说什么"自明初,绍兴有堕民"①云云。在如此庄严的文献中,竟然出了明显的错误,显而易见,以当政者的力量也不能明其根由。

(3)乾嘉考据学盛行时,名家亦不考。乾嘉考据学代表人物之一的钱大昕接触过堕民问题,他编《鄞县志》,在记叙堕民历史中,除抄录《堕民猥编》文字外,仅叙丐户妇女服饰数语,显出不愿多及的态度。而他在书中特立"辩证"一卷,考证前人对当地历史叙述的错误。他是考据大家,对鄞县其他史事的考察颇有兴致,独对堕民问题素然寡味,不能不说他是把这个问题当做不可考而放弃了。

(4)堕民问题专家也不能明了其真相。光绪末年,宁波出现的第一所堕民学校校长陈训正,是极其关心堕民问题的专家,他后来担任《鄞县通志》的总纂,而该书所记录的堕民史事是我们所见到的文献中最多的。陈亲自写了《堕民(丐户)脱籍始末记》一文,关于堕民的产生,也是撷拾南宋罪俘说。这就说明,他对此问题也无法圆满解答。

看来,堕民的产生问题,由于年事久远,文献湮没,信史不足。所以明清以来的执政者、学问家、堕民解放的热心人都没能把它彻底弄清。因此笔者认为,这是无法搞清的历史问题,犹如斧声烛影、建文出亡等疑案,不必再费力气去探究。

然而关于来源的那些异说,并非完全不可评论,人们可以准情度理,选择比较接近历史真实的看法。笔者出于以下考虑,认为把第一、第二两种说法结合起来,似乎是相宜的:

(1)南宋初年有惩罚"罪人"为堕民之可能。宋室南渡,贫富矛盾和民族矛盾错综复杂,异常尖锐,而两浙又是矛盾突出的地区。在这里,金骑驰骋,宋兵蚁屯,政变、兵变迭发,民间暴动频起。南宋政府在武力镇压同时,采取严酷的善后措施,强化其统治。如公元 1129 年,苗傅、刘正彦废宋高宗,拥立皇太子赵旉。隆裕太后赐苗、刘铁券,使之同意高宗复位。然高宗恨之极,不惜食言,斩苗、刘,又议皇太子窃据帝位之罪,使其惊悸而死,高宗还不解气,将其保母处死。对自己的亲骨肉尚如此残忍,处理那些失败的"叛变乱民",就更不知要

————————————

① 《清朝文献通考》卷 152《王礼考》。

凶狠多少倍了。据此而论,南宋皇帝把叛将子孙贬为堕民,世代践踏,不就是很有可解的吗?这种揣测之词,非笔者所始,前人有言:"宋南迁,将卒背叛,乘机肆毒,及渠冠以剿捕就戮,其余党焦光瓒等贬为堕民,散处浙东之宁、绍。"①笔者的观点同这种观点是相近的。

(2)堕民之出现应早于明初。祝允明成年时期距明朝建国不过一百二三十年,徐渭也不到二百年,如果处罚堕民是明初的事,人们就不会那样搞不清楚,使得祝、徐等仅据口碑,以"相传"之词数文塞事。若作南宋初年发生讲,则历时已四百多年,人们对之模糊不清,征之传闻,则是可能的,故堕民不会始见于明初。因此那些认为它是发生在明初的说法,就使人难以信服了。

(3)堕民称为丐户,可能同明太祖有一定关系。笔者认为,堕民不始于明初,为什么那么多的说法会同明太祖相联系呢?看来《堕民猥编》所说的明太祖定堕民为丐户有一定道理,即降金将领南宋处罚以来,明太祖再一次确定他们的贱民地位。或许要问:明太祖会管隔一朝代的降金将领的事情吗?那又是为什么呢?明太祖确实有惩罚南宋官僚投降元朝的事情,即下诏宋末"蒲寿庚、黄万石②子孙不得仕宦"③。明太祖以反对蒙古族为统治民族的元朝为政治资本,又希望臣民忠诚于他的明朝,因此需要提倡忠孝节义的伦理道德和民族气节。在此政治要求下,既有惩罚南宋降元的官僚的事实,当有进一步打击南宋降金的官僚的可能。

综上所述,关于堕民丐户的来历,笔者认为已经不可能考辨清楚,种种说法的是非正谬盖难判定。不过南宋政府惩罚叛官罪民之妻孥,而后明太祖又予以重申,似乎是一个历史事件的合理成分(当然,是否为杨延昭的部将焦光瓒的属众则不一定)。

有关堕民来历的诸种说法中有一个共同点,即都说它之所以发生,是政治上的胜利者惩罚那些失败者。这一点,稻叶君山曾加注意,他说:贱民"殆多为政治上之失败者,此则不可不知也"④。说得很好,但是还不够到位。政治斗争的胜利者,对政敌本身屠戮之外,还广肆株连,把他们的亲属严密控制起

---

① 乾隆朝《余姚县志》卷12《风俗》引旧志。
② 蒲寿庚,南宋福建安抚沿海都制置使兼提举泉州市舶司。黄万石,南宋侍郎。
③ 顾炎武:《日知录》卷13《禁锢奸臣子孙》。
④ 《清朝全史》第43章。

来,横施压迫,甚至贬为贱民。因此,与其说被惩罚为贱民的是政治上的失败者,勿宁说是他们的家属和后裔。堕民丐户就是政治株连的产物,他们的遭遇是中国君主专制统治残暴性的表现。

三、丐户的职业与经济

丐户不是靠乞讨为生,前已提及,他们有谋生的职业,徐渭《会稽县志风俗论》说:"四民中居业,(彼)不得占,彼所业,民亦绝不冒之。"他们的职业,以类分别介绍如下:

吹唱演戏。吹唱,"为堕民之专业"①,也是堕民的主要职业。他们充当吹鼓手和戏剧演员,服务于人们的红白喜事和士大夫的宴会,还以此应地方政府的差役,如苏州迎春祭芒神,"妆扮风调雨顺,乃系丐户应值"②。堕民还遵照地方上的风俗习惯做各种应酬表演,如除夕,"堕民以鼓吹遍贺民家,谓之闹元宵"③。

各种小手艺和小买卖。堕民塑造土牛、土偶,拗竹灯檠,编机扣,捕蛙龟,卖饧饼。这都是微不足道的小手艺、小饮食,供人们用作祭祀和赏玩。常熟的丐户制绳索,宁波还有从事锻铁的丐户。

抬轿子。宁波堕民有的以抬轿子为业,因此被称为"轿堕贫"。民谣:"嘎击嘎击送,堕民抬夜桶。"④哄笑堕民扛抬新娘便桶到婆家。到近代,宁波出现码头脚班,大半也由堕民从业。堕民在抬轿之外,还于人家婚姻时,在客堂上伺候宾客,被称为"值堂"。

保媒、卖珠。堕民妇女的工作,《堕民猥编》概括是:"为人家拗发髻,剃妇面毛,习媒妁的;伴良家新娶妇梳发为髻。"堕民妇女为人家婚姻奔走,人家成亲时当伴娘,代表男方到女家迎亲,并指导新娘完成繁缛的结婚仪式。有的县份新郎亲自迎接新娘,堕民妇则作为女侍随行。⑤堕民妇女还充当栉工,为即将出嫁的女子开脸,或帮助大家妇女梳妆。堕民妇女还利用出入顾主内宅的

---

①④ 民国《鄞县通志·文献志·庚编·方言》。
② 《江苏省明清以来碑刻资料选集》,第276页。
③ 光绪朝《诸暨县志》卷17《风俗》。
⑤ 光绪朝《余姚县志》卷5《风俗》。

方便,为女主人买卖某些化妆用品,所以又被称作"卖珠娘"①。

从医。堕民妇女有做接生婆的,为小儿看病的,堕民男子也有从医的。

丐户的通常职业,已如上述,有着明显的特点:

一是从事服务性的微贱劳动。丐户打铁、制柜、捕蛙,是生产性劳动,但不是他们的主要职业。他们的基本活计是所谓侍候人,直接为人们的生活服务。他们的行业,为人们生活所不可缺少,但又是千百年来被人们看不起的、低等的。

二是为整个社会、特别是富贵之家服务。每一个丐户有一定的主顾,但作为丐户整体讲,它不是隶属于某一个家庭或家族,而是面向整个社会。婚丧嫁娶是社会上各种家庭所不断发生的,节日的庆贺、拜神祀鬼的活动,已经成为整个社会的或地方上的风俗习惯,为这些活动而出现的职业的从业人员,自然是为社会大多数人效力的,丐户的职业就是如此。但是最需要丐户职业的还是社会的上层——官僚、富人,因为他们讲排场、摆阔气。如在山阴,有钱的人家,即使平常的宴请亲友,也要"罗珍馐、列声乐,以丰侈为敦厚"②。堕民的吹唱,既是他们骄奢淫侈生活的玩物,又是表现他们富厚之家气势的点缀。在夫为妻纲的传统社会,"男女有别"是神圣不可违犯的道德准则,而且越是世家大族,越加严重。新昌县"名门右族,闺门严整,非至亲不相见,街市店肆中不见妇女往来"③。大家妇女被束缚在深宅绣楼,她们生活上的某些需求,通过堕民妇女同外界联系,不失为一个途径。所以富贵之家的男女都特别需要从事丐户职业的人为他们服务。

丐户的职业及其特点,决定了他们的基本经济状况。堕民男子为人抬轿、鼓吹、值堂,混顿饭吃,得点喜钱,"所谓抬到吃肉肉,袋里有铜铜(指铜钱)"④。堕民妇女的收入要比男子多,她们担当的事务比男子重要,服务对象中有高门大户,只要侍奉好老爷、太太、小姐、少奶奶,就可多得赏钱,就是《琴川三风十愆记》所说"受役于殷实富贵之家,所获百倍于男"。堕民的酬金,大体上不是以某一次的服役来定,而要看他的主顾的财力和应役状况。所以堕民妇女

---

① 《琴川三风十愆记》。

② 康熙朝《山阴县志》卷8《风俗》。

③ 万历朝《新昌县志》卷4《风俗》。

④ 民国《鄞县通志·文献志·庚编·方言》。

出门时总要携带口袋,以便随时向顾主领取物品。不管堕民领取报酬的方式如何,男女收入的差别怎样,他们所从事的卑贱职业,决定了他们中的多数人经济困窘。也有的人比较富裕,拥有田产和金钱,如沈德符《万历野获编》卷24《丐户》所记载的在北京行医的绍兴堕民甄某"起家富厚"。有的人积资产。开设戏局。①所以作为一个整体讲,丐户是被压抑的贫民,但在其内部,经济上有所分化,有穷人和富人之别。因此丐户、堕民主要不是经济概念,而是政治身份概念。

四、堕民的身份、地位

在官方的法令和民间的习惯上,堕民同倡优隶卒一样,为不齿于平民的贱民,其卑贱的身份主要表现在:

不能读书应举。据沈德符记载,堕民男子"不许读书"。徐渭有同样的叙述——"禁其学"。表明明朝政府不准许堕民进学为士人。清朝政府也是如此。②雍正帝削除乐户等贱籍之后,陕西的乐户子弟毛光宗、钱宏业纳赀为监生。到了乾隆三十六年(1771),中央政府认为此事办错了,革去毛、钱的功名,处罚司事官员,并做出相应的规定:从报官改业的人起,"下逮四世,本族亲支皆清白者,方准报捐应试,若仅一二世,及亲伯叔姑姊尚习猥业者,一概不许滥侧士类"③。包括堕民在内的贱民削籍之后,入学的条件尚如此苛刻,更可见削籍之前不能进学限制的严格了。

不准做官。科举,是唐朝以来人们出仕的通常途径,不许贱民参加科举,也就意味着不许他们做官。明朝政府禁止堕民"充吏员、粮里长"④。即使家私万贯,亦"禁不得纳费为官吏"⑤。前面提到过的绍兴业医的甄姓堕民,离开老家,捐纳为通州的胥吏,他还想凭其资财改换门庭,捐纳京卫指挥使司经历(从七品的小官),被他的同乡掾吏们知道了,告发他是堕民,"安得登仕版",

---

① 民国《鄞县通志·文献志·己编·礼俗》。

② 乾隆五十三年(1788)法令规定:"倡优隶卒及其子孙,概不准入考捐监,如有变易姓名,蒙混应试报捐者,除斥革外,照违制律杖一百。"(光绪朝《钦定大清会典事例》卷752《户律·户役》)

③《清高宗纯皇帝实录》卷886,"乾隆三十六年六月庚辰"条。

④《堕民猥编》。

⑤《万历野获编》卷24《丐户》。

害得他不敢就选,只得依旧当医生。他因远离家乡,才能冒充民籍纳资为吏,若在本地,就很难冒籍了。要之,统治者严禁堕民脱离贱籍,不许他们跻身上流社会。

不能与良人通婚。良贱联姻,历来为法律所禁止。[1]堕民,"例不得与平民为婚姻"[2],"各以种类自相婚配",如《琴川三风十愆记》所云。由是繁衍出新一代代的堕民。

同良人不能平等相处。堕民对他服侍的主人,居于奴仆地位,比如在称呼上,尊称有钱的老年男子为老爷、妇女为太太,年轻的男女为少爷、相公奶奶。即使顾主为一般的农民和手工业者,也不许直呼其名,而必须称作"某官"。堕民见一般良人,也不能像一般人之间那样行拱手礼,更不敢同坐。[3]明清两代,顾主与被雇者之间的称谓和相处礼节,是作为判定人们之间的法律关系的一个重要根据。被雇者若与顾主尔我相称,同坐共食,在明朝则可被当做介于良民与奴仆之间的雇工人,在清代则可被看作良人。堕民称顾主为老爷、官人,虽无主仆名分,然实居贱民地位,屈居良人之下。

堕民在身份上处于贱民地位,官府和地方上的士绅还以繁多的生活习俗上的规定,标志贱民的卑贱身世。在服饰上,堕民男子戴狗头型帽子,妇女穿青衣蓝裙,裙子一定要做横布的,不许卷袖,不得穿红鞋,发髻稍高于良家妇女,簪子只能用骨角的,不许戴耳环。[4]这样的穿着打扮,堕民到公共场所,人们一眼就可以识别出他们。所以徐渭说:"四民中即所常服,彼亦不得服,彼所服,盖四民向号曰:是出于官,特用以辱且别之者也。"[5]在居住方面,堕民聚族而居,"低屋小房"[6],被称为"贫巷"[7]或"衖子巷"[8]。在行走方面,政府禁止堕民

---

① 如《唐律》有"奴娶良人为妻""杂户不得娶良人"等禁条。《明律》有"娶乐人为妻"专条,规定:"凡官吏娶乐人为妻妾者,杖六十,并离异,若官员子孙娶者,罪亦如之,附过,侯荫袭之日,降一等,于边远叙用。"

②③ 康熙朝《山阴县志》卷8《风俗》。

④ 乾隆朝《鄞县志》卷1《风俗》,《琴川三风十愆记》。

⑤ 徐渭:《会稽县志·风俗论》,见康熙朝《会稽县志》卷7《风俗》,《青藤书屋文集》所载与此文字略有出入。

⑥ 乾隆朝《余姚县志》卷12《风俗》引旧志。

⑦ 《琴川三风十愆记》。

⑧ 乐户、堕民因业吹唱,亦被称为衖子人,其聚居地故亦曰"衖子弄"。见民国《鄞县通志·文献志·庚编·方言》。

乘车马。

总之,堕民遭受非人的待遇,没有任何政治权利,没有人格,没有尊严,有的只是被侮辱与被损害,他们属于最受压迫的群体。君主专制社会将居民区划为不同的等级,并固定起来。粗略说来,有皇室、贵族、官僚、绅衿、平民,包括堕民在内的倡优隶皂和奴仆贱民,丐户处于最底层。

五、雍正帝削除丐籍及其原因

说明了丐户的基本情况,有利于了解雍正削除丐籍的内容和原因。

丐户削籍的过程,在上面的行文中已有所涉及,而它的削籍又同山陕乐籍的除豁有密切关系,因一并做简单叙述。浙江道监察御史、年羹尧的长子年熙于雍正元年(1723)四月上疏请求削除山陕乐籍,那时年羹尧正红得发紫,与雍正极端密切。雍正又将年熙指给另一宠臣隆科多做后人。因此年熙的建议如果不是出自雍正帝的授意,也是他看准了皇帝心思。果然雍正帝认为他的奏议很好,交户部议行,并下令查核类似的贱民,"概令改业"①。七月,两浙巡盐御史噶尔泰响应,上疏请除绍兴堕民丐籍。他说堕民在宋朝"有应得之罪,处之固宜,今已堕落数百年,生息蕃衍,岂可尽无廉耻,实因无路自新,伏乞皇上特沛恩纶,请照山陕乐籍,一并削除"②。经过户部讨论,雍正批准了这个建议。雍正八年(1730),江苏巡抚尹继善请削常熟、昭文丐户籍。他说该地丐户,"迩来化行俗美,深知愧耻,欲涤前污,请照乐籍、堕民之例,除其丐籍,列为编氓"③。也为雍正帝批准实行。这些事实说明雍正帝是削除贱籍政策的制定者,中央和地方大员赞同者甚多,这些命令的颁发并不费周折。

雍正帝削除丐籍包括三项内容:一是原来的丐户经过申请,地方官批准,脱离丐籍,转入民籍,即由贱民转为良民。二是丐户改籍,必须抛弃原来职业,别习新业,同时政府禁止地方绅衿逼勒丐户再操旧业。④三是丐户既转属平

① 阮葵生:《茶余客话》卷2《乐户堕民丐户之世袭》。
②《朱批谕旨·噶尔泰奏折》。
③《清世宗实录》卷94,"雍正八年五月丙戌"条。
④ 雍正三年(1725)规定:堕民丐户和乐户"改业为良,若土豪地棍仍前逼勒凌辱,及自甘污贱者,依律治罪"。(光绪朝《钦定大清会典事例》卷752《户律·户役》)

民,就要同平民一样向政府尽义务——当差。一句话,所谓削籍,不外是准许丐户改业,转为良民,并对国家纳税服役。

雍正帝为什么热衷于对贱民开恩呢?有的载籍说是出于对贱民的可怜。[①]雍正帝是人道主义者吗?未见得。他之削除贱籍有主观的和客观的多种原因,盖为:

第一,新君以厘革前朝弊政,获取政治资本。雍正皇帝的上台,经过了艰巨的斗争,登基后仍面临政敌的严重挑战。因此他急需获取更多的政治资本,以巩固帝位。释放贱民正是这种需要的产物。雍正政府认为,明成祖"压良为贱"产生的山陕乐籍,是"前朝弊政",故"亟宜革除"。[②]至于堕民,对本朝并没有罪,可以"特沛恩纶"。解除贱籍的理由,说得官冕堂皇,很正当。你看,明成祖对追随建文帝的忠臣义士横加报复,以至置之贱民地位,在道德伦理上也是讲不通的。这样相沿几百年的弊政,把它改革了,贱民解放了,这不是皇恩浩荡吗?不就是仁政吗?不就会感发人的忠良,拥护当今的圣主吗?噶尔泰说,除堕民丐籍,"使尧天舜日之中,无一物不被其泽,岂独浙省堕民,生者衔环,死者结草,即千万世之后,共戴皇恩于无既矣"。[③]雍正帝所希望的正在于此。

第二,肃风化,正人伦,以维持君主社会秩序和伦理。在传统社会君主与官员中,对待贱民的态度,历来有两种:一是坚持等级制度,残酷地奴役贱民;一是主张部分地赦免贱民,其目的是维护社会伦理和秩序,如明初内阁首辅解缙说:"夫罪人不孥,罚弗及嗣。……律以人伦为重,而有给配妇女之条,听之于不义,则又何取夫节义哉?此风化之所由也。"[④]雍正帝君臣同于后一种人,他们的思想与解缙辈相一致。朝臣说:"我国家化民成俗,以礼义廉耻为先",像贱民那样"有伤风化",理当清除。[⑤]雍正帝自己则说:"朕以移风易俗为心,凡习俗相沿,不能振拔者,咸与以自新之路"。今贱民改业为良民,就是"厉廉耻,而广风化也"。[⑥]可见他们的动机是维护统治者自定的道德,非议其内部自我破坏其道德准则的人。

---

①《清朝通志》卷85《食货略》中说雍正对贱民"甚悯之,俱令削除其籍"。

②⑤《永宪录》卷2上。

③《朱批谕旨·噶尔泰奏折》。

④《明史》卷147《解缙传》。

⑥《清世宗宪皇帝实录》卷56,"雍正五年四月癸丑"条。

第三，压抑绅权的一个措施。雍正帝为强化中央集权，适当地压制士绅权力。如雍正二年(1724)，明令革除儒户、宦户名目，禁止他们借此插手税务，两年后重申前令，表现了他的坚决态度。贱民主要为绅衿服务，也为他们所控制，雍正帝赦免贱民，包含弱化绅衿非法特权的含义。

第四，消弭堕民的反抗斗争。贱民所受的欺凌，迫使他们产生不满情绪，时或爆发一定程度的反抗。如在明朝，堕民愤于豪民，"掖己若是甚也"，乃"竟盟其党"，向政府告发他们，但地方官多佑豪民，以是常失败，但这更激发堕民团结一致，务期达到目的。虽然这是不可能的，可是对官府的幻想，却鼓舞他们斗争不息。在长期的斗争中，统治者加在他们身上的禁条也有所破坏，如在服装方面，狗头帽、横布裙，就不那么严格了。所以徐渭说："籍与业至于今不乱，服则僭而乱矣。"①常熟丐户以制绳为业，康熙二十七年(1688)，该地造船，勒派丐户交绳索，丐户陆三、周文等向江苏巡抚上告，反对额外差派。经苏州知府查明，是常熟县奸徒造成，"殊堪发指"。于是在该县立碑，写明嗣后造船，"不许仍前差派丐户承值"，否则"即严拿究解，官以失察指参，役以蒇功令处死"。②丐户摆脱了不合理的差役。贱民的各种形式的抗争，也迫使统治者改变对他们的治理办法，以至削除他们的贱籍。

六、丐户从良之难及雍正帝削除丐籍的意义

乾隆中，萧奭谈到雍正帝削除丐籍令时说："堕民，多改业，无复往来市巷矣。"③他的话有很大的夸张成分，只反映了一部分事实。削籍令下之后，一些堕民改业为良，摆脱了屈辱的地位。但是堕民开豁令只是堕民解放漫长过程的开始。雍正朝之后，仍有相当多的堕民没有改籍从良，如苏州府长洲、元和、吴县、常熟、昭文还有丐户，依旧承担他们的迎春扮演差役。④宁波的丐户保留较多，到清朝末年乃发生第二次削籍事件。光绪三十年(1904)，宁波人卢洪昶等深感压抑堕民的不合理，但碍于雍正年间宣布过削籍，不敢再提。于是想出

---

① 《会稽县志·风俗论》。
② 《江苏省明清以来碑刻资料选集》，第 621—622 页。
③ 《永宪录》卷 2 下。
④ 《江苏省明清以来碑刻资料选集》，第 276—277、645 页。

开办堕民学校的法子,顺带提出除籍问题,获得光绪帝批准,并允许堕民学校毕业生与良民学校毕业生"一体给予出身"①,于是两万多户堕民得以除籍。这时中国社会正处于动荡之中,戊戌维新虽已失败,但资产阶级革命运动节节开展,所以这次除籍与雍正帝时期有明显的不同:一是改籍条件降低,堕民可以立即就学;二是卢洪昶等对堕民的同情有人道主义思想成分,卢氏说:"同是人也,而强名丐名堕以辱之,不平何如焉,吾誓拯之出,以全人道。"②尽管如此,事后堕民仍然受着旧职业和旧观念的束缚。到 20 世纪 30 年代,鲁迅说:"绍兴的堕民,直到民国革命之初,他们还是不与良民通婚,去给大户服役。"③又说:"记得民国革命之后,我的母亲会对一个堕民的女人说:'以后我们都一样了,你们可以不要来了。'不料她却勃然变色,愤愤地回答道:'你说的是什么话?⋯⋯我们是千年万代要走下去的!'"④可见辛亥革命对堕民的解放有促进作用,但也没有使他们脱离贱民地位。中华人民共和国成立后,实行了一系列的社会改革,堕民才随着整个社会的天翻地覆获得新生。堕民的解放,经历了二百多年的历史,可见之难。

那么,堕民的从良何以那样曲折呢?这有着深刻的社会原因。

第一,堕民自身很难改业,而社会上也需要他们从事的职业。一些贫穷的堕民为了生活,不能舍弃旧业,继续从事那些被人鄙视的活计,正如鲁迅在《我谈堕民》中所说:"为了一点点犒赏,不但安于做奴才,而且还要做更广泛的奴才。"其实堕民改业之难,雍正朝户部在议论噶尔泰的建议时已经看到了,官员们说"捕龟、卖饼、穿珠、做媒,俱系贫民糊口常业""若行削除,终致失业"⑤。所以堕民在没有新的谋生之道以前,在社会还没有给他们提供新的就业机会之前,很难改业自新。而雍正时代并没有给他们准备这个条件,相反统治者和富人又离不开为其服务的演员、轿夫、穿珠娘等类的人。这种社会状况就决定了堕民不能彻底改业从良。

第二,君主专制社会森严的等级制度不允许堕民彻底解放。传统社会的等级关系是凝固的,很难打破。因等级制度而形成的门第观念特别强烈,严格

① 《清德宗景皇帝实录》卷 536,"光绪三十年十月丙寅"条。

② 民国《鄞县通志·文献志·丁编·堕民脱籍始末记》。

③ 《病后杂谈之余》,载《鲁迅全集》第 6 卷,人民文学出版社,1958 年,第 142—143 页。

④ 《我谈堕民》,载《鲁迅全集》第 5 卷。

⑤ 《永宪录》卷 2 下。

限制人们越轨行为。如常熟，"单门贱子，即暴起至大富，士论必下其品，凡婚姻、交际、称谓必不易与"①。又如绍兴府，"家矜谱系，推门第，品次甲乙"②。再如宁波府象山县"婚姻严良贱"③。在封闭的等级制和等级思想的禁锢下，堕民哪能独立地打碎这手铐脚镣。比如卢洪昶提出办堕民学校时，"世尚鄙视堕民"，没人肯当校长，陈训正就任后，人们仍"狃于旧俗，有民羞于为伍"，而堕民又"以生计攸关，乃服务如故"，办学校受了很大影响。④时至清末尚且如此，等级制比斯时更甚的雍乾之世，其阻力之大可想而知了。

传统社会的经济结构和经济生活、等级制度及其观念决定了堕民不会因最高统治者的一纸命令而得解放，雍正帝削除丐籍令不可能得到认真的贯彻，从而取得预期的效果。堕民从良的实践过程说明，他们摆脱卑贱地位的程度随着社会的进步而加大，他们不可能靠着某个人的恩赐而能够最终脱离苦海。

如此说来，雍正帝削除丐籍还有什么意义呢？它为堕民脱离丐籍解除了法律禁令，是堕民解放的开始。削籍令是政府宣布取消对堕民的特殊控制办法，遂使堕民有了摆脱丐籍的可能。就是说堕民只要依照政府的条件，申请改业从良，就可以按照平民的方式生活，一定时间之后可以中举做官，如果同平民发生纠纷，可以以平民的身份出现在官庭上，可能不会像过去那样因是贱民而遭受不应有的歧视和打击。所有这些，起码在道理上讲是能够达到的了。堕民的除籍，使他们数百年的积郁有所中舒，使他们的生活欲望有所增强，使他们的奴才性有所消弱，从而使他们受着极大压制的创造力得到一定程度的解放。所以解除堕民贱籍，是对这一部分人的生产力的某种解放。堕民人数在全国人口中比例极小，不是社会生产力的主要部分，不过从性质上看，削除丐籍是解放生产力的措施，其历史意义不可忽视。再者，雍正实行摊丁入亩制度后，政府对人民的控制有所放松。所以在鸦片战争前的清代，人民与政府的隶属关系有削弱的趋势，丐户的除籍生动地反映了这一趋势，反映了生产力发展的要求。

---

① 管一德：《常熟文献志》卷18《风俗》。

② 康熙朝《绍兴府志》卷18《风俗》。

③ 道光朝《象山县志》卷1《风俗》引《浙江通志》。

④ 民国《鄞县通志·文献志·己编·礼俗》。

从丐户的削籍，我们还看到雍正帝为人的一个方面。沈德符曾纳闷："何以自宋迄今六百余年"，堕民"不蒙宽宥"？[①]在他提出问题后的一百年，堕民才得到削籍之令，也可以说是有幸碰到雍正帝其人。其他被除籍的贱民也是如此，特别是乐户，明清两代皇帝不断发出"开恩"的诏令，如明英宗释放教坊司乐工三千八百余人为民。[②]明景帝时议准，凡原来乐户愿从良者，听其改业为民。[③]康熙年间，裁扬州乐户。[④]这些被释放的乐户只是乐籍中的一部分，而雍正帝则不然，他把教坊司改为和声署，选择精通音乐的平民为乐工，根本取消了乐户籍。[⑤]所以俞正燮研究乐户丐户史指出："本朝尽除其籍，而天地为之廓清矣"。[⑥]从削除贱籍来看，雍正很有政治气魄，敢于革除旧弊，敢于打击某些绅衿势要，使政治有所修明，应当给予应有的肯定。

(原载日本《集刊东洋学》第 44 号，1980 年 10 月)

---

① 《万历野获编》卷 24《丐户》。

② 《万历野获编》卷 1《释乐工夷妇》。

③ 《茶余客话》卷 4《教坊司》。

④ 钟琦：《皇朝琐屑录》卷 38《风俗》。

⑤ 光绪朝《钦定大清会典事例》卷 524《乐部·设官》。

⑥ 俞正燮：《癸巳类稿》卷 12。

论田文镜抚豫
——雍正帝政治的样板

　　田文镜(1662—1733)于雍正二年(1724)初,出任河南布政使,同年升巡抚,五年(1727)晋总督,统理军民事务,次年为河东总督,兼辖山东,十年(1732)底死于任所。他治豫九年,朝野注目,毁誉不一,而以责难为多。雍正帝将田文镜树立为模范督抚,表彰、保护不遗余力。他的行政与雍正帝政治紧密相连。因此对他的评价必须放在朝政范围内进行全面的考察。

　　田文镜,监生出身,康熙朝官场很不得意。雍正元年(1723),他奉命祭告华山,路过山西,"目击民瘼,直言无隐",因而获得雍正帝的信任和重用。[①]他一意迎合雍正帝,从而受知,飞黄腾达,雍正帝为他特意设立河东总督以示宠异。

一、田文镜推行耗羡归公、养廉银制度与保证国课

　　火耗,亦称耗羡,是一种附加税。康熙末年,吏治不清,国帑亏损,火耗一事尤为严重。各地所加火耗比率不一,少的为正税一成左右,多的达到七八成,一般的在三四成之间,成为农民的严重负担。耗羡由州县官征收,除必要的办公用费、向督抚司道府上司的送礼,其余的落入私囊。山东巡抚黄炳在雍正元年(1723)奏报,旧有各属节寿礼银六万余两,两司羡余银三万两,驿道、粮道规礼银各二千两,盐道及盐商规礼银各三千两。[②]表明巡抚每年因耗羡得到的好处是十一万余两的银子。火耗同各种陋规相联系,还带来国帑亏损的问题。州县官为确保私人及规礼用度,征耗银严于收钱粮,收了的钱粮往往挪作他用,不能上交国库。如康熙六十年(1721),川陕总督年羹尧奏报陕西西安等四府一州亏空正项银九十余万两。[③]火耗关乎着吏治、国课,康熙帝也深明

---

　　①《上谕内阁》,雍正元年四月十四日谕。
　　②《朱批谕旨·黄炳奏折》,雍正元年十一月二十三日折。
　　③《掌故丛编》第8辑《年羹尧奏折》。

于此,但他晚年已没有精力予以整顿。有官员奏议控制火耗成数,康熙帝说如若明定额数,人无忌惮,必将更加多收。陕西巡抚噶什图建言将火耗除留州县用度外,多余的归省里,用作公共事务。康熙帝不批准,并说征收火耗原是地方官的私事,若允许部分归公,就是使它合法化,而他本人将得个实行加派的恶名。

雍正帝即位后,就有官员提出耗羡改革的主张。元年(1723)五月,湖广总督杨宗仁提出与噶什图类似的建议:在州县加一耗羡内拿出二分,"支解藩司,以充一切公事之费,此外丝毫不许派捐"①。雍正帝与乃父的态度截然不同,立即支持,勉励他好好实行。同年,山西巡抚诺岷首创耗羡归公法。次年初,河南巡抚石文焯也着手施行,田文镜到河南任布政使,积极协助他。不久石文焯调任,田文镜坐升巡抚,坚持贯彻这一政策,并逐步解决推行中产生的问题。

控制耗羡率。河南的火耗,每两增收八钱,弄得民不聊生。巡抚石文焯和布政使田文镜针对这种弊情,减轻耗羡率。他们因各州县火耗多寡历来不一,就不在全省做统一规定,但都按比例降低原来耗羡率。于是最少的地方正额税银一两,另征耗羡银一钱一分,最多的征一钱七分,全省平均一钱三分挂零儿,比原来降低六七成。当时河南额征地丁银三百零六万两,约征火耗银四十万两。

确定养廉银。州县官征收耗羡,全数上交部政司,这叫耗羡归公,然后由省里给他们发放补助费,是为养廉银。田文镜依据属员官职大小确定给予其不等量的养廉银,小县知县每年一千两,中县一千二百两,大县一千四百两,道员三千两,河南总督二万八千九百两。又从耗银中抽出一部分给州县官,作为公费银。耗羡提解,确定官员养廉银数目,原意是使官员知道,加耗再多也不能多留,对他无益,以此制止其肆行加征,同时也使他们生活过得去,所以耗羡归公与养廉银两个制度相辅相行。

取缔陋规。耗羡归公后,若上司仍向属员索要礼金,州县必然还会在耗羡之外再行加派,则横征暴敛一无底止。石文焯考虑乃此,在实行之初,就将巡抚衙门一切节寿规礼尽行革除。②田文镜更能以身作则,不收下属规礼。田文

---

① 《朱批谕旨·杨宗仁奏折》。

② 《朱批谕旨·石文焯奏折》。

镜还把禁止官员送礼引申为取消土例。原来开封府特产的绫、绵、手帕、西瓜，归德府的木瓜、牡丹、永枣、岗榴，怀庆府的地黄、山药、竹器，汝南府的光鸭、固鹅、西绢，平原州县的麦豆，水田州县的大米，附山州县的木炭、兽皮、鸡鸭、鹿、兔等类，上司都强令属员交纳，经手的家人像收税一样，还要承交人奉送门包。田文镜自任巡抚起，一概不收土特产，严禁地方官交送。①

弥补亏空。田文镜就任藩司，就着手追查亏空。他奏报："臣不遗余力檄委各府州互相觉察，设法严查，总期彻底澄清，不容纤毫短少。"②田文镜提解耗羡银，有步骤地补偿前任官员自己不能清还的欠款，至雍正二年(1724)，就把欠在藩库的补清，欠在州县的三四十万两也严催急补。③到雍正十一年(1733)，河南布政司库存耗羡银七十多万两，雍正帝因而说："此皆原任总督田文镜在任多年，殚心经理之所储蓄者。"④耗羡银储存这么多，正项钱粮的交纳清楚，自无问题。

田文镜推行耗羡归公的同时，打击贪婪不法的官员，到雍正四年(1726)，已参劾属员22人。克山县知县傅之诚吞没雍正元年、二年、三年的耗羡银一千四百多两，田文镜认为耗羡银虽非正项钱粮，但既经提解归公，岂容吞没，遂将他革职题参。是以提解火耗的实行，就是整顿吏治的过程，使恣意加派、授受规礼、互相包庇的恶劣风习和败坏的吏治有所改变。

耗羡提解由诺岷始行于山西，河南也是最早实行的省份之一。因此这个政策在全国的推行，晋、豫二省起了示范作用

田文镜的耗羡归公，使原先被侵蚀的国课，用本来为官僚私有的耗羡加以补偿；确定养廉银制度，希图防止以后再出侵吞，保证国课不致短缺；控制火耗率，禁止地方官恣意私派，也保障百姓完纳正税。所以，这个办法的精神是为了保证清朝政府的赋税收入，做到国库充盈，而打击贪官污吏、整肃吏治，则是实现这个目标的必要条件，也是它的必然结果。

---

① 田文镜：《抚豫宣化录》卷4《再行严禁勒取土产以苏民困事》。

② 《朱批谕旨·田文镜奏折》，雍正二年四月初八日折。

③ 沈曰富：《沈端恪公年谱》。

④ 雍正朝《河南通志》卷1《圣制》。

二、平均赋役——调节绅衿与国家、平民的关系

耗羡归公,就包含解决绅衿与平民耗羡负担不合理的问题。乾隆初,礼部侍郎钱陈群说:"康熙年间之耗羡,州县私征,往往乡愚多输,而缙绅士大夫以及胥吏豪强听其自便,输纳之数较少于齐民。"[1]田文镜亦指责某些地方官:"征收钱粮,滥加火耗,绅衿上役不令与民一体完纳,任其减轻,而取偿于百姓小户。"[2]火耗原应根据田赋征收,但是官吏却将绅富的负担转摊到贫民小户身上,极不合理。这只是官吏在施政过程中给予绅士的不成文的一种特权。绅衿还获得政府允许,称为"儒户""宦户",借此为非作歹。田文镜说,有的绅衿"凭借门第,倚恃护符,包揽钱粮,起灭词讼,出入衙门,武断乡曲"[3]。他们的不法行为,特别是将赋役、耗羡转嫁到平民身上,造成所谓"一切费用尽出穷民"[4],"孤弱百姓俯首承办"[5]的局面。因此穷苦民众怨恨官府,仇视不法绅衿。为解决这些弊病,田文镜把打击不法绅士作为一项施政方针,他的措施是:

士民一体当差。雍正元年(1723),河南巩县知县张可标发出"生员与百姓一体当差"的告示。[6]二年(1724),封邱令唐绥祖因黄河堤防须用民工,规定每田百亩出一名夫役,绅衿也不例外。田文镜支持唐绥祖的做法,说它"正与绅衿里民一例当差之例符合"[7]。

严禁绅衿包揽钱粮和词讼。田文镜夙知劣绅与胥吏串通包纳粮赋的积弊,获悉有的地方官向包纳人"预借钱粮应用",乃于雍正三年(1725)发出严禁包揽钱粮的通令,设若生监故违,即行斥革功名,枷号示众,若官吏朋比为奸,定行题参。[8]对于绅衿的驾词兴讼,干预官方,田文镜严加惩处。雍正五年(1727),乡绅和景惠"捏造匿名揭帖",田文镜奏其诬告,雍正帝将和景惠处以

---

① 钱陈群:《香树斋文集》卷 4《条陈耗羡奏疏》。

②《抚豫宣化录》卷 3 下《为再行条约事》。

③《圣谕条例事宜·待绅士》。

④ 朱轼:《朱文端公文集》卷 2《答白中丞书》。

⑤《掌故丛编》第 5 辑《年羹尧奏折》。

⑥《朱批谕旨·石文焯奏折》。

⑦《朱批谕旨·田文镜奏折》,雍正二年五月十七日折。

⑧《抚豫宣化录》卷 4《严禁包揽田粮以杜亏空事》。

绞刑。①

摊丁入亩。雍正二年(1724),直隶巡抚李维钧实行摊丁入亩政策后,各省相继仿行。四年(1726)四月,田文镜在严禁编审积弊时,已部分贯彻摊丁入亩的精神,把没有土地的少壮农民的应纳丁银着落到地多粮多的人户。八月,田文镜请在河南推行摊丁入亩政策,他的理由是丁银按人征收,对贫民是个负担,造成民间苦乐不均,不若摊到地亩,使赋役平均。他的办法是以县为单位,把该县原额丁银摊入全县地粮中征收,不管纳粮户是否为绅衿富户,一律按地亩增纳丁银。②如确山县,每纳银一两的地,派入丁银一分八厘。③雍正帝予以批准,命从次年开始实行。丁银不按人丁而依田亩征收,使无地或少地的人减轻负担。雍正帝说:"丁银摊入地亩一事,于穷民有益,而于绅衿富户不便。"④所以实行摊丁入亩政策,是政府、贫民同绅富的斗争。

严惩罢考生监。绅衿不满意对他们特权的限制,时刻俟机反抗。雍正二年(1724)五月,封邱生员王逊、武生范瑚等人反对绅民一体当差,拦截知县唐绥祖,不许他实行按田出夫的役法,声称"征收钱粮应分别儒户、宦户,如何将我等与民一例完粮、一例当差",强烈要求维护他们的特权。不久河南学政张廷璐按考到开封府,封邱生员举行罢考,范瑚还把少数应试生童的试卷抢去。事情发生后,田文镜报告雍正帝,采取严厉手段,将王逊等斩决,维持士民一体当差政策。

制定主佃关系法令。对不法绅衿的惩治,田文镜还想通过法律把它巩固下来。雍正五年(1727),田文镜上疏,请将苛虐佃户的乡绅按照违制律议处,衿监吏员则革去职衔。雍正帝说,他只考虑绅衿欺压佃户,没有顾及佃户拖欠地租及欺慢田主,令其公平计议,遂定出田主苛虐佃户及佃户欺慢田主之例:"凡不法绅衿,私置板棍,擅责佃户,勘实,乡绅照违制律议处,衿监吏员革去衣顶职衔,照律治罪;地方官容隐不行查究,经上司题参,照徇庇例议处,失于觉察,照不行查出例罚俸一年。如将佃户妇女占为婢妾,皆革去衣顶职衔,按律治罪……至有奸顽佃户,拖欠租课、欺慢田主者,照例责罪,所欠之租,照数

① 雍正朝《起居注册》,五年九月十八日。
② 《抚豫宣化录》卷 2《题豫省丁随地派》。
③ 乾隆朝《确山县志》卷 2《户口》。
④ 《上谕内阁》,雍正四年七月初二日谕。

追给田主"。①生员监生擅责佃户,除革去功名,还处以杖八十的刑法。②清朝法律,一般拷打监禁,罪止杖八十。雍正朝定律例,将衿监擅责佃户以满刑论处,表现了禁止绅衿欺压佃户的严厉态度,它还表明佃农的法律地位和地主是平等的,起码在这里是如此。清代法律专家薛允升论到此事,有所不解,也有所不满,他说:"佃户究于平民不同,擅责即拟满杖,似嫌太重。"③由此可见,这个关于主佃关系法令的制定具有不容忽视的意义。

田文镜用这些措施调节绅衿、平民、清朝政府三者间的关系,以剥夺绅衿的非法特权、平均赋役为条件,使这三者间的矛盾得到了一定程度的缓解。

三、着眼催科、漠视民瘼与大报祥瑞

有田必有赋。民间为逃避赋税,往往隐匿垦田。雍正二年(1724),经雍正帝批准,田文镜推行自首隐田政策,办法是允许民间自首隐田,当年交纳钱粮,以往所隐,不拘年分,不再追征,首报当年清出隐地两千五百多顷。④首报与否,关乎地方官的考绩,他们也设法督令百姓自首隐田,以至西华县知县独出心裁,不论民间有无欺隐,凡"民户内有粮地一亩,派令首垦三分",即按现有税田亩数的百分之三的数字摊派民间。这就损害了一般民户的利益。

田文镜讲求垦荒,严饬地方官督垦。地方官为显示政绩,虚报垦田数字,而把它应纳的税粮加派到现有耕地上,加重了田地的负担。有的地方官实事求是,不肯虚报垦田,如署理温县令顾以楷,对"督院严饬耕荒,独抗温地无荒,宁弃官不以虚粮累民,殊忤宪意"⑤,在所不顾。

首报和垦荒,据田文镜、王士俊主修的《河南通志》记载,康熙九年(1670)至六十一年(1722)的五十三年中,河南全省报垦和首隐的粮田共十二万六千九百顷,雍正元年(1723)至八年(1730)的八年间,垦首田地五万一千四百顷。⑥这就是说,康熙年间河南平均每年增加垦首田近二千四百顷,雍正年间为六

---

① 光绪朝《钦定大清会典事例》卷100《吏部·擅责佃户》。

② 光绪朝《钦定大清会典事例》卷809《刑部·刑律斗殴》。

③ 薛允升:《读例存疑》卷35《刑律斗殴·威力制缚人》。

④ 《朱批谕旨·田文镜奏折》,雍正三年九月十一日折。

⑤ 乾隆朝《光州志》卷45《宦迹》。

⑥ 雍正朝《河南通志》卷21《田赋》。

千四百多顷,后一时期的平均增长速度是前一时期的 2.67 倍。赋税从而增多。

豫省有漕粮二十多万石,每年十月开征,十二月收清漕运,定限次年三月初一日送抵京东通仓。运输归河南负责,航线是由卫河进入大运河,转输地点在直隶大名府大名县小滩镇,但这里远离交粮的州县,且河道多沙石浅滩,需要经常疏浚,而此地不属河南管辖,浚河工程很不灵便,因此河南漕粮常常要到五六月间"方得出境"①,不能及时交仓。田文镜为按期运至通仓,于雍正三年(1725)请求将兑运地点改到卫辉府水次,把直隶大名府所属的濬、滑、内黄三县改归河南辖治。直隶总督李维钧因要割其属县,持有异议,雍正帝从通漕出发则予批准。②事情立见效果,当年的漕粮,田文镜于四年(1726)正月十七日全部运出河南,比往年大大提前,七年(1729)的漕粮,更是早在当年十月二十六日全部运出河南。经过兑运地点和行政区划的变动,河南漕粮完纳的状况得以大大改观。豫漕的按期和提前交仓,从财政上支持了中央政府。漕粮应于十月征收,田文镜竟然在当月下旬就征收并兑运完毕,就不能不使人怀疑他提前开征,而且催科一定很急,否则不可能有那样的效率,而这样一来,纳粮人要在新谷登场时立即完赋,承受胥吏追扑严比之苦。

雍正七年(1729)八月,田文镜说河南"数年以来,丰登屡庆"③。他报喜不报忧,不仅夸大农业收成,更严重的是匿灾拒赈。八年(1730),河南许多州县灾情严重,田文镜说只是夏秋之交雨水较多,但没有成灾。雍正帝据此指示按收成分数捐免钱粮,可是田文镜奏称:河南连年丰收,今春麦季收成又好,"民间家给人足",税粮不须减免。非但如此,他加紧催征漕粮。九月底,他就说河南士民"咸知急公慕义,是以今岁漕粮甫经开征,即争先输纳","不日即可全数通完"。④在重灾下征钱粮,其严刑追比的惨景当可想见。至于赈济,就更无从说起了。灾民被迫逃荒他省,湖广总督迈柱将他们资送回籍。到次年(1731)春天,祥符、封邱、阳武、原武、荥泽、郑州、中牟等地饥民"沿途求乞,而村镇中更有卖鬻男女"⑤现象,饥民无法生存,群起勒令富人借贷。雍正帝得知事态严重,派刑部侍郎王国栋往河南办理赈务。这时有人密参田文镜"匿荒不报,忽

① 《上谕内阁》,雍正四年二月二十八日谕。
② 雍正朝《起居注册》,雍正三年六月二十日。
③ 《朱批谕旨·田文镜奏折》,雍正七年八月初三日折。
④ 《朱批谕旨·田文镜奏折》,雍正八年九月二十八日折。
⑤ 《上谕内阁》,雍正九年二月二十六日谕。

视民艰"①。雍正帝包庇他,说他是"实心任事之大臣,必无膜视民艰之理",对他不做任何处分,反而指斥告密者是"摇唇鼓舌"。②

田文镜因在雍正元年(1723)报告山西"民瘼",获得雍正帝的信任,晋抚德音因之遭到撤职。③七年后,田文镜犯了同德音一样的错误,而处理却大相径庭,缘故当然是他是雍正帝的宠臣。但是明了这一点远远不够,还应当看到此事与雍正大搞祥瑞有着密切的关系。雍正五年(1727),田文镜进呈一茎十五穗瑞谷,雍正帝说这是他"忠诚任事"感召的天和,加以表扬。④田文镜又报孟津县农民翟世有拾金不昧,雍正帝高兴地说这是"风俗休美之明征,国家实在之祥瑞"⑤。田文镜则把它归功于皇帝的上感天心,他说:"皇上御极,天心协应,叠见嘉祥。"⑥可见田文镜的报祥瑞,正与雍正帝宣扬"天人感应"的愚民思想合辙,迎合了雍正帝巩固自己政权的需要。所以不管客观情况如何,祯祥屡现的调子总要唱下去。田文镜既以祥瑞见告,就没有办法再报灾荒,只好匿灾拒赈。这是他们君臣大讲祯祥的必然结果。雍正帝有感于此,自然会对田文镜曲加庇护。

田文镜严令自首隐田、垦荒、改变漕粮兑运办法、匿灾征粮,有一个共同的东西,就是及时地征收和起解钱粮;他打击贪官污吏和不法绅衿;同时对民间强行多征钱粮。这三个方面构成了他施政的基本内容。

四、雍正帝刷新朝政的体现

田文镜生前屡遭朝内外官员的弹劾,舆论颇坏,他的主子兼保护人雍正帝一死,指斥更多。乾隆帝在即位后的第四个月,就说田文镜"苛刻搜求,以严厉相尚,而属员又复承其意指,剥削成风,豫民重受其困,即如前年匿灾不报,百姓至于流离"⑦。一句话,他行的是苛政。史家和文人对田文镜笔伐不已。萧奭在《永宪录》中说他以苛刻绳属员,"上禁赌博则奏河南独无,上勤赈恤则报丰

①《上谕内阁》,雍正九年四月二十九日谕。
②《上谕内阁》,雍正九年二月二十六日谕。
③《上谕内阁》,雍正元年四月十四日谕。
④《上谕内阁》,雍正五年八月二十日谕。
⑤《清世宗实录》卷71,"六年七月甲寅谕"条。
⑥《朱批谕旨·田文镜奏折》,雍正七年五月二十一日折。
⑦《清高宗实录》卷7,"十三年十一月丙辰"条。

收"①,是专门窥测人主之意的小人。袁枚曾将田文镜与直隶总督李卫做一番比较,说田文镜奏禁铜法,"请民间有抛掷制钱者拟军,又奴婢首主人藏铜器者许脱籍,治其主人之罪"②,从而认为他心术太坏。这类观点一直流传至今,《辞海》对于他的政事唯说:"匿灾不报,苛征田赋,致百姓流离。"③称赞田文镜的主要是雍正帝,在上谕和田文镜奏折的朱批中不厌其烦地说了这些话:

> (田文镜)整饬河工,堤岸坚固,河汛安澜,年岁相稔,绅衿畏法,正己率属,地方宁谧,而每事秉公洁己,谢绝私交,实为巡抚中之第一人。④
>
> (田文镜)忠诚体国,公正廉明,是以豫省境内吏畏民怀,本省之人及往来经过者皆称为乐土……若各省督抚皆能如田文镜、鄂尔泰,则天下允称大治矣。⑤
>
> 田文镜老成历练,才守兼优,自简任督抚以来,府库不亏,仓储充足,察吏安民,惩贪除弊,殚竭心志,不辞劳苦,不避嫌怨,庶务俱举,四境肃然。⑥

一方面责备田文镜为苛刻酷吏,一方面将他奖为"巡抚中之第一人",而所据事实,主要就是前三节所讲的那些,此外则是与李绂互奏案,本文没有涉及,可以不计。问题是人们对那些事情的看法不一。雍正帝以最高统治者的身份誉田文镜为他的第一个好督抚,是把他同自己的革新政治联系在一起。雍正帝在田文镜的奏折上批写:"尔乃领悉朕意之人"⑦,"卿之是即朕之是,卿之非即朕之非"⑧。雍正帝曾自惭用人不当,说"假如诸臣之中不得田文镜、鄂尔泰,则朕之罪将何以谢天下也"⑨。他们真是君臣一体,鱼水难分。雍正帝褒奖田文镜是支持这个宠臣,也是坚持自己的政治,为自己的行政辩护。乾隆帝谴

① 萧奭:《永宪录·续编》,中华书局印本。
② 袁枚:《小仓山房文集》卷7《直隶总督兵部尚书李敏达公传》。
③《辞海》"田文镜"条,1980年合订本,第1671页。
④《上谕内阁》,雍正四年十二月初八日谕。
⑤⑨《上谕内阁》,雍正六年五月二十五日谕。
⑥ 雍正朝《河南通志》卷1《圣制》。
⑦《朱批谕旨·田文镜奏折》,雍正二年十二月初四日折朱批。
⑧《朱批谕旨·田文镜奏折》,雍正七年八月初三日折朱批。

责田文镜,又何尝限于这个已故的疆吏。他说:"夫移风易俗者郅隆之上理也,然必渐民以仁,使民日迁善而不自知。倘为督抚者,一有移风易俗之见存之于心,宣之于口,朕知其不但不能移易乎风俗,而风俗且受其弊……即据河南一省论之,田文镜匿报灾荒于前,王士俊报垦荒于后,小民其何以堪?"[①]这不仅责难包括田文镜在内的督抚,而是指向雍正朝的诸多政事,在这里,田文镜不过被当做箭靶子罢了。乾隆帝不满意乃父的政策,欲行更张,又不便直接攻诘乃翁,只能拿臣下做伐子,当时人深明其意。乾隆元年(1736),王士俊说时下大臣的奏议,"只须将世宗时事翻案,即系好条陈"[②]。可见,乾隆初年高宗掀起一股否定前朝政治的风浪,那时田文镜很自然地处在风口浪尖上了。清人及现代人对田文镜的指斥,多半也是因鄙恶雍正帝,因而及于这个皇帝的宠臣。看来,田文镜同雍正帝密不可分,他的行政与雍正朝政治紧密相联,他们的关系是:

1.田文镜的行政是雍正帝"振数百年之颓风"的革新精神的体现

雍正帝在康熙末年激烈的储位之争中的胜利已表现出他的才能,他一登基,就期望刷新政治。他有抱负,曾就湖广总督傅敏、巡抚宪德察奏前任巡抚郑任钥违禁贩卖硝黄一事说:"凡事当如此,据实入告,方可以振数百年之颓风,若将此以为严刻,云发人之隐私,而互相蒙隐,则私弊何日得理,吏治何由能清。"[③]又说:"汝等科甲出身之人……如李绂、郑任钥等之营私作弊,转不如非科甲之人矣。非科甲者作弊易于败露,科甲之人作弊,巧诈隐密,互相袒护,往往不即败露,其害转大。汝等宜思天人感应之理,丝毫不爽,果能至诚秉公,致朕于尧舜之君,朕必委曲保全,尽令尔等为皋夔稷契之臣,将唐宋元明积染之习,尽行洗涤,则天下永享太平。"[④]雍正帝要涤除"唐宋元明积染之习""振数百年之颓风",口气很大,似有夸夸其谈的毛病。但是他是励精图治的君主,惟日孜孜,勤求治理,特别是如同在前面提到过的那样,他主张循名责实,反对因循守旧,革新正是他的政治思想,而且他讲这些大话,是同具体事情联系在一起的,不是无的放矢。他要剔除的社会积弊是:第一,犁革官场恶俗,澄清吏治;第二,实行经济改革,整理财政;第三,严惩不法绅衿,改变士习。田文镜

① 《清高宗实录》卷7,"十三年十一月癸亥"条。

② 《清高宗实录》卷23,"元年七月辛丑"条。

③ 雍正朝《起居注册》,五年正月十七日;《上谕内阁》,同日条。

④ 《上谕内阁》,五年三月初三日谕。

带头实行耗羡归公和养廉银制度,勤于办理钱粮事务,厉行清查亏空,毫不容情地题参贪赃营私的官吏,打击与他们相勾的不法绅衿,镇压罢考生员,倡议改订主佃关系法令,都是围绕雍正帝的整顿吏治、清理财政、移风易俗的总政策而采取的措施,体现了雍正帝的"振数百年之颓风"的革新精神。

2.田文镜的严刻是雍正帝严刑峻法施政手段的体现

雍正帝说:"一切政治,但务宽严相济。"①又说:"政宽则民慢,慢则纠之以猛,猛则民残,残则施之以宽,宽以济猛,猛以济宽,政是以和。"②他说这些话,不过是认为乃父为政主宽,而他应当代之以严。当然严不是目的,是他推行政策的手段。在施政中,他遇到阻力,就坚决清除。他的严,主要表现在对不法官员的撤职、抄家和对民间的控制上。当地方长吏奏参属员贪婪不法时,雍正帝大多批准革职审问。他为清查直隶仓储,派数十名官员前往,预备接替因亏空而罢任的州县官,江西清仓,就撤换了几十个官员。乾隆年间,李绂说雍正朝时的凶愚督抚,"日以参官为事,州县之吏或一岁半岁而被参,或数月而即逐,或一疏而参十数员"③。他虽持抱怨态度,但所说接近事实。

最后,总括田文镜抚豫与雍正新政关系,笔者的印象是:

田文镜治豫初年,针对康熙末年吏治败坏、国库亏损问题,秉持雍正帝的兴利除弊方针,使得河南财政的状况从根本上好转,一定程度上刷新了吏治。他的行政对当地社会发展有利,并对雍正帝革新政策在全国的推行起了促进作用。

田文镜反对的是历久相沿的积弊,涉及众多的官僚、绅衿,不采取严厉措施,就不能压服那些被打击对象。因此对他的严酷施政手段,不宜仅就它的残暴的一面做过分的指责。积重难返,治痼疾,就不能怕重剂了。他不徇私情,不怕得罪人,是执行雍正帝的严猛施政方针。

总之,田文镜以雍正帝雷厉风行的作风,推行其主子的改革政策,成为模范督抚。他的治豫,在很大程度上体现了雍正帝的政治。讲祥瑞、匿灾情,也是雍正帝弊政的体现。

(原载《中国史研究》1982 年第 2 期)

---

① 《朱批谕旨·杨宗仁奏折》,雍正三年四月初九日折朱批。

② 《朱批谕旨·杨名时奏折》,雍正二年九月初六日折朱批。

③ 《条陈用人三法札子》,载《皇朝经世文编》卷 15。

曾静投书案与吕留良文字狱述论

雍正六年(1728)秋天,湖南秀才曾静遣徒张熙投书川陕总督岳钟琪,策动他举兵反抗清朝,朝廷就此兴起大狱,并伸引出已故浙江人吕留良案,形成后世赫赫有名的吕留良文字狱。雍正帝将这个案件的审问记录和他的有关上谕汇编出《大义觉迷录》一书,颁布天下学宫,要求臣民学习理解。曾静案与吕留良案是两个既有联系而又不相同的案件,前者是主体,后者是附加的,然而却给人以相反的印象。实质是雍正帝欲以曾静案说明他继位的正当,以控制对他不利的舆论,而用吕留良案所反映的满汉民族矛盾问题,掩盖他单讲帝位事情的被告性的被动处境。这两个案子还引发一系列文字狱,造成康雍乾三代文字狱不断的恶果。

一、曾静投书岳钟琪

(一)曾静的理想

曾静是湖南永兴县人,出身于读书世家,乃祖、乃父均系生员,自身也中秀才,然家境贫窘,遂弃举业,授徒为生,收有弟子张熙和廖易。永兴地处湘粤边界,系偏僻地方,而曾静小有名气,人称"蒲潭先生"。因穷困,乃父曾与同时代的湖广人士一样有移徙四川的愿望,而未能实现。他亦有此意,打算先到巴蜀看看再搬迁。北上行至长沙,正值雍正朝宣传五星连珠的祥瑞,曾静以为世道将会变好,乃返回家乡。这是他出事以前唯一的一次进入大城市,开了眼界。此外,曾静先前到州城应试,见到吕留良程墨评论的书籍。但生活的艰难,民间的疾苦,读书人传统的经世济民思想,满汉民族的矛盾和社会上流传的当今皇帝——雍正帝的失德,促使他热衷于思考社会问题,做出记录,写成《知新录》《知几录》,后来又写《生员应诏书》,这些书连同被捕后的供词,均能说明他的政治追求。

拯救百姓于贫穷。他在《知新录》中写道:"土田尽为富户所收,富者日富,贫者日贫。"①读到《孟子·滕文公篇》，对其描述的井田制，"心中觉得快活，私地暗想，以为今日该行"，结合吕留良对《孟子》这一章的评解，认为井田制可以实行，"且说治天下必要井田封建，井田封建复了，而后方可望得治平"，如若不复井田，"贫富不均，其余言治，皆非至道"。②均贫富，令穷人能够生活，是他的一种理想。他的徒弟张熙也是这种见解，故而说他们师徒希望改变世道，就是因为"百姓贫穷，只为救民起见"③。

反对满人统治，主张"华夷之分大于君臣之伦"。清朝皇帝是满人，又是君主，按照传统伦理，臣民对人主应该绝对忠诚，依据汉族的"夷夏之大防"的观念，对少数民族的皇帝又要反抗，那么应当如何对待清朝满人皇帝呢？曾静说："先明君丧其德，臣失其守，中原陆沉，夷狄乘虚窃其神器，乾坤反覆，地塌天荒，八十余年，天运衰歇，天震地怒，鬼哭神号。"④他愤恨满人的清朝代替汉人的明朝，认为它带来巨大的灾难。他之所以这样观察事情，并非完全从实际出发，而是他以为，区分汉族与少数民族的统治比君臣大义还重要。他在《知新录》里就孔子对管仲的态度做了说明："管子忘君事仇，孔子何故恕之而反许以仁？盖以华夷之分大于君臣之伦，华之于夷，乃人与物之分界，为域中第一义，所以圣人许管仲之功。"因此对已经号令全国的少数民族统治者，他主张逐杀："夷狄侵凌中国，在圣人所必诛而不宥者，只有杀而已矣，砍而已矣。"⑤

认为雍正帝是失德的暴君，成为他谋反的触媒。曾静指控雍正帝十大罪状，即"谋父""逼母""弑兄""屠弟""贪财""好杀""酗酒""淫色""怀疑诛忠""好谀任佞"。⑥这十条罪名，包括了雍正帝继位及在位头五六年的政治举措和政治事件，曾静都持否定态度。他认为，对这样的暴君，不要说是满人，就是汉人也不能饶恕。

认为皇帝应当由儒者圣贤做，他自己亦以救世为己任。曾静将治理天下的人区分为两种，一是世路英雄，另一是儒家圣贤，只有后者才能治好天下。

① 《大义觉迷录》卷1《奉旨问讯曾静口供十三条》，载中国社会科学院历史研究所清史研究室编：《清史资料》，中华书局，1983年，第31页。

② 《大义觉迷录》卷1，第42页。

③ 《文献丛编》第2辑《张倬投书岳钟琪案》，故宫博物院文献馆出版，第25页下。

④ 《大义觉迷录》卷1，第29页。

⑤ 《大义觉迷录》卷2《奉旨问讯曾静口供二十四条》，第52、65页。

⑥ 《大义觉迷录》卷1《上谕》，第10—19页。

他说："皇帝合该是吾学中学者做,不该把世路上英雄做。周末变局,在位多不知学,尽是世路中英雄,甚者老奸巨猾,即谚所谓'光棍'也。若论正位,春秋时皇帝该孔子做,战国时皇帝该孟子做,秦以后皇帝该程、朱做,明末皇帝该吕子做。今都被豪强占据去了。吾儒最会做皇帝,世路上英雄他哪晓得做甚皇帝。"①他理想中的皇帝是孔子、孟子、程颐、朱熹和吕留良,只有他们懂得治民的道理,而真正做皇帝的人不过是世路上的光棍,哪能给百姓造福。他自视甚高,以为可以辅佐贤君,改变政局,救民于水火。所以当五星聚、黄河清之世,是天意要出现治世,他则是当仁不让的创造者之一,故云:"以大事看来,五星聚,黄河清,某当此时,如何死得! 天不欲开治则止,天欲开治,某当此机会,毕竟也算里面一个,求人于吴楚东南之隅,舍某其谁?"②他的学生将他看做了不起的人物,是"心心念念望世变事革,想某乘运起来复三代"③。因而雍正帝也说他"平昔以济世自命,心怀异谋,图为不轨已久矣"④。

比较清苦的汉族读书人曾静,具有敌视满人清朝政权和不满意贫富不均的思想,碰上舆论中颇多异议的雍正政治,激化了固有的反抗意识,并在这种观念的驱使下,想出世做一番事业,才派遣张熙去陕西鼓动岳钟琪造反,以便成就大业。天下之人甚多,为什么他偏偏选中岳钟琪,要辅佐于他?

(二)岳钟琪成为社会矛盾的一个焦点

岳钟琪,汉族人,记载说他是岳飞第二十一世孙。⑤乃祖祯邦,原籍甘肃,任至山西大同镇总兵官;乃父升龙,参加平定三藩之乱,为康熙帝所重用,授职四川提督,充议政大臣,予骑都尉世职,并赐籍四川,所以岳钟琪为四川籍。他前两代为高官,而本人更其发达。康熙六十年(1721)即出任四川提督。雍正二年(1724)春天,以奋威将军平定青海罗布藏丹津的叛乱,授予三等公,兼甘肃提督、甘肃巡抚。雍正三年(1725),年羹尧案起,岳钟琪出任川陕总督,九月陛见,加兵部尚书衔。这时的岳钟琪,可谓红极一时,特别是出任川陕总督,这个职位,自康熙十九年(1680)定例,是八旗人员的专缺。⑥他破例得到这个职

① 《大义觉迷录》卷2,第48页。
② 《大义觉迷录》卷1,第42页。
③ 《大义觉迷录》卷2,第51页。
④ 《大义觉迷录》卷2,第67页。
⑤ 《岳襄勤公行略》,载《清史资料》第4辑,中华书局,1983年,第171页。
⑥ 福格:《听雨丛谈》卷3《八旗直省督抚大臣考》,中华书局,1959年。

务,当然表明他深得皇帝的宠信,然而招来不少人的忌妒,光是密参他的"谤书"就有一夹之多。①当岳钟琪接任总督之际,议政大臣、署理直隶总督、汉军旗人蔡珽奏称岳钟琪"不可深信"。不久岳钟琪陛见进京,路过保定,蔡珽告诉他:怡亲王对你甚为恼怒,皇上藩邸旧人傅鼐嘱咐你要留心。岳钟琪不明就里,见皇帝时还盛赞蔡珽。②怡亲王允祥是雍正帝最信任的兄弟,这无非是说皇帝怀疑他,令他惶惧不安,不知怎么做才好。

当时攻击岳钟琪的言论,重要内容之一是说他是岳飞的后人,要复祖宗之仇,反对清朝。③统治集团内部有人这么看,还影响到社会下层。雍正五年(1727)六月,民人卢宗汉在成都街道上大叫"岳公爷带川陕兵丁造反",并说成都四门设有黑店,杀人。同时社会上传说岳钟琪已遭到谴责,他的长子岳濬业已逮捕问罪。旋经四川提督黄廷桂等审讯,以卢宗汉是神经病患者,没有同党,处死了事。在这种情形下,岳钟琪恐惧不安,请求解退总督职务。雍正帝对他大加安抚,说那些不利于他的言论是"蔡珽、程如丝等鬼魅之所为",要他继续供职,"愈加鼓舞精神,协赞朕躬,利益社稷苍生,措天下于泰山之安,理大清于盘石之固,造无穷之福以遗子孙也"。其时,雍正帝正在考虑对准噶尔部用兵,遂暗示岳钟琪,可能要同他商讨。④

对岳钟琪的不信任或其将要造反的流言传布很广,在湖南也有流传,说他"上一谏本,说些不知忌讳的话,劝皇上修德行仁"⑤曾静听到一些:岳钟琪"甚爱百姓,得民心,西边人最肯服他"。可是皇上过于怀疑他,防他权重,要招他进京,削夺兵权,并要锄掉他,他惧怕不敢奉召,因为他是大学士朱轼保举的,皇帝让朱轼到他的任所陕西,才将他召到京城,"奏说皇上用人莫疑,疑人莫用",后来还让他回任,仍然要朱轼保他,朱轼不愿再保,别的大臣也不保,皇帝就自己保他,让他离京。这时就有人奏称,朱轼不保他,是要和他一起造反,更不应当让岳钟琪离京。雍正帝于是派吴荆山追赶岳钟琪回京,但是他不从命,吴荆山就自杀了。岳钟琪到达任所,就上章非议朝政,"说皇上有如许不

①③《上谕内阁》,五年七月初三日谕,拱北楼书局藏版印本。
②　萧奭:《永宪录·续编》,中华书局,1959年,第404页。
④《文献丛编》第3辑《卢宗汉案》,第2页下—第4页下。程如丝,重庆府知府。
⑤《文献丛编》第1辑《张倬投书岳钟琪案》,第19页上。

是处"。①

　　看来,岳钟琪是朝野瞩目的人物,朝中有人因他是权重的汉人而嫉妒他、中伤他;民间则又以为他是忠义爱民的、反对皇帝暴政的汉人,能为汉人雪耻报仇,对他寄予厚望。这就使得他成为政治斗争和民族矛盾的一个焦点,一种测量器。这可是他本人所不乐意看到的事情,也是没有意识到会发生的事情。

　　曾静怀着对儒家治世之说的向往,凭借社会上对岳钟琪为人的传说,将实现理想的愿望寄托于岳钟琪造反,因而贸然遣徒弟张熙向岳钟琪投书策反,企图恢复汉人江山,而他也能出山,治理天下,使百姓安居乐业。

二、雍正帝的"出奇料理"与吕留良文字狱

　　雍正六年(1728)九月,张熙带着曾静的《生员应诏书》,投送到西安川陕总督衙门。书信的封面称岳钟琪为"天吏元帅"。它的内容,据岳钟琪转述,是"江南无主游民夏靓遣徒张倬上书。其中皆诋毁天朝,言极悖乱,且谓系宋武穆王岳飞后裔,今握重兵,居要地,当乘时反叛,为宋、明复仇等语"②。夏靓、张倬系曾静、张熙的化名,因为他们吃不透岳钟琪的为人,怕被他所害,所以不敢暴露真实姓名和身份。所谓"无主游民",乃是不承认清朝政府,希望有新的人主出现,仅仅这一词语,就充分表明他们造反的立场和勇气。书信是要动员岳钟琪反清,所持的理由就是汉民族的民族大义:因为岳钟琪是宋朝岳飞的后人,清朝皇帝是金朝女真人后裔,岳飞是抗金的英雄,他的遗胤不应该侍奉仇人的后代,希望他利用手中的兵力反对清朝,替祖宗报仇,为汉人雪耻。这种道理同官员密参岳钟琪的说法是一致的,与卢宗汉的呼喊类似,岳钟琪早就听惯了,岂能打动他的心! 他见到书信,认识到事态的严重性,为表明忠于清朝的心迹,一面奏报皇帝,一面找陕西巡抚、满人西琳共同提审张熙。西琳有事不能出席,改由按察使、满人硕色于暗室同听。岳钟琪问张熙的师父是谁,张熙不予回答,施刑拷打,晕绝不省人事,苏醒之后,出于舍生取义的思考,仍然坚不吐口,惟说他们的势力散布湖广、江西、广东、广西、云南、贵州六省,这些地方传檄可定。岳钟琪无奈,改设骗局,以礼相待,表示早有反抗满清

　　①《大义觉迷录》卷3,第106页。
　　②《文献丛编》第2辑《张倬投书案》(宫中档案续),第23页上。

的打算,"必欲聘请曾静以辅己"。为了取得张熙的信任,赌咒发誓,痛哭流涕,又让他的侄儿整理行装,迎接曾静,以此表示诚意。张熙年轻没有见过世面,更缺乏政治斗争经验,信以为真,遂以实情相告。①

(一)追查造言人

岳钟琪将曾静投书的事情奏报皇帝,雍正帝极力抚慰他,夸奖他的忠诚,并说朝夕焚香,对天祖叩首,祝愿岳钟琪"多福多寿多男子"。为表示这些愿望都是诚挚的,发给他的谕旨说的都是真心话,发誓"少有口心相异处,天祖必殛之"②。对臣下起誓,如同昔日对待年羹尧一样,以此表示对岳钟琪的绝对信任,进一步把他稳定住,使他全身心地协助办理这个案子。

雍正帝对这个案子的方针在一开始就定了下来。他在岳钟琪六年(1728)十月十七日的奏折上批道:"朕览逆书,惊讶堕泪。览之,梦中亦未料天下有人如此论朕也,亦未料其逆情如此之大也。此等逆物,所何自首,非天而何,朕实感天祖之恩,昊天罔极矣。此书一无可隐讳处,事情明白后,朕另有谕。"③他说自己受到莫大的冤枉,但这是好事——正好洗刷冤情。他虽说做梦也想不到有人会那样议论他,其实是欺人之谈。他实行的奏折制度和四处派遣密探,能够很快获得各种信息,故而他知道关于他的嗣位,处置允禩党人,诛戮年羹尧、隆科多,朝野颇多私议,只是自己不便挑明,公开论战,因而隐忍不发,或仅一般性地点到为止。如元年(1723)、二年(1724)两次讲到有人说他"凌逼弟辈"④"凌逼众阿哥"⑤仅表示那是攻击,并不追究造言者。曾静出来了,正好顺藤摸瓜,清其源而塞其流。所以他说没有"隐讳处",就是要使事情公开议论,而议题则是他的继位问题,故在上述朱批谕旨中指示岳钟琪:"卿可将冤抑处,伊从何处听闻,随便再与言之,看伊如何议论。"⑥这就是说重点追查的是关于他的失德言论的根源。他宠的臣云贵广西总督鄂尔泰在关于曾静案的奏折中说:曾静"诬谤圣躬","所以能如此,得如此者,臣以为其事有渐,其来有因","若非由内而外,由满而汉,谁能以影响全无之言据为可信,此阿其

① 《大义觉迷录》卷3,第110页;《文献丛编》第2辑《张倬投书案》(宫中档案续),第2页上。
② 《文献丛编》第1辑《张倬投书案》,第3页下。
③ 《文献丛编》第1辑《张倬投书案》,第4页。
④ 《上谕内阁》,元年二月初十日谕。
⑤ 《上谕内阁》,二年正月初八日谕。
⑥ 《文献丛编》第1辑《张倬投书案》,第4页下。

那、塞思黑等之本意,为逆贼曾静之本说也"。^①他分析授受的重大事情,民间的传言必然来自官场,而本源必在皇室内部,具体地说就是允禩、允禟等人。雍正帝以此为知音,称赞他的分析"恳挚详明,深诛奸逆之心"^②。他们君臣追查造言人的见解完全一致,这就是曾静案的主旨所在。

方针确定了,集中精力审理案子,派遣刑部侍郎杭弈禄、正白旗副都统觉罗海兰到湖南,会同湘抚王国栋审理曾静等一干人犯。曾静供出他的思想受到吕留良的影响,张熙到浙江访书,见过吕留良的弟子严鸿逵及再传弟子沈再宽。因此广泛株连,收审与吕留良有关系的人。如此涉及人员多、地域广,为统一审查和加速进度,遂将案中人统统调往北京审讯。

承审官员秉命追问诽谤皇帝言论的来源,曾静供认是听安仁县生员何立忠、永兴县医生陈象侯所说,而何、陈都是闻听于茶陵州堪舆陈帝西,陈帝西则供称在往衡州路上碰见四个说官话、穿马褂、像是旗人的人,互相说"岳老爷上了谏本,不知避讳,恐怕不便"^③。这样辗转审问,雍正帝断定是发配南方边疆的犯人传说的,下令沿途各省长吏查究。不久,各省巡抚相继应命报告。广西巡抚金鉷奏报发往该省人犯所造的流言,雍正帝赞许他"逐一密查,确有证据"^④。河南山东总督田文镜据解押人员供报,折奏发遣广西人犯达色、马守柱、蔡登科、耿桑格、六格,太监吴守义、霍成等言行。^⑤湖南巡抚王国栋、布政使赵诚、按察使郭朝祚审不出根由,雍正帝屡次降旨催责,要他们"再行详讯,务必追出传言之人,则此事方可归着"^⑥。王国栋等人仍然没有弄清,雍正帝就将王国栋调到京城,赵诚、郭朝祚革职。继任巡抚赵弘恩惩于前任之失,极意追询,终于报称:允禩等人太监发往戍所,"沿途称冤,逢人讪谤,解送之兵役,住宿之店家共闻之。凡遇村店城市高声呼喊:你们都来听新皇帝的新闻,我们已受冤屈,要向你们告诉,好等你们向人传说。又云:只好问我们的罪,岂能封我们的口?"^⑦据三藩之一耿精忠的孙子耿六格供招,他被充发三姓地方(今黑

① 《朱批谕旨·鄂尔泰奏折》,七年四月十五日折,光绪十三年上海点石斋缩印本。

② 《上谕内阁》,七年十月初十日谕。

③ 《文献丛编》第2辑《张倬投书案》(宫中档案续),第21页下。

④ 《上谕内阁》,七年九月初二日谕。

⑤ 《朱批谕旨·田文镜奏折》,七年十一月十六日折。

⑥ 《上谕内阁》,七年九月初二日谕、十月初七日谕。

⑦ 《大义觉迷录》卷3,第122页。

龙江依兰)时,在允禩党人允䄉使用过的八宝家中,听允禩心腹太监何玉柱、于义向八宝妻子讲述皇上改诏篡位,毒死康熙帝,逼死皇太后的话。达色供认,允禩太监马起云向他讲太后在铁柱上撞死。佐领华赉供称,在三姓任协领时,听见太监关格说"皇上气愤母亲,陷害兄弟"①。这样,雍正帝认为找到允禩集团是他失德舆论的制造者与传播人,故云"谤及朕躬者,则阿其那、塞思黑、允䄉、允禵等之逆党奸徒,造作蜚语,布散传播"②,影响及于民间。

雍正帝就此采取对策,一方面再次宣布允禩等人的罪过,另一方面,就曾静所说他的罪状,逐条辩析他没有过失,因此发出许多上谕。他深知关键是嗣统问题,特加解说,在说明继位合法性的基础上,进而指责曾静谋反同允禩集团的关系。他说:允禩、允禵等人的"奴仆、太监平日相助为虐者,多发遣黔粤烟瘴地方,故于经过之处,布散流言,而逆贼曾静等又素怀不臣之心,一经传闻,遂借以为蛊惑人心之具耳"③。利用曾静案子,雍正帝自我宣布找到了诬蔑他失德的舆论根源,这是他出奇料理此案的第一个内容。

(二)扯出吕留良案

岳钟琪诱骗张熙时,张熙明白表示他们最崇敬的是吕留良,不仅承认去过吕家,见其诗文,而且随身带有吕留良的诗册,让岳钟琪观看,岳钟琪说看不出诗中有什么反清的观念,张熙为他一一指明。④

那么吕留良究竟何许人也?他生于崇祯二年(1629),卒于康熙二十四年(1685),浙江石门人,因家难的缘故,参加科举,于顺治十年(1653)中秀才,以避祸,事平后,于康熙五年(1666)弃青衿,操选政,名声颇著,被人尊称为"东海夫子"。他在著述中强调区分华夷的不同。他说:"华夷之分,大过于君臣之义。"⑤教人站稳华夏民族立场,不能效忠于夷狄政权。他借着讲述历史道出对清朝的看法,他说:"德祐以后,天地大变,亘古未经,于今复见。"⑥南宋德祐二年(1276)二月,元军进入临安,南宋实际已经灭亡,与此同时,蒙古族的元朝在全国建立了统治,这是第一个统一中国的少数民族政权。所以吕留良说这

---

① 《大义觉迷录》卷3,第121页。

② 《大义觉迷录》卷3,第120页。

③ 《大义觉迷录》卷1,第20页。

④ 《文献丛编》第1辑《张倬投书岳钟琪案》,第2页下。

⑤ 《大义觉迷录》卷3,第106页。

⑥ 《大义觉迷录》卷1,第4页。

是从古未有的事变。清朝是继元朝之后统一全国的少数民族政权,吕留良也将它的出现看作绝大的灾难。他怀念着明朝,在文章中说南明永历帝朱由榔被缅甸送回国时,"满汉皆倾心",向他下跪;处死他时,"天地晦霾,日月失光",百里以内的关帝庙都被雷击。[①]意为天怒人怨,反对清朝暴政。他坚持汉民族的立场,不承认清朝政府,谓之为"彼中""燕""北""清",[②]而不称呼其为"大清""国朝""圣朝"。康熙十八年(1679),博学鸿词特科举办,浙江官员推荐吕留良,他誓死不参加考试,次年,地方官又以山林隐逸荐举他,他坚辞不赴。他把这些荐扬看作逼他出仕,厌恶至极,为免得再受纠缠,削发为僧。[③]他的这种政治态度,加上作为理学家的声望,使其成为具有较大影响的学者,所谓"穷乡晚进有志之士,风闻而兴起者甚众"[④]。僻处湘南山区的曾静等人闻其名而向往之,可见其名播海内。

作为吕留良弟子的严鸿逵,继承了老师的思想,他敌视清朝,希望发生世变,常观天象,日记记有"十六夜月食,其时见众星摇动,星星相欲堕状,又或飞或走,群向东行"。又认为数年之内,"吴越有兵起于市井之中"。他总想看满人的笑话,说索伦发生地裂,热河大水淹死满人两万多,同情被惩治的世传朱三太子。日常戴明朝式样的"六合一统帽",而不戴当时的"四方平定巾"。大学士朱轼推荐他纂修《明史》,他在日记中表示:"予意自定,当以死拒之耳。"[⑤]他的学生沈再宽作诗云:"陆沉不必由洪水,谁为神州理旧疆?"还说"更无地著避秦人"。又录吕留良私淑门人黄补庵诗句:"闻说深山无甲子,可知雍正又三年。"[⑥]这时清朝统一全国已经八十多年,他秉承师说,拒不承认清朝,希望恢复汉人的神州。张熙到东南访求吕留良遗书,严鸿逵、沈再宽予以热情接待。所以吕留良虽死,而后继有人。

雍正帝从曾静事件中看到吕留良思想的深远影响,他说,吕留良批评时艺,托名讲学,造成"海内士子尊崇其著述非一日矣"[⑦]。深知要清除一部分汉人的反满情绪,要批驳曾静的华夷之辨,必须触及他们所崇拜的吕留良,于是

①②《大义觉迷录》卷4,第138页。

③④ 吕留良:《吕晚村先生文集》附录吕葆中等《行略》,约刻自同治八年。

⑤《大义觉迷录》卷4,第149页。

⑥ 蒋良骐辑,林树惠、傅贵九校点:《东华录》卷30,中华书局,1980年,第495页。

⑦《上谕内阁》,八年十二月十九日谕。

将吕氏师徒和曾静一并立案审理。他指斥吕留良"胸顽梗化,肆为诬谤,极尽悖逆";严鸿逵为吕留良羽翼,其言词有较吕留良更为恶劣的地方;沈再宽"堕感逆党之邪说,习染凶徒之余风",也是不逞之徒。①雍正帝更加留意的是吕留良的华夷之辨的观念,针对汉人反对少数民族做皇帝的意识,雍正帝提出不以地域区别君主好坏的理论。他说,帝王所以成为国君,是生民选择有德之人,而不是挑选哪个地方的人。这样为少数民族统治全国立了一个标准,即合不合生民的需要。他举例说,虞舜是东夷之人,周文王是西夷之人,并不因地域而不能做君主,也不能损害他们的圣德。因此他说,清朝"之为满洲,犹中国之有籍贯",同虞舜、文王一样可以做君主。②以此说明清朝统治的合理性。他进而说到清朝治理的好处:(甲)清朝使中国疆土开拓辽远,是中国臣民的幸事。(乙)清朝创造了太平盛世,令"四方无事,百姓康乐,户口蕃庶",田野日辟。(丙)清朝是从李自成手中得的天下,不但不是夺的明朝皇位,还为它报仇雪耻,汉人专门用明朝后裔为反清旗号,是叛逆的行为。③(丁)清朝的衣冠是天命来主理中国的衣冠制度,令臣民遵从,所谓"孔雀翎,马蹄袖,衣冠中禽兽"的话,是无知之人的诋毁。本朝怎么能"舍己而从人,曲尊而就卑,改易衣冠之理乎"④! 雍正帝在华夷之辨中具有自豪感,认为南北朝时,君主只能统驭一方,所以南人指北人为索虏,北人诋南人为岛夷;他们不知修德兴仁,而徒事口舌之讥,实在卑微浅陋。⑤他以各民族皆在清朝治理之下的事实,说明华夷无别,维护以满族为统治民族的清朝政权。雍正帝主张不分地域,以德为王,在理论上、在实践上,对维护多民族国家的统一有积极意义。但他以地域观念代替民族观念,是偷换概念,回避清朝的民族歧视问题,这是由他作为少数民族统治者的地位所决定。

---

① 《清世宗实录》卷 82,"七年六月丙戌"条,中华书局,1985 年,第 2 册第 85 页。

② 《大义觉迷录》卷 1,第 4 页。雍正帝讲:"……在逆贼等之意,徒谓本朝以满洲之君,入为中国之主,妄生此疆彼界之私,遂故为讪谤诋讥之说耳。不知本朝之为满洲,犹中国之有籍贯。舜为东夷之人,文王为西夷之人,曾何损于圣德乎!《诗》言'戎狄是膺,荆舒是惩'者,以其僭王猾夏,不知君臣之大义,故声其罪而惩艾之,非以其为戎狄而外之也。若以戎狄而言,则孔子周游,不当至楚应昭王之聘;而秦穆之霸西戎,孔子删定之时,不应以其誓列于《周书》之后也。"

③ 《大义觉迷录》卷 1,第 5 页。

④ 《大义觉迷录》卷 2,第 67 页。

⑤ 《大义觉迷录》卷 1,第 4 页。

(三)宽于曾静、严于吕留良的出奇结案

经过案情的审理和思想观念的驳诘,雍正帝做出结案的处断,就此又抓了两个方面,一是文字上的,另一是组织上的。

前面说过,雍正帝在曾静案子初发之时表示曾静的书信不必隐讳,将来自有处置,过了将近一年,于七年(1729)九月下令,将论述这个案子的上谕编辑在一起,附上曾静的口供和忏悔的《归仁录》,集成《大义觉迷录》一书,加以刊刻,颁布于全国各府州县学,由学官带领读书士子观览,务令知悉;即使乡曲小民,也要通过宣讲让他们知晓。如果读书人不知此书,一经发现,就将该省学政、该州县教官从重治罪。①曾静口供和《归仁录》,一改从前责难雍正帝的态度,转而颂扬雍正帝至孝纯仁,受位于康熙帝,兼得传子、传贤二意;又赞扬雍正帝朝乾夕惕,惩贪婪,减浮粮,勤政爱民。所以《大义觉迷录》一书是为雍正帝嗣位及初政做宣传的著述。

至于如何处治曾静、张熙,雍正帝表示从宽免死,诸王大臣认为这样的"诬谤悖逆,罪恶弥天"之徒,不杀不足以蔽其辜,可是雍正帝说,这个案子不是臣下所可以参与的,事由朕躬裁断,是对是错,"朕身任之"。朕再四详慎思考之后,决定宽宥他们。②十月,雍正帝命将曾静、张熙免罪赦放,并且宣布不但本朝不杀他们,"即朕之子孙将来亦不得以其诋毁朕躬而追究诛戮之"③。如此处理的原因据说有两条,一因岳钟琪为明了投书真相与张熙盟过誓,岳钟琪为股肱大臣,与皇上应视为一体,不能让他失信,故而宽免曾静及张熙。二是因为有了曾静的投书,从而获知诽谤皇上的谣言是阿其那、塞思黑的太监,查出元凶,得以晓谕百姓,如此看来曾静还有功,不应斩首。④其实,真正的原因是为用他们现身说法宣传《大义觉迷录》。

曾静案发生后,雍正帝于七年(1729)二月向湖南派遣观风整俗使。观风整俗使的设置与派出,始于雍正四年(1726)的浙江观风整俗使。曾静案发,湖南巡抚赵弘恩认为这里"风俗不端,人情刁恶"⑤,雍正帝遂向湖南派遣观风整俗使。雍正帝命侍郎杭弈禄带领曾静到江南江宁、苏州及浙江杭州等地宣讲

① 《大义觉迷录》卷1,第9页。

② 《大义觉迷录》卷3,第135页。

③ 《大义觉迷录》卷3,第123页。

④ 《上谕内阁》,七年十月初六日谕。

⑤ 《朱批谕旨·赵弘恩奏折》,七年十一月初七日折。

《大义觉迷录》,表示他的悔罪,即为雍正帝歌功颂德,然后秘密押送到湖南观风整俗使衙门听用。[①]张熙由尚书史贻直带往陕西,在各地宣讲完毕,送回原籍,在家候旨,以便随传随到。[②]他们的宣传作用是别人所不能起到的。曾静、张熙实际上处于禁押之中,而乾隆帝继位,即将他们处死。

对吕留良一干人等的处理要晚一些,复杂一些。八年(1730)十二月,刑部提出结案意向,雍正帝命交各省学政,遍询各学生监的意见,因为要焚禁吕留良的著作,怕有人持不同观点,予以私藏,故以此为名,多做宣传。雍正帝还命大学士朱轼等撰文批驳吕留良的四书讲义、语录,九年(1731)十二月成书,也刊刻颁发学官。[③]又过了一年,才正式定案,将吕留良及其子、已故进士吕葆中、严鸿逵戮尸枭示,另一子吕毅中、沈在宽斩立决,吕留良和严鸿逵的孙辈人数众多,俱发遣宁古塔(今黑龙江宁安)给披甲人为奴,倘有"顶替隐匿等弊,一经发觉,将浙省办理此案之官员与该犯一体治罪"。吕氏家产没官,充浙江工程用费。[④]案中牵连人分别判处:黄补庵已死,妻妾子女给功臣家为奴,父母祖孙兄弟流二千里,刻书人车鼎丰、车鼎贲斩监候。车氏兄弟为江宁上元人,具有反满思想,一日饮酒,酒杯系明代瓷器,底部有成化年造的款识,车鼎丰将酒杯翻过来,说"大明天下今重见",车鼎贲把酒壶放在一边,说"又把壶儿搁一边",利用"胡""壶"同音,谓把满人的清朝弃置在一旁。他们的兄长车鼎晋曾奉召在江宁织造曹寅主持下校刊《全唐诗》,这时忧惧而死。[⑤]与吕留良交往的孙克用、收藏吕留良书籍的周敬舆也是斩监候。吕留良门人房明畴、金子尚革去生员,金妻流三千里。陈祖陶、沈允怀等十一人革去教谕、举人、秀才、监生,杖一百。严鸿逵、沈在宽的学生朱霞山、张圣范等人因年幼释放。[⑥]被处分的还有吕留良的同乡朱振基,他敬仰吕留良的为人,在广东连州知州任上,于衙门供奉吕留良牌位,吕案发生时,他已经调任广州府理瑶同知,但连州生员告发他,雍正帝将他革职严审,致使他死于狱中。[⑦]这个案子株连到刻

---

① 《朱批谕旨·赵弘恩奏折》,八年二月初四日折;《朱批谕旨·李卫奏折》,八年二月初八日折。

② 《朱批谕旨·史贻直奏折》,十年二月初三日折。

③ 《上谕内阁》,九年十二月十六日谕。

④ 《清世宗实录》卷126,"十年十二月乙丑"条。

⑤ 陈作霖:《炳烛里谈》卷上《文字祸》,载陈作霖、陈诒绂撰:《金陵琐志》,南京十竹斋,1963年。

⑥ 《清世宗实录》卷126,"十年十二月庚午"条。

⑦ 《清世宗实录》卷89,"七年十二月丙午"条;《朱批谕旨·王士俊奏折》,八年十月十一日折。

书人、藏书人，是文字狱中并不多见的。

在审查曾静后不久，雍正帝就此事在宠臣田文镜的奏折上批道："遇此种怪物，不得不有一番出奇料理，倾耳以听可也！"[1]对鄂尔泰亦给予同样内容的朱批。[2]经过他的精心料理，由曾静枝蔓出吕留良，做出对曾静案中人轻判、对与吕留良有关的人重判的处断确实够出奇的了。亏他想得出！

三、雍正帝嗣位及雍正初年政治斗争的总结

曾静以抨击雍正帝失德作为反清的政治武器，又动员岳钟琪造反，有着明确的政治目标，他的活动无疑是一种政治斗争，雍正帝因此兴大狱。所以曾静案是一场政治斗争，性质鲜明。但是这个案子如何处理，原是可以多样的：可以抓他的造反问题，或反满问题，可以不扩大线索，可以秘密进行，当然也可以公开审理，究竟采取什么手段，要看雍正帝的需要了。

雍正帝在储位斗争中，以其继位赢得了初步的胜利；接着在反对朋党的旗号下，沉重打击不甘心失败的允禩党人，巩固了帝位；当功臣年羹尧、隆科多出现尾大不掉之势，迭兴大狱，使他们灰飞烟灭；怀疑科举出身的官僚结成新的朋党，借着李绂参劾田文镜的案子重重地压抑了科目人；即位就清查钱粮，实行耗羡归公及养廉银制度、摊丁入亩制度，从而整饬了吏治，打击了不法绅衿。在所有这些方面，雍正帝都如愿以偿，可以说是政治上的胜利者、组织上的胜利者。但是那些政敌和被打击的人并不因失败而完全退出政治舞台，他们中的一部分人采取各种方式进行不同程度的反抗。对雍正帝的继位及其政策，人们看法不一，怀疑的、不满的、反对的都大有人在。曾静诉说的雍正帝十大罪状，当然不是他的发明，不过是对社会上流传的攻讦雍正帝观点的归纳。舆论将雍正帝描绘成篡逆的伪君，不讲人伦的畜类，穷凶极恶的暴君，盼望他立即垮台，以便出现有道明君的治理。

不用说，在思想上、舆论上，雍正帝不但没有像在政治、组织上那样获得成功，而是处于极其不利的地位，这就影响他统治的进一步稳定。因此他需要在思想、舆论上再打一仗，以巩固和扩大政治上的胜利。而在雍正前期，初政

---

① 《朱批谕旨·田文镜奏折》，七年五月二十一日折朱批。

② 《朱批谕旨·鄂尔泰奏折》，七年四月十五日折。

繁忙，来不及做这种事。曾静出来了，提出的恰是他的继位和初政问题，正是思想、舆论界对他不信任的因素，他一下子就敏感到了，抓着了，遂借曾静出的题目，凭恃帝王的权威，从思想方面向政敌开火。他在案件初发之时，就对岳钟琪说曾静投书也是好事，随后给浙江总督李卫的朱谕进一步明确了这种观点：关于朕的谣言，由曾静暴露出来，是"天道昭彰，令自投首。静言思之，翻足感庆，借此表明于天下后世，不使白璧蒙污，莫非上苍笃佑乎！"①他把曾静的发难视作天赐良机，利用它说明得位的正当、政治举措的得当、政敌的错误，进而说明反对他的舆论根源在于对手的恶意中伤，希图改变人们对他嗣统与初政的看法。

雍正帝的"出奇料理""奇"在敢于抓曾静的观点，公开辩论，敢于把不利于他的论点公布出来，敢于将曾静、张熙放到社会上。这个"奇"表现了他的政治气魄，善于料理重大政治事务。当他颁布关于曾静的上谕，鄂尔泰说："捧读上谕，坦然恻然，自问自慊，不为一曾静，而为千百亿万人，遍示臣民，布告中外，自非大光明，大智慧，无我无人，惟中惟正，固未有能几此者。"②撇开臣下的谀献成分，讲不为曾静，而为众人，鄂尔泰说到雍正帝的心坎上，他是拿曾静作文章，争取舆论同情。由此可见，曾静本身的反清与雍正帝处理的、旨在说明他的嗣位合法性、政策合理性的曾静案不完全一致。这个案子是雍正帝在思想界打了一仗，被他用作说明继位与初政的工具了。它是雍正帝继位和初年政治斗争的延续及总结，它的出现是雍正朝政治斗争的必然结果。

吕留良的事与曾静不完全相同。清朝初年，汉族士大夫中的一部分人具有强烈的反满思想，吕留良就是其中的一员。他是思想家而不是政治家，他宣传"夷夏之防"主要是认识问题，出家不仕也涉及政治，然而是次要的方面。曾静的政治事件把他株连上，他的思想被曾静接受并产生出政治行为这应由曾静本人负责，已故的吕留良自不能成为这个事件的主谋。雍正帝将他作为元凶，处以戮尸酷刑，是按政治犯对待的，但是吕留良本身非政治活动的性质，并不因人为的加以政治罪名而改变。所以吕留良、严鸿逵、沈在宽的获罪，在于他们具有和宣传反满思想，是文字之祸。这个案子搞得那么严重，是雍正帝

---

① 中国第一历史档案馆藏档，清世宗"朱谕"第9函。
②《朱批谕旨·鄂尔泰奏折》，七年四月十五日折。

处理曾静案的需要。他利用曾静案辩论嗣统问题,是被置于被告席的,被告自然愿意把事情讲清楚,实即洗刷掉。然而纠缠不休,总使自身处于被动地位,于己不利。雍正帝要改变这种状态夺取主动权,就放大视野,扩大事态,抓住吕留良,大讲华夷之辨问题,扭转嗣位事情中的被动状态。所以吕留良案是掩盖曾静案的,是本质上的附案,而在形式上成了主案。不难明了,吕留良案中人是无辜的受害者。这个冤狱充分表现了雍正帝和文化专制主义的残暴,同时反映出清朝统治者对汉人的民族压迫。

总之,曾静案和吕留良案是既有联系又有区别的两件事,前者是政治事件,后者是文字狱。

四、文字之祸的蔓延

曾静案和吕留良案发生后,雍正帝和官员更加注意思想控制,文字狱和准文字狱接踵发生。

雍正七年(1729)十二月,湖南巡抚赵弘恩折奏,浏阳县发现《朱姓家规》一书,端首称谓条内有"侏离左衽,可变华夏"之语。赵弘恩就此说:"当此圣明之世,饮和食德,在在蒙休,乃敢肆其犬吠,狂悖亵慢。"怀疑朱姓是曾静一党,严加审讯,毫无踪迹,遂将《朱姓家规》送呈皇帝。"侏离左衽,可变华夏",是汉人常见的说法,《朱姓家规》所写,并没有反满的特殊意思,而且同曾静案无关,雍正帝因此指示不必深究,但要对朱姓严加教育,以警其余。[1]

张熙往见岳钟琪时,说他听说广东有一位屈温山,诗文很好,亦不出仕,可惜没有见过。岳钟琪为引诱他上钩,说藏有屈温山集。雍正八年(1730)十月,署理广东巡抚傅泰阅读《大义觉迷录》,因"屈温山",想到广东著名学者屈大均,他的号叫"翁山",认定屈温山是屈翁山读音之误,遂查到屈大均的《翁山文外》《翁山诗外》《翁山文钞》诸书,发现其中"多有悖逆之词,隐藏抑郁不平之气",遇到明朝称谓,俱空抬一字,表示尊奉。这时屈大均已死三十多年,其子屈明洪任惠来县教谕,自动到广州投监,交出所存乃父诗文集刊版。傅泰遂以其为线索,加以严审,并上报朝廷。刑部议请按大逆律问罪,屈大均戮尸

---

① 《朱批谕旨·赵弘恩奏折》,七年十二月初九日折朱批。

枭示。雍正帝以其子自首,减等论处,终将屈明洪等流放福建,诗文毁禁。①

徐骏,江苏昆山人,康熙朝刑部尚书徐乾学之子,中进士,选庶吉士,作诗有"明月有情还顾我,清风无意不留人"句,被人告发"思念明代,不念本朝,出语诋毁,大逆不道"。雍正帝认定这是讥讪悖乱的言论,将他照大不敬律斩决,文稿尽行焚毁。徐骏出身大官僚家庭,年轻时骄狂暴劣,据说暗置毒药,害死其塾师,因而为情理所不容。②但是"清风明月"的诗句,系文人骚客所滥用的辞藻,与反清复明思想风马牛不相及。徐骏死于文字之祸,不能说不是冤枉的。

雍正八年(1730),福建汀洲府上杭县童生范世杰读到《大义觉迷录》,向福建观风整俗使刘师恕投递词呈,指斥曾静,颂扬皇帝,刘师恕称赞他"忠爱之心可嘉"。待到福建学政戴瀚按考到汀洲,他又上呈文,说曾静的话是"逆天悖命,越礼犯分之言",并对曾静指责雍正帝的言论一一加以驳斥,说雍正帝在继位以前,以子道事父母,以臣道事君父,授受之际,"三兄有抚驭之才,钦遵父命,让弟居之,而圣君不敢自以为是,三揖三让,而后升堂践天子位焉"。说明雍正帝同诸兄弟和睦,得位正当,没有弑兄屠弟的事。他还说雍正世道比三代还强,为生于这样的盛世而庆幸。他满以为会得到学政的赏识,岂料遭到拘禁审问。戴瀚问他三兄让位的话从何而来,是什么意思?范世杰供称,在汀洲城里,人人都是这样说的。戴瀚很敏感,理解为这是讲诚亲王允祉有抚驭之才,应该当皇帝。所以严厉追问,并立即将范世杰呈词上奏。雍正帝赞赏他的做法,说地方大员若能对这样的事情不隐讳,范世杰之类的棍徒匪类必能尽除。遂命戴瀚会同督抚密审,又准情度理,认为范世杰是一个企图侥幸进身的小人,不会有多大背景,不必铺张扩大事态。随后,福建总督刘世明、巡抚赵国麟密讯范世杰,重点审问三兄让位的话头。范世杰供称,他知道雍正帝序居第四,他继位,必定是三个哥哥让位,所谓"三兄",不是指第三个哥哥,而是"长、二、三"三位;说三兄有抚驭之才,也不是真知道,只是想天家的龙子龙孙自然都是有才的,他们让位,更说明皇上聪明天纵。他将三兄解释为三个兄长,是

---

① 原北平故宫博物院文献馆编:《清代文字狱档·屈大均诗文及雨花台衣冠冢案》;《朱批谕旨·傅泰奏折》,八年九月十九日折。

② 《清世宗实录》卷99,"八年十月己亥"条;刘禺生著,钱实甫整理:《世载堂杂忆》,中华书局,1960年,第20页。

为避开允祉的实指所进行的诡辩。因为他听人说过"朝廷家有个三爷,虽然有才,乃是秉性凶暴,做不得人君"。不过他的原意还是说允祉尽管有才,做不了皇帝,雍正帝不是抢的皇位,谦让再三才坐了龙廷。督抚学政三人审不出什么来,只能说他造言生事,建议将他押交原籍地方官,严行管束,每逢朔望,令其宣读《大义觉迷录》,若再多事,即行治罪。雍正帝于九年(1731)六月同意了他们的处置意见。①

范世杰写呈词时二十三岁,不甘于童生处境,想着借指斥曾静、颂扬皇帝为进身之阶,哪知这是政治斗争,岂能儿戏。颂圣要颂到点子上,讲雍正帝继位,要以上谕为准,添枝加叶,将民间传说写进呈文,岂非自讨苦吃,好心不得好报。这是他利令智昏,也是咎由自取。颂圣是范世杰呈文的主旨,仅因"三兄让位"的话饱尝铁窗风味,亦见文字狱的凶残。范世杰说雍正帝辞帝位的话,在雍正帝继位之初,遣使到朝鲜讣告康熙帝之丧,朝鲜接待人员就听说,雍正帝在康熙帝死后六七天才登基,是因"新皇屡次让位,以致迁就"②。这是官方讲雍正帝推让,范世杰也是讲的这个事,就有了错。真是只许州官放火,不许百姓点灯。

江南崇明县人沈伦著有《大樵山人诗集》,于雍正十二年(1734)九月病故。该县施天一与沈家争田产,挟嫌首告沈伦诗中有狂悖语句,江南总督赵弘恩查出沈伦名列沈在宽案内,诗版藏在苏州沈苍林家,就捉拿沈伦嗣孙沈自耕、沈苍林、施天一等人,彻底查究。雍正帝闻报,大加鼓励,在赵弘恩奏折上批示:"凡似此狂妄之徒,自应彻底究惩,以靖悖逆风习。"③此案如何结局,未见资料。施天一以诗句狂悖告诘仇家,则是文字之祸成风的一种表现。

吴茂育,浙江淳安人,官宛平县丞,著作《求志编》,被族弟、生员吴雾告发。浙江总督程元章立即拿审,认为该书评论古今,"言语感慨,词气不平,肆口妄谈,毫无忌惮"。该书一种版本的李沛霖序文,于纪年处只用干支,书"癸卯九月",不写"雍正元年",更干法纪。雍正帝夸奖程元章办理得体、用心,要求他"严加审究,毋涉疏纵",并向他讲解这种匪徒比盗贼有害的道理:盗贼有

① 《文献丛编》第 7 辑《雍正朝文字狱·范世杰呈词案》。
② 朝鲜《李朝实录·景宗实录》卷 10,"二年(康熙六十一年)十二月戊辰"条,学习院东洋文化研究所 1964—1965 年,第 42 册第 151 页。
③ 《朱批谕旨·赵弘恩奏折》,十二年十二月初九日折朱批。

形迹外露,该管有司不想惩治也不可能,而托名斯文、借口著述的奸匪,尽可置之不问。所以除盗贼易,除思想犯人难。而地方官不尽心的原因,在于不认识这个问题的严重性,也在于怕麻烦和招人抱怨。因此做纯臣就"不可因远'多事苛求'四字之嫌,而贻误于世道生民"。《求志编》的另一个本子,有吴茂育的自序,就书写了清朝年号。①究竟该书有无吴雯、程元章等人所说的悖逆文字,这也是人们理解的问题,当文字狱盛行之时,原是可以任意添加这种罪名的。

上述数案,发生在雍正后期,它们与前期的汪景祺、查嗣庭、钱名世等案有所不同,汪景祺、查嗣庭、钱名世之获罪,虽同文字有关,但是牵涉入年羹尧、隆科多的政治斗争中了。曾静案和吕留良案发生之后,使事情产生了变化。后来出现的徐骏、吴茂育诸狱,犯事人本身没有政治异见,也未牵涉政治集团,完全是受了文字之累。所以雍正朝的文字之祸,有着发展变化过程,前期是政治斗争的一个组成部分,后期则是为强化思想统治,显然有性质与内容的差别。前期遭祸的人,以及曾静案中人,是政治斗争的牺牲品,后期冤情更增,多是无辜受害者。如果说雍正帝惩治汪景祺、查嗣庭、钱名世、曾静还有一定的道理,那么整治吕留良、屈大均、徐骏等文人,纯粹是出于强化文化专制的需要。

(原载《南开学报》1982 年第 5 期)

①《朱批谕旨·程元章奏折》。

查嗣庭案缘由与性质

查嗣庭案,在很长时间中人们以为是所谓"维民所止"试题引发的文字狱,后来有研究者把它同隆科多案联系起来。它究竟是文字狱,还是雍正反对朋党的政治案件,抑或是多种因素的产物?我想它既同隆科多案、蔡珽案有关系,又因雍正帝制造的"科甲朋党案"而遭殃,具有政治斗争和文字狱的双重性质。

一、案件性质的几种说法

雍正四年至五年(1726—1727)发生的查嗣庭案,其原因和事件的性质,过往的说法大致有三种:

其一,谓江西乡试主考官查嗣庭出试题"维民所止",被人告发,"维止"二字是去"雍正"之首,因而被祸,遂成文字之狱。

其二,把"维民所止"试题说,看作野史的无稽之谈,认为查嗣庭与隆科多有瓜葛,雍正帝为整倒隆科多,先拿查嗣庭开刀,借以为隆科多案"开路"。

其三,与第二种说法有相近之处,视查嗣庭及汪景祺等为"年(羹尧)、隆(科多)党人",雍正帝挑的文字毛病,是"打击朋党的一种手段"。也就是说搞查嗣庭案是反对朋党斗争(即政治斗争)的一部分,而不是一般的文字之祸。

查嗣庭案件究竟是怎么回事?查嗣庭是不是出了"维民所止"的试题?同隆科多案件有什么关系?解决这些问题,需要了解它产生的社会背景,要把握雍正帝的态度,做综合的分析。

二、政治背景与案件经过

谈到查嗣庭案的社会背景,同它有关系的不仅是隆科多案,还有年羹尧案中的汪景祺案、李绂弹劾田文镜事件与蔡珽案。

雍正帝在二年(1724)冬天决定整治抚远大将军、川陕总督年羹尧和太保、吏部尚书隆科多。三年(1725)五月,雍正帝向廷臣宣布年羹尧、隆科多的奸恶,指斥隆科多网罗允禩党人。七月,削其太保衔,发往阿兰善地区修城、垦荒。但此时雍正帝所要打击的主要是年羹尧,同时在年的任所抄出汪景祺的《读书堂西征随笔》一书。汪景祺是浙江钱塘人,举人出身,雍正二年(1724)春到陕西,投靠年羹尧,作《西征随笔》,书中有"皇帝挥毫不值钱"诗句,讥讪康熙书法,非议康熙的谥号。向年羹尧献《功臣不可为》文章,针对功臣不能保全乃因不能自处的观点,加以辩诘,并责备人主,为功臣鸣不平。雍正帝惩治年羹尧,就怕有人说他杀戮功臣,见到汪景祺的文章,当然很是恼火。更严重的是汪景祺作《历代年号论》一文,说"'正'字有一止之象",他认为前代帝王年号,凡带正字的,如金海陵王的"正隆",金哀宗的"正大",元顺帝的"至正",明英宗的"正统",明武宗的"正德",不是亡国之君,就是暴虐无道的君王。所以用这个字作年号,"皆非吉兆"。雍正帝认为,这是暗中攻击他的年号,是说他也逃不脱"一止之象"的厄运,因而是"大逆不道之语",遂把汪景祺投入监狱。十二月十一日,给年羹尧定九十二条罪状,其大逆罪之一是见到汪景祺著作,不行劾奏。过了七天,即十八日,雍正帝宣布:汪景祺"作诗讥讪圣祖仁皇帝,大逆不道",处斩枭示,妻子发遣黑龙江给穷披甲人为奴。

雍正帝治罪年羹尧,依靠对象是蔡珽,那时蔡珽任职经筵讲官、吏部尚书、左都御史、正白旗汉军都统、署理直隶总督、议政大臣等要职。他的好友广西巡抚李绂也极力主张处死年羹尧。四年(1726)三月,雍正帝将李绂调任直隶总督,接替蔡珽。李绂在赴任途中经过河南,见到巡抚田文镜,当面指责他"不容读书之人在豫省做官",到京陛见,即参奏田文镜营私误国。田文镜回奏,说李绂等科甲人员"徇私袒护",与雍正帝屡次颁布的解散朋党的旨意不合,暗示科举出身的人在搞朋党。这一下提醒了雍正帝,开始整饬所谓科甲朋党。在田文镜参革的人中,有原为蔡珽的属吏,李绂替他说话,倒使雍正帝怀疑李绂、蔡珽结成科甲同盟,遂决心惩治。十月,借口蔡珽在署理直隶总督任上的一个小过失,把他降为奉天府尹,逐出中央。这时年羹尧案早已结束,用不着他了。

查嗣庭,浙江海宁人,进士出身,任内阁学士兼礼部侍郎。雍正四年(1726),受命为江西乡试正主考,九月十三日,试毕离开南昌,下旬返抵京城,就有人告发他试题乖张,雍正帝当即派人搜查,二十六日,宣布将查嗣庭革职拿问,交三法司严审定拟。十月,决定抄他的老家,指示浙江将军鄂密达、巡抚李卫,速差人驰至查嗣庭家,"将所有一应字迹,并其抄录书本,尽行搜出,封固送部。搜查之时,即墙壁窟穴中,亦必详检无遗"。又警告李卫、鄂密达二人:"倘致透漏风声,伊家得以预行藏匿,惟于尔等是问。"很快,李卫等将查嗣庭的"所有一切字迹、抄录书本,以及往来书札笔迹,不论片纸零星,凡有可查者",尽行送到刑部。当月,雍正帝以浙江出了查嗣庭、汪景祺这样的士林败类,认为该省"风俗浇漓,甚于他省",特设观风整俗使,进行整饬。十一月,又下令停止浙江士人的乡会试,惩治读书人,断绝他们做官的出路。五年(1727)二月,雍正帝处理查嗣庭在江西主考官任上有联系的官员,以赣抚汪㴶违法把房屋卖给查嗣庭,降四级以京员调用,副考官俞鸿图虽与查嗣庭试题无涉,亦革职,在翰林院编修任内行走。五月,查嗣庭案审结:查嗣庭本应照大逆律凌迟处死,因已在监病故,遂戮尸枭示;子查沄斩监候;子查长椿、查大梁、查克缵与侄查开、查学均在十五岁以下,与兄编修查嗣慄、胞侄查基,均流放三千里;兄内廷供奉查慎行父子释免回籍;查嗣庭家产变卖后充作浙江海塘工程用费;查嗣庭的另一儿子查克上亦病死在狱中。查案至此结束。

三、雍正帝所宣布的处分查嗣庭的原因

雍正帝是决定查嗣庭命运的主宰,他所宣称的处治原因,应当是关注重点。考察雍正帝的历次上谕,可以归结为三个方面:

第一,指斥查嗣庭投靠隆科多和蔡珽。四年(1726)九月二十六日,雍正帝谕内阁九卿翰詹科道,开宗明义,即说"查嗣庭向来趋附隆科多,隆科多在朕前曾经荐举,是以朕命其在内廷行走,授为内阁学士"。接着说:及至"礼部侍郎员缺需人,蔡珽又复将伊荐举,朕遂用之"。刑部在结案报告中,叙述查嗣庭的罪过中有"至于谄附隆科多、蔡珽,邀求荐引……钻营贪黩,无所不为"。等到给隆科多定罪,有奸党一款,即"保奏大逆之查嗣庭"。蔡珽定罪十八条,其一亦是"交结大逆不道之查嗣庭"。可见查嗣庭与隆科多、蔡珽的交往已被视为他的罪行。

第二,认为查嗣庭的试题荒谬。查嗣庭所出试题,首题"君子不以言举人,不以人废言",三题"介然用之而成路,为间不用则茅塞之矣"。《易经》次题为"正大而天地之情可见矣",第三题是"其旨远,其辞文"。《诗经》四题用"百室

盈止，妇子宁止"。雍正帝曾令内外官员举荐人才，因说查嗣庭以"君子不以言举人"命题，"显与国家取士之道大相悖谬"。更主要的是，雍正帝把《易经》次题与《诗经》四题结合起来，又把它同汪景祺的《历代年号论》联系分析。他说汪景祺攻击雍正年号的"一止之象"，查嗣庭所出的《易经》次题前用"正"字（"正大而天地之情可见矣"），《诗经》四题后有"止"字（"妇子宁止"），不就是把雍正的正字拆成"一止"吗？雍正帝说他这样的分析有根据，查嗣庭的《易经》三题，"其旨远，其辞文"，是明讲此事，而令人联想到彼事，当然可以把二题和四题及与汪景祺的《历代年号论》合在一起考虑。雍正帝的结论是：查嗣庭的试题，"寓意欲将前后联络，显然与汪景祺悖逆之语相同"。在君主专制制度下的臣民，亵渎当今的年号，自然被视为大逆不道的事。雍正帝还说查嗣庭在日记中大讲当时的灾异，表现了"幸灾乐祸"的态度，用以坐实查嗣庭污蔑现实政治。

第三，罪责查嗣庭攻击康熙帝。雍正帝说查嗣庭"于圣祖仁皇帝之用人行政，大肆讪谤"，缘由是：康熙帝裁汰冗员，查嗣庭以为官员遭了厄运；对钦赐进士，视为冒滥；戴名世《南山集》案，说是文字狱；康熙五十年（1711）江南科场案，这年江南乡试正主考左必蕃、副主考赵晋，赵晋受贿，滥取举人，士子不服，拟对联"左丘明双眼无珠（讥左必蕃），赵子龙浑身是胆（讥赵晋）"，经审理，赵晋拟斩（其人自杀），另一受贿的房考官、知县方名坐斩，而查嗣庭认为单凭联句杀人，有冤情；学习满文的庶吉士，也要考汉文，查嗣庭认为这是苛求；庶吉士三年散馆，要考核，查嗣庭说这是可怕的事；多选庶吉士做官，查嗣庭以为蔓草丛生，使冗员过多，是官员的不幸；对殿试不完卷的人予以革退，查嗣庭以为是杀一儆百，等等。雍正帝说他之所以降罪查嗣庭，不仅是因为查嗣庭的试题，"朕今若但就科场题目加以处分，则天下之人必有以查嗣庭为出于无心，偶因文字获罪，为伊称屈者"，而是因为查嗣庭有着攻击康熙朝政的罪状，就不能不治罪了。雍正帝还说："观查嗣庭日记，于雍正年间之事，无甚诋毁，且有感恩戴德之语，而极意谤讪者，皆圣祖仁皇帝已行之事也。本极尽善，无可拟议，而妄肆悖逆猖狂之言，谁无君父，能不痛心！能不切齿！"似乎他的治罪于查嗣庭，只是为了维护乃父康熙帝的名声。

在这三项罪行之中，雍正帝表面上强调后者，有如汪景祺狱一般，在给汪景祺定罪时只涉及他作诗讥刺康熙帝书法之事，而不提他的《历代年号论》。雍正帝以维护乃父朝政的名义，表示他处分得正当，这是当政者的手法，并不说明那就是真正的原因。

四、真正原因及查案性质

上述事实说明,"维民所止"试题说不能成立,因为根本就没有这种试题,哪能有由此而产生的文字狱呢?但是这种说法事出有因,雍正帝上谕说到查嗣庭试题攻击他的年号,后世又有雍正帝被吕留良之女孙吕四娘所刺,头被割去的传说,如果把这两事合在一起,加以演义、讹传,就很容易产生"维民所止"砍雍正之首说。这种有来历的说法,不是事实,最终不能不予摒弃。

至于查嗣庭案为隆科多案"开路说",是看到了这两个案子的某种联系,然而是不是"开路"与"被开路"的关系呢?前已提及查嗣庭犯案以前,隆科多业已失势,受谴责,发往边地。雍正四年(1726)正月二十一日,隆科多受命率领喀尔喀郡王策凌、散秩大臣伯爵四格等与准噶尔代表协商,划定准噶尔与喀尔喀游牧地界,事毕与即将到来的俄罗斯使臣萨瓦·务拉的思拉维赤谈判中俄喀尔喀地区边界问题。雍正帝表示,若隆科多"实心任事,思盖前愆,朕必宽宥其罪"。同月二十六日,刑部又在议奏隆科多"挟势婪赃"事。可见隆科多处于边工作、边挨整的境地。八月,萨瓦·务拉的思拉维赤到达边境,隆科多率领清朝代表团与他谈判,萨瓦很快赴北京祝贺雍正登基,隆科多在边境等候他回来继续谈判。当九月查嗣庭事发,雍正只是指责他是隆科多推荐的,并没有就此整治隆科多。雍正五年(1727)闰三月,隆科多被告发私藏玉牒底本;五月,他仍作为中方首席代表与俄使会谈,这时查嗣庭案审结;六月,雍正帝以玉牒事将隆科多革职,从边境拿回审理;十月,将之圈禁。雍正帝治罪隆科多,从三年(1725)到五年(1727)前后约两年多时间,发案在查嗣庭案以前,而查案发生十个月之后,隆科多才由于别的原因被逮捕,表明查嗣庭案并没有加速隆科多案的进程;隆科多的被捕与查嗣庭的结案时间相近,然系出于玉牒事,与查嗣庭无关,表明查嗣庭案亦未增加隆科多案的严重性。这样就不好说查嗣庭案是为整治隆科多的需要,是为隆科多案开路的了。

查嗣庭案与蔡珽案的关系没有引起史家的注意。整治查嗣庭之初,雍正帝提到查嗣庭、蔡珽之间的关系;蔡珽结案,又涉及他们间的往来;中间,雍正打击所谓蔡珽、李绂的科甲朋党,曾以查嗣庭为例,说明审理查嗣庭的必要性,如五年(1727)正月,"以师生同年之道晓谕廷臣",即以查嗣庭与同年李元伟私通关节为词。但是查嗣庭案同样没有加速蔡珽案的进度和它的严重性，也不是为它开路的。

查嗣庭与隆科多、蔡珽分别有牵连，只能说是雍正以之作为打击隆科多、蔡珽的又一个手段，各给他们增加一条罪状，更使他们陷于被审判的地位。但查嗣庭案对这两个案子的形成、发展和结局则没有多大影响，不宜做过分的渲染。再者，除了查嗣庭因受隆科多、蔡珽荐举而被认为是他们的人之外，雍正帝并没有说出查嗣庭与隆科多、与蔡珽交接的任何事实。显然，他们间只是私人交往，并非政治集团的联系，及至隆科多、蔡珽都犯案，且又牵连查嗣庭，于是查嗣庭案遭到加速处理。可见，不是查嗣庭案为隆科多案、蔡珽案开路，相反，由于隆科多案和蔡珽案的牵连而加重了对查嗣庭的处分。

笔者认为雍正帝处置查嗣庭的真实原因主要是：

恶于查嗣庭的谈论灾异。刑部诉说查嗣庭的罪状："……恭逢皇上继统，查嗣庭又复狂悖不敬，怨讪诅咒。如雍正元年元旦，景运方新，云灿日华，而查嗣庭捏记大风。每于皇上亲诣坛庙及吉礼之期，必和风霁日，而查嗣庭必捏大风大雾大露大雨大电。"在"天人感应说"控制人们思想的时代，凡遇新皇帝登基、重大节日和吉庆日天气变异，标志着这个新政权不能顺天应民，就有人把它同雍正政权联系起来看待。如策动川陕总督岳钟琪反清的曾静就说："于今正值斯文厄运，是以孔庙焚毁。"又说雍正以来，"四时寒暑易序，五谷耕作少成"。雍正帝极其笃信"天人感应说"。三年（1725）四月，他说："天人感应之理，至微而实至显。凡人果实尽诚敬，自能上格天心。人君受天眷命，日鉴在兹，其感通为尤捷。"所以他表示一定循天理行政事。雍正帝还大讲祥瑞。原受宠信的侍郎李绂曾作《卿云颂》，说雍正帝在康熙六十一年（1722）十一月二十日即位以前的几日，天阴雪霰，及至登基见百官时，"天忽晴明，赤日中天，臣民欢呼，占为圣主之瑞"。雍正元年（1723）四月，马兰峪总兵报告和呈进顺治帝孝陵生出的蓍草，雍正帝命廷臣观看，"无不惊喜称颂以为奇瑞"。八月，大学士奏江南、山东产瑞麦、瑞谷，"皆皇上盛德之所感召"，雍正帝命宣付史馆。同月，官员又奏耤田瑞谷，并说："此皆皇上敬诚所感，仁孝所孚，上瑞嘉祥，莫过于是。"三年（1725）二月，有所谓五星联珠、日月合璧之瑞，雍正帝说这是"海宇升平，民安物阜"的表现。讲祥瑞必然恶灾变，朝鲜来清朝的使臣回国后就说雍正帝"恶闻灾异，钦天监虽有灾不敢奏"。在雍正朝前期，讲灾异或祥瑞，具有很大的政治意义，报祯祥合于雍正帝的要求，是支持他的政权的表现；讲灾异为雍正帝所厌恶，不管是有意或无意，都是表示反对或蔑视他的政权。查嗣庭在日记中提到自然灾异，不论是当时实况也罢，捏记也罢，雍正帝都认为是蔑视或反对朝政的行为，故而痛恨这个他曾经信任的臣子。

恶于查嗣庭为翰林和士人张目。查嗣庭对位列清华的翰林处境满怀同情，说他们"衙门清苦"；又说人员众多，"不得开坊"；对用他们为科道部属官职，认为是他们的莫大耻辱；翰林告假在乡招摇被勒令休致，认为是凌虐缙绅。还有前已提及的替江南科场案受贿官员鸣冤等事，查嗣庭都是站在翰林和士绅的立场来说话，对康雍时期的有关政策有所不满。雍正初年，出现"天下方轻读书人，不齿举人进士"的状况；三年（1725）六月，雍正帝又接受长芦巡盐御史莽鹄立的建议，禁止官员投拜门生，不容科甲人党比；雍正帝还实行打击不法绅衿的政策。雍正帝的思想状况和政策如此，当然对查嗣庭的对立态度不满了。

恶于查嗣庭的挑剔满人思想。查嗣庭在日记中写过一段"痛诋满洲之文"的话，因害怕遭罪，把它勾掉了。他在日记中又写了康熙时热河发水，"淹死官员八百人，其余不计其数"。这里说的被淹者实指满洲人。吕留良案中人严鸿逵也在日记中对此事有所记述："热河水大发，淹死满洲人二万余。"严鸿逵具有强烈的汉民族意识，反对满人的统治。查嗣庭并没有他那样的民族感情，但对满人仍流露出一些不满情绪。作为清朝统治者的雍正帝当然不允许他有这种思想。

雍正在打击允禩朋党、年羹尧集团之后，在清理隆科多集团、蔡珽和李绂的所谓科甲人集团的情况下，也即在政治斗争中，特别留意臣下的政治思想和政治态度。作为官员的查嗣庭，有一些不同于最高统治者的政治见解，虽然是零星的，不成纲领的，但一经人告发讥刺时政，雍正帝就非常敏感，极为重视。观其给李卫、鄂密达的朱谕，把搜查重点放在文字上，即思想上，可见雍正帝注意之所在。雍正帝硬把查嗣庭的几个试题串联在一起，牵强附会，深文周纳，也并非以"欲加之罪"惩治查嗣庭，而是雍正帝就是那样认识的。可以说，从查嗣庭的试题及对待祥异、满汉关系、士绅政策等方面的态度，雍正帝认为，查嗣庭攻击他的政治，成为党人和敌对势力的代表，故而予以严惩。查嗣庭案爆发于试题，根植于政治斗争与雍正打击朋党的环境，决定于雍正帝维护他的政策的需要。

查嗣庭的获咎，既然是由于他那被认为"讥刺时事"的思想，是由于他对社会问题的一些看法，由于他的试题和日记。因此他主要是思想认识问题，也即文字问题。文字狱是因文字而形成的狱案，是为了控制思想的。查嗣庭案基本上是文字狱，不过因同隆科多案、蔡珽案、"科甲朋党案"连结在一起，具有一定的政治斗争性质。雍正帝兴办查嗣庭案，是把它作为打击朋党的工具，也是整饬官员、士人思想、控制舆论的手段。

（原载《故宫博物院院刊》1984 年第 1 期）

江宁织造曹家的被抄及其原因

在雍正朝的"抄家风"中,江宁织造曹家的被抄,是众多的罹罪者之一。曹頫官职不高,他家的被抄对于当时政局影响极微,原无足深论,但是它影响了曹頫的后人曹雪芹的生活、思想及《红楼梦》的创作。《红楼梦》是罕世奇珍,人们为了理解它,很自然地要了解它的作者,了解作者的家世。因此曹家的政治经济地位及被查抄,就成为引人观注的问题。

比较早地出现的历史学上的雍正篡位说及残暴说,给"红学"研究以很大的影响,反过来,由于《红楼梦》研究的开展,又把历史学的这些说法深化了、普及了,几乎成了不可动摇的观点。"红学"界的一部分研究者形成这样一种观点:雍正帝是篡位者。他因得位不正,故而迫害康熙帝想要传位的允禵和深负重望的允禩;又怕暴露出阴私,遂屠杀帮助他上台的功臣隆科多和年羹尧以灭口;江宁织造曹頫和苏州织造李煦因系前朝皇帝亲信遭到打击,又陷入允禩、允禵案件而遭殃。不少红学家断言,曹家的被抄,不是因雍正帝所宣布的经济亏空,而是政治斗争的牺牲品,是无辜受迫害。这种评论反映客观实际吗?是无可厚非的吗?笔者以为大有讨论的余地。

本文所想说明的问题,由于专论已多,笔者不拟采取就问题讨论问题的办法,而是要从曹家整个发展史,从这个家庭主人的活动与作为看它的命运,要把曹家地位的变化放到康熙、雍正时期的政治斗争中来考察,然而不限于储位之争及其影响,将要涉及较广阔的范围,如雍正帝的清理财政、整肃吏治及其与曹家被抄的关系。

一、康熙后期曹家的潜伏危机

曹氏是皇帝的家奴。曹雪芹的曾祖父曹玺是康熙帝的奶公。曹玺于康熙二年(1663)被任命为江宁织造监督,历时二十二年,死于任所。数年后,他的长子曹寅继任其缺,至康熙五十一年(1712)也病逝于任上。曹寅除任江宁织造外,受康熙帝差委,职事很多。他和他的内兄、苏州织造李煦轮留担任两淮巡盐御史,与官商王纲明等人收购浒墅等十四关铜斤,为皇室采办各种物件,代内务府出卖人参,召集文人校刊《全唐诗》《佩文韵府》等大型图书,奉命联络江南汉族士大夫,与江苏巡抚宋荦成为文坛领袖。曹寅任内,遇上康熙帝六次南巡中的四次,他每次都远出接驾,迎奉康熙帝驻跸江宁织造署,还督率商人捐银修建行宫和寺院,供康熙帝休憩和游览。曹寅的勤劳王事深得康熙帝的赞赏和宠爱。所以就曹氏家事来讲,曹寅时代是继其父时的发展,达到最势派、最兴旺的阶段。所有这些,为研究者所共知共识,勿庸繁述。

"物极必反",事物的发展就是这样,当它最兴盛的时候,也是败落的开始。曹寅在得意之际,已有许多不可消除的隐忧。曹颙、曹頫相继出任他的江宁织造以后,为他遗留的问题而奔波,并且不断出现新的情况、新的事端,使得这个家庭还没到新君雍正时代,即在老主子康熙在世时,已经潜伏着衰败的危机,走在下坡的路上了。它的危机是:

(一)经济上的亏空

曹寅父子差使多,花钱的地方也多。曹頫曾向康熙帝报告说:"奴才父亲在日费用很多,不能顾家。"[①]他的挑费大部分用在报效皇室上。接驾是盛事,但是康熙帝南巡并没有正项经费,多仗官、商报效和加派钱粮。曹家四次接驾,开支浩繁,正像曹雪芹在《红楼梦》中写赵嬷嬷讲甄家接驾的情景时所说的:"把银子花的淌海水似的……别讲银子成了土泥,凭是世上有的,没有不是堆山塞海的,'罪过可惜'四个字竟顾不得了。"(《红楼梦》第16回)其具体开销虽不得知,一星半点的资料亦有所透露。康熙四十四年(1705)皇帝南巡,两淮盐商捐银在扬州修建宝塔湾行宫,曹寅亦捐银二万两。("曹家档案"第30—31页)随行的皇太子胤礽到处索取财物,曹寅送给他银子二万两,及至康熙四十六年(1707)胤礽再次随同南巡,曹寅又馈赠三万两。东宫的戏班、工匠所需银子也由曹寅负担,至康熙四十七年(1708)九月止,支付二千九百多两。("曹家档案"第60页)康熙四十五年(1706),宫中要用朱沿元青车六十辆,康熙帝就命曹寅和李煦打造进御。("曹家档案"第38页)康熙四十七年(1708),

---

① 故宫博物院明清档案部编:《关于江宁织造曹家档案史料》,中华书局,1975年,第132页。下引该书资料,均在正文中括注"曹家档案"。

江南灾荒平粜。("曹家档案"第 51 页)康熙五十四年(1715),对准噶尔部策妄阿拉布坦的战争爆发,清朝政府商议添置骆驼运送军粮,曹頫为此捐银三千两。("曹家档案"第 134 页)应酬也是曹家的一项不小的开支。联络士人,处处用钱,如曹寅出资为施闰章刊刻《施愚山先生学余文集》,如原大学士熊赐履病死金陵,康熙帝特地指示曹寅"送些礼去",曹寅即馈赠奠仪二百四十两。("曹家档案"第 75 页)以后曹頫还接济熊家。曹家给江宁相邻寺院布施香火田多达四百二十亩。康熙四十五年(1706),曹寅为江宁府捐银修缮学宫,("曹家档案"第 138 页)等等。

曹家花钱如流水,可是正式收入很少,曹寅每年俸银一百零五两、禄米六石。("曹家档案"第 12 页)对于他这样的家庭,简直微不足道,出入远不相抵。康熙帝先后让曹颙、曹頫报告家产,曹頫在康熙五十四年(1715)报告,他家有住房四所,典地六百亩,田地三百多亩,本银七千两的当铺一所。("曹家档案"第 132 页)他对家产会有所隐瞒,但与实际距离不会太大。以他家的地位而言,在南京经营数十年,就这点产业,实在少得可怜。这样的家产,赔不起庞大的开支。怎么办呢?不免求贷于人,如曹家于康熙五十年(1711)报告康熙帝,他身有债务。("曹家档案"第 82 页)借贷总归有限,最有效的法子是赵嬷嬷说的:"拿着皇家的银子往皇上身上使。"(《红楼梦》第 16 回)曹寅担任的织造、巡盐御史经手巨量银两,尽可挪用侵占,但是不可避免地会形成钱粮的亏空。

曹寅亏欠两淮盐课和江宁织造钱粮数量很多。康熙后期的十几年,由他本人、嗣子及李煦清偿,总是一笔清补了,又出现新的一笔亏空。康熙五十年(1711)三月,曹寅自报,在两淮巡盐御史任上,历年亏欠共一百九十万两。("曹家档案"第 81 页)到六月,偿还了五十三万两,尚欠一百三十七万两。("曹家档案"第 85 页)次年七月,曹寅临终,说他拖欠江宁织造衙门钱粮银九万两,两淮盐课二十三万两。("曹家档案"第 99—100 页)这二十三万两可能是一百三十七万两项内未完之数,而九万两则是新承认的。他对这些亏空,表示"无赀可赔,无产可交"("曹家档案"第 100 页)。下一年该轮到他管理两淮盐课,他已死,李煦要求代他管理,用盐课余银为他弥补亏空。向例两淮盐课每年额银二百多万两,另有余银五六十万两,可做盐官的机动费用。李煦就是要用余银为曹寅补苴,康熙帝批准了他的要求。康熙五十二年(1713)十一月,李煦奏报,用余银还清了曹寅的亏空,还剩余三万六千两。("曹家档案"第 118 页)曹颙表示要把余额上交,康熙帝说"当日曹寅在日,惟恐亏空银两不能完,近身殁之后,得以清了",但"家中私债想是还有",何况织造费用不少,应当留心度日。于是只要了六千两,把三万两整数赏给了曹颙。("曹家档案"第122页)似乎曹寅的亏空是补偿清楚了,然而不到一年,康熙帝又说曹寅、李煦亏欠钱粮一百八十余万两。[1]这时,康熙帝原许曹寅、李煦轮管两淮盐课十年的期限已到,李煦请求再管数年,以补偿欠银。("曹家档案"第122—123页)康熙帝不答应,说若再管三四年,益发亏空大了,因命新任巡盐御史李陈常用余银代替曹、李弥补亏欠。[2]据李煦奏报,李陈常为他们巡盐任内亏空八十三万两清偿了五十四万二千两(《曹家档案》第145页),织造任内亏空八十一万九千两补偿了十六万两(《曹家档案》第136页)。这八十三万两和八十一万九千两,合为一百六十四万九千两,不知是否即是康熙帝所说的一百八十万两的那笔财。五十六年(1717),康熙帝又用李煦为两淮巡盐御史,当年李煦报告所欠二十八万八千两已交纳完毕,至此还清全部亏空,而且声明从明年起,担任两淮巡盐御史的无欠可补,其差内余银应行解部。康熙帝也如释重担,高兴地称好。(《曹家档案》第146页)并命给曹寅、李煦按照全完钱粮之例议叙。(《曹家档案》第147页)曹寅已死不论,遂给李煦加户部右侍郎衔。至此,曹、李真是没有亏空了吗?其实不然。六十一年(1722)年三月,李煦乞求浒墅关兼差,自报亏空:自1714年起,每年挪用苏州织造银四万两,至1720年已达三十二万两。这就是说在他奏报一切亏空全完的1717年,已连续四年动用苏州织造钱粮十六万两。所以他不仅1717年以后有亏空,以前也没有真正还清。李煦若不请求兼差,不会暴露此事,曹寅已故,当然不能自我泄露了,不过这一对患难与共的郎舅,亏空有李煦的分,也就短不了曹寅的。雍正朝就出现了"曹寅亏空案"。关于其情形,留待后面再讲,凡正在1717年正式宣布偿清之后,曹寅还有未清之钱粮。

曹寅的亏欠总额没有查清,主要原因是康熙帝对他的姑容、保护。曹寅的巨额亏空,同官自然知道。约在康熙四十九年(1710),两江总督噶礼密奏曹寅、李煦亏欠两淮盐课三百万两,表示要弹劾他们,康熙帝不答应,才没有把事情公开化。[3]事关钱粮和政治,康熙帝对此当然很重视,私下给曹、李打招呼。他在李煦康熙四十九年(1710)八月二十二日的奏折上批道:"风闻库帑亏

---

①②③ 康熙朝《起居注册》,五十三年八月十二日。该书藏中国第一历史档案馆。

空者胜多,却不知尔等作何法补完?留心,留心,留心,留心,留心!"①又在曹寅同年九月初二日的折子上写道:"两淮情弊多端,亏空甚多,必要设法补完,任内无事方好,不可疏忽。千万小心,小心,小心,小心!"("曹家档案"第78页)随后在康熙五十年(1711)二月初三日的奏折上批问:"两淮亏空近日可曾补完?"("曹家档案"第81页)在同年三月初九日的奏折上又批示:"亏空太多,甚有关系,十分留心,还未知后来如何,不要看轻了。"("曹家档案"第82页)这些批语的总精神,就是企图唤起曹、李对亏空问题的重视,设法弥补。连用五个"留心"、四个"小心",警告他们不要以为自己与皇帝有特殊关系,对亏空不以为意,要知道问题严重,才能设法清偿。在九月的折子上批示要注意弥补亏空,见到次年二月的折子就追问巨额欠负是否偿完,分明不可,而故作此问,是催他们从速补偿。此亦可见康熙帝对这个问题的重视和迫切解决的心情。康熙帝设法帮助曹、李清欠,破例允许李煦代替曹寅巡视两淮盐课,指令新盐政李陈常代他们赔欠银,真是用皇上家的银子花在皇帝身上。正是因为康熙帝过问此事,官员已明了皇帝的态度,才不敢参奏他们,新盐政也才被迫承担清偿前任一部分亏空的任务。

康熙帝如此包容,大有原因。他在谈到曹、李的亏空时,向大臣们说:"曹寅、李煦用银之处甚多,朕知其中情由。"②情由是什么,他虽没有宣布,其实大家明白:他们为南巡接驾,为联络士大夫耗去的巨额费用全为皇帝而花,他们如何报效得起,挪用和侵占钱粮,实是理所当然的事情。只是康熙帝不承认南巡有开支,对于曹、李的报效,暗中领情,自是不能责之以亏空官帑了,又碍于舆情,不便不令他们赔补。曹、李开始不以欠帑为意,也是因与皇帝心心相印,有恃无恐,待后才明白过来,光是皇帝袒护还不够,设若反映太大,皇帝舍弃他们,也就吃罪不起了。康熙帝于康熙五十六年(1717)再命李煦为巡盐御史时,警告他这一任与过往不同,"务须另一番作去馋是,若有疏忽,罪不容诛矣"。("曹家档案"第144页)也就是允许他用余银补欠,但不许马虎从事、掉以轻心。所以,康熙帝保护曹、李,乃因他们辛勤奔走,促成他的南巡大业,执行了他的联络汉族上层人士的政策。还有一点也应考虑到,康熙帝主张实

① 《李煦奏折》,第89页。
② 康熙朝《起居注册》,五十四年十二月初一日。

行宽仁政治,对于官员的贪赃采取睁一眼闭一眼的态度,一般情况下过问不严,只对极少数人实行惩罚。康熙四十一年(1702),他说督抚接受馈礼,分用藩库羡余,都值不当议处。[①] 1714年又说:"为官之人,凡所用之物,若皆取诸其家,其何以济?故朕于大臣官员,每多包容之处,不察察细故也。人当作秀才时,负籍徒步,及登仕版,从者数人,乘马肩舆而行,岂得一一问其所从来耶?"[②]有此方针,对曹、李两家自然更不会为难了。

总之,曹寅为康熙帝的政治效力,开支浩繁,造成大量亏欠官帑,后虽设法弥补,但未能清完。亏空之造成系为公事,它的后果则要当事者承担。亏空是犯罪行为,有康熙帝在可以得到谅解和庇护,一旦国君易人,失去保护伞,就是治罪的根由。所以,曹家的亏欠钱粮潜藏着问罪的危机,不爆发则已,一出事则非同小可。

(二)曹家的另一项危机是眷宠渐衰

康熙帝对于曹家始终眷注,这是事实,细察起来,亦有程度的差别。曹玺因系奶公,加衔至一品尚书。曹寅早年伴读,中晚年忠慎供职,但与皇帝关系终逊乃父一筹,只博得三品通政使加衔。曹颙是康熙看着长大的,惜乎享年不永,效力不多,只做到六品的主事,乃父所兼任的盐政等大差使已经不能问律。康熙帝还看重他,乃因"他的祖、父,先前也很勤劳"。("曹家档案",125页)他已经靠着祖上恩荫,吃老本,这就是没落的征兆。康熙帝让曹頫继任织造,奉养曹寅之妻,这是可怜曹家两世遗孀,反映他对已故的曹玺、曹寅父子有感情,对生者更多的是怜悯,这在感情上又谈薄一层。曹頫青年袭职,人事不熟,办事也不历练,对老主子不敢乱献殷勤,又以资历浅,政治上小心谨慎,不敢有所作为。康熙五十四年(1715),康熙帝责问曹頫:"你家大小事何不奏闻?"虽是表示皇帝关怀,然亦有责备曹頫不亲近之意。曹頫立即报告家产,说明不自行启奏的原因:"因事属猥屑,不敢轻率。"又郑重声明所奏完全属实,如有欺隐,"一经查出,奴才虽粉身碎骨,不足以蔽辜矣"。("曹家档案"第131—132页)如此保证,就是怕皇帝信不过。类似的文字,在曹寅的奏折里找不到,这就表明两代人同皇帝关系的疏密程度大不相同。康熙五十七年

①《清圣祖实录》卷208,"四十年闰六月戊戌"条。

②《清圣祖实录》卷261,"五十三年十二月"条;昭梿:《啸亭杂录》卷1《优容士臣》。

（1718），康熙帝指示曹頫："尔虽无知小孩，但所关非细，念尔父出力年久，故特恩至此，虽不管地方之事，亦可以所闻大小事，照尔父密密奏闻。是与非，朕自有洞鉴，就是笑话也罢，叫老主子笑笑也好。"（"曹家档案"，第149—150页）密报地方情形，在曹寅视为当然，在曹頫就不便自专，他以与皇帝交往不深，不敢造次以亲信自居而做皇帝的耳目。这就是君臣间的隔阂。康熙五十九年（1720），康熙帝对曹頫做了一个措词严厉的指示："近来你家差事甚多，如磁器珐琅之类，先还有旨意：件数到京之后，送御前觉完，馋烧法琅。今不知骗了多少磁器，朕总不知。已（以）后非上传旨意，尔即当密折内声明奏闻，倘瞒着不奏，后来事发，恐尔当不起。一体得罪，悔之莫急矣。即有别样差使，亦是如此。"（"曹家档案"第153页）指责曹家贪污皇家的物件，已不允许曹家有便宜行事的权力，这样，过去君臣没有芥蒂的情况已不复存在。曹家是赚了皇家不少东西，曹頫时这样，曹寅时也会如此，只是那时康熙帝不做这样指斥罢了。事情很清楚，曹頫在康熙帝心目中的地位与曹寅无法比拟，到曹頫手里，曹家同皇帝关系比曹颙时又形疏远，从这个意义上说，他的家势又有衰微。像曹寅和康熙帝那样的密切状况，在君主时代的主奴兼君臣关系中是不多见的，曹颙、曹頫兄弟辈自然望尘莫及，因而无法恢复父辈的盛况。如果没有别的变化，越往后与皇帝越疏离，家运就别想好转。曹家即使没有遭受后来抄家那样的致命打击，也会每况愈下。自曹寅而起的曹府两代三个主人与康熙帝的关系一个比一个疏远，这是自然形成的，而人事上又不能去改变，这也可以说是曹家的一种政治危机。

总的说来，在曹寅的极盛时期，曹家已潜伏着经济危机，加之曹颙、曹頫时代圣眷渐衰，曹家已走在衰落的道路上。但是只要康熙帝在世，就不会发生骤然的变化；同时，出事的因素存在着，一旦政情改变，有着出现剧变的可能。

二、雍正帝对曹頫从希望到失望

雍正新君在皇子时代与曹家老奴应当有过交往。康熙四十二年（1703），他随康熙帝南巡，从行的皇子只有皇太子胤礽、皇十三子允祥和他三人，人数不多，曹家一定会在住于织造府的皇四子、贝勒胤禛面前尽过心。这一年，曹雪芹也会在织造署，不过年龄太小，不可能与胤禛交游。

雍正帝继位后对曹家的态度，由于史料不充分，仅能就曹頫的奏折和雍正帝的朱批做点滴的分析。

雍正二年(1724)三月,年羹尧青海大捷,朝野大庆,曹頫恭上贺表,文字不长,摘录于下:"窃奴才接阅邸报,伏知大将军年羹尧钦遵万岁圣训,指授方略,乘机进剿,半月之间,遂将罗布藏丹津逆众羽党歼灭殆尽,生擒其母女子弟及从逆之贝勒、台吉人等,招降男妇人口,收获牛马辎重,不可胜计。凯奏朕功,献俘阙下,从古武功未有如此之神速丕盛者也。钦惟万岁仁孝性成,智勇兼备,自御极以来,布德施恩,上合天心,知人任使,下符舆论,所以制胜万全,即时底定?善继圣祖未竟之志,广播荒服来王之威。圣烈鸿庥,普天胥庆。江南绅衿士民闻知,无不欢欣鼓舞。"("曹家档案"第158页)曹頫歌颂了青海胜利,主要是颂扬了皇帝。他一赞雍正帝"智勇兼备",至圣至明,知人善任,从而取得不世之功。雍正帝自尊心特强,把青海之功归于皇帝的将将,说到了皇帝的心坎上。二赞雍正帝的仁孝,完成了康熙帝的未竟事业。雍正帝变革他父亲的政治,但不许人说。青海功成,雍正帝发上谕、写朱批,处处都说是乃父养兵育将、深仁厚泽的结果,又为文告祭康熙帝的景陵。曹頫说他"仁孝性成""善继圣祖未竟之志",正合他的宣传。三赞皇帝善政爱民、布德施恩,深合天心,因之获胜。雍正帝爱讲天人感应之说,自谓修人事、爱百姓,得天帝垂鉴,获此奇功。这样君臣思想恰相吻合。雍正帝看到这个贺表,从内心感到高兴,遂在表上朱批说:"此篇奏表,文拟甚有趣,简而备,诚而切,是个大通家作的。"("曹家档案"第158页)雍正帝肯定奏表文章写得好,简明扼要,更好在"诚而切",即表现了奏表人对皇帝发自内心的忠诚态度,因而所表达的意思非常准确。雍正帝欣赏曹頫贺表的文字,进而反映他对具折人有一定好感,通过赞扬其文章而表彰其人。曹頫的贺表是官样文章,但他的真实思想也不能不于其中有所流露。他是个好古嗜学的人,为人正派,权交应酬非其所长,他那份处处符合雍正帝心意的贺表,看来不会全靠的是揣摩之功,应当具有那样的一些认识,在贺表上表现了爱君之心。所以说这时雍正帝和曹頫之间关系融合,至少说不会有大的嫌隙。

同年,曹頫上一个请安折,雍正帝批示如下:你是奉旨交与怡亲王传奏你的事的,诸事听王子教导而行。你若自己不为非,诸事王子照看得你来;你若作不法,凭谁不能与你作福。不要乱跑门路,瞎费心思力量买祸受。除怡王之外,竟可不用再求一人拖累自己。为什么不拣省事有益的做,做费事有害的事?因你们向来混账风俗贯(惯)了,恐人指称朕意撞你,所以朕将你交于王子。主意拿定,少乱一点,坏朕声名,朕就要重重处分,王子也救你不下了。("曹家档案"第165页)这里显现了一个事实,就是雍正帝命令曹頫,有些事要向怡亲王允祥汇报,并经由后者向皇帝奏明请示。于是在君臣之间有了个中间人。这样做,据雍正帝讲是让允祥"照看"曹頫,而这位王爷又"疼怜"他,也会照看得好。

雍正这一手,是关怀曹頫,还是对他不信任而加强管制?这就需要明了允祥在雍正朝的地位及当时的传奏制度。允祥是雍正帝最要好的兄弟,当时为总理事务王,管理户部、户部三库、会考府等处事务,负责皇帝的禁卫、宫中和雍亲王府的事情,是雍正帝第一信任的亲王和总管家。他代表雍正帝与一些封疆大吏、道府官员进行单线联系,代转他们的奏折或不便上奏而又需要报告皇帝的事情。如雍正元年(1723),雍正帝指示直隶巡抚李维钧:"凡有为难不便奏闻小事,密使人同(怡亲)王商酌。①所以李维钧首倡摊丁入亩,先同允祥商讨。雍正帝的这一指令,显然是对李维钧的关怀。雍正二年(1724),署理河南巡抚田文镜主动派人向允祥致敬,雍正帝就此向田文镜说:"此际命王代汝转奏事件,断然不可。"因为田文镜在河南积极推行雍正新政策,与创行耗羡归公制度的山西巡抚诺岷,为举朝所怨之人,若允许他同允祥结交,必然会被人攻击为结党营私,将使他们处境不佳。所以雍正帝又说:"俟汝根基立定,官声表著之时,然后降旨,命王照应于汝,则嫌疑无自而生矣。"②何人被指定与允祥联系有条件,要看其人官声如何,宠臣田文镜想让允祥为其传奏尚不可得,亦见由允祥转奏不是坏事。胡凤翚,其妻与年妃为姊妹,应该是雍正帝的亲信了。雍正元年(1723),胡凤翚受命为苏州织造,代替李煦,雍正帝亦命允祥照看他,有的旨意就通过允祥下达给他。③对于这种转奏,雍正帝给了他与曹頫同样内容的指示:"毋谓朕将尔交与怡亲王为已得泰山之靠,遂放胆肆志,任意招摇也,倘少有辜负朕恩处,第一参劾尔者系怡亲王,切莫错会。若希冀王施祖护私恩于尔,则自误尔之身家体面矣。小心!慎之!"④警告胡凤翚不要以为有了怡亲王这个靠山而胡作非为。

---

① 《朱批谕旨·李维钧奏折》,元年十一月初九日折。
② 《朱批谕旨·田文镜奏折》,二年十一月二十日折朱批。
③ 《朱批谕旨·胡凤翚奏折》,三年八月十七日折。
④ 《朱批谕旨·胡凤翚奏折》,二年十二月十八日折。

事情很清楚,雍正常命允祥为曹頫转奏,其性质和作用应与李维钧、胡凤翚一样,是为曹頫找了个可靠的保护人,再说允祥与曹家关系之深,比李、胡等人又不同。曹寅接驾的那四次康熙南巡,允祥是皇子中唯一的次次都去的人。想来他同曹家感情较深,雍正帝说他"甚疼怜"曹頫,必是实情。由他做传奏人,对曹家当更有利。

雍正帝实行传奏办法,还是他推行的密折制度的一个内容,既不是为曹頫,也不是为李维钧或胡凤翚哪一个人实行的,是他施政的需要。把曹頫交允祥照看一事,放至允祥政治作用和密折制度当中来看,或许能清楚一些。要之,这一做法,便于皇帝与臣下联系,含有爱护、笼络被联系人之意,而不是作为管制的手段。当然,具体到曹頫、胡凤翚之类的家奴,宠信之外,含有教导、管教的意思,不过这种管教不是恶意的,是主奴关系的正常内容。

雍正帝在这个朱批中警告曹頫,若在允祥之外乱找门路,就是买祸受;对于别人的欺诈,要警惕,只要自己主意拿定,就不会受人愚弄;特别要注意不做有损皇帝名声的事,若那样,允祥也救不了他。雍正帝要求臣工,特别是家奴,对他应绝对地忠诚。这个朱批体现了这种要求,但也不是只为曹頫而写。上述给胡凤翚的朱批是同一性质的。还有一些朱批表述得更明显。胡凤翚因同年羹尧是郎舅关系,其子胡式瑗被年羹尧保举为知县。年案发生,胡凤翚自首,雍正帝警告他:"当极小心谨饬,闻尔颇不安静,慎之、慎之!"[1]又说:"朕原有旨,除怡王外,不许结交一人,执意尔尚恐怡亲王照顾不周,又复各处钻营。"[2]最后,胡凤翚以年党被抄家,自杀。曹、胡的朱批有共同的内容,只是没有说曹頫各处钻营。所以雍正帝的意思,家奴只能依靠主人,或主人指定的管家,绝不可以自找管家,更不可以另寻主人。他的这个朱批就是要求曹頫只同允祥联系,不要再找靠山。这是家主对仆人的教训,没有对奴才的苛求。

雍正帝的这个朱批,用词尖刻,态度严厉,规劝之中充满威胁。这样的态度,在曹頫雍正二年(1724)五月初六日奏折的朱批上又表现出来。曹頫在该折中报告江南发生蝗虫,但未成灾,且雨充足,百姓已及时播种。雍正帝见后大发脾气,朱批:"蝗蝻闻得还有,地方官为什么不下力扑灭?二麦虽收,秋禾

① 《朱批谕旨·胡凤翚奏折》,三年九月二十六日折朱批。
② 《朱批谕旨·胡凤翚奏折》,三年十月初三日折朱批。

更要紧。据实奏，凡事有一点欺隐作用，是你自己寻罪，不与朕相干。"（"曹家档案"第163页）曹頫不是地方官，地方上没能全部消灭蝗虫，关他甚事，责向于他，岂不裁错了对象？然而雍正帝不会昏暴到这种程度，他是责怪曹頫没有报告地方官不下力消除蝗灾的原因。他要求臣下的报告一定要准确，以便他掌握实际情况，如不确实，他便会被人蒙蔽，影响他的名誉和威信，当然会转过来怪罪报告人的欺蔽。

雍正帝这样凶狠，也是看对象而发。胡凤翚密奏按察使徐琳居官情景，雍正帝朱批竟说："少不慎密，须防尔之首领。"①雍正五年（1727）四月初一日，杭州织造孙文成折奏浙江大吏的施政办法，雍正帝亦作告诫之朱批："凡百奏闻，若稍有不实，恐尔领罪不起。须知朕非生长深宫之主，系四十年阅历世情之雍亲王也。"（《朱批谕旨·孙文成奏折》，五年四月初一日折朱批）。雍正六年（1728）三月初三日，苏州织造李秉忠奏报当地风调雨顺，雍正帝亦说："凡如此等之奏，务须一一据实入告，毋得丝毫隐饰。即地方一切事务及大小官员之优劣，若果灼见无疑，亦当据情直陈，倘不惧密，招摇炫露，借称朕之耳目，擅作威福，讹诈地方，则自贻伊戚也。"（《朱批谕旨·李秉忠奏折》，六年三月初三日折朱批）。这些人都是织造，雍正帝的口气都很硬。他是把他们真正当作家奴看待，故不假以辞色。对这些织造，不管是前朝留下的，还是自己任用的，严厉态度是一致的，也就是说他的原则，即忠君要求是一致的，问题不在谁任命的，只要对皇帝忠诚就行。这确乎说明雍正常对曹頫没有特殊的刁难和歧视。

上述几个朱批可以表明，雍正帝在继位前二年，对曹頫是信任的，并严加管教，希望他成为忠实干练的家奴。

此后，一直到抄家以前，雍正帝对曹頫的使用是正常的。曹頫按照规定，履行他的织造职责。雍正五年（1725），他因江宁织造署库存缎匹已多，请问户部可否上交内府，经户部请示雍正帝，准允交纳（"曹家档案"第166—167页）。清朝惯例，江南三织造轮留回京，每年一人，进送织造物件。雍正四年（1726），曹頫按规定进京，于次年二月返回任所，雍正帝命他路过江苏仪征时向两淮盐政噶尔泰转传圣谕。事后领旨者向皇帝奏报经过："雍正五年二月二

① 《朱批谕旨·胡凤翚奏折》，二年十二月十八日折朱批。据说台北故宫博物院所藏朱批奏折原件中的这句话是："少不机密一点，仔细头。"转见杨启樵：《雍正帝及其密折制度研究》，香港三联书店，1981年，第13页。

十七日,江宁织造曹頫自京回南,至仪征盐所臣衙门,臣跪请圣安,曹頫口传圣谕,以臣等呈进龙袍及丰灯、香袋等物,皆用绣地,靡费无益,且恐引诱小民不务生产,有关风俗,特命传谕。"①笔者在《朱批谕旨》中看到类此转传谕旨,往往传达有误,雍正帝知后再加笔削。噶尔泰此折没有朱笔改动,曹頫准确地转述了雍正帝的旨意。雍正五年(1727),该轮到苏州织造高斌进京,五月,高斌就此请旨,雍正帝不让他行走,仍命刚刚返任的曹頫"将其应进缎匹送来"("曹家档案"第171—172页)。这时,曹家可能还有一些小的差事。康熙末年他家差事甚多,而这些差事多与织造地位有关,雍正初年,他家织造职务没有变,那些小差事不会非正常地取消,即或改变,也非对曹頫另有看待而做出的。如雍正二年(1724)武备院奏称,从前曹頫等造送的马鞍、撒袋、刀等物的饰件,所存不多,需要再造,考虑到若再命曹頫等打制,地方遥远,且往来收送,难免生弊,建议在京就便打造,雍正帝认为所议很好,把它批准了("曹家档案"第171—172页)。这是就事而发,不是针对曹頫来的。

除以经济为内容的差事之外,江南三织造也有从事政治耳目活动的使命。前述要曹頫据实奏明地方官动向的严谕就是赋有这种使命的体现。雍正三年(1725)夏天,曹頫奉命与苏州织造胡凤翚一道调查山东巡抚陈世倌拘捕扬州居民洛兴华的事件。他们通过洛本人,了解了陈世倌误拿洛兴华的经过,报告内务府总管,转呈雍正帝("曹家档案"第168—171页)。

雍正四年(1726),京中发生了曹頫家人吴老汉被捕事。事情的原委是:吴老汉在康熙六十年(1721)代主人赊卖给桑额三千一百多两银子的人参,到雍正四年(1726)秋天还欠一千三百多两未还,吴老汉屡次催讨,桑额为赖账,串通番役蔡二格等人,反诬吴老汉欠债,将他拘捕。事情经由内务府管辖番役处审理,真相大白,遂将桑额枷号两个月,鞭责一百,发往打牲乌拉充打牲夫,欠银如数交还吴老汉。雍正帝准行。("曹家档案"第180页)事后,雍正帝大大称赞了管辖番役处的官员,他说:查出这一案件,很好,应予记录奖赏。("曹家档案"第178—180页)他表彰的是番役处官员,但其所办之事则是为曹家昭雪,由此亦可见对曹家没有另眼看待。对曹頫正常使用,按一般人对待,这是事实。

从雍正帝的谕旨看,自始就对曹頫严厉,后来曹頫不善为官的表现更增

---

①《朱批谕旨·噶尔泰奏折》,五年三月十日折。

加了雍正帝对他的不满。雍正四年(1726),雍正帝发现新近收进的缎子质量不好,要内务府查出是何处织造所进,结果查明,由苏州、江宁所织的一部分上用缎、官缎"甚粗糙轻薄,而比早年织进者已大为不如"。内务府官员就此参奏说:"查此项绸缎,皆系内廷用品,理应依照旧式,敬谨细织呈进,今粗糙轻薄者,深为不合。"于是把不合格的绸缎挑出,要曹頫等另织,又将他们罚俸一年。("曹家档案"第174—175页)织造上用物品,本应加意制作,不能偷工减料,又碰上精明严厉的雍正帝,就绝不能马虎一点了。然而曹頫识不及此,进呈不合格产品,岂非自寻罪戾!当年补上挑出的绸缎,曹頫等还引咎自责:"奴才等系特命办理织造之人,所织绸缎轻薄粗糙,实属罪过。"又保证"此后定要倍加谨慎,细密纺织"。雍正五年(1727)闰三月,雍正帝穿的石青缎褂面落色,追查是何处织造,结果又是江宁生产的。于是又以不敬谨织染,将曹頫罚俸一年。("曹家档案"第181—182页)与此同时,两淮盐政噶尔泰密奏:"访得曹頫年少无才,遇事畏缩,织造事务交与管家丁汉臣料理,臣在京见过数次,人亦平常。"[①]是说曹頫缺乏才能,办事又不主动热情,所使用的管家也是平庸的人。噶尔泰的访察是比较准确的,曹頫属于好学而无行政才能的人,所用人又非能了事的,只能给曹頫添事,以致织造上用物品屡出差错,遭到谴责。雍正帝惯于通过各种渠道考察臣下,大约对曹頫居官已先有所了解,及至见到噶尔泰奏折,就朱批说曹頫"原不成器"[②]。他的本意是把曹頫培养成干练贤员,经过几年,认为不长进,表示失望,不再望其成为大器了。不管曹頫本身有无变化,反正雍正帝对他的看法有了改变,从希望到失望。

曹家地位在康熙末年已在走下坡路,君主易人,双方私人关系更浅,衰落的危机比先前更形严重。由于雍正帝采取维持的态度,才没有急转直下。

需要指出的是,雍正帝宽待曹頫整整5年,在那雍正初年政情迅速变化之际,5年可不算短。说曹家遇到雍正就倒霉,加给这个君主迫害前朝老奴的罪名,确有不实、因而过苛之嫌。人云雍正帝为人刻薄,莫非以其人之道还诸其身欤?

---

①②《朱批谕旨·噶尔泰奏折》,五年一月十八日折。

三、抄家及其原因

雍正帝对曹𫖯看法的变化,与后者的亏空及不能弥补有很大关系,不过在上一问题中笔者没有涉及它,现在就来考察亏空及其与抄家的关系。让我们先看抄家的经过,然后讨论关于它的原因的种种说法。

雍正五年(1727)冬天,曹𫖯因送织造缎匹在京。大约在这时,山东巡抚塞楞额折奏江南三织造运送龙衣,经过长清县等处,于勘合之外,多索夫马、程仪、骡价等项银两,请求降旨禁革。十二月初四日,雍正帝就该折发出上谕,首先说他早就禁止扰驿站:朕屡降谕旨,不许钦差官员、人役骚扰驿站。接着说三织造违令扰累可恨,"今三处织造差人进京,俱于勘合之外,多加夫马,苛索繁费,苦累驿站,甚属可恶。"最后要求内务府和吏部按照塞楞额揭参各条,对三织造严加审理。①后来的案情发展表明,这是查抄曹家的信号。十五日,雍正帝以杭州织造孙文成"年已老迈"罢其职务,谓曹𫖯"审案未结",用内务府郎中绥赫德接替他的差事。("曹家档案"第184页)曹𫖯何时被立案审查,这里没有说明,估计为时不久。但是事情发展很快,二十四日,雍正帝命令江南总督范时绎查封曹𫖯家产:"将曹𫖯家财物,固封看守,并将重要家人立即严拿;家人之财产,亦著固封看守,俟新任织造官员绥赫德到彼此后办理。伊闻之织造官员易人时,说不定要暗派家人到江南送信,转移家财,倘有差遣之人到彼,著范时绎严拿,审问该人前去的缘故,不得怠忽!"("曹家档案"第185页)范时绎得到指令后,监禁曹𫖯管家数人,进行审讯,并将曹家房产杂物一一查清,造册封存。("曹家档案"第186页)雍正六年(1728)二月初二日,绥赫德到任("曹家档案"第186页),细查曹家财产,与范时绎登记的相同,即房屋及家人住房十三处,共计四百八十三间;地八处,共一万九千零六十七亩;家人一百一十四口;他人欠曹𫖯债务,连本带利共计三万二千余两;此外还有家具、旧衣及当票百余张。雍正帝把曹𫖯"所有田产房屋人口等项"赏给了接任者,并令绥赫德在北京给曹𫖯酌量留些住房,以便其家属回京居住。("曹家档案"第187—188页)不久,曹家离开南京北上,丧失了经营60年的基业,家事自不可问津了。

---

① 雍正朝《起居注册》,五年十二月初四日;《上谕内阁》,同日。

查抄曹家的原因,雍正帝说是惩治曹頫的亏空之罪。给范时绎的上谕中说:"曹頫行为不端,织造款项亏空甚多,朕屡次施恩宽限,令其赔补。伊倘感激朕成全之恩,理应尽心效力,然伊不但不感恩图报,反而将家中财产暗移他处,企图隐蔽,有违朕恩,甚属可恶。"("曹家档案"第185页)雍正帝的意思,曹頫有亏空,这是本罪,他不积极清偿,反而移家产,希图免脱,罪上加罪,才获此重咎。

曹頫亏空,确是事实。雍正元年(1723),曹頫自报织造项内有亏空,请求在三年之内分批偿还,雍正帝批准了。曹頫获知后,于雍正二年(1724)正月上折谢恩,说"奴才自负重罪,碎首无辞,今蒙天恩如此保全,实出望外。"接着保证不顾一切地按期还完欠帑——"只知补清钱粮为重,其余家口妻孥,虽至饥寒迫切,奴才一切置之度外,在所不顾。凡有可以省得一分,即补一分亏欠,务期于三年之内清补完全,以无负万岁开恩矜全之至意。"雍正帝对他能否如期清偿将信将疑,批云:"只要口心相应,若果能如此,大造化人了。"("曹家档案"第157页)

曹頫的亏空能不能赔补,这就看他的亏空数量和家产。他的亏空,如果只是他自身的,不会像曹寅那样,动辄上百万两,但他须偿还的应包括曹寅的亏欠。雍正时期,曹寅的欠帑问题再次被提了出来。至于具体状况,有件档案提供了线索。这件档案是内务府于雍正十三年(1735)十二月十六日上奏的折子,它讲雍正帝死后,乾隆帝下即位恩诏,免追八旗和内务府人员侵贪挪移款项,凡分赔、代赔、著赔的,内务府查明报请宽免,该折开列的分赔项目共有十一案,其中涉及曹寅的有三案。兹录愿文于下:

一件:雍正八年三月内,正黄旗汉军都统咨送,原任散秩大臣佛保收受原任总督八十馈送银五千两,笔帖式杨文锦馈送银四千四百两,原任织造曹寅家人吴老汉开出馈送银一千七百五十六两。(下略)

一件:雍正十三年七月内,镶黄旗满洲都统咨送,原任织造、郎中曹寅家人吴老汉供出银两案内,原任大学士兼二等伯马齐,欠银七千六百二十六两六钱。(下略)

一件:雍正十年十一月内,正黄旗满洲都统咨送,原任织造郎中曹寅亏空案内,开出喀尔吉善佐领下原任尚书凯音布收受馈送银五千六十两。("曹家档案"第202—204页,参阅第198—201页内务府十月二十一日的折子)

这里明确说有个"曹寅亏空案",这个案子是如何揭露的,何时定案的,亏空有多少,偿还如何,不得而知。总之有这么个案子。它说明李煦所宣称的,他和曹寅于康熙五十六年(1717)清偿了全部欠帑是骗人的,那时康熙帝为马虎了事,加以认可,但是既有亏欠,到雍正时一查,就被发现了,立案了。为了追赔,自然就落到亏空者的后人曹頫和受过曹寅好处的人身上。因此凯音布等承担了分赔的责任。所谓曹頫的亏空,笔者以为它包括曹頫本人和曹寅的两项内容。有了曹寅的欠帑在内,其数量一定很大。

巨量亏欠是曹頫的财产不能赔补完结的,绥赫德的抄家清单表明,曹家仅有大约六七万的产业,破他的家也不够清偿,他的偿还能力实在太有限了。康熙六十年(1721),代售人参,到次年八月只差九千余两参价不能交清,内务府要议处,这才蹭到雍正元年(1723)七月纳完。("曹家档案"第155—156页、第160页)而由吴老汉被捕事获知,他卖参的银子还没有完全收上来,曹頫是用的别项银子补的这个窟窿。这样拆东墙补西墙,捉襟见肘,巨额亏空怎么还法!所以曹頫保证三年归还,至雍正四年(1726)年到期,他并没有能偿还。即使雍正帝再展限,曹頫也是力不从心,继续亏欠。这样,雍正帝终于采取抄家的办法,强制曹頫弥补欠银了。

亏欠是不是抄家的真正原因?有人相信,如雍乾时人萧奭在《永宪录》中写到此事,说曹頫"因亏空罢任,封其家赀,止银数两,钱数千,质票值千金而已。上(指雍正帝)闻之恻然"[1]。笔者认为,亏空确是抄家的原因。欲明个中道理,需了解雍正帝整理财政的政策、措施和实践,将清理曹家欠帑置诸共间,或许易于明了。

雍正帝对赋税制度和官俸制度做了重大改革,实行摊丁入亩、耗羡归公、养廉银等项制度,在中国赋役史上具有较大意义,这里不论,仅就整理财政与肃清吏治做点必要的说明。雍正帝在藩邸时就知道,"历年户部库银亏空数百万两"[2],"藩库钱粮亏空,近或多至数十万。"他针对严重的亏空问题,在康熙逝世后一个月,就制定和宣布了全面整理财政的方针。他说,现在地方官亏空钱粮的很多,由于康熙帝宽仁,不用刑典,官员互相徇庇,"但存追比虚名究竟全无着落",以至"亏空愈甚,库藏空虚"。他表示,不能再像乃父那样宽容,决

---

① 萧奭:《永宪录》,中华书局,1959年,第390页。
②《上谕内阁》,二年十一月十三日谕。

心加以整肃。所以即位恩泽，内阁起草时照例开列豁免亏空一条，他为了扭转贪赃风气，不使赃官将侵占化为合法，破例取消了这条恩典。至是下令清查钱粮，预定三年完毕。他要求"各省督抚将所属钱粮严行稽查，凡有亏空，无论已经参出及未经参出者，三年之内务期如数补足，毋得借端遮饰。如限满不完，定行从重治罪"①。在中央，特设会考府。"纠察六部，清厘钱粮出入之数。"②

雍正帝的政策立即付诸实行，据《永宪录》记载，雍正元年(1723)，被革职查封追审的官员就有湖广布政使张圣弼、粮储道许大完、按察使张安世，广西按察使李继谟，江苏巡抚吴存礼、布政使李世仁、江安粮道王舜、原汪南粮道李玉，原直隶巡道宋师曾，原山西巡抚苏克济，原河道总督赵世显。③见于其他载籍的还有，如袁枚《小仓山房文集》卷33《内务府总管丁文恪公传》所记的内务府郎中丁皂保，等等，不一一具列。赃官一经揭发，雍正帝就命将之革职，搜查他的衙门，同时抄他的家，以便变卖赔偿；被革职的不得留任清理，以免他们用新的贪赃弥补旧项；命受过犯官好处的亲戚帮助完项；不许用捐俸工的方法玩纳亏空。这些办法，务使贪官退出赃物，警告官吏不得再犯，以肃清吏治并充实国帑。

在清查中，雍正帝对织造府与盐院颇为注意。雍正元年(1723)十二月，两淮盐政谢赐履请停止两淮余银滋补江宁、苏州两织造，并将当年六月以前给的追回。其中需要曹頫交回的两笔共八万五千余两，谢赐履行文，派人去催还，曹頫概不理睬，谢因此请皇帝下令，让曹頫把欠银送交户部，雍正帝准令由户部催收。④不久，雍正帝调两浙盐政清理两淮盐课——"清查浮费"。⑤难免要涉及曹寅。雍正帝还特别命令织造府厉行节俭，改变过去贪婪及靡费习气。他在曹頫晋呈物品单上批写："用不着的东西，再不必进。"("曹家档案"第184页)又谕孙文成："尔试看一省之中督抚将军地方文武官员，假若仍踵故习，尔亦循旧日织造行为举动可也，否则必当择善而行为好。"⑥在苏州织造李秉忠奏折中写道："尔等包衣下贱习气，率多以欺隐为务，每见小利而不顾品

①《世宗宪皇帝御制文集》卷1《谕巡抚》。
②吴振棫：《养吉斋丛录》卷1。
③《永宪录》第124、137、150页。
④《朱批谕旨·谢赐履奏折》，元年十二月初一日折。
⑤《朱批谕旨·噶尔泰奏折》，三年九月十一日折。
⑥《朱批谕旨·孙文成奏折》，五年正月初一日折朱批。

行。"①他警惕织造的贪占,不会放松对曹頫的查核。

清理财政、整饬官员的政策在中央和地方的全面实行,说明曹頫的遭遇是这一运动的产物,他是被触及的众多的亏空官员中的一个,也是其中的一例,既不奇怪,也不特殊。

雍正帝说曹頫转移家产,十分可恶,他对此事看得很重,也很恼火。当时隐藏财产的大有人在,雍正帝对此极为关注,他曾因总理事务大臣、吏部尚书隆科多做出了这样的事情,气愤地向抚远大将军年羹尧说:"舅舅隆科多行为岂有此理,昏聩至极,各处藏埋运转银子东西。朕如此推诚教导,当感激乐从,今如此居心,可愧可笑。况朕岂有抄没隆科多家产之理,朕实窥见天下臣工也。你不要做如此丑态,以为天下笑也。"②他哪里知道年羹尧比隆科多做得还厉害,隆科多只是藏财于京城亲友和山西寺庙中,而年羹尧则分藏于京城和各省。③雍正帝认为,臣下暗移家产是对他的不信任,给他难堪;而臣下敢于隐匿,又是对皇帝的不忠诚;当清理之时的暗藏,是企图侥幸,抗拒弥补亏空。单凭这样的事,他一怒之下,可能决定查抄曹頫家产。这可以说是诱发抄家的一个原因。

促使雍正帝查抄曹家的因素有否来自政治方面的呢?据说台北故宫博物院收藏的雍正朝档案第 19210 号是曹頫奏折,是他于雍正二年(1724)正月十七日至五月初六日写的四个折子合在一起的,然而该院出版《宫中档雍正朝奏折》没有把其刊出。④见过奏折原件的杨启樵说,其中第三折盛赞年大将军凯旋。曹頫的奏折在雍正帝敕编的《朱批谕旨》中没有辑入,究其原因,杨启樵联系其他人未刊的奏折,认为是因涉及年隆案件。他说:"……其他尚有多折,皆为年羹尧、隆科多事而发,俱未刊出,如奉天府丞革职留任程光珠折,四川按察使程如丝折、浙江巡抚法海折、江宁织造曹頫折等,不列举。"⑤程珠光注连于隆案,程如丝系年羹尧参奏之人,法海获罪与允禩、年羹尧均有关,这是其他资料清楚表明了的,至于曹頫与隆、年有何瓜葛,除杨启樵所寓资料外,

---

① 《朱批谕旨·李秉忠奏折》,六年二月二十七日折朱批。

② 中国第一历史档案馆藏,清世宗"朱谕"第 12 函。

③ 《上谕内阁》,三年七月十六日谕。

④ 《雍正帝及其密折制度研究》,第 199 页注 14。

⑤ 《雍正帝及其密折制度研究》,第 198 页。

别无线索。雍正帝警告曹頫"不要乱跑门路","除怡王外,竟可不用再求一人托累自己"。不知他是否在允祥以外又向权势煊赫的年大将军和舅舅隆科多表示亲近?这只能是个疑问。如果说这是抄家的原因,笔者不敢在未见该资料之前贸然相信。

是不是牵连到允禩集团中去了?不少学者作如是之观。曹家作为老奴,与康熙帝的皇子会有某种联系,四次接驾时侍奉过众多的皇子。曹家与允禩集团的成员有过往来。康熙五十五年(1716),允禩在江宁打造镀金狮子一对,因铸得不好,交给曹頫,寄存在织造署附近的万寿庵中。("曹家档案"第188页)曹頫是皇帝家奴,且是在南京的家奴头子,为皇子办这件事也是分内之责。如果没有更深一层的关系,这是不能作为曹頫是允禩党人的证明。而雍正帝得知此事,是在绥赫德抄之后,因而如一些学者所指出的,它不是导致抄家的理由。设若因已知雍正帝与允禩集团对立,曹頫被雍正打击,就来求证曹頫是允禩一党的,以现有的资料,做不出令人信服的答案。

雍正帝说明查抄曹家的原因,没有提及曹頫是允禩或年、隆党人,倒可证明他确实不是。雍正帝刚即位时,打击允禩集团,往往以经济问题做借口,如康熙六十一年(1722)年十二月,说允禩之母宣妃的太监张起用违禁做买卖,就把他和允禩的太监李尽忠等发往边疆。[①]1724年,欲惩办履郡王允祹治事不敬,乃是以其管内务府任内亏空为由,迫使他将家用器皿摆在大街出卖,以便补偿。[②]这时的雍正帝还没有站稳脚跟,对允禩集团采取分化瓦解政策,没有全面地、公开地打击对手,故而假经济犯罪之名,行政治打击之实,以避免过分刺激对方。青海胜利之后,形势对他有利,就没有必要隐讳了。以后在整治年、隆、允禩党人时,就大讲其朋党之罪了。如曾摄抚远大将军印务的贝勒延信,于雍正五年(1727)十二月被禁,他有所谓党援七罪,一结允禩、阿灵阿(阿灵阿和下述的揆叙均为允禩集团成员),二结允禵,三徇隐年羹尧不臣之心。[③]又如雍正四年(1726)十二月,雍正帝责备兵部尚书法海,"与允禵私相结交","谄附年羹尧"。[④]随后将他发往宁夏水利处效力。隆科多案中,亦有结交

---

① 《永宪录》,第63页。
② 雍正朝《起居注册》,二年十月十七日。
③ 《清史列传》卷2《延信传》。
④ 《清史列传》卷13《法海传》。

阿灵阿、揆叙的一条罪状。①雍正帝甚至把自己藩邸旧人戴铎、巴海、沈竹等人都说成是允禩党人。②曹頫案与延信、隆科多等案同时，雍正帝若治其朋党之罪，完全没有必要忌讳，反而会就此加大谴责，以说明他打击允禩、年、隆党人的正确。

还有一事可以反证曹頫不是允禩党人。有的研究者已明确指出，曹頫犯案，他的亲族没有受到株连，堂伯（？）曹宜、堂兄曹颀仍在当差，曹宜从护军参领，曹颀屡蒙赏赐，若曹頫是政治案件，他们就不能不被连累了。此外更有一事值得注意，雍正十三年（1735）七月，曹宜负责"巡察圈禁允禵地方，发现允禵太监跳出高墙逃跑"即行报告，雍正帝为此责备管理内务府的庄亲王允禄。（"曹家档案"第 197—198 页）如果曹頫由允禩案件诖联，曹宜绝不可能被用作监视允禩党人允禵。

或谓否定政治原因，强调经济亏空，为何又把曹頫家产赏给绥赫德，而不做弥补国帑之用。抄家物资即为国家所有，将之归入国库或赏赐私人，这是皇帝的权力了。把查抄物资赐予私人，是常有的事，雍正朝也不例外。雍正元年（1723），抄了李煦的家，估价他的财产值银十二万八千多两，雍正帝命将家物估价抵偿亏欠，房屋赏给年羹尧，奴仆在苏州变卖。李煦家奴因是旗人，一年了还无人敢买，雍正帝又说年羹尧人少，听他拣取。（"曹家档案"第 205、206、209 页）后来抄没年羹尧家产，把其在京房屋、奴仆赏赐给反年干将兵部尚书蔡珽，蔡只受房屋而却家奴。绥赫德是抄家执行人之一，曹頫家产又少，雍正帝因而随手赏给他，以此培植自己的亲信，也是可以理解的。

或云曹家系康熙帝亲信，雍正帝因谋父篡位而一反乃父之政事，于是祸及曹家。毒死康熙之疑案这里可以存在而不论。前朝宠臣至新朝宠衰的是常事，谚云"一朝天子一朝臣"，即是指此。皇位更迭，进用一些新人，使他们对皇帝感恩图报，新君使用起来才得心应手；新君或需要变更前朝政事，旧臣未免碍手，不如起用新进，便于贯彻新的政令。因此，君主时代的"一朝天子一朝臣"，在某种意义上说是统治者内部自我调整，是正常现象。雍正帝是笃信"人治"的君主，认为"有治人既有治法"。③"治天下惟以用人为本，其余皆

① 雍正朝《起居注册》，五年十月初五日。

② 雍正朝《起居注册》，四年八月三十日。

③《清世宗实录》卷 22，"二年七月丁未"条。

枝叶事耳。”[1]雍正帝即位就进行官员的调整，撤换了许多人，对康熙帝的亲信有所打击，如把总管太监魏珠囚禁于景陵。这位总管，向允禟透露宫中情况，接受其子弘晸的“伯父”称呼，有其获罪之由。乾隆帝登基，立即打击雍正帝的亲信，指斥太监苏培盛“狂枉骄恣”“与庄亲王并坐接谈”“与皇子等并坐而食”。[2]雍正帝幼子圆明园阿哥（弘瞻）的太监王自立代表主子到皇太后宫中请安，以主子的口吻称新皇帝为“韩阿哥”，乾隆帝以其不引导圆明园阿哥学好，重责四十板。[3]至于乾隆帝斥责已死的乃父表彰为模范督抚的田文镜为人所熟知，这里不说。田的后任王士俊说乾隆继位后掀起了反对前朝的翻案风，被下狱拟新，翻雍正的案还不严重吗？真是一朝天子一朝臣。对此种事要做具体分析，是与非宜从政治得失来考虑，而不是以某个人在前朝的地位做衡量。至于说到曹頫，雍正帝容留他5年时间，且他也够不上前朝亲信的地位，他的被处分与这个问题并不相干。

上述种种，如果不误的话，抄家的原因是雍正帝在执行整理财政、清查亏欠政策的过程中，追索曹寅、曹頫的钱粮亏空而对曹頫采取的强制手段。曹頫为逃避清欠而转移财产的行为，被雍正帝视为奸诈不忠，成了抄没的导火线。曹頫可能与年羹尧、隆科多有某种关系，也成为抄家的一个动因，但不会作为主要缘由，此点只能作为进一步研究的线索，现时还没有有力资料来证明。曹家同雍正帝已不复有与康熙帝那样密切的私人关系，一旦出事，不会有皇帝的曲意庇护，即丧失了被抄家的屏障。这是曹家在康雍两朝地位的变化，对它的不利因素。说曹家系前朝亲信而被抄，与曹頫被命受允祥照看的事实不合，与5年安稳不动的事实也不合。从目前的资料来看，曹家与允禩集团没有瓜联，构不成它败亡的因由。

曹家主要是因经济亏空而被惩治，并非朋党而受政治打击，但这不等于说他家被抄不具有政治内容。雍正帝实行革新政治，整理财政是其中一项内容，且在清理经济的同时整肃官方，也是一种政治因素在起作用。但这同雍正帝打击朋党的政治活动不是一回事，不宜混淆。

---

①《朱批谕旨·鄂尔泰奏折》，四年八月初六日朱批。

②《清高宗实录》卷4，“雍正十三年十月丙子”条。

③《清高宗实录》卷5，“雍正十三年十月癸未”条。

四、余论

对雍正帝政治要有个符合于客观实际的看法，以利于对曹雪芹家世和《红楼梦》的研究，这是笔者考察曹家被抄问题深切感受到的。谓曹家败于雍正帝迫害允禩党人，或谓毁于整顿经济，都是把曹家问题置于雍正朝政治范畴内进行研究，结论之所以截然不同，虽有对史事掌握程度之别，但重要的是对雍正帝其人有不同看法。对雍正帝谋父、逼母、弒兄、屠弟、诛功臣、贪货财的批评历久相沿，似乎成了定论；康熙帝英明"宽仁"，已有确论，他对雍正帝又处于父皇地位，因此长期以君父之是非为我是非的我国舆情，在康雍不同政见之处，是父而责子，把雍正帝置于不义境地。曹雪芹贡献出国宝《红楼梦》，后人感谢他，是理所当然的，他也是受之无愧的。爱屋及乌，其先人已予人好印象，何况他们又执行英明皇帝的政策，本身又有可敬之处，他们的惨遭厄运，自然引人同情，大约为尊者讳的思想也在起作用，对曹雪芹的先人也就不便置一贬词了。如此这般，雍正帝处处占不到"是"字，只有挨骂的份了。这是不是传统观念和简单逻辑思维结合的产物呢？雍正帝究竟是什么样的历史人物？即使是篡逆者，他的一切政事都是遮盖篡位的吗？皆是恶劣的吗？这都需要从历史实际出发。正确评价雍正政治，把当时的政治斗争理解得全面一些，将有助于我们认清曹家的被抄，有助于了解《红楼梦》写作的时代背景，也有助于认识曹雪芹政治观及其形成。当然，如果这些问题得以正确解决，无疑对认清《红楼梦》的主题思想、社会意义将是有益的。

（原载冯尔康等主编《雍正皇帝全传》，学苑出版社，1994 年）

大力推行改土归流政策的鄂尔泰(传略)

鄂尔泰(1680—1745)在推行改土归流政策中的事功,对用人之道的真知灼见,堪称清代名臣。

一、生平与家世

鄂尔泰,康熙十九年(1680)生,字毅庵,姓西林觉罗氏,满洲镶蓝旗人。先人投归努尔哈赤,为世管佐领。祖父图彦突官户部郎中,父亲鄂拜为国子祭酒。

鄂尔泰 6 岁入学,攻读四书五经,8 岁开始作文,练习书法,16 岁应童子试,次年中秀才,19 岁补廪膳生,20 岁中举,即进入仕途,21 岁袭佐领世职,充任侍卫。此后官场蹭顿,到康熙五十五年(1716)37 岁时,才出任内务府员外郎。可是又淹滞不进, 这时他很为自己的官场不利处而烦恼。康熙六十年(1721)元旦,正值 42 岁的鄂尔泰作诗自叹:"揽镜人将老,开门草未生。"又在《咏怀》诗中吟道:"看来四十犹如此,便到百年已可知。"①他对自己的前途很悲观,绝没有想到后来能出将入相。

鄂尔泰官运的转机是在雍正帝继位之时。雍正元年(1723)正月,他被任命为云南乡试副主考。五月,被越级提升为江苏布政使,成为地方大员。雍正三年(1725)又晋升为广西巡抚。在赴任途中,雍正帝觉得他仍可大用,改封为云南巡抚,管理云贵总督事,而名义上的云贵总督杨名时却只管理云南巡抚事。所以,鄂尔泰在西南开始官职虽为巡抚,而实际上行使着总督的职权。雍正四年(1726)十月,鄂尔泰获得总督实职,加兵部尚书衔。六年(1728)出任云贵广西总督,次年得少保加衔。十年(1732)内召至京,任保和殿大学士,居内阁首辅地位,又以改土归流之功晋封伯爵。同年,因清政府在西北两路用

---

① 转见袁枚:《随园诗话》卷 1。

兵,鄂尔泰出任三边经略,赴陕甘前线督师,数月后回京复命。十三年(1735),贵州改土归流地区土民叛乱,雍正帝以其对此经理不善,削伯爵,但对他信任如故。

雍正帝死后,鄂尔泰出任总理事务大臣。乾隆年间,除大学士职务以外,他又兼任军机大臣、领侍卫内大臣、议政大臣、经筵讲官,管翰林院掌院事,加衔太傅,国史馆、三礼馆、玉牒馆总裁,赐号襄勤伯。乾隆十年(1745)病逝,享年66岁。乾隆帝亲临丧所致祭,谥文端,配享太庙,入祀京师贤良祠。11年之后,即乾隆二十年(1755),因其侄鄂昌与门生胡中藻之狱,被撤出贤良祠。

鄂尔泰著有《西林遗稿》。雍正帝编著的《朱批谕旨》中收有"鄂尔泰奏折",汇集了他在云贵广西总督任上的奏疏。

鄂尔泰的元配夫人早卒,续娶的是大学士迈柱的女儿。鄂尔泰与继妻感情甚笃,不娶妾,生有六子二女。长子鄂容安,官两江总督,娶布政使博尔多之女。次子鄂实,官前锋统领,娶大学士高斌之女。三子鄂弼,充西安将军,娶领侍卫内大臣哈达哈之女。四子鄂宁,位至云贵总督,娶内大臣海望之女。五子鄂圻,娶庄亲王允禄之女。六子鄂谟,娶迈柱之孙女。一门高官厚禄,联姻望族。

二、施行改土归流政策

鄂尔泰历任封疆大吏和宰辅,对农田水利建设较为倾注精力,在江苏布政使任上,察太湖水利,议修吴淞、白茆,因迅速离任而未得实现。雍正后期督巡陕甘时,规划屯田事宜。乾隆初年,巡视直隶河道,条奏开治之法。乾隆四年(1739)阅视运河河道。鄂尔泰还在地方上推行耗羡归公等项政策,注意荒政、漕运。但是这些方面都没有做出明显成绩。他一生最有意义的政绩是在西南推行改土归流政策。

(一)土司制度的弊病与变革的势在必行

元朝以来,在云南、贵州、广西、湖南、湖北和四川等省,有二三十个少数民族中实行土司制度。土司管理各该民族,职务世袭,但是需要中央政府批准。土司在内部自行征收赋役,仅向中央政府进贡少许银物。土司自有法令,对属民的生杀予夺,中央政府不予过问。这里实行的是土司的意志,而不是中央的政策。实际上,土司是大大小小的割据势力,因而产生了中央政权要加强对他们辖区的统治与土司竭力维护旧制度之间的矛盾。土司常到州县地界抢掠,危害汉民生命财产;有的汉人犯法,逃匿土司,州县官只有"用银钱买求"才能得到。[1]这就破坏了政府的司法权。有的地方官无端欺凌土司,敲诈勒索,又加剧了中央政府与土司之间的矛盾。

土司对属民任意役使,赋税是"一年四小派,三年一大派,小派计钱,大派计两"。[2]他们所掠取的比向中央进贡的要多得多。如云南禛沅土知府刀瀚每年的上贡为银三十六两、米一百石,而他向土民征收的银却有二千三百四十八两、米一千二百十二石。土司恣意虐杀土民,对犯其法而被杀害者的家属,还要征六十两、四十两、二十四两不等的银子,名之曰"玷刀钱"。[3]真是凶恶至极!

为了争夺土地和人畜,土司之间互相厮杀,经年不解,世代为仇,使得当地及附近的州县不得安宁。

土司制度妨碍国家的统一,阻碍地方经济、文化的发展,不利于社会安定,是阻碍社会进步的因素,废除这种落后的制度是历史发展的要求。明朝以来,中央政府在有条件的地方已实行改土归流的政策,到清代雍正时期,大规模改流的条件业已成熟。

(二)雍正帝、鄂尔泰君臣决策推行改土归流方针

雍正初年,大臣们对土司问题看法不一:广西巡抚李绂认为,土司虽然为恶,但还不至于非改土归流不可。雍正帝与他的见解一致。雍正三年(1725)发生的长寨事件加速了清政府对土司问题的处理。这年,云贵总督高其倬在贵州贵阳府广顺州长寨地方仲家族村寨建立营房,遭到武力反抗。高其倬卸任回京,向雍正帝面呈土司问题的严重性。这时鄂尔泰正好出任云南巡抚,到任就遇上这件棘手的事情。在处理过程中,鄂尔泰深感对土司蹈袭旧法难于治理:用兵时他们逃跑了,或伪装投降,军队一撤,故事又会重演。他思虑筹措一劳永逸之法。雍正四年(1726)九月,鄂尔泰上奏折,提出推行改土归流的建议,要点是:第一,阐明实行改土归流政策的必要性。土司相杀相劫,"汉民被其摧残,夷人受其荼毒,此边疆大害,必当解决者"。办法就是尽行改土归流,"将富强横暴者渐次禽拿,怯懦昏庸者渐次改置"。否则,不过是临事治标,不

---

① 李绂:《穆堂别稿》卷 21《广西二兵记》。

②③ 蓝鼎元:《鹿洲初集》卷 1《论边省苗蛮事宜书》。

能从根本上解决问题。第二,拟议改流的方针和方法。"改流之法,计禽为上策,兵剿为下策;命自投献为上策,勒命投献为下策"。对于投献者,"但收其田赋,稽其户口,仍量予养赡,授以职衔冠带终身,以示鼓励"。改流的策略,既要用兵,又不专恃武力,争取波及面小,尽量减少阻力,以便迅速奏效。第三,任事大吏必秉公奋力,才能达到目的。因为变革土司这样的旧制困难很大,又有失败的可能。如果失败,将受到舆论的谴责和行政的制裁。要实行得好,主办人必须殚精竭虑、勤奋不懈,"稍有瞻顾,必不敢行;稍有懈怠,必不能行"。①这就要不计较个人得失,实心实力地去做。雍正帝批准了他的全部建议,并为支持实行改土归流,于当年十月实授他为云贵总督官职,以提高其威望和事权。广西与贵州接壤,改流事务较多,雍正帝特地将广西划归云贵总督管辖。这些措施都为鄂尔泰推行改土归流政策做了组织准备。

(三)改土归流的进程

对于广顺州长寨土民的抗官,鄂尔泰及其前任先是派人带去告示、花红,进行招抚,但是毫无结果。雍正四年(1726)四月,鄂尔泰向长寨发兵,事定后设立长寨厅(今长顺县)。长寨用兵成为大规模改土归流的开端。同年六月,鄂尔泰因云南祯沅土知府刀瀚、沾益土知州安于蕃是一伙"势重地广"的"积恶土官",②发兵将他们擒拿,在其地分设镇沅州(今镇沅彝族哈尼族拉祜族自治县)、沾益州(今曲靖市沾益区)。冬季,因乌蒙土官禄万钟屡次攻掠东川府,镇雄土知府陇庆侯助之为恶,鄂尔泰派游击哈元生率军征讨,即其地建置乌蒙府(后改称昭通府)和镇雄州(今镇雄县)。雍正五年(1727),鄂尔泰将投降的广西泗城土府的辖地一部分划归贵州,设立永丰州(今贞丰县),一部分设泗城府(治所为今广西凌云县)。雍正六年(1728),鄂尔泰认为,清理黔东南土民问题,重点应在都匀府,其次是黎平府,再次为镇沅,要分别轻重,次第解决。于是鄂尔泰任用他赏识的贵州按察使张广泗带兵深入土民地区,一面招抚,一面用兵,设置官厅,派出同知,办理民政。

(四)妥善安置土司本人及其领地

鄂尔泰不仅在原土司地区设官建制,还在雍正帝的支持下采取有效措施处置土司。甲、对于土司本人,根据他们对朝廷的态度,给予不同的处理,自动

---

① 《朱批谕旨·鄂尔泰奏折》,雍正四年九月十九日折。
② 《朱批谕旨·鄂尔泰奏折》,雍正四年七月初九日折。

交印的,厚加奖赏,给予现任武职或世职;对顽抗者严行惩罚,没收大部或全部财产。乙、将一部分土司迁徙到东南、中原省份,断绝他们与原领地的联系,以便比较彻底地清除他们在地方上的影响,稳定改流地区。丙、建设镇营。为强化对改流地区的控制,增设绿营军机构和增添驻防军,云南设置乌蒙镇、昭通雄威镇及潜耳元威镇,贵州另设古州镇和台拱镇,广西添置右江镇。丁、改革赋役、田制。废除原来土司的苛征暴敛,实行内地的赋税征收办法。将过去土司进贡的数额作为定额,平均摊到田亩中征收,一般不增加当地人民承担的中央赋役负担,削除了土司一层的盘剥。戊、没收土司一部分土地,发给士兵,实行屯田。对土司强买的田地,允许土民按价赎回。在个别地方,准许土民占有土司的部分土地。

(五)改土归流成功的原因

鄂尔泰在西南改土归流基本上成功了,究其原因,除了客观形势的要求,还在于雍正帝、鄂尔泰君臣的主观能动作用。鄂尔泰不仅发出推行改土归流的倡议,提出切实可行的方针、办法,与此同时,主持其事,亲自去改土归流的地区进行指导和实践。雍正四年(1726)十一月,他到最先实行的地区贵州长寨,沿途"招抚逃亡,给牛予种,按口赈粮,民皆欢集"[①]。即在当地规划设立营汛,增置官员,建立县治,这些都经雍正帝批准实施。接着,他前往东川土府,亲身体会到东川距离昆明近、成都远,而东川属四川节制,发生事情后四川总督鞭长莫及,不如云贵总督就近处理更为捷便。因此建议将东川改归云南辖治,也得到雍正帝批准。在赴东川途中,路过威宁,召见总兵孙弘本、游击哈元生、地方官杨永斌,商定解决邻近的乌蒙土府办法,迫使该土司投诚献土。次年六月,鄂尔泰为解决广西泗城土府问题,亲赴安笼镇,并约会广西提督韩良辅、巡抚李绂前来会商。在鄂尔泰到达的第二天,泗城土府岑映宸即缴印投诚。事定之后,鄂尔泰说他成功的原因有3个,其中之一就是他亲临其地,声威所至,土司慑服。[②]

广西划归云贵总督管辖后,雍正七年(1729)冬至八年(1730)春,鄂尔泰自昆明出发,经贵州到广西,视察重要地区,在广西北部的广南土府(今广南县),恩威并施,使为恶的土司陆顺达父子俯首归顺,并在该地建造城郭。鄂尔

---

① 《襄勤伯鄂文端公年谱》,第81页。

② 《襄勤伯鄂文端公年谱》,第92—93页。

泰此行,并就广西添设官员、驻军、从广西运粮接济贵州左州兵粮等事提出具体建议,并付诸实行。①鄂尔泰的频频出行,促进改土归流的迅速实现,并为云贵广西的经济恢复创造了条件。如走贵阳、威宁、东川一线,见威宁康家海子一带水土好,稍加开辟,即可生产稻米数万石。在东川,他看到此地为"膏腴之府,物产之区",乃置买耕牛,打造农器,兴建房屋,首批垦田万余顷。又见东川"矿厂颇多",汤丹一厂试行开采,矿砂甚多,一年的税课可达一万两银子。②因而设法整顿这些地区的社会秩序,保证了生产的顺利进行。鄂尔泰在广西时下令疏浚广西全州的三十陡河与贵州都匀的清水江。③这两条河都流入湖南,疏通后,水路交通甚为便利,使黔、桂、湘三省物资得以较顺利的交流,促进了当地经济的发展,从而巩固了改土归流的成果。

三、可贵的用人思想

鄂尔泰作为封疆大吏和雍正帝的宠臣,还向朝廷贡献用人的真知灼见,备受雍正帝采纳。鄂尔泰在如何认识才与德、能力与职务等关系及如何识别人的贤佞等问题上,提出他的见解与建议。有时,他就雍正帝的提问和观点与雍正帝展开讨论。他们君臣之间的议论,虽然是从那个时代的现实出发的,但是今天看来,还是饶有趣味的。因为他们的对话很精彩,时时流露出真知灼识。

雍正四年(1726)八月初六日,鄂尔泰在论用人的奏折中写道:"政有缓急难易,人有强柔短长,用违其才,虽能者亦难以自效,虽贤者亦或致误公;用当其可,即中人亦可以有为,即小人亦每能济事。因材、因地、因事、因时,必为官无弃人,斯政无废事。"④他强调用人一定要得当,什么职务,什么差事,用什么样的人,人、职相当,就能发挥人的才能,该办的事情就能办好。人尽其才了,职务就没有虚设。假如一个人是有才能的,又是有操守的,就是不适合担任那种职务,非要派他去做,他的才德不但不能发挥出来,反把事情耽误了。这

---

① 《襄勤伯鄂文端公年谱》,第126—130页。

② 《襄勤伯鄂文端公年谱》,第84页。

③ 《襄勤伯鄂文端公年谱》,第129—130页。

④ 《朱批谕旨·鄂尔泰奏折》,雍正四年八月初六日折。

样既毁了人,又坏了事。他认为,任用官员要人才与职务相适合,最终目的是要把事情办好——"政无废事",就能把国家治理好。这是他考虑用人问题的出发点。

鄂尔泰的奏议引起雍正帝的极大兴趣,随即在他的奏折上写出一篇议论:"凡有才具之员,当惜之、教之。朕意虽魑魅魍魉,亦不能逃我范围,何惧之有?及至教而不听,有真凭实据时,处之以法,乃伊自取也,何碍乎?卿等封疆大臣,只以留神用才为要,庸碌安分、洁己沽名之人,驾驭虽然省力,唯恐误事。但用才情之人,要费心力,方可操纵。若无能大员,转不如用忠厚老成人,然亦不过得中医之法耳,究非尽人力听天之道也。"①"用有才能的人",这对于君主和大臣们来说,并没有异议。问题是有才能的人,可能有这样或那样的缺点,这样的人还可不可以用?用人者往往因此而不敢用他们。雍正帝不这样认识问题,也不这样来处理对一个人的任免。他深知有才能的人未免恃才傲物,看不起上司和同僚,从而与那些庸愚听话的人不同,不容易驾驭,但是他认为不必惧怕他们,应当用心去掌握他们。在这里,尤须有"惜之、教之"的思想,这是说人才难得,对已经涌现出来的干才,尽管他们有缺陷,也要爱惜,不能摧残。爱惜的方法之一,是对他们加强教育,帮助他们改正过失,以利充分发挥他们的才智。

鄂尔泰见到朱批后,于十一月十五日具折陈述自己的意见:"可信、不可信原俱在人,而能用、不能用则实由己。忠厚老成而略无才具者,可信而不可用;聪明才智而动出范围者,可用而不可信。朝廷设官分职,原以济事,非为众人藏身地,但能济事,俱属可用,虽小人亦当惜之、教之;但不能济事,俱属无用,即善人亦当移之、置之。"②他认为国家设官定职,出发点是为了办好事,不是为用人而用人(安置官员),尤其不是为养闲人,谁能把事情办好就应当用谁,而不必管他是君子,抑或是小人。在这个前提下,对于有缺陷的能人加强教育,对不能办事的善人,或调换职务,或离职赋闲,让出缺位给有能力的人来干。他进一步说明和发展了雍正帝的"使用有才能的人"及其"有缺点即加以教育"的方针,雍正帝看后大为欣赏,称赞他的说理"实可开拓人的胸襟"③。

---

① 《朱批谕旨·鄂尔泰奏折》,雍正四年八月初六日折朱批。

② 《朱批谕旨·鄂尔泰奏折》,雍正四年十一月十五日折。

③ 《朱批谕旨·鄂尔泰奏折》,雍正四年十一月十五日折朱批。

归结起来,鄂尔泰与雍正帝的用人思想,第一个共同点是,以能力为旨归,大胆使用有才之人,而对有德无才的人,尽管可以信任,但不可重用,以免妨碍政事。在对德和才的要求上,他们把才摆在了第一位。第二,对有缺点的人才,不因有才而放纵,而是加强对他的教育与管束,使他的才能发挥出来,防止他品德的缺陷败坏政事。第三,这样的用人原则是为办好国事,有利于国事者即任用,无利者不管他有什么值得重视之处,也不给予官职。国事第一,这个用人原则实有高明之处,处在君主时代的雍正帝、鄂尔泰君臣,把社稷利益放在首位,而不是首先考虑人才同个人的关系、个人的好恶,实在是难能可贵的。对于人才"惜之、教之"的教育方针,是让人才从自身的负担中解脱出来,更好地施展他的才能,只有宽阔胸怀的政治家,才能具有这样的思想和用人方针。就这一点而言,鄂尔泰可以进入政治家的行列了。

鄂尔泰任人唯才的思想不只说说而已,而是贯彻于他的实践之中。所谓"节制滇南七载,一时智勇非常之士,多出幕下"[①]。他在改土归流中,提拔重用了哈元生、张广泗等人,使他们成为推行改土归流的重要人物。改土归流之始,哈元生是云南威宁镇游击,鄂尔泰大胆任用,命他率兵攻打叛乱的乌蒙土知府禄万钟及助纣为虐的镇雄土知府陇庆侯,哈元生冒矢奋勇获胜,鄂尔泰即保举他为参将。雍正六年(1728),米贴土司作乱,鄂尔泰用哈元生率兵平叛,再获胜利,次年即升其为总兵。雍正帝也非常赏识他,于九年(1731)用之为云南提督,次年召进京城,解御衣赐之,让他在办理军机处行走,后又任命为"扬威将军",征讨贵州古州叛乱,此次出师无功。鄂尔泰虽提升哈元生,然而对他的认识比较准确。还在雍正八年(1730)哈元生任总兵时,鄂尔泰在五月二十二日写的奏折中说:"哈元生人虽严勇,少近残刻,止可备调遣,不足以资统率。"[②]承认他是一员战将,但不是帅材。不久,"扬威将军"的使命证明鄂尔泰的看法是正确的,识人是深刻的。

张广泗原为云南楚雄知府,雍正四年(1726),鄂尔泰因贵州改土归流的需要,调张广泗为黎平知府。张广泗对土司剿抚兼施,所至立功,两年内被提升为贵州巡抚。雍正帝因未见过其人,不明其底细,于雍正七年(1729)在上谕中问鄂尔泰:张广泗"胸襟立志,未知可能开阔坚定否?"鄂尔泰即回奏,说被

---

① 昭梿:《啸亭杂录》卷2《鄂西林用人》。
② 《掌故丛编》第3辑《鄂尔泰奏折》。

察考者"胸襟亦颇开阔,立志亦颇坚定,但明敏强干,犹属见事办事,若夫先筹全局,次捆要领,不遗琐细,而一视繁难,张广泗心能知及,而尚未能了了"①。即认为张广泗忠实于君主,一心向上,有统顾全局的能力,但不甚高明。鄂尔泰的分析与张广泗的行事有相当符合处:雍正十年(1732),宁远大将军岳钟琪以西路军营出师无功而获罪,张广泗受命往代,亦无功而还。雍正十三年(1735),张广泗代替哈元生经略云贵,平定古州之乱。乾隆十一年(1746)起,张广泗任川陕总督,出师大金川,久而无功,乾隆帝派大学士讷亲为经略,但讷亲方略不当,张广泗已看出来,因惧其势盛,而缄默不言,坐视其败,惹得乾隆帝怒而将其斩首。张广泗有小才而无大器,鄂尔泰也看得很准。张广泗忠君是有条件的,鄂尔泰看到他敏于办事的一面,忽视了他过于重视个人身家性命的一面,但对张广泗的基本点,鄂尔泰确是把握准了。鄂尔泰的另一属员广西巡抚金铁,不是鄂尔泰提拔起来的,但他们相处不久,鄂尔泰对他做了如下评论:"金铁肝胆可用,识力未充,阅人无多,历事有限……臣窃于金铁有隐虑焉。在金铁才具明爽,毅然有为,其感恩思奋实出于至诚,论担荷力量,并无逊于张广泗,若再进以学识,求理审机,破除我见,洵可为胜任之封疆。倘以此自限,犹不过一精悍材,无与于经济之选也。"②鄂尔泰虽肯定此人,却不以大材期许。后来证明,金铁的确没有大作为。

雍正朝被表彰实心办事、认真提参属员的督抚,其中有豫抚田文镜、晋抚诺岷、鲁抚塞楞额、浙抚李卫、粤抚杨文乾、赣抚迈柱,再就是云贵总督鄂尔泰。鄂尔泰基于他对属员的了解,提拔了一批人,也参劾了一些人,基本上做到知人善任。雍正帝对鄂尔泰说:"卿之识人,实越常人。"③又说:"卿之识人感人,朕实信及。"④雍正帝在这方面对鄂尔泰的评价,反映了鄂尔泰善于识别人才的实际。鄂尔泰有着可贵的用人思想,并知人善任,正是这个原因,促成了改土归流事业的成功。

①④《掌故丛编》第 3 辑《鄂尔泰奏折》。

②《掌故丛编》第 3 辑《鄂尔泰奏折》,七年八月十八日折。

③《朱批谕旨·鄂尔泰奏折》,雍正四年十一月十五日折朱批。

四、性格与君臣际合

鄂尔泰的发迹，在于巧遇雍正帝，这种君臣际合，又同他的性格、智识密切相关。

鄂尔泰的为政行事可以归结为两条，一是信奉和讲求忠孝。雍正二年(1724)，他因侄子鄂昌、鄂敏同时中举，训诫他们说："吾家世德相承，延及后裔，惟忠孝二字，永矢终身，是所望耳。"①以忠孝教子侄，亦以此自励。二是讲求实学治国。鄂尔泰在江苏布政使任上，对于士子，总觉着他们只会作八股文，而"实学尚少"，因而在考时文之外，加试古文辞；与士人交游，"辄与论经史，谈经济"。②这两条，一是忠君作为做人的根本；一是讲实学，作为从政的指导思想。

鄂尔泰与雍正帝的最初接触，是在康熙年间任内务府员外郎时，那时作为雍亲王的雍正帝要求鄂尔泰为其办理分外之事，鄂尔泰以"皇子宜毓德春华，不可交结外臣"③加以拒绝。据记载，有一个暴戾的郡王，强命鄂尔泰替他办事，鄂尔泰不从，郡王将杖责之，他却说"士可杀，不可辱"，迫使郡王向他谢过。④鄂尔泰守着一项原则：忠于国君，忠于职守，不趋炎附势，不畏强暴，哪怕危害自己也在所不惜。他有着刚正不阿的性格。雍正帝虽然碰过他的钉子，但认识到这是忠君的品质，对皇帝的治理有好处。所以继位之后，不但不记他的仇，反而鼓励他，称赞他"汝以郎官之微，而敢上拒皇子，其守法甚坚，今命汝为大臣，必不受他人之请托也"⑤越级提拔他为江苏布政使。鄂尔泰以正直守职而得到皇帝的赏识。

鄂尔泰受知于雍正帝，后来关系发展，如同"朋友"。雍正帝不只是给他加官晋爵，和他讨论政事，斟酌用人，对他的恩赐也是少有的，诸如赐福字，追封三代，而且还特加优遇，与众不同。比如，雍正帝五十大寿，群臣举觞庆祝，雍正帝未见到在昆明的鄂尔泰，心中不乐，特拣果饼四盘，专程送往云南，并说：

①《襄勤伯鄂文端公年谱》，第 65 页。
②《襄勤伯鄂文端公年谱》，第 4、68 页。
③⑤《啸亭杂录》卷 10《宪皇用鄂文端》。
④ 袁枚：《小仓山房文集》卷 8《武英殿大学士太傅鄂端公行略》。

278

"朕亲尝食物寄来卿食,此如同君臣面宴会也。"鄂尔泰因而感到"受恩至此,无可名言,天地神明,实鉴实察"①。雍正帝在鄂尔泰五年(1727)五月初十日的奏折上批道:默祝"上苍厚土、圣祖神明,令我鄂尔泰多福多寿多男子,平安如意"②。八月初十日鄂尔泰奏称,到云南后,连得二子,已有五个儿子了,感谢皇上的祝愿和赐福。雍正帝回称,他的祝祷出于至诚,"今多子之愿既应,其他上苍必赐如意也"③。鄂尔泰在西南期间,雍正帝对他的赏赐几乎无月无之,《襄勤伯鄂文端公年谱》对此种恩荣详加记叙,触目皆是,这里勿庸赘说。更有甚者,雍正帝不顾君臣之体,称鄂尔泰为朋友。雍正五年(1727)十一月十一日,鄂尔泰奏称他劝导新任云南巡抚朱纲如何忠诚于皇帝,雍正帝阅后批道:"朕含泪观之,卿实为朕之知己。卿若见不透,信不及,亦不能如此行,亦不敢如此行也,朕实嘉悦而庆幸焉。"④雍正五年(1727)正月,有所谓黄河清祥瑞,内外群臣上表称贺,其中鄂尔泰、杨名时的贺表不合规式,通政司照例题参,雍正帝却只让议处杨名时,而不及鄂尔泰,同一时间发生的同一性质的错误,何以有迥然不同的处理? 雍正帝的解释是"鄂尔泰公忠体国",是"纯臣","求之史册亦不多觏",故不忍以小节而加处分,而杨名时"毫无亲君爱国之心,与鄂尔泰相去霄壤",不能因宽待鄂尔泰而及于杨名时,所以仍对杨议处。在这里,雍正帝偏袒鄂尔泰已经到了强辞夺理的程度。鄂尔泰的亲属亦因之得到雍正帝的特殊恩惠。鄂尔泰的长子鄂容安,原名鄂容,雍正帝在他中举后引见时赐名鄂容安。鄂容安于雍正十一年(1733)庶吉士未散馆时,被破例用为军机章京,"欲造就成材"⑤。鄂尔泰的五弟鄂尔奇,康熙年间为编修,雍正帝因其兄而垂爱之,用为户部尚书兼步军统领,使之成为亲信大臣。鄂昌是鄂尔泰的长兄之子,雍正六年(1728)以举人而为户部主事,数年之间,历道员、布政使,至巡抚,飞黄腾达。然其为官"贪纵"⑥,并非杰出人才。鄂尔泰的三兄鄂临泰之女经雍正帝指婚,配给怡亲王允祥之子弘皎,日后成为王妃。

鄂尔泰对雍正帝的感恩图报也出乎常人。雍正五年(1727)五月,鄂尔泰

①《襄勤伯鄂文端公年谱》,第97—98页。

②《朱批谕旨·鄂尔泰奏折》,雍正五年五月初十日折朱批。

③《朱批谕旨·鄂尔泰奏折》,雍正五年八月初十日折及朱批。

④《朱批谕旨·鄂尔泰奏折》,雍正五年十一月十一日折及朱批。

⑤《清史稿》卷312《鄂容安传》。

⑥《清史稿》卷338《鄂昌传》。

得到雍正帝赐物，写奏谢折说他的心情："自念遭逢，虽义属君臣，实恩同父子，泪从中来，不禁复作儿女态。"①同年九月十六日奏折又讲："(皇上)爱臣谆笃，臣之慈父；勉臣深切，臣之严师。"②一再讲他们君臣的关系如同父子、如同师生，显见君臣关系非同一般。鄂尔泰的趋奉雍正帝，更表现在他违心地助长雍正帝搞祥瑞。雍正帝崇信祥瑞，鄂尔泰则投其所好，每每以报祯祥取悦皇帝。他频频奏称云贵出现诸如嘉禾、瑞鹤、卿云、醴泉等。雍正六年(1728)十二月鄂尔泰奏报：万寿节那一天，云南四府三县地方出现"五色卿云，光灿捧日"，次日"绚烂倍常"。③雍正七年(1729)闰七月，鄂尔泰又奏报，贵州省思州和古州在一个月内连续出现七次祥云。有的官员不赞成鄂尔泰如此献媚，如大理县刘知县说，我怎么看不到卿云啊，莫非是眼里眯了沙子？④雍正帝很不满意这些说风凉话的官员，他说像鄂尔泰这样的督抚陈奏祥瑞，是出于强烈的爱君之心。雍正帝为支持鄂尔泰，即以卿云之报而给云贵官员普遍加官晋爵，如鄂尔泰由头等轻车都尉授三等男爵，云南提督郝玉麟从云骑尉晋为骑都尉，其他巡抚、提督、总兵各加二级，知县、千总以上俱加一级。可见鄂尔泰报"卿云"不同寻常。鄂尔泰报"卿云"时，曾静投书案发生不久。曾静指责雍正帝是谋父、逼母、弑兄的大逆不孝的人，而古来传说，"卿云"现是天子孝的表现，鄂尔泰在报卿云时，特意说是"皇上大孝格天"⑤所致的麻征，歌颂雍正帝是大孝子，道德上没有缺陷。曾静投书案是一场政治斗争，鄂尔泰则以报"卿云"支持雍正帝，希望皇帝取得政治上的主动。这实际是一种政治行动。其实鄂尔泰本人也知道祥瑞之说的荒诞，对奚落他的大理县刘知县不但不记仇，反而嘉许他的公直，向雍正帝推荐他。⑥他不惜毁坏自己的名誉，假造祥瑞，为在政治上支持雍正帝，可见他的忠君之心。

乾隆帝继位后，鄂尔泰仍然高官厚禄，但君臣关系远不如前朝。特别是鄂尔泰与另一大学士张廷玉不和，各自引"门下士互相推奉，渐至分朋引类，阴

① 《襄勤伯鄂文端公年谱》，第90页。

② 《朱批谕旨·鄂尔泰奏折》，雍正五年九月十六日折。

③⑤ 《朱批谕旨·鄂尔泰奏折》，雍正六年十二月初八日折。

④⑥ 《小仓山房文集》卷8《武英殿大学士太傅鄂文端公行略》。

为角斗"①。鄂、张本人在一室办公,面和心非,往往整天不说一句话,鄂尔泰有过失,张廷玉辄加讥讽,使鄂尔泰无地自容。②他们的纷争,为乾隆帝所不能容忍。乾隆七年(1742),鄂尔泰的门生、左副都御史仲永檀向鄂容安泄漏密奏留中事,狱兴,乾隆帝指责他"依附师门,有所论劾,无不豫先商酌,暗结党援,排挤异己"③,将之囚禁致死,并革鄂容安职。对鄂尔泰虽无惩处,但下吏部议,以示警诫。乾隆二十年(1755),内阁学士胡中藻《坚磨生集》案发,胡诛死,与其唱和的鄂昌被株连自尽死。胡中藻亦是鄂尔泰门人,乾隆帝指责鄂尔泰搞朋党,说如"鄂尔泰犹在,当治其植党之罪"④。所以鄂尔泰晚年,君臣关系平常,致贻身后之咎。

总起来说,鄂尔泰实现了忠君思想,以此为雍正帝所知遇,晚年培植私人势力,"忠"上的缺陷导致君臣关系大不如前。忠君在君主专制时代的道德观念中是最高的原则,是大节,鄂尔泰对于雍正帝是紧紧地把握了这一点,在大节上成了完人,就站住了脚,而且青云直上。注意大是大非,抓大事,鄂尔泰深知其中三昧,他曾说:"大事不可糊涂,小事不可不糊涂,若小事不糊涂,则大事必致糊涂矣。"⑤他认识得很深刻,乃至同他有门户之见的张廷玉也说:"斯言最有味,宜静思之。"⑥表示佩服。清末钟琦在引述鄂尔泰这段话时,赞扬说:"文端识量渊宏,规画久远,此数语大有阅历。"⑦识大局、顾大体,是鄂尔泰一生的长处,虽然晚节有疵,但不影响他的大节。

(原载白寿彝总主编《中国通史》第 10 卷,上海人民出版社,1996 年)

① 《啸亭杂录》卷 1《不喜朋党》。
② 《啸亭杂录》卷 6《张文和之才》。
③ 《清史稿》卷 306《仲永檀传》。
④ 《清史稿》卷 338《鄂昌传附胡中藻传》。
⑤⑥ 张廷玉:《澄怀园语》卷 1。
⑦ 钟琦:《皇朝琐屑录》卷 14《轶事》。

政府与民间互动的族正制及其史料解读

　　"族正"一词,始见于隋代什伍制,五家一保,五保一闾,四闾一族,其首领曰"族正"①。清代之族正,以族正为通称,或称祠正、族约,其宗族族长兼族正者则名为族长。清代实行族正制,起于雍正年间大力推行保甲法,意在与保甲制相辅相成。延至乾隆后期,官方对其利弊多所研讨,做出废弃的决策。然而嘉道以降,迄于光宣,闽、粤、赣宗族制发达地区时而复行之。族正制不是正式官制,它需要州县官深入乡村民间进行落实,事务繁琐,亦未列入考成制度,地方官因而怠忽,未必认真实行。其行也,初衷在保甲制不能通行之处,以族正弥补之,盖在留意地方治安之维护。然在实践中扩大预定范围,行于聚族而居地区,与保甲制并行,且扩充其职能到施行教化、监督宗族公产管理诸多方面。族正制执行中带有灵活性、实验性。族正由政府认定,其身份与保甲长有某种类似之处,介于官民之间,实为民,与宋代保正、明代里长、粮长之职役相同。

　　关于族正史的研究,常建华教授已有多篇论文②,是以笔者不拟全面涉猎,仅论述几个方面,实际上是在解读族正制的史料,仅仅是读书笔记。

一、背景和实行中的扩展施行对象范围

　　族正制与保甲制一并推行的社会背景。雍正初年,实行摊丁入亩的人口

　　①《隋书》卷24《食货志》,中华书局,1973年,第3册第680页。

　　② 常建华的族正研究,近作有《清代宗族"保甲乡约化"的开端——雍正朝族正制出现过程新考》,《河北学刊》2008年第6期;《乾隆朝的闽台族正制》,载朱诚如、王天有主编:《明清论丛》第9辑,紫禁城出版社,2009年;《乡约·保甲·族正与清代乡村治理——以凌燽〈西江视臬纪事〉为中心》,《华中师范大学学报》(人文社会科学版)2006年第1期;《近代闽台族正制考述》,《中国社会经济史研究》2006年第1期。此前还发表过《清代族正制度考论》,《社会科学辑刊》1989年第5期;《清代族正问题的若干辨析》,《清史研究通讯》1990年第1期;《试论乾隆朝治理宗族的政策与实践》,《学术界》1990年第2期。这3篇论文收入常氏著《清代的国家与社会研究》,人民出版社,2006年。又,拙文所利用的史料,有一些为常建华无私供给,书此谨表谢忱。

税制度,不再需要实行户籍编审制,然而仍需强力控制民人,于是推行保甲制。保甲制是中国历史上时或实行的编制民间什伍之法,如康熙四十七年(1708),整饬保甲,意在强力执行,不久,有名无实,原因在于地方官惮其烦难,视为故套,奉行不实,稽查不严。雍正四年(1726),严饬力行保甲,定保正、甲长、牌头赏罚及选立族正之例:前代已行之法照例饬行,地方各官不实力奉行处以降调。若保正、甲长、牌头果能实力查访歹徒,据实举首者,照捕役获盗过半之例酌量奖赏;如瞻徇隐匿者,酌量惩警。在编制保甲的同时,制定族正制,一并执行。①

保甲制是通行各个村落的,何以还要在一些地方重叠设置族正呢? 对此请看清代官书的三则说明。

乾隆朝官修《皇朝文献通考》讲到雍正朝整饬保甲法与设立族正,写道:"如有堡子村庄聚族满百人以上,保甲不能遍查者,拣选族中人品刚方素为阖族敬惮之人,立为族正,如有匪类,报官究治,徇情隐匿者与保甲一体治罪。"②

《大清律例》之《刑律·盗贼》,在关于保甲律文内说到实行族正制:"地方有堡子村庄聚族满百人以上,保甲不能编查,选族中有品望者立为族正。若有匪类,令其主报,倘徇情容隐,照保甲一体治罪。"③

乾隆二十二年(1757)所定律例,保留律文"聚族而居、丁口众多者,择族中有品望者一人,立为族正,该族良莠,责令查举"④。

在何处实行族正制,必须考虑两个因素:一是聚族而居的民户达到一定的规模——百人以上,二是保甲制难于实行的地方。现在的问题是,"聚族百人以上"与"保甲不能编查"应如何理解呢?

聚族百人以上,是同宗之人集中居住在一个村庄,或分散在几个小的独姓村落(即后世所说的自然村)。按照常理,聚族而居的村落正好编制保甲,何以说保甲不能实行呢? 可能的原因是村庄内宗族势力过大,或数姓宗族杂居,不易编制保甲,即使编制了也起不到应有作用,于是用族正来代替。乾隆二年(1737),闽浙总督郝玉麟、福建陆路提督苏明良奏请在福建施行族正制,"大

---

①② 乾隆朝《清朝文献通考》卷23《职役》,浙江古籍出版社,2000年影印本,考5055页。

③ 道光朝《大清律例》卷25《刑律·盗贼下》,天津古籍出版社,1993年,第431页。

④ 光绪朝《钦定大清会典事例》卷158《户都·户口·保甲》,中华书局,1991年,第2册第994页。

283

姓聚族而居，多至数千余丁，非乡保所能稽察。是以族长之外，设立族正房长"①。乾隆帝准予施行。所持理由，正在于保甲不能稽查，必须利用族正弥补。要之，实行族正制是在居民聚族而居而又难于推行保甲制的地方。

开始如此，后来扩展到所有宗族聚居而又多事的村落。在乾隆末年废弃族正制之后，后在一些多事地区再度实行。道光二十年(1840)，钦差、兵部尚书祁寯藻赴福建查处漳、泉府属械斗事务，他的办法之一，乃是"遴举乡族各长以重责成"，即于绅士耆老之中择其有品望者，同姓之乡立族正一人、族副数人，杂姓之乡立党正一人、党副数人，殷勤奖劝，授以章程，令其约束。②这是因处治械斗的需要而设立族正，不同于立意之初的在不能实行保甲的村落建设族正。同治九年(1870)，御史张景青因湖南湘潭等处会党事件频生，奏议根株之法，建议责成绅士约束、族正劝谕，同治帝予以采纳，令各省督抚斟酌机宜，妥为筹办。③这是因会党闹事而使用族正。

设立族正的范围在扩展，不过没有、也不可能扩展到全国范围，它只施行于局部地区。正如乾隆朝编修《皇朝文献通考》的官员所说：族正"以稽查匪类，盖因地制宜，非通行之制也"④。嘉道间巡抚梁章钜亦云族正"本非通行之制"⑤。因此不宜过分强调族正制在清朝什伍制中的地位。

二、族正由官方确认及其事权

族正如何产生，他的具体事务是什么，即有哪些事权呢？

民间的族长，是宗族自行确定，所以官方说"并不由官选定"⑥。而族正不然，系为官府所"立"，方法是由民间举报，官府认定，充任人员是有功名者和族尊。

　①《清高宗实录》卷49，"元年八月"条，中华书局，1986年影印本，第1册第840页。

　②《清宣宗实录》卷335，"二十年六月乙酉"条，中华书局，1986年影印本，第6册第96页；台湾历史语言研究所编：《明清史料戊编》第6本，礼部《为内阁抄出祁寯藻等奏》移会，中华书局，1987年影印本，下册第1264页。

　③《清穆宗实录》卷295，"九年闰十月庚辰"条，中华书局，1987年影印本，第6册第1082页。

　④乾隆朝《清朝文献通考》卷19《户口》，考5031。

　⑤梁章钜：《退庵随笔》卷7《政事》。

　⑥台湾银行经济研究室辑：《福建省例·户口例·议设族正副》，《台湾文献丛刊》第199种，台湾银行，1964年。

关于出任族正者的条件。前引《皇朝文献通考》讲的族正人选,是"拣选族中人品刚方素为阖族敬惮之人"。乾隆十五年(1750),广东官方《设立族正副约束子弟总理尝租》规章,其规定的族正条件、人选是:"照例拣选公直老成、素有名望,为通族敬惮者,举为族正,族大添设副,有生监者举年未七十之生监当之,无生监者选年未七十之良民充之。"①嘉庆年间,江西永新县知县徐作楷对族正选充做出细致的规定:"饬令各族举充祠正,先就尊属选报,如尊属中实无其人,则以齿德爵三者兼备之人,方准报充,如再无其人,则以有齿德者为之。"②道光十一年(1831),道光帝敕令江西巡抚吴光悦,通饬各属"切实选举公正族长绅士,教诲族众"③。这些官方文书的规范,令人认为,选择族正的条件是人品好、有威望、有社会地位三条。人品好,是能办事公道,对官府忠诚,对族人不会偏袒不公;有威望,为众人信服,能够做到令行禁止;有权威的人,必具一定的社会身份,或有功名,或为族长、房长的族尊。基本条件如此,操作上是考虑身份高的人,以品性素优生、监为佳,无生、监之处才选族尊和人品端方足以服众者,即有功名的人优先,无功名的德才者次之。这样的选择,结果是"多系生监或辈行居长者为之,力能箝束一乡"④。综合各种情形,充当族正的基本条件是人品、威望和社会地位,实际上是有生、监功名的人和宗族尊长才更有可能。不如此,族正也难于行使他的职责。

选立族正的方法。前述文献是所谓"拣选""立""举充""选举",或者名曰"佥举",如同嘉庆十九年(1814),漳州府云宵厅同知薛凝度在村庄推行族正制,"与众绅士、民人共议定,每乡佥举设立族正一人、族副一人"⑤。看来实际情形是宗族内绅衿和族长、房长、辈高年长的族尊共同协商,推出人选,报请州县官核准。这就是"与众绅士、民人共议定",或曰"由州县查验确实,立为族正,给予委牌"⑥。总之,族正人选的确定,是民间宗族提出人选,而后由官方认定,简单地说是民举官定。

① 《广东清代档案录》,《户设·田宅·山坟》,抄本。
② 《西江政要·道光四年·户役》,《永新县禀复奉抚宪通饬设立族正除遵照办理外自议四条并陈》。
③ 《清宣宗实录》卷184,"十一年二月甲申朔"条,第3册第909页。
④ 《明清史料戊编》第6本,礼部《为内阁抄出祁寓藻等奏》移会,下册第1264页。
⑤ 嘉庆朝《云宵厅志》卷3《谕禁·谕云宵六十保一十三村族正族副》。
⑥ 《西江政要·道光四年·户役》,《议详选立族正给予委牌章程》。

作为政权建设的辅助"机构",族正制与保甲制相辅相成。族正的职能笼统地说,是协助政府维护治安,监督或管理宗族公产,施行教化。具体地讲,笔者综观地方官有关族正的文件,认为各省各地官府所规范的族正职责有六项。

1.宣讲朝廷"圣谕"

江西官员制定的族正章程——"委牌章程",要求族正宣讲康熙帝的"圣谕十六条",同时将雍正帝的《圣谕广训》及摘编的律例、巡抚衙门刊发的《兴养立教劝善惩恶告示》发给族正,"令其朝夕讲读,俾族众共知儆惕,勉为良民"①。族正承担了宣读圣谕、律例和地方官文告的任务,希图民众懂得伦理条教和法律条文,做顺民而不犯法。

2.对有不良行为的族人施行家法惩治与送官究治

如果说宣讲圣谕之类是"务虚",而家法惩处和揪送官庭则是"务实"了。两广总督、广东巡抚于乾隆十五年(1750)批准的《设立族正副约束子弟总理尝租》规章,明确规定"合族子姓俱听族正副约束,倘有不法,听族正副教训,不从禀究"②。族正对于不法子弟,轻则治以家法,重则禀官究治。这种权力的实现,得有族长、房长的配合,官方为此而赋予族正确定房长人选的权力。嘉庆十九年(1814),云宵厅同知薛凝度在村庄推行族正制,"饬令族正副每房设立房长一人,由族正副约束,各房长约束子弟。如各房子弟有不遵理法干犯禁示者,即房长惩治之;如子弟不遵房长约束,即禀知族正副惩治之;如仍不遵约束,即由族正副督同房长缚送,禀明同知惩治之"③。

3.制止械斗和揪送不安定分子

福建推行族正制,要点在于制止械斗。乾隆二年(1737),郝玉麟、苏明良责令族正"约束族丁""如有作奸犯科者,除将本人定罪外,其族正、房长予以连坐"。④这是让族正约束族人,不得为非作歹和进行械斗,否则治其失察之罪。乾隆八年(1743),漳浦县吴、林二姓各恃族大丁繁,持械格斗。闽浙总督那苏图除拿获首犯究治外,仍饬令各该房长、族正开导附从者,使知愧悔,改过

① 《西江政要·道光四年·户役》,《议详选立族正给予委牌章程》。
② 《广东清代档案录》,《户设·田宅·山坟》,抄本。
③ 嘉庆朝《云宵厅志》卷3《谕禁·谕云宵六十保一十三村族正族副》。
④ 《清高宗实录》卷49,"元年八月是月"条,第1册第840页。

自新。①乾隆二十三年(1758)、二十四年(1759),福建巡抚迭次发出告示,严禁族姓械斗,若有发生,不必追问是非曲直,先将保甲、族正枷号两个月,满日责四十板;或其乡保、族正、甲长失察一次,重责二十板,纵容者倍之。②不问情由,先责族正,以其失职之故,亦可知设立初衷在消弭宗族内部争竞和宗族之间械斗。然而族正未能如官方所设想的那样维护治安,不过仍事努力。

族正制实行初期,族正并不承担缉捕逃盗、拘拿案犯、承应官府诸务,因为那是乡地保甲之事。可是道咸以降,南方会党活动频兴,民间秘密结社活跃,湘军散勇滋扰,官方特别赋予族正弭盗的使命。道光年间,御史周作楫以江西会匪之案繁多,建议饬令各该姓族长绅士出结捆送。③江西巡抚吴光悦确认,近年缉获赣州匪徒,多有访自绅士及由该户族捆送者。因此道光帝谕令该抚通饬各属切实选举族长绅士,教诲族众。如有为匪不法即行捆送究惩,悦因匪党较多,力难擒送,亦即密禀官司严拿。其获案各犯,实有牵累者,许族长绅士具结保领,立时讯释,以靖闾阎而安良善。④光绪十二年(1886),两广总督张之洞将广东莠民分为盗劫、拜会、械斗三类,迭次派兵剿办而未根除,所以设立约正、约副、族正、族副、房正、房副,责成稽查劝导,给以札谕,荣以顶戴、匾额,以后该乡如有各项匪徒,即令乡约、族正举首捆送。⑤

4.举报孝弟族人,请求旌表

赣抚陈宏谋表示,族内有孝弟节义之善事,准许族正报官请奖。⑥前举江西《委牌章程》要求族正"举报节孝,以励风俗"。都是要求族正对秉赋天地正气的孝子、悌弟、义父、节妇举报县衙,予以表彰。

5.监督、管理宗族公产与协助催征

宗族祠产丰盈,是官府所鼓励的,不过宗祠用以械斗和兴讼,又成为官员头痛的事,遂着意节制祠产,控制其用途,以此要求族正协助执行,管理好族

---

① 《清高宗实录》卷 195,"八年六月是月"条,第 3 册第 513 页。

② 《福建省例·刑政上》,《劝改械斗》《申禁械斗》《禁止争水》。

③ 《清宣宗实录》卷 181,"十年十二月戊戌"条,第 3 册第 864 页。

④ 《清宣宗实录》卷 184,"十一年二月甲申"条,第 3 册第 909 页。

⑤ 张之洞:《拟分任文武大员查办匪乡疏》,载葛士浚辑:《皇朝经世文续编》卷 27《户政四·养民》;《张之洞全集》卷 14《查办匪乡折》。

⑥ 陈宏谋:《培远堂偶存稿》卷 14《再饬选举族正约檄》;《清经世文编》卷 58《礼政·选举族正约檄》,第 1480 页。

产。广东多族产,收入用于祭祀及赡给族人者甚少,而积蓄甚多,乃用作讼费和械斗费。乾隆六年(1741),广东实行族正制,令族正族副掌管、监督尝租使用,祭祀、赋税之外,其余赡济族人。每年将收支状况造册呈报地方官核定,不许滥用,如有仍为讼费者,究处族正副,追出讼费,买谷增贮社仓,以赈乡里。[①]乾隆年间,凌燽任江西按察使,与广东官员同样看到祠堂公产被不肖族人用作兴讼之资,乃通行饬示,以族正管理宗族公产:岁收所积,除完粮备祭外,其余择令族正、族副经管,凡族中有丧不能葬、贫不能娶,以及一切应恤公事,概以公项量力赒给。[②]与此同时,有的地方官责成族正协助催征祠田钱粮,如道光年间,江西永新令徐作楷要求族正参与清讼、催征、清匪之事,催缴钱粮成为任务之一。[③]

6.处理宗族内外民事纠纷

乾隆十五年(1750),广东《设立族正副约束子弟总理尝租》关于族正处理族际纠纷定则:"遇有两姓互争田土、钱债、丧葬、婚姻及一切口角微嫌失误,许两姓之族正副公处,处断不明,将两造情事,据实直书,禀官剖断,毋许两姓凶械伤毙人命。"[④]江西《委牌章程》要求族正对族中子孙分家者,"应令公平分受,不许悖争","其族中有口角争斗、买卖田土、盗砍侵葬等事,即据事处分,秉公劝释,力为剖决","族中如有凭媒许配之后翻悔赖婚及谋娶强娶者,族正与族房长以大义处处完娶","族内无子立嗣,应行通闻族房长,照律例先尽同父周亲,次及大功小功缌麻远房同姓之人,不许尊卑失序,如或应继之人不得于所后之亲,听择贤能"。族正应秉公处理族人分家、田房买卖、婚姻、立嗣等各种争执之事。

族正的职责虽多,主要的是化解民事纠纷,达到目标的手段是说教,说教的内容则是尊祖敬宗睦族的纲常伦理。总之,官员认定族正的教化约束比乡约保甲,甚至比官厅来得有权威、有效力。

---

① 《清高宗实录》卷137,"六年二月是月"条,第2册第981页。

② 凌燽:《西江视臬纪事》卷2《平钱价禁祠本严霸种条议》,《续修四库全书》本,上海古籍出版社,1995年,第882册第65页;中国社会科学院历史研究所清史室编:《清史资料》第3辑,中华书局,1982年,第208页。

③ 《西江政要·道光四年·户役》,《永新县禀复奉抚宪通饬设立族正除遵照办理外自议四条并陈》。

④ 《广东清代档案录》,《户设·田宅·山坟》,抄本。

三、族正的职役性质

族正的职役性质,笔者是从官府委充、考核与奖惩,以及官方文献来认知的。

官府给予凭照。族正由民举官定,是官方选定、认可他的充役,给予执照。陈宏谋和凌燽所说的"官给牌照,假以事权",郝玉麟和苏明良所言的"官给牌照,责令约束族丁",张之洞的"给以札谕",都说的是官给族正牌照、印照、札谕,即给予委任状,作为族正奉官府之命管理族人的凭据,令其具有某种官方身份。虽然他不是官,但有其权威,他行使职权,有政府撑腰。

考核与奖惩。考核制度类似于保甲。奖励是分别由州县、道府、两司给匾,或督抚亲加奖赏,并竖坊于里门,以旌其乡里;生员报明学政,优加奖拔;特别优异而年逾六十以上者许举报乡饮宾介。惩罚是:倘有怠惰、徇私、徇隐故纵等弊,予以斥革,如若纵容匪徒,则处杖枷之刑。族正,"如有匪类,报官究治,徇情隐匿者与保甲一体治罪"①。保甲长犯瞻徇隐匿罪杖八十,族正也是如此。可知族正隐匿盗匪,将受杖刑之责。

奖励的实行,各个省区微有不同。在福建,官方于乾隆十三年(1748)定例:三年之内,地方如无械斗、盗案,将族正从优奖励,给匾示奖。②乾隆十八年(1753),鉴于械斗命案频生,希望族正发挥制止作用,规定一年之内,族中安静无事,知县发给匾额;三年无事,巡抚衙门给匾。③在广东,乾隆十五年(1750)的族正奖惩办法:如果一年之内,尝租出入无私,族人安静无事,年底地方官给予花红,仍令充当;三年已满,毫无过犯,生员即以优生荐举,详给匾额,以示鼓励。④到了光绪十二年(1886),两广总督张之洞表示给族正"荣以顶戴、匾额"⑤。给顶戴荣身,就不同寻常了。乾隆五十四年(1789),闽抚徐嗣曾奏

---

① 乾隆朝《清朝文献通考》卷23《职役三》,考5055页。

② 《清高宗实录》卷437,"乾隆十八年四月是月"条,第6册第702页。

③ 《福建省例·刑政上》,《劝改械斗》《申禁械斗》《禁止争水》。

④ 《广东清代档案录》,《户分·田宅·山坟》,抄本。

⑤ 张之洞:《拟分任文武大员查办匪乡疏》,载葛士浚辑:《皇朝经世文续编》卷27《户政四·养民》;《张之洞全集》卷14《查办匪乡折》。

请奖励族正以顶戴,乾隆帝以族正"俱系平民",没有"恩给顶戴之理"而拒绝。[①]
如今张之洞再次提出,亦见对族正期望甚殷,企图用重奖发挥其作用。在江西,尚有举荐族正为乡饮宾之事,不过陈宏谋主张慎重为之,年逾六十以上方许举报。[②]

笔者谓族正为职役,是充役,而不是做胥吏。古代社会的官吏与职役的不同性质,《皇朝文献通考》区别甚明:"凡乡党州里之间皆以官治之""以民供事于官为役"。[③]治理州县的知州、知县是官——地方官,系基层官员;供官员差使的是役人,但这种"役"不同于徭役,不是民伏服的役,而是有执事的职役。职役亦有多种类型,如衙役,有工食银;族正不同,无须到衙门点卯,没有供给。族正是平民供事于官府,社会身份是平民,间有有功名的诸生、监生,身份上仍为民,并非官吏。族正既不是官,却有官府给予的牌照,有对族人教化权和送审权,从而不是纯粹的民,是介在官、民之间的民。通观族正人选条件、职责、奖惩,知其身份乃是职役。是以乾隆年间官修《皇朝文献通考》,在《职役》卷叙述保甲制度,附述族正制于其中。族正是职役,社会属性极为明确。

族正制因推行保甲制而设,两者皆是职役,但是族正与保甲长的纯粹平民身份微有出入。晚清冯桂芬在《复乡职议》中说:自太平天国战争以来,各省举办团练,行之比保甲有效。原因是:"地保等贱役也,甲长等犹之贱役也,皆非官也;图董(团练的首脑)绅士也,非官而近于官者也。惟官能治民,不官何以能治民!"[④]管理地方公共事务的责任落在绅衿身上。族正中有平民、绅衿,比接近贱役的保甲长身份要高一些,他们维护地方治安的作用要比保甲长来得大。所以地方官总在根据需要推行族正制。

四、族正制政策的灵活性

清朝在执行族正制政策过程中,表现出灵活性,体现在扩大施行对象;扩展族正职能范围;因地因时制宜,不再实行或局部恢复。虽说是灵活性,但清

① 《清高宗实录》卷 1335,第 17 册第 1097 页。
② 陈宏谋:《培远堂偶存稿》卷 16《核实乡饮酒礼檄》。
③ 乾隆朝《清朝文献通考》卷 23《职役一》,考 5043 页。
④ 冯桂芬:《校邠庐抗议·复乡职议》,中州古籍出版社,1998 年,第 92 页。

廷对族正制的进退失据,令族正制成为鸡肋——食之无味、弃之可惜,治安不良乃社会制度之痼疾所致,本非族正制所能医治。

灵活性表现之一:扩大实行范围。前面业已交代,族正制的最初设计,是在保甲制不能实现的村落建设族正,与保甲相辅相成,而后发展为在宗族制盛行的地方,在宗族械斗、诘讼流行、治安恶化的地方设置族正,或与保甲制同时建立,并行不悖。

灵活性表现之二:变更族正职能范围。前述族正事务虽多,但开始主要在于约束族众安分守法,与保甲稽查人口、报告命案、协助捉拿人犯不同。还在未行族正制之前的康熙朝,大学士陈廷敬云:"民有宗族争者,则以其族长逮之;乡里争者,则以其里耆逮之。"①宗族与保甲、乡约责任分明。族正制施行之初,凌燽一再声明保甲、族正之别:"至地方一切缉拿逃盗、拘犯承应诸事,事系保甲,概不得责成族约,俾优其品,以专其任。"②"族正有约束之条,保甲有稽查之责。"③话虽如此,后来在会党活动频繁和治安恶化之区,就令族正与保甲捆送会党分子和不良分子。乡约管教化,保甲管治安,族正主要从事教化,兼及管理治安,三者虽有分工,共同目标则是社会安定。

灵活性之三:因时因地制宜,决定是否实行族正制。族正制在推行过程中,从皇帝到州县官发现它有正负两方面的作用,而对负面作用的认知不同,因而产生实行与否的不同政见。主张或反对的见解,都来自于对治安状况的考量,主张者以为有益于改善,而且长期坚持,必然会达到预期效果;反对者认为族正制造成宗族权力膨胀,制造事端,恶化了治安状况。陈宏谋及嘉道以降实行族正制的官员是前一种意见的主张者,乾隆帝则持后一种见解,他于三十三年(1768)、五十四年(1789)两次否定族正制。乾隆以后,在闽、粤、赣及湖南诸省,却因时因地制宜,断断续续地在一些地区施行族正制。其时民间秘密宗教、秘密结社层出不穷,大规模的和小规模的民众运动迭兴,此起彼落,朝廷和地方官为挽救时局,将时断时续实行的族正制作为一种辅助手段,在多事地区重新推行,仍以原先实行较有基础的福建、江西、

---

① 陈廷敬:《午亭文编》卷44《监察御史陆君墓志铭》,《四库全书》本。

② 凌燽:《西江视臬纪事》续补《设立族约议》,《续修四库全书》本,第882册第162页。

③ 凌燽:《西江视臬纪事》卷2《请开鼓铸勤稽缉并邻邑协缉族保约束条议》,《续修四库全书》本,第882册第53页。

广东为显著,湖南、四川亦有关注者。嘉庆十五年(1810),闽浙总督方维甸奏准在台湾府设置族正。①道光六年(1826),朝廷批准闽浙总督孙尔开辟台湾噶玛兰厅应行查办未尽事宜,中有"编查保甲,设立族正,以资稽查约束"一条。②光绪十八年(1892),台湾恒春县重申定例:地方堡子村庄聚族满百人以上者,保甲不能编查,选族中有品望者立为族正。若有匪类,令其举报,倘有徇情容隐,照保甲一体治罪。③在四川,嘉庆二十年(1815),回华阳县令董淳在城乡编联保甲,并设立族长、族正、房长,捐廉刊发治家条规。④在江西,道光三年(1823),巡抚、藩司、臬司、粮道、盐道共同议定"议详选立族正给予委牌,族中小事治以家法,祠内公项止许祭祀修祠之用,如有盈余,将族中鳏寡孤独残废穷苦之人量为周恤,不准将祠内公项取作讼费章程"。在广东,同治三年(1864),新会县宗族纷争,官方传知该族正副等自行弹压。⑤嘉道以降的设置族正,以防止械斗、会党、盗窃,将解决宗族械斗与地方社会治安做出整体的考虑和处置。

族正制的实行,对清朝政府来讲,有正负两方面的后果,究竟如何是好,在乾隆帝两次否决之后,仍在局部地区实行,这是施行者看重它的正面因素。其实,总的情形是族区制起到某种维护地方治安的作用。对比之下,没有宗族的地方更难治理。蓝鼎元论述在乾隆以前,台湾客庄居民从无眷属,合各府各县数十万之众,无室家宗族之系累,"欲其无不逞也,难矣!"⑥是以有族正必然对稳定地方有益。由于有不同见解,族正制倒能在一些地方推行,故而这是有弹性的、灵活的政策。

至于推行族正制仍然解决不了治安问题,乃是社会制度和人们争夺生存资源造成的,是当时的社会制度和生产力水平无法克服的。各个宗族的村落犬牙交错,纷争势所难免,大族欺辱小族,小族联合反对大族,强房凌虐弱房,弱房嫉妒怨恨,关系处理不善,遂至涉讼、械斗。争斗之真正所在,如凌燽所指

---

① 《清仁宗实录》卷229,"十五年五月庚辰"条,中华书局,1986年影印本,第4册第84页。

② 《清宣宗实录》卷100,"六年七月乙未"条,第2册第642页。

③ 光绪朝《恒春县志》卷7《户口(民番)·联庄章程》,载《台湾文献史料丛刊》第1辑第8册,第132页。

④ 嘉庆朝《华阳县志》卷7《户口》。

⑤ 聂尔康:《冈州公牍》卷9,光绪五年印本。

⑥ 蓝鼎元:《鹿洲初集》卷2《与吴观察论治台湾事宜书》,《四库全书》本。

出是争地、争坟、分塘、分水——"互殴之家争地争坟、分塘分水"①。争坟山，同风水观念相联系；争地往往是山界不清，或归属明确，而有人蓄意侵占；分塘分水，是争夺对水资源的控制和利用——所谓"不法之徒不遵乡例，每每倚强凌弱，损人利己，或上截水源，或下掘私沟，或本日不应轮值而硬行戽放，或他户例应分灌而擅自阻拦，以致彼此争殴，动辄造成人命"②。其中争水源、坟山之事最多。所争者，是为生存而争夺生存空间和生活资源，当然也有信仰的风水观念在起作用。这是社会存在的根本问题，族正制解决不了，其他制度同样不能杜绝。

走笔至此，简述族正制所表达的政府与宗族的关系及它的历史作用，以了结本文。

族正产生的民举官定法，表明族正制是政府、宗族协作的产物，反映政府与宗族双方密切结合的愿望，希求这一制度的实行能够对双方有利，不过实际效果对政府来讲并不理想。

清朝实行族正制，直接插手宗族内部事务，表现在任用族正掌控宗族房长和民众，令其在政府、宗族间起桥梁作用，此乃清朝宗族制度的一项发明。

宗族本来是合法的，族长拥有对族人的教化权，政府实行族正制虽是控制宗族之法，无形中加大了对宗族制肯定的程度，使宗族进一步组织化，有益于宗族的凝聚与发展。

（原载《社会科学辑刊》2011 年第 3 期，题名《政府规制与民间舆情的互动——以清代族正制的制度内涵及存废推展为中心》。2011 年 3 月 12 日定稿）

---

① 《西江视臬纪事》卷 2《请开鼓铸勤稽缉并邻邑协缉族保约束条议》，《续修四库全书》本，第 882 册第 53 页。

② 《福建省例·田宅例》，《禁止争水》。

对雍正帝改革评论的再评论

雍正帝在位十三年(1723—1735),进行了多方面的社会改革:他实行"摊丁入亩"制度,将千百年来人们直接交纳的人头税改从土地税中征收,使贫穷人民不再有人口税的义务;他制定"耗羡归公"政策,把明朝以来的官吏私征火耗制约在一定程度以内,以减轻税民负担;他推行"改土归流"方针,克服西南地区元明以来土司制带来的政令不一的弊病;他实施开豁贱民的政策,使沉沦数百年的贱民不再遭受不应有的歧视和打击;他还健全密折制度,清查亏空,设立军机处,制定主佃关系的新律令等政令。可以说他是勇于改革并取得相应成就的君主。他的改革内容,如题所示,不是本文所要讨论的。他的改革从施行之日起,直到今天的两个半世纪中,不时地为人们所议论。本文拟摆出这些议论的主要观点,加以再评论,以期正确地看待雍正帝的改革及其业绩,从中得到一些启示。

一、肯定雍正帝是改革家

雍正帝在世时,人们对他的改革当然不敢公开诋毁,窃窃私议则时有发生。如针对经济改革和惩治贪婪官员,有人说"朝廷惩盗臣而重聚敛之臣"[①];说雍正帝"好抄没人之家产"。因此借打牌的名称,讽刺他是"抄家和"[②];指责雍正帝本人有"爱银癖"[③]。有的人不敢直接指责皇帝,则把矛头指向积极推行改革政策的大臣,如怡亲王允祥、河南山东总督田文镜等人,说他"过于苛刻"[④],"负国殃民"[⑤]。这些是雍正朝反改革派的评论,对改革持否定态度。

---

① 雍正朝《起居注册》,三年四月二十一日,中国第一历史档案馆藏。
② 萧奭:《永宪录》,中华书局,1959年。
③ 朝鲜《李朝实录·英宗实录》卷24,"五年九月己亥"条,学习院东洋文化研究所,1964—1965年。
④ 雍正朝《起居注册》,二年十一月十三日。
⑤ 袁枚:《小仓山房文集》卷27《内阁学士原任直隶总督临川李公传》,乾隆三十四年刊本。

雍正帝死后，人们可以对他的政治做总结性的评论了，而且忌讳也不像他在世时那样多。

乾隆帝在即位半年之际比较乃祖、乃父的政治时说：康熙帝"久道化成，与民休息，而臣下奉行不善，多有宽纵之弊"，雍正帝"整顿积习，仁育而兼义正，臣下奉行不善，又多有严刻之弊"。①肯定乃父针对康熙朝的"宽纵之弊"所进行的改革，批评实行中的过火行为，即对雍正帝的改革有褒有贬。

乾隆时知县牛运震给雍正朝广东巡抚杨文乾作墓表，认为雍正帝"乾纲英断，励精剔厘，中外风飞，雷厉管摄，震动八极"。所以才有鄂尔泰、杨文乾等督抚"刚正率属下，决壅锄奸，毋避豪贵嫌忌"②，对雍正推行新政做了讴歌。

嘉庆帝对乃祖的政治做了如下的概括："世宗整纲饬纪，立政明伦。"③把改革作为雍正一朝政治总纲予以称道。

学者章学诚认为："康熙末年积弊，非宪皇帝不能扩清至治"。④对雍正帝的改革推崇备至。

民国时期学人对雍正帝的改革发表的议论不少。刘法曾在《清史纂要》一书中谓雍正帝："力矫康熙季年之倦弛，而一一提振精神，扶持纲纪，虽未免伤于苛刻，亦专制时代之雄主矣！"⑤肯定改革，褒多于贬。

柴萼在《梵天庐丛录》里写道："清代史事，以康雍乾三朝为中坚，而雍正时之振刷尤为一代特色。"⑥对雍正朝的振新予以美言。

孟森对雍正帝的改革做了较详细的论述，指出"世宗承圣祖宽大之后，综核名实，一清积弊"，又评其人，说："自古勤政之君，未有如世宗者""其英明勤奋，实为人所难及"。⑦

八十年代以来，评论雍正帝及其朝政的论著日增，于此仅列几部专著的观点。

冯尔康在《雍正传》里指出，传主有"'振数百年颓风'的革新思想"，并以

① 《清高宗实录》卷 12，"元年二月癸酉"条，1986 年影印本。
② 李桓：《国朝耆献类征初编》卷 165，湘阴李氏版。
③ 《清高宗实录·序》。
④ 章学诚：《章氏遗书》卷 29《上韩城相公书》，1922 年刘氏嘉业堂刊本。
⑤ 刘法曾编：《清史纂要》第 3 章。
⑥ 柴萼：《梵天庐丛录》卷 18《雍正朱批谕旨》，1926 年刊本。
⑦ 孟森：《明清史讲义》下册，第 3 章，中华书局，1981 年。

专节的篇幅加以说明。他认为,雍正帝在十三年统治中,"惟日孜孜,励精图治,又抱定改革的宗旨,在施政的各个方面实行具有他的特色的政策"。而其结果是,"解决或试图解决历久相沿的弊政,一定程度上适应了生产力发展的要求,促成吏治的相对澄清,造成国力的强盛和国家政局的安定,促进多民族国家的巩固。所以说他是奋发有为的、对历史发展做出贡献的君主"。①明确地认为雍正帝是有成就的改革家。

台湾学者庄吉发在《清世宗与赋役制度的改革》一书中写道:"清世宗综核名实,是一个合理主义者。"他的政绩"颇有表现,其主要成就,即在财政方面。雍正年间,改革赋役的结果","终于奠定清代鼎盛时期的经济基础"。②书题和论点表明,作者肯定雍正帝的改革。

旅日华人学者杨启樵在《雍正帝及其密折制度研究》一书中,认为雍正帝"关怀民瘼,孜孜勤求治理"。又就雍正帝的历史地位,做出"康熙宽大,乾隆疏阔,要不是雍正帝的整饬,满清恐早衰亡"③的论断,表达了他对雍正帝改革政治的看法。

第二次世界大战后,日本学者以研讨《朱批谕旨》为契机,对雍正史做了相当深入的研究,其倡导者宫崎市定在《雍正朱批谕旨解题》一文中,说雍正帝是"精力绝伦的英主"④,是世界历史上少见的杰出的独裁天子。另一位有成就的研究者佐伯富认为:"谚云,王朝基础多奠定于第三代,雍正帝为清入关后第三代君主,有清二百数十年之基盘,即为其所奠定,伊继御时年四十有五,止值春秋鼎盛之时,且非夙居宫禁,不谙世事,而于官场、皇族之积弊痼习早了然于胸,故甫嗣位即拟根除此等弊害。"⑤紧紧抓住雍正帝清厘积弊的改革论述他的历史,可见对其改革的重视。

雍正帝故世以来,清朝皇帝、官员及中外学者对他的评价是多角度的,是从他一生行事的各个方面去考察的,认识也不一致,有批评,有赞扬,有的批评多于赞许,有的则肯定重于否定。不管意见如何分歧,却有这样的一种见解

① 冯尔康:《雍正传》,人民出版社,1985 年。
② 庄吉发:《清世宗与赋役制度的改革》,台湾学生书局,1985 年。
③ 杨启樵:《雍正帝及其密折制度研究》,香港三联书店,1985 年增订第 2 版。
④ [日]宫崎市定:《雍正朱批谕旨解题》,载《东洋史研究》15 卷 4 号,1957 年 3 月。
⑤ 杨启樵:《〈雍正帝及其密折制度研究〉·序》。

值得注意,那就是认为雍正帝是锐意厘剔积弊的人,大力刷新政治,取得了相当的效果。人们在表达这种观点时,所使用的概念和词汇不一,如人们爱用"整纲饬纪""综核名实"来评论他的政治。"整纲饬纪",就是整顿朝纲,那是为改变纲纪不立而做的努力,换句话说就是改良朝政;"综核名实",自《汉书》使用此词以来表述宣帝的求实政治以来,多被人们用来表达政治改革的现象和历史。人们在说到历史上著名的改革家王安石、张居正等人的政绩时,往往用"综核名实"表示赞许,评论者称雍正帝"综核名实",无异是送给他一顶改革家的桂冠。评论家还用"振刷""奋发有为""奋力整顿"来形容雍正帝。不清厘痼疾,不刷新政治,就谈不上奋发有为,所谓"奋力整顿""振刷"云云,就是讲革除旧弊的,是对雍正帝的改革家称号不言而喻了。赞扬雍正帝励精图治,是英主,是就其改革家的实际历史而言,不肯定他的改革,这类评语也就落空了,所以这也是一种不言之言。总之,评论家们尽管使用的语言不同,而观点是一致的,即雍正帝是改革家。

二、对雍正帝改革内容的赞许

评论家们认为雍正帝是改革家,对于他的改革内容、政治实施,人们又是如何认识的呢?

礼亲王昭梿的《啸亭杂录》一书里有两个条目,即"理足国帑"和"世宗不兴土木",说雍正帝"综核名实,罢一切不急之务",形成"国用充足",仓庾富足的局面,"真善为政理"。而其本人"日夜忧勤,毫无土木、声色之娱"。昭梿认为,雍正帝善于理财,开源节流,故而国富民殷。他从理财,也即经济政策方面表彰雍正帝的改革。相当多的人与昭梿一样,把注意力投向这个目标,请看:

乾隆帝继位时对乃父的改革有所挑剔,如对耗羡归公和养廉银的政策不以为然,并要求臣下商讨是否继续实行这个政策。有少数官员表示希望恢复耗羡私征制度,但大多数人认为,雍正帝改革得好,应当坚持。内阁学士钱陈群认为,耗羡提解以来,"吏治肃清,民亦安业"[1]兵部主事彭端淑声称耗羡归公是"万世不易之法"[2]。大学士和九卿讨论,公认耗羡私征是由来已久的弊

---

[1] 钱陈群:《香树斋文集》卷4《条陈耗羡奏疏》,光绪二十年刻本。
[2] 贺长龄辑:《皇朝经世文编》卷27《耗羡私议》,道光年间刊本。

病,"世宗宪皇帝俯允臣工所请,定火耗归公之例,将州县一切陋习皆为革除",实在是"良法美意,可以久远遵行";同时指出,官员中有少数不同意见的,是"不揣事势"的偏见,不应采纳。在众人的说服下,乾隆也改变了看法,表示"此事当从众议,仍由旧章",这样才不"负我皇考惠民课吏之盛心"。①经过这一场辩论,愈加证明了雍正帝耗羡归公政策的"惠民课吏"的价值,而促成了后来的坚持实行。乾隆帝君臣以他们的行政实践肯定了雍正帝对耗羡私征的改革,这比一般性的议论更有说服力。

孟森指出,雍正帝在经济政策上的"创制",一是上面说过的"定火耗,加养廉",他对此有高度评价,认为决定施行这项政策时,"世宗见解实出廷臣之上",而此政策一行,清理了财政,整顿了吏治,"虽未能入预算决算财政公开轨道,而较之前代,则清之雍乾可谓尽心吏治矣"。②雍正帝的另一独创是"并地丁,停编审"。孟森认为,康熙帝的"盛世滋生人丁永不加赋"是好政策,但因没有具体措施,"美意终将废阁",而雍正帝决策施行摊丁入粮之法,就使美政得以实施。③

嵇璜等修《清朝文献通考》,讲到丁随地起,对它大为赞颂:"盖因地制宜,使有田之家所加者无多,而无业之户利益者甚大,恂良法而意美也。"④

上述诸人肯定雍正帝的经济改革,已与他整顿吏治联系起来。对官员任用制度的改革也是雍正帝革新的内容之一,人们对此也发表了一些议论。

康熙中,鄂尔泰为内务府员外郎,雍正帝于元年(1723)即不秩用为布政使。昭梿在谈到这一事实时说,雍正帝在继位前与鄂尔泰有个过节,前者要求后者给其办事,遭到拒绝,雍正即位后不但不记前嫌,反而认为他"以郎官之微而敢上拒皇子","守法甚坚",用为大臣,"必不受他人之请托",故加以信任而擢升。⑤昭梿以鄂尔泰的幸遇,歌颂了雍正帝待臣下心胸宽广和不计私怨启用贤才的精神。

清朝用人,原有资格、出身的规定,以及旗、汉的界限,按定制在中央复职制的衙门里,满员地位高于汉员。陈康祺在《郎潜纪闻初笔·满汉大臣班次》

---

① 《清高宗实录》卷178,"七年十一月乙丑"条。

②③ 《明清史讲义》下册。

④ 《清朝文献通考》卷19《户口》,商务印书馆"十通"本。

⑤ 昭梿:《啸亭杂录》卷10《宪皇用鄂文端》。

中,称赞雍正帝命将兼管吏部、户部部务的汉人大学士张廷玉班位排在另一兼管部务的满人公爵傅尔丹之上。①又在《三笔》中写到,湖广总督杨宗仁题调广东文武官员到两湖担任知府知县,均为雍正帝允行。作者因而说:"倘施之今日,恐本官荐主并受讥弹矣。"②赞叹雍正帝不拘资格和满汉界限的用人精神。

雍正帝将山陕乐户、绍兴惰民、常熟丐户、徽州伴当、宁国世仆、广东疍户等贱民开豁为良,这件事引起了许多评论家的兴趣。

俞正燮讲"汉儒歌颂朝廷功德,自云舒愤懑",雍正帝除豁乐户的事,"诚可云舒愤懑者"。③

刘法曾认为,雍正帝放贱为良的本意是铲除绅士压迫贱民的习俗,而结果使贱民得到脱离羁缚的实利,不能不承认它是"善政"。④

日人稻叶君山在《清朝全史》中讲到,解除贱民名籍,是雍正帝的"移风易俗之仁政"⑤。

贱民人数虽然只占总人口的很小部分,但解放贱民是一件大事,故谈论雍正帝政治的人都不会忽略此事,且一般都慷慨地予以美词。

评论家对雍正帝改革的其它内容也不乏论述,这里从略了。本文在说明这些观点时,有意选择清朝人和20世纪30年代以前中日学者的研究成果。近十年的论述比以前的全面、具体、深刻,但不胜罗列,且早期的研究已经反映了雍正帝改革的基本内容,后来的暂时可以不述了。评论家从雍正帝的这些新政,看到了雍正朝社会面貌的一些变化,证明那些政策的制定者和实行者——雍正帝,是位改革家。

三、在全面分析中考察雍正帝的改革

改革是雍正帝执政史的一部分内容,评价他的改革自然不能与他的全部历史分开。人们因为对雍正其人的看法不同,从而评定他的改革所处的历史

---

① 陈康祺:《郎潜纪闻初笔·满汉大臣班次》,中华书局,1984 年。
② 陈康祺:《郎潜纪闻三笔》。
③ 俞正燮:《癸巳类稿》卷 12《除乐户丐户籍及女乐考附古事》。
④ 刘法曾:《清史纂要》第 3 章。
⑤ [日]稻叶君山著:《清朝全史》,但焘译,中华书局,1915 年。

地位也有了高低之别。

有的评论者全面肯定雍正帝,对其政治自是赞扬备至,钱陈群可以说是这种观点的一个代表。他在《恭挽世宗皇帝四首》之一中咏道:"正位当阳日,忧勤念八荒。商书宜骏历,周礼最精详。天意原仁爱,王权有弛张。畏神兼服教,千载亿轩皇。"①歌颂雍正帝是仁政爱民的圣君。在这里不仅称道了他的政治,对他的为人和伦理道德也做了不言而喻的肯定。人言雍正帝刻薄,钱陈群则认为他是执法严明。他在雍正八年(1730年)给其弟钱界的信中讲,现在有些读书人不通典故,把人家执法行事讥为过刻行为。其实,既然要执法,就得严明,"安得为过刻耶"②!这是针对不满雍正改革的舆论而发表的评论,认为当今改革合理,不能盲目反对。陈康祺也是全面肯定雍正帝的人,如认为雍正帝继位就是遵从康熙帝的遗意,他惩治允禩、允禟等弟兄,是"大义灭亲",因为那些人"图危宗社",被处治是罪有应得。③

有的批评者着眼于雍正帝的为人,对他的改革虽也有所注意,但把它置于次要地位,从而降低它的历史意义。比如1980年版《辞海》"清世宗"条,讲到雍正帝历史的要点是:(1)"以阴谋取得帝位";(2)"以高压手段对付与争位有关的诸弟",害死允禩、允禟;(3)"康熙的亲信多遭贬斥";(4)杀戮隆科多、年羹尧;(5)改变康熙对汉族地主阶级知识分子的笼络政策,屡兴文字狱;(6)"用藩邸亲信鄂尔泰、田文镜、李卫";(7)建立军机处,取消诸王对下五旗军队的统帅权,加强君主专制;(8)实行摊丁入亩政策;(9)推行改土归流措施;(10)平定青海和硕特部贵族叛乱,镇压准噶尔贵族骚扰;(11)与俄国订立《布连斯奇条约》(《恰克图条约》)。前六点讲雍正帝篡位、屠弟、杀功臣、用私人,是说他破坏人伦,刻薄寡恩,品德恶劣,是在伦理道德上做文章。这样首先使人对雍正帝有个极坏的印象,再讲他摊丁入亩、改土归流诸事,人们也就很难重视他的改革事业。于是这些改革业绩遂被湮没,失去了应有的历史地位。辞书不是以发表学术见解为宗旨的著述,但《辞海》"清世宗"条却概括了重视以伦理道德评价雍正帝的这一派的观点。又如前面提到过的柴萼,在《梵天庐丛录》中虽说到雍正朝的振刷精神,而更多的是讲雍正帝为人

---

① 钱陈群:《香树斋全集·诗集》卷7。
② 钱陈群:《香树斋全集·文集》卷7《与界弟》。
③ 《郎潜纪闻三笔》。

不端，诸如"性高傲而又猜忌"，任用非人；贩丝绸到苏州，结交江洋大盗；在藩邸铸剑，畏惧不敢用；遭宫婢、太监谋害，几至死亡，等等。这类观点有两个方面值得注意，一是对雍正帝历史真相有误解和歪曲，像讲雍正帝任人唯亲，例子是重用鄂尔泰、田文镜、李卫，其实这些人都不是雍邸旧人，雍正帝是因他们的才能和贤德才不秩拔擢的。这种误解是对雍正帝与这些人的关系没有考察清楚造成的。至于说雍正帝被宫女、太监谋害，纯属子虚乌有之事，实在是小说家之言。改诏即位之说是有争议的观点，尚不能以定谳来看。事实尚未搞清，即对雍正帝的为人大作文章，实在不利于对雍正改革的深入研究。二是片面强调伦理道德的重要性。对历史人物，应该从多方面去考察，可以立很多评价标准。中国古人大多以伦理道德来衡量人，以之为大节，把事功往往视作小节。这种观点影响深远，流传至今，人们仍自觉或不自觉地使用它。在对雍正的评价中，这个观点的影响是存在的。重伦理轻事功，容易忽视雍正帝改革的历史作用。这一点，比误解、歪曲雍正帝的某些史实更严重。

关于雍正帝伦理问题的历史真相，长期以来争论不清，有的研究者有鉴于此，不赞成过分强调伦理的作用，而侧重以事功评论雍正帝。樊树志的《论清世宗》一文，不纠缠于雍正帝的人伦诸事，说"专注于他的嗣位及整治诸王与年、隆朋党，勾画出一副阴险寡恩的脸谱，未免有点夸张失实的味道"。樊树志重视雍正帝的业绩，认为他"针对时弊，严禁朋党，整顿吏治，重视用人，强调务实"，所以"政绩卓著"。[①]对雍正帝改革的业绩做了较高的评价。

评论历史人物，应当看他的全部历史，把他的各个历史侧面放在整体中的各自部位上，就容易看得清楚而做出恰当的评论。评价一个政治人物，对他的伦理道德和治绩都不应当忽视，也需要认识伦理道德对历史人物的影响。如道德沦丧，不仅是品德问题，亦必然影响他的事功。但在事功和伦理两方面，前者更重要。政治更多地影响当时人的生活和社会的演化，并会在一个历史时期里起作用。所以对历史人物的伦理与事功两方面，我们认为更应当重视他的政治作用。至于对雍正帝的全面研究，确实应注意摆脱重伦理轻事功的传统观念的影响，加强对雍正政治史的研究，才可能把雍正改革的历史地位突出出来，做出恰如其分的评价。纠缠于他的搞不清楚的人伦上的疑案，忽视他的改革事业，这种研究方法实不可取。

---

① 樊树志：《论清世宗》，《复旦学报》(社会科学版)1979 年第 4 期。

把雍正改革放到雍正帝全部历史中去分析,是很不容易的,因为它受到研究者主观因素和外界客观条件的制约。雍正史中有些历史疑案,因资料不足难于论定。此外受当时政治的影响颇大,如在清朝,不满意雍正帝的人多不敢公开、直率地表达自己的意见,往往通过批评模范督抚田文镜,曲折地表示对雍正政治的否定。民国初年反清排满,丑化清朝皇帝,人们更是津津乐道雍正帝的伦理道德,至于他的改革业绩当然不会成为议论的主题。近年来由于我国社会主义改革事业的发展,雍正帝的改革很自然地引起了人们的兴趣,对它的研究随之增多。这些事实说明,对雍正改革的研究与政治形势有关,与研究者的思想方法有关。总之,要搞好雍正改革史的研究,一要有合适的条件,二要把它放在雍正全史中做重点的考察,三要防止过分重视伦理的倾向。

四、研究雍正改革史的意义

人们为什么研究雍正帝的改革呢? 研究的成果表明,是要从雍正改革中吸取有益的经验,以利于当世社会的发展。

乾隆时河南巡抚阿思哈给《河南通志》作序,说:"世宗宪皇帝整纲饬纪,通变宜民。"同时期问世的《清朝文献通考》的编修官就雍正帝实行耗羡归公一事,说他"通权达变",行"至公至善之计"。[1]这些乾隆年间的官员注意雍正帝的权变,即称赞他的变革精神。如果说他们还只是就事论事,不是为了宣扬雍正帝的革新思想,并非另有所指的话,那么后来人的评论就把这个观点升华了,达到了新的思想境界。嘉庆初,川楚陕白莲教起义蓬勃发展,清朝统治处于某种危机之中,人们寻找出路,希图使清朝摆脱困境。这时,章学诚提出改革的主张。他说康熙末年有积弊,靠雍正帝改革以清厘,乾隆季年与康熙晚期有相似之处。因此嘉庆帝与雍正帝面临相同的形势,雍正帝改革了,嘉庆帝应当怎么办呢? 章学诚建议"我皇上于祖述列圣之中,尤宜效法皇祖宪皇帝之所为",只有这样,民累始可以悉除,"逆匪"自不难勘靖。[2]章学诚讴歌雍正帝改革是为了要嘉庆帝向乃祖学习,目的性很强。陈康祺生活在鸦片战争之后,清朝的内忧外患日益严重,他关心政治,讲求经世致用之学,希望于朝政有所

---

① 《清朝文献通考》卷 3《田赋》。
② 《章氏遗书》卷 29《上韩城相公书》。

裨益。他作《郎潜纪闻》,是为记录"练习吏治、兵制、河漕、盐法,寻求利病,锐意世用"①的观点。在该书"沈端恪公恩遇"条中,就沈近思与雍正帝的际会写了他的感受。沈近思在康熙朝以同知告病家居,雍正帝即位用之为郎中,一年后超升其为吏部侍郎。陈康祺说沈近思固然清廉忠谨有晋秩的条件,而雍正帝"任贤勿贰,破格甄劝若此,想一时百僚仰望,莫不感泣奋兴矣!"陈康祺没有停留在感慨雍正帝的不秩用人上,他进一步联系当时的现实说:"今循例迁除,且似河清之难俟,因循泄沓,弊实由兹,经国者盍思变计乎?"②他痛恨因循守旧,希望"变计",即出现雍正帝式的改革。章学诚、陈康祺评论雍正帝革新,目的很明确,就是学习雍正帝的改革精神,实现当代的政治变革。

事实表明,清朝的那些赞颂雍正改制者,是主张政治上革新的人,他们宣传雍正改革,把它作为前进的思想动力,加以效法,以实现当代兴利除弊的改革。所以对雍正改制的研究,在当时不仅是学术问题,而且有强烈的现实意义。但是清人的研究,限于将雍正改革当做说明作者观点的事例,并没有对它的内容做系统深入的研究和阐述。

清朝灭亡后,雍正帝改革的直接的现实价值自然地消失了,但并不因此失去它的研究意义,这是因为:

第一,雍正帝改革有值得肯定之处。雍正帝清除积弊,整饬吏治,改革赋役、行政制度,在一定程度上调整了生产关系,或多或少地有利于社会生产力的发展。由于其有积极的因素,这就足以使后人借鉴。

第二,对于雍正帝的改革,经历了清朝、民国和社会主义中国三个时期的检验,其有价值的成分,时间越长人们认识得越深刻。雍正改革对后人革新的启发,至少可以归纳为:(1)不怕反对势力,坚持改革。雍正帝改革之初,遭到一些人的反对,其中有他所信任的大臣,如吏部尚书朱轼、侍郎沈近思等。首先实行耗羡归公的山西巡抚诺岷、河南巡抚田文镜,创行摊丁入亩制的直隶巡抚李维钧,皆首当其冲地遭到攻击,他们要求雍正帝的保护。雍正帝对首事疆吏给予信任和支持,驳斥那些攻击改革的言论,惩办了个别的反对者,把改革坚决推行下去。(2)讲求改革方法。如只有改革的愿望,没有切合实际的方针、政策和措施,就很难实施改革并取得好的效果。雍正帝深知这个道理,制

① 陈康祺:《郎潜纪闻初笔·序》。
②《郎潜纪闻初笔》。

定了一些切实可行的政策。如李维钧提出改变人口税征收制度的建议,雍正帝一面令大学士九卿讨论这个主张可否实行,一面要求李维钧制定方案。待到李提出具体的摊丁入亩办法之后,雍正帝认为可行,就批准实施了,实行后效果良好。有了好方法,可以防止某些人钻改革的空子,使改革能正常地进行下去。(3)警惕改革的不彻底性。雍正帝作为封建帝王,他的改革不可能触动根本制度,由封建制度而产生的一些弊端也不可能彻底革除。如只能以耗羡归公限制火耗滥征,限制官吏肆无忌惮地贪污,把官吏不合法的私征变为公开的合法的征收附加税。

雍正帝史的研究表明,雍正帝是个改革家,但目前对其改革史的研究尚不系统、不深入,有待于加强;深入研讨雍正改革史,既要避免纠缠在他的伦理道德和继位疑案问题上,又要把改革放在雍正全史的适当地位上;加强雍正改革史的研究,科学地总结它的经验教训,这在社会主义改革的现时代,应当有它的特殊意义。

(原载《故宫博物院院刊》1987 年第 4 期)

雍正朝史概述

雍正帝主导下的雍正朝只有不长的 13 年(1723—1735),却产生了在清朝、乃至在中国历史上堪称重大的政治经济制度和事件,一定程度上清厘了历史上的积弊,使清代社会上承康熙下启乾隆之治继续向前发展,在一定意义上说是一个政治改革的时代,具有不可忽视的历史意义。

本文将从政治史的角度,叙说这个时期所承绪的历史遗产,主人公雍正帝的政治思想和抱负,朝廷所进行的一系列政治经济制度革新和出现的政治斗争及事件,期望能够基本上概括出时代的特点。本文因系概述,所涉及的史事,大多在本卷有关专题文章中做出了较详细具体的说明,这里仅仅为概述雍正帝及其朝政事,甚为简略。所以一般也不注明叙述材料的来源。

一、储位争夺中雍正帝的继位

雍正帝的继位,迥异于通常情形下皇位的传承,他是在康熙后期的十几年激烈的储位之争中上台的,又是康熙帝在弥留之际一言而定的。这就容易令人产生新君登基合法性的疑问。换句话说,多年的政争不会立即消失,将会以新的形式出现。

(一)康熙后期储位斗争和储位虚悬:继位前奏

雍正朝的主人公胤禛,生于康熙十七年(1678),是康熙帝序齿的第四子,生母德妃乌雅氏,受孝懿仁皇后抚养。21 岁(康熙三十七年,1698)受封为贝勒。

废黜皇太子与储位虚悬。康熙四十七年(1708)发生了举朝震惊的废太子事件,康熙帝鉴于业已册立 34 年之久的皇太子允礽的不仁不孝,突然宣布将他废黜,皇子中有人结党谋求虚位的储贰,康熙帝遂命朝臣举荐新太子,大学士马齐等人联手推荐皇八子、贝勒允禩,康熙帝以群臣有私心而允禩不足为储君拒绝接受。此时君臣受着国家必须有储君的观念影响,而皇子中又没有适合的人选,康熙帝不得已复立允礽为皇太子。为了消弭废立太子事件中皇子间的纷争裂痕,康熙册封诸皇子,雍正帝晋爵为雍亲王。允礽不知悛改,康熙帝于五十一年(1712)再度将他废黜,此后不断有朝臣要求册立太子,康熙帝拒不考虑,直至辞世,不立储贰,致使储位虚悬11年。

诸皇子结党谋求储位愈加激烈。没有储君,遂使一些皇子结党谋取这个位置,形成了几股势力:皇三子诚亲王允祉,受命于蒙养斋修书,身边聚集了一些著名的文人,有着令人注目的声誉,但是不善于制驭下属,属人两度犯案,康熙帝曲加优容,可能会认为他柔弱不能理事。皇八子贝勒允禩被朝臣称为贤王,以仁义为政争纲领,并得到皇九子贝子允禟的拥护,也获得皇十四子允禵的支持,潜在势力颇强。但是康熙帝认为他阴险,比废太子可怕,所以屡加压制。康熙五十七年(1718),因西北用兵,康熙帝任命皇十四子、贝子允禵为大将军王出征。允禵于康熙五十九年(1720)驱逐准噶尔在西藏的势力,遏止准噶尔的攻势,在储位争夺中犹如冉冉上升的一颗新星。他是雍正帝的同母弟,却与允禩亲近,在军中从允禟处获取宫中、朝中信息,听信算命人之言,以为自家"玄武当贵"。这时身为雍亲王的雍正帝为谋取储位,制定了全面的计划和策略,力图给人闲适读书的印象,与僧侣交游,纂辑《悦心集》一书(雍正四年刻印,1726年),表现恬淡无为,不争储位,暗中培植门下势力,并有目的地猎取朝臣;侍从康熙帝南巡江浙,西幸山西五台山,奉命盛京、遵化祭祀祖陵,曲阜祭孔庙,康熙末年两次代行郊天礼,获取康熙帝的"诚孝"之誉。他的不动声色、外弛而内张的活动手法可能蒙蔽了康熙帝,麻痹了政敌。综观各种迹象,康熙帝在季年可能会在允祉、雍正帝和允禵三人中选择继承人,而雍正帝与允禵这对同母兄弟的机会或许更大一些。

(二)众人疑惑心态下的雍正帝继位

康熙帝于六十一年(1722)十一月初七日得病,到离宫畅春园休养,十三日凌晨因病情危急,召见允祉、允祐等7位皇子和国舅、理藩院尚书兼步军统领隆科多,宣布由雍正帝继承皇位的最后的政令:"皇四子人品贵重,深肖朕躬,必能克承大统,著继朕即皇帝位。"同时将雍正帝从祭天斋戒处所召至畅春园,三次见面,然未言及嗣位之事。当晚康熙帝驾崩,隆科多传达遗言,由雍亲王胤禛继位,改元雍正,成为清朝入关后的第三位皇帝。

皇位授受之际,由于储位虚悬和诸皇子党争已久的客观形势,又没有康熙帝的亲笔遗诏,失败者难于接受新的现实,种种因素,故而雍正帝的突然龙飞九五，致令时人以及后世研究者产生他的继位是否符合康熙帝意愿的疑问，以致现今出现四种歧异说法：一是说康熙帝遗诏传位皇十四子允禵，被雍正帝伙同隆科多窜改，夺了乃弟的皇位；二是说康熙帝平日已对雍正帝有好感，临终之际令其嗣统；三是说康熙帝并未指定继承人而突然故世，雍正帝乘机登基；四是说康熙帝瞩望雍正帝嗣承大统，而令允禵辅弼，然而雍正帝没有善待乃弟。雍正帝继位异说，由于历史文献未能提供关键性的资料，使后世学者难于做出令人信服的说明，所以诸说并存。就笔者而言，相信雍正帝是依照康熙帝遗愿继承的皇位。

(三)皇室与民间的新事件：继位余波

雍正帝的顺利继位，结束了皇室内部并将朝臣卷进来的储位斗争，但是它像任何事物一样，不会消失得干干净净，特别是这样长期的激烈的政治斗争，失败者不甘心退出政治舞台，会作困兽之斗。这时最有利的手段就是质疑新君继位的合法性。雍正帝对于储位之争中的旧恨不能从心头消除，而质疑又增新仇，必欲除之而后快。这时的争斗已不是储位问题，而具有质疑皇权与保卫皇位的性质。在新的斗争中，掌握皇权的雍正帝处于绝对的主动地位，采取分化瓦解政敌的方针和策略，开始以"擒贼先擒王"的手法，册封允禩为廉亲王，任命其为总理事务大臣，但不予实权，加以控制；将允禟发配西大通(今青海大通县东南)，严命催逼上路，连父皇康熙帝的葬礼亦不许参加；先将允禵囚禁于遵化的康熙帝景陵，后来圈禁在京城景山寿皇殿附近；打发敦郡王允䄉为在京故世的藏传佛教僧人去蒙古送葬。令他们分散四方，无法合谋反抗。随后于雍正四年(1726)致死允禩、允禟。

允禩等人生前通过下属人员散布雍正帝篡夺皇位的言论，根本无法改变自身的命运。但是他们所传播的流言为民间所乐道，于是为反对清朝统治的汉人所利用，于雍正六年(1728)发生湖南生员曾静遣徒张熙投书川陕总督岳钟琪(据传是宋代抗金名将岳飞后裔)，劝其举兵反对朝廷的事件。雍正帝借此机会，制造吕留良文字狱，炮制以曾静悔过为名的《大义觉迷录》，宣传他嗣位的合法性，以及满人的统治合于中国传统，希望以此在舆论上改变自己的形象，以合法继承人的面目出现在人们的心目里。不过事与愿违，《大义觉迷录》留下了关于他篡夺允禵帝位的民间传言，为后世篡位说提供了唯一的历史资料。

雍正前期，雍正帝与允禩等人的斗争是康熙朝储位之争的延续，不过具有争夺皇位的新意。储位——皇位之争,如果从废太子允礽与大阿哥允禔结党相争算起,截至曾静案前后长达40年,激烈时期竟有15年,它给康熙、雍正两朝的历史进程和两位帝王的生活以巨大的影响,并关乎到对他们的历史评价。

二、雍正初年政治形势与雍正帝革新思想

雍正帝继位之初所面临的形势,不是简单的皇室内部的党争,更广阔的是前朝遗留的政治经济状况和方针政策,还有新朝的新形势和新问题,需要有新的观念和政策来处理好各种政务。

(一)康熙朝正、负面的政治遗产

康熙帝是有杰出历史贡献的帝王,但他的业绩主要产生在康熙前半期,而后半期则颇为逊色。他留给雍正帝的遗产,是一个大帝国,是一整套的治国方略和制度,是好坏参半的政治与社会情形,需要雍正帝去消化、去更新,以便谱写社会新貌。康熙帝的政治遗产,综合其正、负两方面,可以归纳出下述数点:

1.皇家内部党争

前面业已言明,此处从略。

2.宽仁政策与吏治不清

康熙帝于五十年(1711)宣称:"治天下务以宽仁为尚。"[①]宽仁,是对官与民两方面讲的,在对官员这一面尤其明显。州县官的加派私征,除自肥之外,用以打点上司,造成吏治不清,康熙前期对此加以制止。后来明智的官员看到事情的严重性,建议有限度地承认加派,将收入部分地归于公用,以减少地方官的横征暴敛。可是康熙帝不愿承担加派的罪名,不予采纳。只能姑息养奸,使吏治不清成为难以解决的严重社会问题。

3.解决中的西北边疆民族事务

对于准噶尔部的进攻,虽然取得遏制的成效,但仍处于守势。用兵很有必要,然亦有诸多不良影响:开销巨大,造成国库仅存银八百万两;部分官员和军士厌战,遭到康熙帝严刑处罚;一定范围内破坏了军民的正常生活秩序,带

---

① 《清圣祖实录》卷245,"五十年三月庚寅"条,中华书局,1985年影印版,第3册第433页。

来一些痛苦。

4.经济政策与民生

康熙帝于五十一年(1712)实行滋生人丁永不加赋的政策,即固定人口税,减轻农民负担。同时施行保护富民和优待绅衿政策。有的官员提出顾恤贫民的摊丁入亩主张,户部以不便更张成规予以否定。贫富矛盾和官民矛盾的积累,致康熙晚年在江西、浙江、河南、湖广、山东和台湾出现小股民众运动,而以朱一贵暴动闻名于后世,有的暴动余部坚持活动到雍正初年,至于秘密宗教的活动更是历朝绵延。

5.满汉矛盾和八旗生计

满汉的差异作为社会的基本矛盾之一,时隐时显,朝中每有大事,常常是"满洲大臣一议,汉大臣一议"[①]。有不同政见是正常现象,但以满汉区分阵线,则是双方不协调的表现。汉人大学士李光地等人瞧不起满人同僚嵩祝,康熙帝乃启用废太子事件中被撤职的能人马齐,以维护满人的优越地位。清朝优待八旗满人,供给他们衣食,造成他们不善生财。随着王朝的延续,他们的生活日趋艰难,康熙时期虽说尚不严重,但八旗生计问题开始显现出来,需要当政者思考对策。

6.对西方国家和传教士的认识与接触

康熙后期西洋传教士改变明末以来的传教方式,致使清朝与罗马教廷发生冲突,驱逐部分传教士。沙皇俄国正在向东方殖民,清朝同它订立《尼布楚条约》,划定中俄东段边界,此后俄国使用支持蒙古人中野心家的策略侵扰中国。清朝考虑到蒙古的因素,为稳定内部,时或对俄国让步,允许其商队和东正教教士进京。这种待遇后来为其他西方国家所企羡,并要求效法。从总体讲,清朝君臣对西方国家和教会缺少知识,认识不明。人家是东进,清朝处于被动地位而不自知。

7.思想观念上的守旧

许多社会问题不能得到妥善解决,同思想认识有着很大关系。康熙帝在晚年,由于倦勤和身体状况等因素,产生较为严重的守旧意识。五十年(1711)三月,康熙帝说:"今天下太平无事,以不生事为贵。兴一利,即生一弊。古人云

---

① 《清圣祖实录》卷265,"五十四年十月壬辰"条,第3册第609页。

多事不如少事,职此意也。"①五十六年(1717),康熙帝进一步说:"为君之道,要在安静,不必矜奇立异,亦不必徒为夸大之言。"②不生事的指导思想导致对兴利除弊缺乏认知,只好听任社会矛盾的积累,以致出现某种程度的政治危机,留待后人处理。

(二)雍正帝革新思想和政纲

雍正帝在储位斗争中,与允禩针锋相对,产生了严猛施政的设想;他的40年藩邸经历,也使他深入了解政情和民情,继位后自负地说"于群情利弊事理得失,无不周知"③,他对接掌政权时的社会现实确有比较符合于实际的了解;即位后的局势,有着亟待处断的政事。这三种因素使他形成了完整的政治纲领,其要点有下列诸端。

1.兴利除弊的革新思想

雍正帝自云:"雍正改元,政治一新。"④"政治一新"是他的愿望和宣言,也是他的从政纲领。他要刷新政治,让社会变出新面貌。新与旧是对称的,不破旧就不能立新。所以他在即位当月,要求大学士、尚书、侍郎提出变革时政的建议,"政事中有应行应革能裨益国计民生者,尔等果能深知利弊,亦著各行密奏"⑤。迫不及待地表示要采纳谏言,革除时弊。其实时弊往往是积弊,是历史流传下来的,而非一时小弊。就着吏治问题,他宣称:"朕欲澄清吏治,乂安民生,故于公私毁誉之间,分别极其明晰,晓谕不惮烦劳,务期振数百年之颓风,以端治化之本。"⑥又针对科举弊端,说他欲"将唐宋元明积染之习尽行洗涤,则天下永享太平"⑦。自唐代正式实行科举制度以来,已有长达千余年的历史,雍正帝要清除的是千年积弊,"振数百年之颓风",是多么大的胃口!他所指向的吏治、科举是社会积弊之荦荦大者,所涉及的对象正是政府所依靠的骨干力量,竟然要向他们开刀,颇具勇气!正是以此为目标,才能抓住根本,实现"端治化之本"。雍正帝反对因循守旧,主张振兴,同康熙帝晚年的"多一事

① 《清圣祖实录》卷245,"五十年三月乙卯"条,第3册第436页。
② 《清圣祖实录》卷275,"五十六年十一月丙子"条,第3册第700页。
③ 雍正朝《起居注册》,二年九月二十五日,中华书局,1993年,第1册第327页。
④ 李绂:《穆堂别稿》卷18《漕行日记》,乾隆十二年刊本。
⑤ 《上谕内阁》,康熙六十一年十一月二十九日谕,拱北楼书局藏版印本。
⑥ 雍正朝《起居注册》,五年正月十七日,第2册第935页。
⑦ 雍正朝《起居注册》,五年二月初三日,第2册第959页。

不如少一事"的墨守陈规观念相对立,他确实具有除旧布新的改革思想,这是他的政治思想总纲,各项政策的制定均源于此。

2.为政务实的思想

利与弊总是相伴而生的,如同康熙帝所说兴一利必生一弊,有弊则会招致骂名,连"利"也容易被一起否定掉,是以"不生事""安静"成为徒慕虚名的执政者的信条。雍正帝要改革,就需要破除这种观念。他在即位一周年之际,告诫臣工:"为治之道,在于务实,不尚虚名。朕缵承丕基,时刻以吏治兵民为念,事无大小,周思详虑,求其见诸施行,实可以有济天下者。"①治理国家,是尚虚,还是务实?他的观点非常鲜明,那就是务实,注意吏治民生。他要求臣下"筹国是,济苍生"②。学校教育要"实行""文风"两者并重。③他的尚实,就是要求君臣共同关注国家大计,去解决民生、吏治的实际事务。

务实除虚,必然反对沽名钓誉。雍正帝在元年(1723)正月给地方各级文武官员发布上谕,指明他们的职责及对他们的要求,谕总督:"朕观古之纯臣,载在史册者,兴利除弊,以实心,行实政,实至而名亦归之,故曰:'名者实之华。'今之居官者,钓誉以为名,肥家以为实,而云'名实兼收',不知所谓名实者,果何谓也。"④给按察使的谕旨中同样说到名实问题:"迩来士大夫好云'名实兼收',所谓'名'者,官爵也,所谓'实'者,货财也。"⑤他对官场中流行的名实兼收论异常愤慨,一针见血地指明众多官员讲的"实"是个人的"货财",是"肥家",而不是国计民生的"实";官员所说的"名"是官爵,是钓誉,不是由于实心实政而赢得的美名。他分清"名实兼收"的"名"与"实",与为政务实以及由此而得名的"名"和"实",是两种名实观。他反对不顾民生吏治的"名实兼收"和官员的沽名钓誉,惟其如此,才可能实现为政务实。雍正帝不只是有为政务实的思想,还有实施的方针。

3.严猛为治的思想方针

宽仁与严猛常常是对立的,康熙帝为政宽仁,雍正帝要变革,就不能温和

---

① 《清世宗实录》卷 13,"元年十一月丁酉"条,中华书局,1985 年,第 1 册第 238 页。

② 《朱批谕旨·李绂奏折》,四年十一月二十一日折朱批,光绪十三年,上海点石斋缩印本。

③ 《清世宗实录》卷 3,"元年正月辛巳"条,第 1 册第 70 页。

④ 《清世宗实录》卷 3,"元年正月辛巳"条,第 1 册第 68 页。

⑤ 《清世宗实录》卷 3,"元年正月辛巳"条,第 1 册第 75 页。

仁爱理事了。他认为宽仁与严猛的采取,应当从当时的实际情况出发:"观乎其时,审乎其事,当宽则宽,当严则严。"①他认识到即位时的情形是:"人心玩愒已久,百弊丛生","若不惩创,将来无所底止"。②因此要舍弃宽仁,选择严猛治国方针。为此指示云贵总督鄂尔泰施政:"且猛做去,'宽'之一字乃上天之恩,若容宽时得有可宽之日,乃尔我君臣之大福,天地神明之殊恩也。"③又在云南巡抚杨名时的奏折上批写:"政宽则民慢,慢则纠之以猛,猛则民残,残则施之以宽,宽以济猛,猛以济宽,政是以和,此诚圣人千古之名言也。"④杨名时主张宽仁,雍正帝企图说服他。在雍正帝看来,能够实行宽政,是上天的恩赐,而他继承的时代百弊丛生,哪里可以施行宽仁之政,只好严猛地去做,等到改革成功了,再恢复到宽政方面来。政治改革,要同既得利益集团做斗争,要剔除守旧观念,太温和了就难于做到,采取严猛的方针政策为势所必然。当然过于严猛则会变为残刻,成为另外一种弊政。严猛之政就是执行得适当,也会遭到沽名钓誉者的责骂,所以它是同为政务实紧密联系在一起的。

4.强调忠君观念的反对朋党

雍正帝反对宗室结党不必说了,他从朋党中走出来,深知它的祸国乱家的巨大危害,而且视线远非皇族之内,放大到官僚和绅衿范围。他说,人臣应以君主之是非为是非,若敢"树朋党,各循其好恶以为是非","是罔上行私",犯了背叛君上的不忠之罪。又说人臣结党,讥讪朝政,扰乱君主之视听,坚持既定之策。至于朋党之间互相攻击,则干预了人主用人去人的权柄。一句话,朋党扰乱朝政,妨碍君权的充分发挥。所以他说:"朋党之恶,可胜诛乎?"⑤

5.人治观念与励精图治

雍正元年(1723),御史汤之旭奏请划一律例条款,颁示天下,雍正帝答复说:所奏"未尝不是,但天下事,有治人,无治法,得人办理,则无不允协,不得其人,其间舞文弄法,正自不少。……虽条例划一,弊终难免"⑥。法令制度和制

---

① ②《上谕内阁》,七年七月初五日谕。

③《朱批谕旨·鄂尔泰奏折》,五年五月初十日折朱批。

④《朱批谕旨·杨名时奏折》,二年九月初六日折朱批。

⑤《清世宗实录》卷6,"元年四月丁卯"条,第1册第133页。

⑥ 雍正朝《起居注册》,元年七月十八日,第1册第66页。

定法令的人,两者对于国家治乱的关系,雍正帝把后一方面看得更重要。他认为善法也得由守法的人来执行,若碰到坏人反倒被他利用为"贪营巧取"①的工具。他又认为法久必弊生,故法不可恃,还要靠人把它改过来,才能免去弊病。至于法不完善不要紧,只要有好人来执行,自然会"因时制宜",加以补充调整,使之成为善法,所以他认为"有治人,即有治法"。

将法治从属于人治,雍正帝是要在人治上下功夫。这人治的真正内涵,是帝王的励精图治和在君主指导下的良好的官僚队伍的实心理政;好官的造就与取得,则在于人主的善于选人用人,这就是他所说的:"治天下惟以用人为本,其余皆枝叶事耳!"②人治与法治的两极取向,在历史上一直是人治观念占据上风,明清之际思想家黄宗羲在《明夷待访录》中强调"有治法而后有治人",抨击"有治人无治法"的观点。毫无疑问,黄氏的理念要比雍正帝先进,不过就当时的实际情况来说,强调君主励精图治,重视官吏的任用得人,希望出现清明政治有着某些合理内容。

雍正帝的政治思想核心,是改良政治、实行人治、兴利除弊,为此反对朋党,不惜严刑峻法,希望出现儒家理想中的三代治世。他的观念中包含诸多合理成分,为政务实的思想最值得肯定;他重视解决国计民生的实际事务,比那些沽名钓誉的君王和官僚的治国观点当然要好得多。雍正帝的政治思想究竟如何评价,关键还是要看这种观念指导下的政策实行得好坏,要观察政治、经济制度方面的改革以及与此同时的整顿吏治、民生的实际效果。

三、雍正帝主要的政治、经济制度和政事

雍正帝的更新,以及由此而产生的新制度、新事件,大体上依时间为顺序,一一做出说明。

(一)设立会考府,清厘钱粮

康熙末年官吏贪污和西北战争,致使国库空虚,雍正帝为了改变这种状况,设立会考府,清理户部三库,由怡亲王、总理事务大臣允祥负责,地方藩库钱粮的清理亦同时进行。结果查明户部库银亏空二百五十万两,责令历任

---

① 《清世宗实录》卷89,"七年十二月癸卯"条,第1册第192页。

② 《朱批谕旨·鄂尔泰奏折》,四年八月初六日折朱批。

堂官、司官和部吏赔偿一百五十万两,另一百万两由户部逐年弥补。对官员的追赔严格执行,甚至令其亲戚帮助赔偿,否则抄家,《红楼梦》的作者曹雪芹的先人曹𬤇就因所谓转移家产抗拒赔补而遭受抄家之灾。所以社会上将这种做法比喻为打牌中的"抄家和"。追赔充实了国库,惩治了贪官污吏,一定程度上整顿了吏治,但这是就事论事,并非是制度性的。所以随后有养廉银制度的制定。

(二)耗羡归公与养廉银制度的实行

前面已经说到地方官征收钱粮,以火耗、鼠耗、雀耗为名向纳粮的民户按钱粮的数额增收一定比例的耗羡银。这是明代以来的弊政,而且州县官越征越多,是吏治不清的一个重要根源。康熙年间就有人提出耗羡部分归公的建言,未得允准。雍正二年(1724),雍正帝采纳山西巡抚诺岷、河南巡抚石文焯等人的建议,全面实行耗羡归公的制度,其精神是降低火耗率,一般在税粮的一成半以下,比原先大为降低;地方官所征收的耗羡银全部上交藩库,由省里掌握,不再归州县官私有,自行支配;由中央依据各个地方政务繁简状况,制定从疆吏总督、巡抚到小吏主簿、巡检不同等级的养廉银数目,有的总督多达三万两银子,知县也有数百两或一千几百两,比他们的俸禄要高出十几倍、几十倍,以此希望他们廉洁奉公,不再贪赃枉法。故将这种津贴称作"养廉银"。这个制度的实行,是将州县官不合法的私征变为法定的征收,从形式上讲是国家增加赋税,遭受骂名,实际上税民比私征时期少交附加税,是减轻负担。在这里"名"与"实"不一致,不敢于承担责任的执政者是不会采取这种措施的。私征时代,州县官用耗羡贿赂上司,于是官官相护,吏治败坏。耗羡归公之后由疆吏向州县官发放养廉银,州县官就不能要挟上司了;各级官员都得到丰厚的养廉银,再配合其他的管理制度,有利于遏制官吏的贪污和盘剥百姓。耗羡归公和养廉银是有机结合的两项制度,是通权达变的税收和官俸制度改革,在实行初期,取缔陋规,减轻了民间的负担,保证税收、充盈国库,吏治亦有所澄清,使多数官员不敢恣意枉为。

(三)推行摊丁入亩和士民一体当差制度

绅衿因有功名,可以根据其身份享受部分免役特权,不法绅衿凭借特权身份结交地方官,将他们应有的负担转嫁于平民,同时包揽词讼和包税而损害政府利益。雍正元年(1723),河南实行生员与百姓一体当差的政策;二年(1724)下令革除儒户、宦户,严禁绅衿包揽钱粮、抗粮。开封府封丘生员为此罢考,朝廷特派吏部、刑部堂官前往处置,斩决为首分子,严厉推行士民一体当差政策,调解平民、绅衿与清朝政府三者间的矛盾。历朝政府实行田赋和差徭分别征收的政策,由于特权分子逃避徭役,不仅拖累平民,也使政府失去征收徭役的保障。明末及康熙年间个别地区实施了"并丁于粮"的办法,即将丁银归入田粮征收,不再按人丁征纳。康熙帝制定"滋生人丁永不加赋"政策,冻结人口税,但丁银与田赋分征,贫民因无力交纳丁银而逃亡,不利于赋役的整体征收。雍正元年(1723),山东巡抚黄炳、直隶巡抚李维钧先后提出将丁银摊入地税征收,雍正帝批准于次年实行。于是无耕地的人不再交纳丁银,由有土地的人代为交纳,这样贫民免去了丁银负担,有田人增加了赋役数额,而国家原定丁银额数没有变化,但因由有田人代纳使它的征收有了保证,所以摊丁入亩是益贫损富利国的赋役制度。丁银是一种人口税,摊入田亩后,国家不必要像过去那样经常进行严格的户口编审,减少了行政开支;百姓因由田亩出丁赋,不再有丁银的概念,且因政府放宽对百姓的人身控制,离开乡里的可能性加大,这就有利于人们发挥生产积极性。摊丁入亩制度的确立,是中国赋役史上一次重大改革。

(四)除豁贱民

贱民,多系历久相沿的社会群体,多有数百年历史,从事特定的职业,有集中的居住区、特定的服饰,不得与平民通婚,法律身份卑下,为人们所贱视。他们又因职业与居地区分为不同的群体。雍正朝迭发除豁令,允许他们改变职业,成为平民。雍正元年(1723),清朝允许山陕乐户改业从良,自明成祖将忠诚于建文帝的官员的家属降为贱民,至此已有三百多年的历史;同年除豁浙江绍兴堕民丐籍;二年(1724),准许广东沿海疍民上岸定居,编立户口,交纳鱼课,即成为良民;五年(1727),将安徽宁国府的世仆、徽州府的伴当开豁为良;七年(1729),除豁京城教坊司乐户,另选精通音乐的良人充当教坊司乐工,使教坊司乐工成为良人的职业;八年(1730)将苏州常熟、昭文的丐户列入编户,变为良人。放贱为良,厘革前朝弊政,有益于提高贱民的生活情趣和劳动热情,是解放生产力的措施。

(五)改订律例

清律原订于顺治三年(1646),基本上沿袭于明律。雍正三年(1725),重订《大清律》,五年(1727)公布,律文436条,附例824条,卷首有《六赃图》《五刑图》《丧服图》等。律有正文和注释,其文字对旧律多有改易,除掉业已过时的旧律7条,如婚姻门的"蒙古色目人婚姻",清代已不像明代,不存在这个问题,故而取消,并将一些琐碎的条文加以合并,同时增添一些新条文。这个法律制定之后,后代添加过附例,律文并无变化,直至宣统年间的《现代刑律》,才对它做出较大更动。

(六)创建军机处

契机在于对西北两路用兵,为迅速办理军机事务,于雍正七年(1729)正式设置军机处,备员有军机大臣、军机章京,然均系兼职,由皇帝从亲信大臣和中级官员中选择充任。军机处的职掌是:面奉谕旨,书写成文,转发给有关衙门和官员。皇帝的上谕,由内阁传抄发送的,叫做"明发上谕",内容系一般性的日常事务;由军机处撰拟、抄写,密封发出的,称作"寄信上谕",它因不是从内阁,而是由朝廷直接寄出,故而又称作"廷寄",内容多关乎军国大事。其规制由大学士张廷玉所拟制。军机处与内阁并存,前者分割了后者部分重要职权,内阁虽然保持崇高名位,实际的中枢地位为军机处所取代。原来内阁的六科有封驳权,即对有异议的诏令暂不抄发,请求皇帝再行考虑。雍正帝于元年(1723)将六科给事中的考核、升转交由都察院办理,使"台省合一",削弱了六科谏议权和封驳的可能性,而军机处的成立,军机大臣仅仅是奉命参议某事,不是固定议事职权,是被顾问性质,相当于皇帝的秘书、秘书长。军机处的设立,是行政制度的重大变革,削弱了内阁的"相权",使得皇帝高度集权,达到中国历史上登峰造极的地步,但是较大程度地提高了行政小事效率。

(七)青海用兵、经营西藏和西北两路用兵

雍正元年(1723)青海厄鲁特罗布藏丹津叛乱,川陕总督年羹尧、四川提督岳钟琪奉命出师平叛,于次年高奏凯歌,遂向青海派驻办事大臣,改西宁卫为西宁府,加强了对青海的治理,成为民国时期青海建省的滥觞。

雍正五年(1727),西藏噶布伦阿尔布巴叛乱,次年平定之后,设立驻藏大臣,统领驻扎官兵,加强了中央政府对西藏的管理。

清朝政府历来将西藏与蒙古事务联系在一起,做出总体考虑和处置。对于准噶尔的策妄阿拉布坦,康熙末年采取以攻为守的策略,雍正初年改取守势。在阿尔布巴之乱平定之际,恰值策妄阿拉布坦亡故,子噶尔丹策零继立,雍正帝以为有机可乘,加之政局稳定、国库充盈,遂决定对其用兵。七年(1729),任命岳钟琪、傅尔丹为大将军,分别从西路、北路出兵征讨,由于雍正帝的调度乖方,指挥失误,开始中敌缓兵之计,前方八旗军与绿营兵不能协调作战,屡吃败仗,惟有喀尔喀大扎萨克、额驸策凌取得额尔德尼昭之捷,雍正帝感到战争打不下去,准噶尔亦因额尔德尼昭之败而无能进攻,双方于雍正十二年(1734)议和,出现休战状态,到乾隆中期才彻底解决准噶尔问题。魏源在《圣武记》中论述清朝经营西北、西藏的历史,认为"圣祖垦之,世宗耨之,高宗获之",道出了康、雍、乾三代各自的经营业绩。

(八)西南改土归流

清朝继承了明朝治理西南少数民族的政策,实行土司制度。土司世袭,管理其民,向朝廷纳贡,中央不能直接施行政令;土司对内残暴压榨属民,对中央时或阳奉阴违,成为不安定因素。明代在个别地区实行改用流官的政策,即用中央政府派出的官员去治理,取消土司世袭制。雍正四年(1726),雍正帝决心推行改土归流政策,命云贵总督鄂尔泰兼辖广西,统一指挥,至九年(1731)成功,旋有叛乱发生,到乾隆元年(1736)平定,巩固改土归流成果。改土归流,取消世袭土司、土舍,建立府厅州县,任用中央政府派出的定期调动的地方官员,增添营讯,建筑城池,兴办学校,实行科举,改革赋役制度。所涉及的地区为滇、黔、桂、川、湘、鄂六省,而以云、贵为主,贵州改设流官的地方与原来的州县面积相当,范围较广。改土归流,取消土司制,中央政府加强了对西南边疆的治理,政令得以顺畅下达,有利于边疆地区的经济文化建设和社会的安定,并为各民族加强联系提供了条件。总之,对我国多民族国家的统一、经济文化的发展有着积极意义。

(九)曾静投书案与吕留良文字狱

曾静案引出吕留良文字狱,因吕氏著述宣扬汉民族气节,雍正帝为说明满洲统治的合理性,大肆攻讦之,将其开棺戮尸,其子孙及徒孙,或处死,或发配边疆为奴。随之出现屈大均诗文案、徐骏"明月清风"诗句案。康熙、雍正、乾隆三朝文字狱频生,是思想统治的残暴时期。

(十)尊孔与图书修纂

雍正帝对孔子的尊崇,超越历代帝王。雍正元年(1723),追封孔子五世先人为王爵;二年(1724)将皇帝的"幸学"改称"诣学",表示对孔子的特别尊重;三年(1725)为孔子名讳避讳;四年(1726)祭孔,雍正帝亲行跪拜礼;五年(1727)将孔子诞日的中祀改为大祀。如此尊孔,乃因雍正帝认为孔学"为益于帝王也甚宏,宜乎尊崇之典与天地共悠久也"①。雍正帝于晚年仿效乃父,欲举行博学鸿词特科,寻因辞世而未果,乾隆帝继位续成之。雍正朝修成几部有影响的著作,最主要的是完成康熙朝开始兴修的《古今图书集成》,这是我国现存的第一部大类书。前述康熙年间诚亲王允祉开蒙养斋修书,聘陈梦雷主修,将近完成,雍正帝继位,惩治陈梦雷,改用蒋廷锡督修,于雍正四年(1726)竣工,计达10000卷,刻印64部,每部5000册,可见部头的巨大。雍正朝颇有影响的书是《朱批谕旨》。臣工奏折,雍正帝边阅览边写批语,或长或短,长的达千百言。七年(1729),下令编辑,从万余件奏折中选取两三千件,于十年(1732)成书。今传乾隆本,具折官员223人,大约收有7000件朱批奏折。雍正帝勤于写朱批,是前无古人的,是其勤政的表现,更重要的是它保存了雍正朝政治、吏治、社会、民情的细致入微的珍贵材料,可供学术研究。日本学者于1949年起举办《朱批谕旨》研读班,连续进行19年,仅此一事,可知它的价值之高。雍正时期还编纂有《康熙朝实录》《上谕内阁》《上谕八旗》等书。

(十一)《恰克图条约》和驱逐传教士

雍正朝继承康熙末年对西方传教士的政策,禁止传教,除技术人员留用外,其余驱逐到澳门,实际上仍有不少人留在内地。

俄国支持准噶尔策妄阿拉布坦集团,将其作为在中国获取特殊利益的筹码,清朝识破其阴谋,于康熙六十一年(1722)通知其商队离开北京,并不得在蒙古库伦贸易。雍正朝继续拒绝其商队入境,并交涉因西北战争逃亡俄国的蒙古人回归问题。雍正六年(1728),中俄签订《恰克图条约》,确定中俄喀尔喀地区边界,以及贸易、传教士、留学生来华事项。次年,雍正帝即向准噶尔开战。康雍两朝为了顺利处理蒙古事务,让俄国白得一些利益。

(十二)秘建储君

雍正帝接受康熙朝储位斗争的教训,创造秘密立储的制度,于雍正元年(1723)八月,召集满汉贵族、大臣于乾清宫,将指定继承人的文书置放于"正大光明"匾之后,以备异日皇位的传承。他既不袭用祖先的推举储君办法,也不用康熙帝尝试过的汉人册立嫡长子的传位方法,他的办法是将中意人选书

---

①《清世宗圣训》卷4,光绪中内务府刻本。

写出来,但不宣布,令人知道国家有了储贰,然而不知道是谁,使臣民安心,还不会发生皇子之间的争竞。他用这种方法密定了乾隆帝、嘉庆帝、道光帝、咸丰帝。秘密立储,成为清朝家法。

四、雍正朝的历史地位

上述十余项制度性改革和事件的出现,究竟对当时社会、对后世有什么样的作用和影响? 应当做出怎样的评价? 这有助于理解这个时期在历史上的地位,无疑是需要分析清楚的。

(一)一个改革的时代

从上面的叙述不难发现,雍正朝的 13 年,可以视为一个改革的时代。这样说是基于以下的认识:

其一,各项政策多是以变革为宗旨,企图清除中国历史上相沿千百年的积弊,为此排除阻力,不恤人言地强力推行。

其二,改革措施促进生产力发展。所实行的摊丁入亩、耗羡归公与养廉银制度、士民一体当差方针,在维护政府利益的前提下,限制绅衿特权和不法行为,令富人、有田人代贫民交纳丁银,这是在政府与富人之间实行受益(主要是地租)的再分配,实际上减轻了贫穷民众的赋役负担。由于耗羡归公和养廉银制度的实行,停止户口编审,政府放松了对百姓的人身控制。这些制度实行的初期, 减少了官吏贪赃枉法的可能性, 出现比较清明的政治局面。除豁贱民政策的施行,使得社会最底层的民众得到解放的机会,增添生活情趣。这些因素综合在一起,是在一定程度上调整了官方、富人、贫民三者间的关系,有益于农民、尤其是贫苦农民和下层民众发挥生产积极性,使社会生产持续发展。

其三,革新成为政治遗产。乾隆帝继位后对前朝的一些更新政策没有疑义地继承了,如摊丁入亩,如秘密建储等;而对另外一些则予否定或讨论,比如耗羡归公与军机处,经过朝中的反复讨论,最终肯定了这些制度,并予坚持。当革新项目制度化之后,便成为政治遗产,流传于后世,实际上也变成人们的精神财富。乾隆帝在继位半年之际,比较乃祖、乃父政治时说:康熙帝"久道化成,与民休息,而臣下奉行不善,多有宽纵之弊",雍正帝"整顿积习,仁育而兼义正,臣下奉行不善,又多有严峻之弊"。①肯定乃父针对康熙朝的"宽纵之弊"所进行的改革,批评实行中的过度行为,对更新有褒有贬。其时知县刘运震给雍正朝广东巡抚杨文乾作墓表,认为雍正帝"乾纲英断,励精剔厘,中外风飞,雷厉管摄,震动八极"。所以才有鄂尔泰、杨文乾等督抚"刚正率属下,决壅锄奸,毋避豪贵嫌忌"②。讴歌了雍正帝的推行新政。嘉道以后君臣及士人感到朝政不景气的时候,希望更新变法,就想到雍正帝和当日的朝政,遂阅读那时的著述,大加颂扬,从那里汲取精神力量。嘉庆帝对乃祖的政治所做出的概括是:"整纲饬纪,立政明伦。"③将改革作为雍正一朝政治总纲予以称道。学者章学诚在《上韩城相公书》中,鉴于嘉庆朝需要革新,希望以雍正朝的严猛政治和励精图治为榜样,改善朝政,故云:"康熙末年积弊,非宪皇帝不能廓清至治。"④道光帝继位之初颇有向其曾祖父雍正帝学习的愿望,阅读《清世宗实录》,刊刻雍正帝《钦定训饬州县条例》,谓之为"牧令法守",颁发臣下,要求他们"细心究习",认真贯彻。⑤又说他敬阅《世宗宪皇帝实录》,要求督抚州县把雍正帝关于"为政之道,以爱民为本"的上谕恭录悬于大堂,作为行政准则。⑥他试图将地方官滥征的附加税, 像雍正帝那样实行耗羡归公的政策加以限制,但是没有成功。清朝即将灭亡的光绪三十四年(1908),胡思敬为雍乾时代的谢济世文集作序,仍然想到雍正帝的革新,敬仰地说:"当雍正纪元之初,国家休养生息久,世宗整饬纪纲……"⑦雍正朝以后的清朝人,想到朝政的振兴,往往追忆雍正帝的改革,表示向往,希望有所借鉴,将雍正朝的革新精神作为当代更新的一种动力。

其四,雍正朝是古代历史上的改革时代。在中国古代历史上出现过王莽改制、王安石变法、张居正改革税法(一条鞭法),受到了一些史家的好评,前两者也遭到某些非议,而对后者几乎都是肯定之词。其实张居正所做的,只是雍正朝诸种改革措施中的一项, 而雍正朝的成就所获得的褒词原来却不如

① 《清高宗实录》卷12,"元年二月癸酉"条,中华书局1985年影印版,第1册第367页。
② 李桓:《国朝耆献类征初编》卷165,湘阴李氏版。
③ 《清高宗实录·嘉庆帝序》,第1页。
④ 章学诚:《章氏遗书》卷29《上韩城相公书》,1922年嘉业堂刘氏刊本。
⑤ 《清宣宗实录》卷291,"十六年十一月甲午"条,中华书局,1986年,第37册第500页。
⑥ 《清宣宗实录》卷215,"十二年七月乙卯"条,第36册第197页。
⑦ 胡思静:《谢梅庄先生遗集》序,光绪三十四年刊本。

他，一个可能的原因是对雍正帝个人的评价不高。其实不论其人如何，勿因人废言、废事，雍正朝改革总是不宜低估的。说雍正朝是古代社会的一个改革时代是当之无愧的。

革新的产生与进展是非常不容易的，要付出代价，至少是革新者要遭到反对势力的舆论攻击，或者说谴责，比如雍正帝的"暴君"之名，坚决贯彻改革政策的模范督抚田文镜、李卫等人在历史记载中的"酷吏"形象。如果承认这个改革时代的说法，则要给予那些政策的制定者、执行人以肯定的历史评价。

(二)统一多民族国家巩固发展的时代

雍正朝对西南、北方、西北、西藏的经营，使许多边疆民族地区与中央政府的关系有了新的发展。改土归流的实现，使中央与地方政府直接沟通；青海设府，为后世的建省奠定基础；驻藏大臣的长期派驻，成为乾隆时期定制的滥觞；继康熙朝之后，稳定了喀尔喀蒙古扎萨克制度；对准噶尔的由守势改为攻势。所有这些都是巩固和发展统一多民族国家的有利因素。再经过乾隆时代的努力，最终解决了准噶尔问题，中国统一多民族国家的巩固发展达到前所未有的程度。这是康雍乾三朝持续经营的成果。

(三)清朝持续发展的承前启后时代

一个王朝建立的初期，常常是锐意进取的，但时间一长，守旧的观念日益增强，同时社会弊病也是日趋增多，以至难于解决。于是乎统治危机就发生了。清朝到康熙末期就呈现出某种危机征兆，表现之一是皇位传承问题长期不能消弭，再就是吏治败坏，而政治上的守旧观念难于克服诸种弊端。雍正朝重新获得进取精神，针对社会问题的改革取得显著成效，化解了许多危机因素，或遏制其发展。雍正帝的顺利登基，特别是创造秘密立储制度，从此不再发生皇位继承事故。皇位传承制度，对于一个王朝来讲是根本性的建设。所以雍正帝继位和创立秘密建储制度化解了清朝一大危机，并有利于它的正常延续。雍正帝的各项更新政策的实现，在一定范围内调整了生产关系和人际关系，增强了国力，使得清朝政权强有力地维持下来。改革政策还成为乾隆朝承接的政治遗产，保持清朝的持续稳定。要而言之，雍正朝承前启后，形成清朝百年间的鼎盛时期。

总起来看，雍正朝的革新，克服了清朝发展的一些障碍，促使社会向前演进和清朝的稳固统治，在历史上起着积极的作用。

（四）改革的限度

雍正朝改革中发生一些事故，主要是涉及面过宽，如推广官话，较大范围地提升州县规制，实行铜禁，清丈垦田；打击面有扩大化倾向，如整治并不存在的科甲人朋党，惩治宗室成员过多；带有试验性的措施的失败，如为解决八旗生计问题，按照儒家理想施行的井田制，试行八旗井田，以失败而告终；进行欺骗性的造势宣传，如献祥瑞，旌奖所谓"拾金不昧"，以为三代之风再现；迷信于天朝上国的传统观念，不研究国际新形势，在对外关系方面实际上处于被动地位，而浑然不知，更不必说做改变处境的谋求了。这些问题产生的原因，有执政者的个人因素，更重要的是时代的局限性。须知改革是在传统社会制度内进行的，是从维护这种制度出发的，而这种制度已经进入了它的晚期，时代已不允许它做出较有深度的、制度性的更新和生产关系的调整。所以改革的成果是有限的，问题的产生也就是自然的了。

（原载朱诚如主编《清朝通史》中冯尔康主编《雍正朝》分卷，紫禁城出版社，2003 年）

"雍正帝著述及雍正时期文献"所知书目

笔者在《雍正传》《清史史料学》中绍述了雍正帝及其时代的著述,在《清世宗的〈悦心集〉与曹雪芹的"好了歌"》(《南开学报》1983年第6期)、《〈雍正朝起居注〉〈上谕内阁〉〈清世宗实录〉史料异同——兼论历史档案的史料价值》(《明清档案与历史研究》,中华书局1988)、《清代引见履历档案的史料价值——以雍正朝为例》(《故宫博物院院刊》1996年第1期)、《曾静投书案与吕留良文字狱论述》(《南开学报》1982年第5期)等论文中,分别论述了雍正帝及其时代的一些文献,现将雍正帝本人及雍正朝官修图籍列出书目,或许对年轻的雍正史研究者有参考作用。

甲、雍正帝的著述(含后世选编)

一、朱谕,中国第一历史档案馆藏档

一、《朱批谕旨》,雍正十一年(1733)、乾隆三年(1738)

一、《雍正朝汉文朱批奏折汇编》,附录雍正朝引见单

一、《雍正朝满文朱批奏折全译》

一、《雍正朝满汉合璧奏折校注》第一辑

一.《雍正朱批奏折选辑》

一、《雍正朱批谕旨索引稿》

一、《宫中档雍正朝奏折》

一、《上谕内阁》,雍正九年(1731),乾隆六年(1741)

一、《上谕八旗》

一、《清世宗御制集》

一、《悦心集》

一、《清世宗圣训》

一、《庭训格言》

一、《圆明百问》

一、《御选语录》

一、《拣魔辨异录》

乙、雍正朝官修史书

一、《雍正朝起居注》

一、《雍正会典》

一、《吏部则例》

一、《钦颁州县事宜》

一、《吏治学古编》

一、《八旗通志初集》

一、《八旗则例》

一、《钦定大清律集解附例》

一、《赋役全书》，雍正十二年(1734)规定，十年一续修

一、《户部漕运全书》，雍正十二年(1734)命修，十年一续修

一、《清雍正朝镶红旗档》

一、《雍乾两朝镶红旗档》

一、《一统志》康熙二十四年(1685)至雍正六年(1728)

一、雍正朝《宗室玉牒》

一、《古今图书集成》

一、雍正年间省志：《浙江通志》(李卫)、《河南通志》(田文镜)

一、《大义觉迷录》

附录

雍正时期个人著述一瞥

一、《皇清奏议·雍正朝》8卷

一、《鄂少保公奏议》，鄂尔泰，雍正十年(1732)

一、汪景祺《读书堂西征随笔》

一、《年羹尧奏折》

一、《关于江宁织造曹家档案史料》

一、《李煦奏折》

一、《名教罪人》

(2009年2月24日拟)

324

《雍正传》第四版（2014年）序言

这篇序言想说的事情，是现今的这个版本与以前三个版本的关系，本次大量增订的原则和状况，以及对读者、批评者的感谢和对某些学术见解讨论的回应。

这本小书，成稿于1982年，次年1月送交人民出版社，1984年夏天编辑部要求做些修改，我遂进行少许文字加工，并因出版有望而于中秋节写出后记，1985年印行。几年之后，台湾商务印书馆给了我重梓的机会，因而乘便加进"查抄江宁织造曹家"一章。其实这一章也是在1982年写成的，只因编辑部有人认为查抄曹家与雍正史没有多大关系而从书稿中撤出来，至是我把它恢复进去，这是人民出版社版与台湾商务印书馆版唯一不同的地方，不过它仍应当被视为《雍正传》第二版。第三版是1999年上海三联书店的印本，除个别文字的订正外，增添了第十四章中的第三节，即"接见中下级官员"。我在第一版"序言"中说，"对雍正的思想、才能、性格、作风，企图有所揭示，唯是做得非常不够"，一直引以为憾。1995年到北京中国第一历史档案馆查阅档案文书，写作《清代引见履历档案的史料价值——以雍正朝为例》一文（刊载于《故宫博物院院刊》1996年第4期），因之截取其中有关雍正为人作风的一部分，作为对那种遗憾的弥补。三联版之后，有了2004年的"中国文库"版，是人民出版社版的重印本。现在人民出版社编审乔还田先生要给小书再出一次，这应当是第四个版本了。

我在1984年写的后记中说："雍正和他的时代的历史，我哪里把它说清楚了！我想以后把它改得好一点，这当然要自己努力，另外要靠同行和读者的帮助，我殷切地期盼着同志们的指教。"是的，我希望改写《雍正传》，以提高它的学术质量，故而不时地关注雍正及雍正朝史，搜集新的资料，探求新见解。20世纪80年代以来，学术界清史研讨的大发展，雍正史研究的丰硕成果，给了我许多养料和启迪，促使我思考新问题，并应吸收和回应。读者的关爱激励着我。我从互联网页上的信息得知，有青年读者攒钱购买拙作，令我感动，更有不安。还有读者指出我的误失，如在上海三联版"引见官员"一节，就雍正帝所说"世哪有学养子而后嫁者也"以鼓励官员边干边学的话，认为他的"比喻是世俗的，而且不那么正经"。我不知"未有学养子而后嫁者也"的话是孔子说的，白露嘉先生就此指出它出自《大学》第四十二章，说我对"四书"不熟。批评得非常正确，特在此鸣谢。我若不努力改写，怎么能对得起抬爱拙作的读者和学术界朋友呢！

修改，确定了两条基本原则：一是此次不做观点性的大动，二是适当地增补。从成稿至今，已有二十五个年头，社会和学术思想界发生巨大变化，我的学术观念也同时代发展相合拍，尤其是进行了世纪性的思潮反思，对史学基本理论重新认识，思考了经济基础与上层建筑的关系（经济决定论）、封建社会、资本主义萌芽、18世纪时代特征、世界资本主义化时代的中国等重大问题。今日再来看原书，认识到它的一些缺失、不足，特别感到给人物、事件、制度、社会定性的结论，有的没有必要，有的失于准确，有的不到位，应当删改。然而我决定基本保持原貌。为什么？因为对雍正帝其人的主体评价没有改变，不公允、不恰当的那种评论，对于本书的基调来讲还不是主要的，如今权且做点文字修订，算作暂时"交差"，如果以后还有机会改写，则将在雍正时代特性方面下些功夫，把对时代特征成熟的新认知写出来。至于增补，本来是可以大量扩充的，然而我想以适量为宜。因为我看到一些著作，增订本增加过量，枝蔓横生，条理不清、主旨不明，反而不如原作，这是何苦呢？这次修改主要在继位之谜、奏折制度、社会政策、雍正性格与生活情趣、乾隆初政与雍正政治关系、野史与文艺作品中的雍正诸方面，增加了好几节和若干子目。

修订的具体原则，规划如次：

维持史学著作应多提供原始材料的主张，给读者思索的资料和思考空间，避免武断的结论，尤其对雍正帝继位疑案，到目前为止，不可能有定论，更应多方发掘资料，供读者判断。

研究历史人物，力避感情色彩，不以个人好恶评论古人，警惕偏袒、颂扬或苛求、曲意谴责雍正帝的毛病出现。评论古人，不能以他对今人、民族、国家的价值为标准，应以其对所处社会的好坏为准则，若以今人利益作判断，未免有"自私自利"厚误古人之讥。

与不同的学术观点进行适当的讨论，必须尊重他人，做到心平气和，而不自以为是。

增加信息量,吸收学术界新成果,不大量表现在文字的扩充中,而在于观点的概述。

有些内容需要增入,但不进正文,以免臃肿,故写在注释里,读者可看可不看也。

所利用的实录、起居注、清史列传等基本参考书,在 20 世纪 80 年代初写作时尚无后来出版的点校本或编有统一页码的本子,此次再版,本应补注新版本的册页,然因年龄精力关系,已无力再去查阅添写;在新增写的部分,有的注出新版页码,造成体例的不统一,凡此,均祈请读者谅宥。

适当增补雍正年表。

原版有"引用书目",现改为"参考书目",原引用书目全部移入,另增加一部分新引用书目和参考书目。

原版图片仅有六七帧,今增至一百数十幅。这些图片的实物、原件多藏在故宫博物院和中国第一历史档案馆,有的是我早年搜集的,有的是从朱诚如主编的《清史图典》第五册《雍正朝》及第三、第四册《康熙朝》选制的,还有从其他图籍中选入的一二件,在此特对各书编著者致谢。

(2007 年 4 月 21 日 于顾真斋)

雍正史研究新知

——参加"为君难:雍正其人其事及其时代"研讨会
与参观"雍正——清世宗文物大展"散记九则

两岸故宫博物院召开的"为君难:雍正其人其事及其时代"学术研讨会于2009年11月4日至6日在台北举行,我应邀出席,会间参观主办方特别展出的"雍正——清世宗文物大展"(10月6日揭幕)。与会聆听学者演讲,参观欣赏文物,获得某种灵感、启发,尤其是在渴望弥补的书画工艺品制作方面的知识得到些许补充,对雍正帝其人的文化生活、精神品位有了一点新知,由衷地感到喜悦,愿意写出心得,并转述与会学者的高论,同读者共享。这种迫切心情还在于,对我写过的《雍正传》《雍正帝》《雍正继位新探》等书,有补充与修正之处。

一、雍正帝值得受世人瞩目

两岸故宫为雍正皇帝(1723–1735 年在位)举办"雍正——清世宗文物大展",展出雍正帝及其时代的文物 246 件,这个展览与通常的以工艺美术品为主轴的展出不同,"它是以'人'为重心的研究性展览"①。就此我留意到两点,一是以雍正帝为中心,这是不寻常之举,他在位时间不长,又是极有争议的人物,值得为他举办特展吗?观众可以接受吗?事实是观众踊跃,表示了认可。二是研究性展览,展出分"雍正皇帝的一生"和"雍正朝的文化与艺术"两大部分。研究员冯明珠在研讨会的专题演讲《"雍正——清世宗文物大展"策展经纬》中指出了展览的内容与布局,意在"让雍正朝文物自己说话","重新评价雍正帝的历史地位"。我在《雍正传·自序》中说让史料说话,"大展"让文物说话,让人利用文物研究雍正帝,自会对他有新的解读。因之我认为,这个展览

---

① 周功鑫:《雍正——清世宗文物大展导览手册》推荐序。

是创造性的,既给观众文化享受,也将对雍正史的研究起到别开生面的作用。

以"为君难:雍正其人其事及其时代"为题的研讨会,在雍正史研究中也是第一次。清朝史、雍正史研究很多,论著层出不穷,涉及雍正史的研讨会亦屡见召开。但以雍正史为主题的学术会议,这是首创,题目中突出"为君难",无疑是肯定雍正其人其事及其时代。会议宣读了二十七篇论文,另有主持人引言、学者评论、听众提问,发表高明见解,共同赞赏雍正帝的治理业绩和文化成就。雍正帝受到如此肯定,若地下有知,当亦会感激后世学者对他的理解。

我在会议上宣读的论文《从历史长河看雍正帝地位》,认为雍正帝生活在中国历史上最后一个王朝的历史时代,又不是开国之君,似乎历史没有给他提供更多的活动空间,然而他在位 13 年间却做出几件中国历史上称得上的大事,即创立耗羡归公和养廉银制度、摊丁入亩制度、秘密立储法、军机处制度,以及大力推行改土归流政策、除豁贱民政策,从而克服了康熙朝晚期的政治危机,充实国库,主动出击准噶尔人,使得他成为康乾治世的承前启后者。他的改革还具有近代因素,如取消人口税是近代社会的事情,摊丁入亩制度令田多者多纳税,有近代累进税的味道。他的社会改革,促进了社会经济发展,在历史上起到积极作用。应该说,雍正帝是中国历史上成功的改革家,清朝的承前启后者,是在某种程度上顺应社会发展要求的杰出帝王,他的历史是值得大书一笔的。所以说为他举办大展,举行研讨会,总结其历史经验,展出他及其时代的书法绘画、工艺美术品,予人以美学的享受,是必要的、有益的,对雍正帝讲,他也是值得拥有这种荣誉的。

二、雍正帝朱批为什么写得那么工整

雍正帝在世就将臣工奏折和他的朱批汇编成日后行世的《朱批谕旨》,以及后人编辑的《朱批奏折》,从中看到朱批少则数言、数十言,多则以百计数,再多则千言以上,是历史上写朱批最多的帝王;绝大多数写得工整,极少有涂改现象。"大展"公布的多道雍正帝朱批,让观众看到朱批真容,大饱眼福,赞叹不已。那么他为什么如此用心写作?或有学人认为,中国人传统上有历史情结,雍正帝是否为流芳千古,故意写得整洁,以为史家和后人称道。我以为这种想法,雍正帝容或有之,不过从写朱批是行政行为的角度观察,他是处理政事的用心，是理政的实际需要。试想：若朱批写得凌乱，条理不清，文字上涂涂改改，臣下很难准确理解皇帝的旨意和正确执行，也容易揣摩皇帝的理政思路和变化，从而掌握皇帝的心理状态，这对君主的天威莫测不利。所以他用心写朱批，是为准确表达所讨论政事的意见，便于臣工理解、深入讨论或遵照执行；通过朱批，无论是形式或内容，展示皇上圣明天纵，为自家立威，令臣工发自内心地崇仰和服从君上。

三、从大型丛书修纂、命名看后世对雍正帝的不公

"大展"展出多种图籍，有《古今图书集成》武英殿铜活字本，这是我早已知道的。及至见到雍正间武英殿刊《明史》初印校样本，精神为之一振，原先知道《明史》修纂肇始于顺治朝，康熙朝大力进行，成王鸿绪《明史稿》，《明史》仍在加工中，至乾隆六年（1741）始得蒇事。《明史》与雍正朝的关系，几乎一无所知，至此获知雍正元年（1723）史馆依次进呈《明史》的"本纪""志""表"。事情是《明史》编修与雍正朝颇有关系，而这一史实长期以来被史家忽视了。展览品中有《拣魔辨异录》《宗镜大纲》《宗镜录》，分别为雍正十一年（1733）、十二年（1734）、十三年（1735）武英殿刻本，反映雍正帝晚年干预佛教内部事务、致力于佛教图书的整理和出版。此时，也即雍正十一年（1733）设立藏经馆，编辑《龙藏》，十三年（1735）开始枣梨，到乾隆三年（1738）竣工，名曰《乾隆版大藏经》，由这名称看，似乎它的问世与雍正帝无关。对比一下，说到《古今图书集成》，研究者会大讲康熙朝所做的事情，明明是定稿、刻印于雍正朝，而要强调康熙朝事功；《龙藏》明明是定稿、开始雕刻于雍正朝，而惟标明乾隆朝；《明史》明明有雍正朝校样本，而忽略其事。这都未能反映事情真相。之所以出现这种现象，有康熙朝、乾隆朝时间长，雍正朝时间短，容易被人忽视的因素，此外，大约是受对康熙帝、乾隆帝历来评价较好，雍正帝评价较差的影响，好事归为康乾二帝，而将雍正帝甩在一边。这是评论的不公正。

四、康熙帝、雍正帝对俄国不同于藩属国的态度

张存武研究员在"为君难"研讨会上演说《雍正帝对中外宗藩关系的作为》，演说者、评论者和提问者论及康熙帝、雍正帝分别与俄国签订《尼布楚条

约》《恰克图条约》中的中俄关系,指明清朝没有将俄国视为藩属,与对朝鲜、安南有别,但是在骨子里并不把它看做文明国家,并不与大清朝同等。由此使我得知,清朝在对外事务中也有明智的地方,有时能够审时度势处理一些事情,并非绝对的昏庸排外。20 世纪 70 年代评论这两个条约,是讲老沙皇东侵的罪行,当然是不平等条约,现在不是大批判了,进入理性研究。我在《雍正帝》中说这两个条约,"在法理上限制了俄国对准噶尔的支援、对中国内部事务的干扰",未做定性说明,其实这仍然是需要深入讨论的课题。

五、雍正帝不做寿的寿礼及其含义

我在《雍正帝》中说,传主因为乃父康熙帝五十大寿未举行庆典,在雍正五年(1727)五十岁时也不做寿,只是少许接受臣下寿礼,表示他的法祖精神。"为君难"研讨会上,林姝研究员宣读《雍正时期的吉言活计》论文,依据《清宫内务府造办处档案总汇》资料,揭示雍正帝喜好吉言活计的性格,令我得知他在五十岁时接受臣工贺礼的细节,对不做寿的真相有深入的认知:雍正帝的生日是没有庆典,但是接受寿礼是另一种形式的做寿。雍正五年(1727)正月,雍正帝最要好的弟弟和大管家怡亲王允祥指示内务府郎中海望为皇上五十万寿制作礼品,有无量九尊一龛、天保九如九件、禹贡九鼎九件、圆明九照一件、青平九有一件、蟠桃九熟一件、万年九英一件、文房九宝一件、嘉禾九瑞一件,制作费用由怡亲王和内府造办处官员攒集,主要是怡亲王承担。这批精心打造的礼物,迎合雍正帝的审美情趣,礼品代表了雍正朝典型的工艺水平和宫廷风格。该论文作者指出,平时就喜爱吉言活计的雍正帝,在其万寿寿辰时,"吉言活计的呈进也随之达到高峰"。内府制作的寿礼,实质上是雍正帝在给自己做寿,是亲信和近臣给皇上做寿,雍正帝本人和亲信对五十寿是极其看重的。

六、雍正帝的以精制工艺品为消遣方式

杨启樵教授在《揭开雍正皇帝的神秘面纱》一文中,从宫廷制作方面的讲究、花费方面观察,认为雍正帝生活上穷奢极侈。研讨会上稽若昕研究员的专题演讲《雍正皇帝的艺术品位》,从对雍正帝关注下制造的两种鼻烟壶、瓷胎

画珐琅蓝料山水碗、两种松花石砚等器物的具体赏鉴，认为雍正帝对于工艺美术的欣赏标准，以"文雅"为最高标准，而"素静""精细""秀气"为达到标准的手段，进而分析雍正帝对工艺品的精益求精，"是坐拥天下的皇帝对于生活品位的追求，或也是清世宗戮力朝政后的一种生活调剂吧！"综观杨氏、嵇氏两种不同角度的查察，我都得到有益的启发。当研究者为雍正帝宣称生活节俭所迷惑之时，获知其奢华一面，对他有了较为全面的认识，而作为勤政的帝王，需要调剂精神，在工艺品欣赏方面的付出也是必要的，他的富有更是可能的，从需要与可能来讲，是可以理解的。因此我以为，两种见解互为补充，使得人们对雍正帝的艺术追求、生活情趣和为人有深入一个层次的认知。

七、雍正帝的书法

杨丹霞研究员的《雍正帝书法管窥》的演说与讨论很有意思，不懂书法艺术的我则得到不少知识。研究雍正史，又常阅读他的朱批，不懂其书法，感到羞耻，是以认真听讲，并阅览论文，受益匪浅。杨氏对雍正帝的书法采取二分法，以其在书法创作方面下了很大功夫，取得较高的造诣，行书流畅，小楷端整，行草纵肆，有基础进行书法创作。然而运笔迅疾，结体修长，无暇在书艺上刻意钻研，行笔过于随意，结字笔画错误，作品在章法布局乃至字体结构上往往出现失于轻率、鲁莽的缺点，以书法创作和书法家的标准要求，还有不少欠缺之处。在几乎是一片赞扬雍正帝的情形下，力求持平之论，令人佩服。评论者何传馨研究员表示某种不同意见，认为对雍正帝书法水准的整体评价过严，杨氏回应，坚持原有见解。或问杨氏评论雍正帝书法，何以不及朱批？答云朱批不是为书法而创作，是以不做书法作品的考察。书法作品的标准是什么，为书法而书法则为书法，否则非是，不知专家意见如何？我则觉得不讲大量存在的朱批，有点不过瘾。

八、允祥是雍正帝的大管家

在《雍正传》里，我依据一些事实，指明作为亲王的允祥是雍正帝内廷大管家。研讨会上，论述工艺美术、书画艺术的文章，常常提到允祥，盖因内廷器用的承做，是在允祥监督下进行的；有的器物制造，是在允祥王府作坊进行的;郎世宁的画,亦经由允祥进呈。由此我更把允祥看作内务府总管的总管,雍正帝的大管家。允祥,身为怡亲王,雍正帝谅阴时期的总理事务大臣之一,参与摊丁入亩、耗羡归公等重大制度的决策,联络封疆大吏及江南三织造,并出任军机大臣,是国家重臣,可是又管理内廷(包括原雍亲王府,即日后的雍和宫)的细事,雍正帝的生活日用品,与其身份极不相称。这是在雍正帝实行奏折制度、台省(给事中与御史)合一、建立军机处、削弱内阁职权的情况下,皇权达到无以复加的程度后,臣工进一步僚属化、奴才化,允祥既是亲王大臣,又是真正的管家奴才。

九、《平安春信图》乾隆帝题字解说

郎世宁在雍正年间绘画《平安春信图》,乾隆帝于乾隆四十七年(1782)题款,指出画中的少年就是他,题字是:"写真。世宁善绘。我少年时入室,幡然者不知此是谁。"对"幡然者不知此是谁"一句我不理解,在《雍正帝》书中仅以"开了个玩笑"来做解说,不过心中存着一个悬念。研讨会上,陈葆真教授涉及此图,我遂提问请教,她解释为乾隆帝自况,是看画人想到自己,这时他已七十二岁,以老年心情来看少年写真,故有玩笑式的设问。待后聂崇正研究员专题演讲《雍正十三年间的郎世宁》,亦讲到此画,会后闲谈中我问及此事,他的见解与陈氏相同。艺术评论家的解说从画中人物的自身感受来看,从观赏者的心境来考虑,而我没有艺术鉴赏能力,想不到此,是真正的领教了,而陈教授很谦虚,会下问我的意见。我本来认为乾隆帝对雍正帝缺少感情,所以总是讲祖父康熙帝如何宠爱他,他又怎样尊重乃祖;又在《雍正帝》书中说到雍正帝向亲王、皇子、宠臣赏赐《古今图书集成》,将弘历(乾隆帝)的地位排列在皇八子福慧之后。因此怀疑,若福慧不殇逝,雍正帝究竟要将帝位传给谁,不好说。由于存有乾隆帝不满乃父的私见,以为"幡然者"可能是指雍正帝,有玩笑成分。应当说我对这句话的理会是偏差了。

(2009 年 11 月 20 日草,载台北《故宫文物》第 323 期,2010 年 2 月)

附　录

关于《雍正传》访谈录
——搜狐·读书网李倩编辑采访

李:很多人认识您是从《雍正传》开始,关于本书的具体的问题如下,感谢您的回答。

冯:谢谢您采访。我想我们的交谈,或者说合作,会是愉快的,成功的。

李:您曾经以顾真署名发表过不少文章,斋名亦为顾真斋,是什么意思呢?是否取秉笔直书之意?除了顾真之外,您还有其他的笔名吗?

冯:我偶尔用"顾真"笔名披露文章,常用"顾真斋"说明我某项写作完稿的地点。以"顾真"为名,表达我的研究历史和人生理念,具体地说有两个含义:一是我的治史理念是希望探究真实的历史,也就是我们这个学科通常所说的"求真",为此穷究史料,希望理清史实,然后著述,与读者共享;二是,江苏仪征是我的出生地,幼年生活于斯,而仪征在古代一度名曰"真州",至今仪征市政府所在地仍名"真州镇",用"顾真",是永远不忘故乡之意。也用过另外几个笔名,一时为境遇所拟,如今也记不全了。

雍正改革反腐锐意进取

1.李:您的《雍正传》写就于 80 年代初,那时没有影视剧的助澜,人们对这位皇帝还所知不多,您能否谈谈为何当时会选择这位帝王作传,他身上的什么特质吸引了您?

冯:《雍正传》稿子写成于 1982 年年底,此前已经发表多篇雍正史论文,涉及他的继位疑案、雍正朝政治事件、雍正历史功业、除豁贱民。我为什么研讨雍正皇帝的历史,写作《雍正传》? 在《雍正传》的"自序""后记"中有明确的说明,第一个原因是雍正的历史贡献吸引我,而他又是有大争议的,基本上是被否定的人物,我想对他做出评论,根据我对他的研索所得,要回应对他诬枉的传说、评论,也就是为他翻案。而我之所以对雍正史有兴趣,是受我的研究生导师郑天挺恩师的启发,他纵论明清时期五个半世纪历史,指出雍正朝发生三件大事,雍正帝是勤政好皇帝。第二个原因是,雍正为什么会有传奇性的经历,他的个性、他的为人是我想探究明白的,想写出有个性的历史人物。那时,史学研究长期在阶级论主导下,历史著作普遍存在着概念化、公式化的毛病,写历史人物,就有"千人一面""千部一腔"的弱点,难于成为传世之作。有鉴于此,我想寻找雍正特有的东西,了解他的秉性、信念、爱憎。我是这么想,也这么努力了,但是做得很不够,故而在本世纪一十年代撰著《雍正帝》时特别关注于此,写他以"为君难"为座右铭,写他的性格与养生之道。作为国君,雍正却像市井中人江湖气地自称 "朕就是这样汉子", 对此我写出专题文章——《雍正皇帝自称"汉子"的涵义》《雍正帝自称'汉子'——解读一条史料》。《雍正传》新版对雍正性格有所增补。不过我还是不满足,因为并没有全面说清雍正个性及其与政治的密切关系。第三个原因,我想通过对雍正的研究,了解他那个时代,也即 18 世纪清朝历史的特点,故而曾经想把书名写作《雍正及其时代》。至于其时在西方出现资本主义社会对中国的影响,中国的历史走向问题,当时并没有思考,直到现在,愚笨的我也没有弄清楚。

您说到其时没有关于雍正影视剧对我写作的影响,但是我要说,雍正继位以来,直至我写作时的 20 世纪七八十年代之际,各界人士、文学艺术作品对他的传闻、演义我是关注的,因而特地在书中写出《野史和文艺作品中的雍正》一节,谈论我的看法。我是出于史学工作者的责任感,希望澄清史实,但是对包括影视剧在内的文艺作品并无恶感,而且认为它还让人知道一些历史人物的名字——也是传播历史知识吧。这也许同我笃信传统文化中的"恕道"有关吧。

2.李:关于雍正如何继位的谜团,一直为人津津乐道,改诏说、毒死说已经不攻自破了,但雍正在当阿哥时是否已经在秘密做着夺嫡的准备?现在很多书籍,包括雍正自己在《大义觉迷录》里都说,他本来无心做皇帝这个苦差事,只是皇考硬让他做。根据您的考证,当时雍正的真实想法是什么?

冯:我们先谈雍正皇子时代的谋求储位,而后就很容易理解他说不想当皇帝的假话。

康熙五十一年(1712)第二次废黜皇太子允礽,而后又不立新太子,可是谁都明白康熙晏驾必须有继承人,因此朝臣屡次请求册立皇太子,康熙的儿子们就急不可耐地谋为储君,其时活动最力的是皇八子允禩、皇九子允禟和皇十四子允禵一伙,皇三子允祉也有染指储位的欲望。至于皇四子、雍亲王雍正更不让人,我在《雍正传》第一章有专题论述,他在康熙五十二年(1713)就制定了获取储贰的方针、策略、步骤和方法，其要点是：(甲)明确当时的形势，必须参加储位争夺，你不争，就可能有别人(皇兄弟)捷足先登，那时只能屈居臣下了。争夺储位的目标确定了，怎么才能达到目的呢？(乙)从废太子身上吸取教训，不能凌虐众兄弟，要善待以买好，比如在康熙面前为皇兄弟说好话，让康熙感到他为人大气度，就是后来说的"伟人"。(丙)加意联络百官，哪怕是小官，促使他们为自家说好话，影响康熙观感。(丁)大力培养雍邸人才，为建立江山的基干，为此帮助门下人出去做官。他按照这个方针策略行事，蒙蔽了康熙和众人，有点像竞技场上的"黑马"，脱颖而出，继承皇位。

雍正的谋取储位计划，是门下人戴铎用书面建议提出的。雍正一面说这是"金石"之言，依计而行，表面却说皇储"与我分中无用"，况且做皇太子，特别是做皇帝是"大苦之事"，何必去谋求。继位后说什么"朕向无希望大位之心"，纯粹是欺人之谈。政治人物说假话是通常的事，其实骗不了人，至多能骗一时，只是人在高位，别人不好去戳穿罢了。

这里要明确一点，自从康熙第二次废黜允礽之后，诸皇子争为储君，是争储，而不是夺嫡。

3.李：一直以来雍正被视为清代锐意进取、改革图强的帝王，在您的书中，也谈到了雍正的诸多改革措施，如火耗归公、士民一体当差等，这些改革对后世有着什么样的影响？

冯：您说谈谈雍正改革对后世的影响，我想这里的"后世"，仅就对雍正之后的清朝而言，清代以后雍正改革的历史价值与下一问放在一起来谈，好吗？就对清朝来讲，我想到两点：第一是雍正更革精神成为清朝皇家图强的精神遗产，不过后人不肖，未能学好。对此，我们可以从两个方面来观察：(甲)雍正改革的一些制度，在乾隆初年一度被废弃、存疑之后，保留下来，延续至清末。乾隆继位初年，对雍正创立的摊丁入亩、秘密立储、养廉银等制度，完善的密折制、引见制，坚持实行，而改土归流、耗羡归公、军机处三项制度，是乾隆经过犹豫，甚至废弃之后，才坚持下来的。尤其是对耗羡归公，直到乾隆七年(1742)，朝臣认为耗羡归公是善政，可以行之久远，不能轻易改变。乾隆这时也认识到，那是不得不行的制度，决心坚持。乾隆开始就实行及存疑后继承的前朝制度，使得雍正、乾隆两朝制度具有连贯性，终有清一代而未改易。这表明，雍正帝的更新并非昙花一现，而能行之久远，在传统社会中，是适合世情的、不可改易的制度。(乙)雍正的革新政治遗产，同时成为皇家的、社会的精神财富。嘉庆年间清朝走向衰落，希望更新变法，于是就想到雍正和当日的朝政。阅读那时的著述，对雍正的改革大加颂扬，从那里汲取精神营养。嘉庆对祖父雍正的政治做出的概括是："整纲饬纪，立政明伦。"他将改革作为雍正一朝的政治总纲予以称道。学者章学诚在《上韩城相公书》中，鉴于嘉庆朝有待革新，希望以雍正朝的严猛政治和励精图治为楷模，改善朝政，故云："康熙末年积弊，非宪皇帝不能廓清至治。"道光颇有向其曾祖父雍正学习的愿望，阅读《世宗宪皇帝实录》，要求督抚州县官把雍正关于"为政之道，以爱民为本"的上谕恭录悬于大堂，作为行政准则。他试图像雍正实行耗羡归公政策那样，限制地方官滥征附加税，将众多的税外之税，变成正税，以遏制它的恶性发展，但是遇到阻力，他退却了，还惩治政策执行人英和。(有兴趣的读者请参阅拙文《述道光朝社会问题》，《南开史学》1991 年第 1 期)同治、光绪之际，原任御史吴可读为同治帝争立继嗣，上疏推崇雍正的储位改革，谓其"诒谋之善，超亘古而训来兹"，请求两宫皇太后采纳他的意见。雍正朝以后的清朝人，一想到朝政的振兴，往往就追忆雍正的改革，心向神往，希望有所借鉴，将雍正的革新精神作为时代更新的一种动力。

第二是雍正的施政的精神与方法可以被后世之人有限度地汲取。(甲)革新应有坚定不移的精神和克服阻力的相应政策。雍正清厘财政和实行耗羡归公制度，不仅贪官污吏对抗，一些官员由于自身利益与政治理念不同，大有不赞成者，有人说他"惩盗臣而重聚敛之臣"，是"贪财""爱银皇帝"，是他的十大罪状之一。他不恤人言，坚持实行既定政策，同时采取相应措施，以至出台配套政策。耗羡归公，断了地方官耗羡私征的财路，雍正乃制定养廉银制度，给予州县道府督抚生活和办公补贴，又考虑到地方官增加了收入，也给中央官员加薪，希望以此堵塞官员贪赃枉法。清理财政中，坚决令赃官吐出赃银，为此，采用罢官、抄家方法，甚至命令赃官亲戚帮助赔偿(认为他们得过赃官的好处)，对畏罪自杀者绝不手软，继续追赔，不让其家属得实惠。由于官员往往将贪赃所得，狡辩是为公事挪移钱粮，故有亏空，雍正乃采用"挪移之罚先于侵欺"的办法，堵塞贪官的狡赖。雍正的这些措施，并非都是善法，但其精神是不让贪官占便宜，则是可取的。(乙)调整贫富不均政策，体现在徭役方面，士民一体当差，绅衿士人本来就有一些免役特权，而又利用社会势力，将应该承担的赋役转嫁到平民、贫民身上，士民一体当差，就相应减少了平民、贫民的负担；更体现在摊丁入亩制度的实行上，这一制度使人口税合并到财产税中，

337

有产者多纳税,少者少纳税,无者没有了人口税的负担,当然有益于贫民。

4.李:您觉得雍正的诸多改革政策中,哪些具有超时代的意义,能为当下提供指导意义的?

冯:超时代意义,有这么几条吧:

第一,具有近代意义的三件事:削弱宗法性人身依附关系,有益于人口增长和生产力释放;行政管理上地方财政预决算的先行者;资产多者多纳税,合于近代累进税原则。

先说头一件事。古代国家征收人口税,强制民人服徭役,表明民人隶属于国家,是皇帝宗法性属民,没有人身自由,没有迁徙权,必须服从户籍制度的管理,然而实行摊丁入亩制度,人口税并入财产税,政府不再需要强制控制民人。因为有财产的人逃亡不了,政府的人口税有保障。所以雍正朝不进行户口编审,乾隆朝干脆取消这一制度。这样民人对皇帝的人身隶属性削弱,农民可以离开乡里,进入城市做工,为手工业和商业的发展提供充足劳动力。雍正的除豁乐户、堕民、疍户、世仆、伴当等贱民政策也有近代因素,贱民是最没有人格的人群,被侮辱、被损害,将他们解除贱籍,令他们受压抑的精神状态得到某种程度的纾解,增加生活情趣,从而能够在生活中将蕴藏的生产能量释放出来,起到某种解放生产力的作用。主佃关系中,佃农的实际身份低于田主,雍正改订主佃关系立法,从此地主欺压佃客,在处刑上与平民一致。在这里,佃农具有了平民身份,不再是佃仆。贱民、佃农地位的提高,与近代平民获得人权的运动相一致,无疑具有近代意义。

现在来说第二件事,地方政府财政收支事。耗羡归公中的耗羡银如何开支,分为三部分,一用在官员的养廉银,二用于地方公共开支,三是办公费用。由于各地征收的耗羡银是固定的,给官员的养廉银也是固定的,剩下的部分为地方政府办公费。自然也是固定的,这部分做什么用也是明确的、固定的。换句话说是收支都有定额,按照规定开支就可以了,这符合近代行政预算原则,具有近代因素。

第三件事关乎累进税原则。摊丁入亩,人口税纳入财产税,令资产多者代替无产者、资产少者纳税,这种使资产多者多纳税的制度,与近代累进税意思相通。

通过上述三点,得知雍正的改革具有某些近代成分,或者说具有某种近代意义,具有由古代向近代过渡的初始因素。当然,雍正的意识不会有这种前瞻性,只是客观上有这样的后世价值。有鉴于此,我认为雍正的改革,适应了社会经济发展的要求,同时也促进了社会经济发展,在历史上起到积极的作用,注意到雍正改革的近代意义是完全应当的。

第二,革新精神,是后世值得传承的。上一个问题已经讲到革新精神,这里从不同的角度来谈。雍正革新,是传统社会帝王的政治,其具体内容,早已因社会制度的变更,失去了传承的价值。但是,雍正倡言"务期振数百年之颓风,以端治化之本","将唐宋元明积染之习尽行洗濯,则天下永享太平"。这种除弊务尽的革新精神,用抽象继承法来看还是颇有价值的。任何社会制度都不会是永恒的,再好的制度也会在长期的实行中产生问题,老话说"日久弊生",一点不错。所以社会持续发展,就必须不断地进行改革,去除已经不适合社会发展的那些成分。所以改革总是社会的需要,只是视积弊程度而定,视政治家的认知而定。总之,社会需要更新,改革就必然产生,革新精神总会世代相传。更新中,必然会遇到守旧思想、守旧势力的反对、阻扰,改革要想成功,必须克服各种障碍。雍正克服了障碍,成功了;前述他的曾孙道光,刚刚在一个领域更革,遇到阻碍就缩手,一事无成。雍正、道光的例子,从正反两面证明,改革家需要有决心、信心将事业进行到底,必须战胜阻扰势力。改革家的大无畏精神、克服困难的勇气,同样是后人学习的内容。附带说一下,雍正办理朝政的朝乾夕惕精神,真正做到事不过夜,行政效率高。以"研究研究"态度理事者,真要体会这种精神呀!

第三,崇尚务实、厌恶虚名的精神,是克服假大空的精神力量。雍正有着为政务实的观念,宣称"为治之道,要在务实,不尚虚名",讲求吏治、民生,名实一致,做实事、取实利,是为利民,反对赃官的既要贪赃受贿得实惠,又要博取清官美名的名利兼收。这是同兴利除弊的革新思想相一致的,更革不是图虚名虚誉,要做实事,获得实效,才算成功。崇实去虚,对于从政者来说,是必须遵循、必须实践的,古今中外,概莫能外。

第四,用才能加教育的用人观念有传承价值。传统社会帝王的用人标准是"清、慎、勤",雍正强调的是"才",教导封疆大吏,"只以留神用才为要,庸碌安分,洁己沽名之人,驾驭虽然省力,唯恐误事"。使用干才,可是有才能的人多半恃才傲物,个性强,不好管理,雍正认为不要紧,"当惜之、教之",既要爱惜他,也要教育他。雍正的用人方针是一种精神遗产,颇可根据当时社会情况选择运用。不论任何时代,用人是要他办事,当然要用有才能的人,若有德无才,用之岂不误事! 有才能的人不好驾驭,其实要相信自家能力,怕什么,加强对他教育,令其不逾规矩。只有"武大郎开店",才不敢用能人。

5.李:我们知道,您的主要研究方向是在经济社会史、生活史和宗族史,而现在史学界往往只注重宫廷内或督抚对历史的影响,将社会史和地方史研究与社会发展脱节。雍正的改革对清代社会或者地方产生了哪些深入影响? 这种影响是否促成了社会的转变和转型,进而推动了历史的发展?

冯:您说现在的史学研究"将社会史和地方史研究与社会发展脱节",我想修正一下,所说"脱节",并非完全如此,我在倡议新时期开展社会史研究之初的《开展社会史研究》(《历史研究》1987 年第 1 期)文中就社会史研究定义说"揭示它本身在历史上的发展变化及其在历史进程中的作用和地位",明确社会史的具体研究与历史发展的关系。同时发表的《清代社会史论纲》(《中华文史论丛》1987 年第 1 期)在"一、清人社会生活一斑"之后,即以"二、社会生活表现出的清代历史特点",讲到"民族的生活习俗在一定条件下规定和影响社会矛盾的发展变化,影响清朝统一中国进程",就是将具体历史与历史变化综合起来考察。当前社会史的研究状况,关注具体史事较多,有碎片化问题。社会史研究本身也要求关注史事,进行细部研讨,至于将社会史和地方史研究与社会发展紧密结合起来,今后会引起研究者较大注意,我想会这样,事情一步一步走吧! 再说宫廷史让研究者付出热情,与社会需求可能大有关系。人们希望了解有趣的宫廷史,有帝王崇拜情结的呀! 我国有二千年君主专制的历史,帝王将相主宰人们的命运,皇帝崇拜也就有这么长的历史,一卜清除,做不到,宫廷戏占据影视舞台,难免,一些史学工作者迎合,也可以理解,不必多所责难。

您思考"雍正改革对清代社会或者地方产生了哪些深入影响,这种影响是否促成了社会的转变和转型,进而推动了历史的发展"的问题。雍正改革对社会的影响是多方面的,如阻止土地集中,摊丁入亩、士民一体当差,田亩多的人赋税量加大,人们对购买田地失去兴趣,买的人减少了,田价也就稳定了,没有出现康熙中后期以来田价持续上涨的现象,直到乾隆中期田价上涨。所以雍正改革缓解了土地集中的状况。而田亩是农业社会主要生产资料,缓解土地集中,对平民有益。再如雍正实行族正制,由政府任命宗族族正,用之为政府与民间宗族的中介,这就促使宗族凝聚力的加强,宗族从而得到发展。这是一种在政府控制下的自治团体,它的发展,对民间互助互利有好处。

雍正的改革有近代因素,但同社会转型不搭界

6.李:在大清历代帝王中,雍正反腐最厉,在这个过程中顶住了多方压力,然而到乾隆时代却基本付诸东流。雍正反腐有哪些不足之处需引以为戒?

冯:雍正的清理经济、惩治贪官,碰到很多问题,与他的不足之处,可以一并思索其经验教训。

(甲)官吏利用政策作弊,破坏改革声誉。这是不法官吏的惯常手法。耗羡归公的实行中就出现这种事情,由于这是新制度,所以具有破坏改革声誉的性质。雍正四年(1726)三月,晋抚伊都立有升任云贵总督的任命,很快又有回任的命令,他在离任之前,为留下美名,将耗羡予以裁减,并不顾及裁减是否得当。及至回任,又将裁减的耗羡加以恢复,如此对耗羡的裁革与恢复,任意为之,不论兴革是否合理。雍正得知后,指出他的行政"朝三暮四,有同儿戏,甚属不合。如此则何以取信于地方官民",指斥他"无知庸愚之极",必须将裁减的耗羡仍然裁去,以取信于官民。雍正敏锐地看出,伊都立的私心作怪,导致的是失去政策的信誉,所以将其改正过来。雍正六年(1728)九月二十二日,雍正发出一道上谕,指责有的官员假借耗羡归公之名,行贪占之实。他说有的督抚将地方官本不应得的陋规、地方相沿的积弊奏请归公,似乎是急公奉法,实际是为博取清廉之美誉;有的是怕败露,将已入私囊的赃私奏请归公,以盖前愆;有的是为回护前任,以奏请归公掩饰其罪恶。因此下令,各省督抚一定要确查清楚,无碍于国、无碍于民的可以归公事项,才可以奏请归公,永行裁革,不许借归公之名以遂其私心。不法官员以执法之名,行舞弊之实,不只是对新法如此,是在行施陈法中训练出来的,所以新法中舞弊倒成了"正常"现象。

(乙)有人预见到的改革后出现的新问题,系客观条件下不可能不发生、亦不可能制约的。山西试行耗羡提解之初,吏部侍郎沈近思认为耗羡归公使火耗和正税之征无异,不是善法,他说"今日则正项之外更添正项,他日必至耗羡之外更添耗羡"。他反对耗羡归公,不懂得无节制的耗羡是必除之大弊,是不对的,但是他预见到未来还会有加征,则是不易之见。沈近思及其引发的讨论说明,雍正君臣在改革之始已然预见到未来可能发生的事情,仍然进行改革,这是以解决当前弊端为目标,只能走一步是一步,不能以日后的问题障碍当下的前进步伐。他们的思路和实践是正确的。至于以后耗羡之外的再征额外税,有吏治的原因——人治社会官僚制度决定不可能不出现贪官;亦有

其客观情况,如同有的学者所说,定期增加火耗有其必要,即用以应付通货膨胀和人口增殖后行政费用的增加。任何事情均有利弊两个方面,人们权衡轻重,往往只能取其一端。

(丙)对现行制度的改革,受到深度的限制。在清代,君主专制之下的职官制度和税收制度是两项根本性制度,雍正所实行的各项改革,是在不触动这两种制度的前提下实行的,是在敬天法祖的国策指导下进行的。所以不可能向更深的社会层面发展,如同论述耗羡归公和养廉银制度的意义,说到底,它不是取消加派,只是减轻、节制加派的恶性发展。因为清朝看到明朝亡于三饷加派,宣布不增加田赋,可是面对官员低俸禄、办公费无着落的难题,只有在耗羡、盐税和捐纳方面想辙,官吏乱加耗羡不行,那么就采取节制办法。这就是雍正在两江总督满保元年(1723)七月初八日奏折上朱批写的:"朕亦非命尔等一文不取,但亦不可滥派于民。倘上依天时,下顾民情,取之有理,用之为公,则惧何耶?"在这种情况下,耗羡归公是最好的办法,然而不触及赋税制度本身,不影响田赋是国家财政主要来源的本质问题。在这里,我倒不是要求雍正对财政制度做出彻底改革,仅仅是说耗羡归公的作用有其限度,改革受时代的制约,是在传统社会制度内进行的,是从维护这种制度出发的,而这种制度业已进入它的晚期,时代已不允许做出更有深度的制度性的更新和生产关系的调整。所以改革的成果是有限度的。

7.李:康雍乾三朝虽是中国封建王朝的顶峰,但是文字狱之祸蔓延全国,使得全国士子万马齐喑。按理说,一个王朝发展至顶峰,应该是各个方面都非常自信的时候,但让人不解的是,文字狱为何会出现在王朝发展的最顶峰呢?

冯:这个问题提得好,实在值得深思。清朝统治中国,一个重大特点,它是满洲人爱新觉罗氏家天下,满汉歧视、满汉矛盾始终存在着,表现形式是时隐时显,甚而很激烈。吴三桂于康熙十二年(1673)十一月造反,十二月京师杨起隆诈称朱三太子起事,两者之间虽然没有组织上的联系,却是声气相求,以后朱三太子案出现过几起。康熙五十年(1711),产生戴名世《南山集》案,以其使用南明年号、有反清复明思想定罪。纵观康雍乾的文字狱,研究者有个共识,那是迫害汉人的,是满洲统治者不放心汉人。其实,那些文字狱的受害者,许多人被指责的文字并没有反清的意思,是朝廷民族歧视政策下的扩大化。此其一。其二,满洲皇帝需要进一步建立文化专制主义,满洲文化落后于汉族,不得不接受汉族文化,采用汉人治理国家的基本理念、方针、政策,同时又要防止满人汉化,强迫汉人满化,甚至不惜使用西方文化知识奚落汉大臣,以平衡既自卑又不甘心的文化心态。如康熙于二十八年(1689)南巡途中,在江宁(明朝的南京,这时不能使用这一名称,改称江宁,连此间巡抚,也称作"江宁巡抚"),召满汉大臣到观星台,将从西洋传教士那里学来的天文历法知识,突然袭击,专门考问汉大臣星象知识,弄得翰林院掌院学士李光地、兵部尚书张玉书大出其丑。满汉民族矛盾存在的情况下,满洲皇帝需要加强文化专制主义。文字狱确实是康雍乾在满汉文化问题上自信心不足的表现。其三,还要看到,皇帝也在力求淡化满汉分歧。雍正在《大义觉迷录》中大讲民族认同,从四个方面进行说明,一为有德者为王,内地没有有德者,上天才让有德的外夷满洲抚有天下,这是一条政治标准,事情不在民族,而在有无圣德。二是将少数民族与华夏之别视为籍贯的不同,而不是"非我族类"的人兽之别。三是批判"华夷之辨"是历史上分裂时期互相丑化之事,敝俗之见,应当摒弃,而今天下一统、华夷一家,再讲华夷之别,就是逆天悖理的叛逆言论。四是进一步以清朝版图辽阔说明满洲君临天下是臣民幸事。这种天下一家观念,意在倡导国家认同与民族认同,在文化专制下企求汉民族从思想观念上的屈从。

影视剧改编

8.李:您在学术界的地位,使得有的影视作品借您的旗号做宣传,以抬高自身身价,如《贞观长歌》将您列作历史顾问,再比如《甄嬛传》,将您的采访断章取义,做出"《甄嬛传》中,雍正对年羹尧的器重有据可查,后来年羹尧的嚣张跋扈也是确有其事,加之陈建斌饰演的雍正言语不多,却总是猜忌多疑,与历史都有吻合之处"的结论。您对此是否深感无奈。

冯:我同公演的影视剧的创作有关系,只有刘和平先生摄制的《大明王朝1566》,看过脚本,提出过意见,并为其书写序。有记者问到《甄嬛传》,我才看了一两集的片段,我明确表示对它不做评论,访谈录发表,是别人说有这么回事,记者也没有给我寄样报,我也不在意。因为在诚信缺失的世风下,这类事不算什么,哪还有尊重他人的事。至于说有损于我的名声,我也不在意。因为被人误解的事在所难免,也非偶见,何必费心计较。真的,我也不是"深感无奈"。

9.李:现在大量影视剧兴起了一股"四爷热",情节基本都是一位美女同时被四阿哥和八阿哥钟情。您如何看待这些历史穿越剧?您认为年轻人看戏说多于正史的现象,对年轻一代乃至民族的历史观会有怎样的影响?

冯:在胡玫导演的《雍正王朝》问世之前,电影、戏剧、小说一边倒,丑化雍正,我为此曾经在《雍正继位之谜》台湾版"自序"里说,高阳、端木蕻良的有关小说写得严肃,影视方面摄制匆忙,不如人意,是受流传已久的篡位说的影响,如果创作者换个角度写雍正,正面写雍正,或许能使人耳目一新,受到欣赏。后来电视连续剧《雍正王朝》公演,记者采访我,我当时虽然没有看到,但表示,若不是旧套,我就欢迎。骂雍正那一套,是二百年流传的旧套,是一时之风气,也是其中的一些作者人云亦云,没有怎么动脑筋进行写作。您说现在雍正的穿越剧多以一个美女穿插其间,我不知详情,如果是这样,就成了新套子。旧时以文艺骂雍正,与反满思潮及相信夺位说有关,有时代性;今时用美女,是因"爱情是文学艺术的永恒主题"吗?玩笑话,不必说。真正下功夫创作的作家,是不会满足于套路的,是要跳出时代思潮限制的,是会创新的,期待着别开生面的有关雍正文艺作品的面世,如果非要写雍正的话。戏说之类的历史电视剧,编造历史故事,曲解历史人物和制度,搞笑逗乐,人们用作休闲娱乐,各取所需,未为不可。对恣意违背真实历史的戏说,有责任感的史学家用正说予以纠正,是必要的,是希望人们,尤其是青年了解历史真相,具有正确的历史观。历史是人类——我们的祖先——社会生活的足迹的记录,它蕴藏着先人丰富发展的哲学、宗教、文学、艺术知识及其反映的人生观和价值体系,创造发明知识,政治制度、经济制度实践、实验知识,酸甜苦辣的生活经历与经验,奋斗不息的精神,尽在其中。后人对待历史,应当、必须抱持敬重态度,才可能从中得到智慧,获得有益的启示,汲取成功经验和失败教训,让人生道路走得好一些,让生活更美好,更丰富多彩。有志青年多学些有益的历史知识,将获益无穷。

雍正人格魅力

10.李:网络流行很多雍正奏折上的朱批,比如"朕就是这样汉子",以及在写给年羹尧的奏折中说"你只要不负朕,朕定不负你"这样的话,除了能代表雍正的真性情,是不是也有其政治用意?与雍正渴望与满汉大臣打成一体的思想是否存在联系?

冯:问得好!对于雍正自称"汉子",我是多方求解,这么九五之尊的皇上自比为一般人,自比为江湖中人,自轻自贱何至如此!经过查阅史料,多日琢磨,有了想法,从不同角度写出文章。如您所说,雍正说这类话具有很强的政治目的,简单地说是:一为君臣互勉做条好汉,以此笼络田文镜等忠实大臣;二是为整饬年羹尧、隆科多造舆论;三系表达他尚义为人。

先说第一点，雍正于二年(1724)十二月因河南巡抚田文镜办事得体，在他的奏折上写下朱批："朕就是这样汉子，就是这样秉性，就是这样皇帝，尔等大臣若不负朕，朕再不负尔等也。勉之。"说白话，他的意思是：我是一条汉子，有汉子的秉性，是汉子般的皇帝，说话算数。因为说到做到，臣工若尽心尽职，不辜负皇帝，皇帝也一定对得起大臣。皇帝如此做出保证，臣工就应该实心实意为皇上办事了。在田文镜奏折上写这些话，当然首先是表彰田文镜。为什么让他放心呢？因为田文镜的舆论很不好，没有人为他担保，是雍正独自要提升他，用到封疆大吏的。同一年(1724)，雍正甚至还称臣工是他的"恩人"，如在查弼纳闰四月初一日奏折上朱批写的："尔等几名忠诚省臣，不仅为朕之忠臣，实视为朕之恩人。"他也称年羹尧为"恩人"。雍正帝这些话都在继位之初，权威不足，尤其是在康熙后期皇子结党谋取储位之后的继承帝位，政权极不稳定，亟需建立自己的施政班底，必须刻意联络臣工，特别是疆臣，如田文镜、山西巡抚诺岷、两江总督查弼纳、闽浙总督满保等人，什么手段都使得出来，什么话都说得出来，"汉子""恩人"之称就是要同臣工拉近乎、讲义气，建立成某种"帮派关系"，达到"君臣一体"境地。

第二点，田文镜就朱批写出谢恩折子，雍正遂公开发出上谕，表彰田文镜之外，借机批评年羹尧、隆科多："大将军年羹尧曾奏田文镜居官平常，舅舅隆科多亦曾奏过。此皆轻信浮言，未得其实。"雍正为整倒年、隆，计划周详，第一步是造舆论，让臣工思想转弯——年、隆不再是宠臣而是罪臣，以便他们跟上形势，和皇帝保持一致。第二步才是公开的声罪致讨。在向田文镜表示自家是汉子的时候，实际已是在做整治年、隆的舆论动员了，实行整垮他们的第一个步骤了。

第三点，雍正在说自己是汉子的同时，还说过类似的话，如查弼纳于雍正元年(1723)八月初十日奏报整饬驿站营伍情形，雍正表示："朕信赖尔，对尔，朕一向绝非负心之君。"同年九月十八日诺岷奏折，雍正朱批："尔即照此矢志向前，即便朕有负于尔，上苍亦必知垂爱于尔。"从自称"汉子"，称臣工为"恩人"，表示不做负心人，以此种形象与臣工交往，真是拉近乎、套感情，让臣下感动，拜倒在通人情的皇帝脚下。

11.李：阅读您的书我们时时会发现，您似乎是以将雍正还原成一个完整的人的方式来书写这本书，其中既有理解之同情，也有客观的批判。如今"四爷"大火，因雍正流传下的《雍正行乐图》和个性朱批等，让大家看到了有血有肉的历史人物,同时又有着铁腕的政治手段。您认为雍正的性格中具有哪些因素?人们对四爷深情、冷酷、豪爽等复杂人格的猜测,哪些是有据可循,哪些又是不实的?

冯:您说我对雍正"既有理解之同情,也有客观的批判",是知我者也,多谢!您要探讨雍正的性格中具有哪些因素,对此我也研究不透,不过总体印象,他是具有多面性格的人,不宜做局部的、片面的了解。前面说了,雍正的自称汉子,是一种俗气,与皇帝的庄严神圣形象的雅气截然不同,可见俗气、雅气兼容于雍正一身,是他具有多重性格的一个方面的表现。在其他方面呢?

雍正性格有着残忍、偏激、多疑与精细、慈爱的交织。他将同父异母弟允禩、允禟致死,将异母兄允祉、同母弟允禵、异母弟允䄉圈禁,五位兄弟遭遇如此厄运,全无手足之情。亲子三阿哥弘时被逐出皇家,别出心裁地交给政敌允禩"管教",弘时虽属病故,亦系受摧折所致,可知雍正对他全无父子之情。这些人中多有政敌,有自取之咎,圈禁也就可以了,何必非要致死,对允祉又何必监禁,除了积怨太深,也在于他的残忍性格。

对于年羹尧,酬劳其稳定雍正政权的青海之功,重赏是必要的。因此肉麻地对他说:"朕实不知如何疼你,方有颜对天地神明也","我君臣非泛泛无因而来者,朕实庆幸之至"。后来大翻脸,整治他,令其在京城寓所自裁。这一对知心君臣,"非泛泛无因而来者",雍正这时就不讲佛缘了。心狠手毒,的确不假。雍正将年羹尧贬为杭州将军时,因有"帝出三江口,嘉湖作战场"民谣,杭州恰在其处,雍正在年的奏折上批写:"想你若自称帝号,乃天定数也,朕亦难挽"。竟然怀疑他可能造反!吴耿尚"三藩"之后,朝廷没有出现过叛臣,雍正居然想到了,不能不说他多疑。

在对待官员的防范、严刻、残忍之中,雍正也有关爱的因素,谁办事让他欣赏,谁向他报告令他高兴的事情,他会施恩,体现他的爱护、爱惜之情。西安将军延信在西北军前之时,雍正有时能同他互道真情。延信于雍正五年(1727)三月十五日奏折表示感戴皇恩、自我奋勉,有套话也有真情,而雍正的朱批则是真实感情的表露:"理应黾勉,如朕当奴四十载之主实难相遇。即便相遇,如朕无私心杂念之人,相遇更难。"自云在康熙朝当四十年奴才不容易,意即能够体贴人,而他又是无私心杂念的纯正君主,臣工遇上了是万幸,应当努力相处,奋勉向前。如此自许地教导臣下,是真心实意的。延信在四月十五日奏折中,还说到雍正让他学习汉文的事。康熙六十一年(1722),雍正奉命清查京、通二仓仓粮,随员中有延信,便问他懂不懂汉文,回说不通。后来在朱批中要他学习:"认学几个汉字容易,若学写文章诗赋、背诵经史书籍,现已年迈难矣。但粗通几字读懂文书较易,闲时何不少加留意。"延信表示:"臣钦遵圣旨,抽闲尽力认学"。随后,雍正再次开导他:"很好。若立意学会,则必成,并非难事。每日认记二字,一年认六百字,已足用。"通篇奏折与朱批,是君臣交心说实话,对于已经有了年纪的满人延信,雍正那么上心同他谈论学习汉文的事,有那种耐心,用那样的精力,不是真心的关爱,绝不能做到! 看来,雍正也有动真情的时候。从种种事实中不难看出,雍正的性格与为人:疑心病重,残忍刻薄,而又仁爱慈祥,是多面性格,是残酷与慈爱的交织,是雅气与俗气集于一身。其实人人都有多面性,雍正亦复如此,不过特别明显罢了。

至于网上说的雍正性格哪些是真、哪些是假,我因关心不够,不知道具体说了些什么,这里无从发表意见,抱歉,请谅宥。

12.李:关于众说纷纭的《大义觉迷录》,雍正一一辩解世人指责他的十大罪状,一直被人诟病为欲盖弥彰,历史上很少有帝王这样直接以文字形式回应当世非议。您认为雍正为何会这样做,真性情? 或是深谋远虑?

冯:欲盖弥彰之说,作为一种说法,只要雍正继位之谜没有解开,此说就会存在。因此对它不必说三道四,见仁见智吧。

如您所说,"历史上很少有帝王这样直接以文字形式回应当世非议",我还不知道有第二人。远的不说,以他的儿子乾隆讲,就同他的处置方法迥异。一个有趣的历史现象是,雍正、乾隆父子在世之时,都被民间指责有十大罪过,关于雍正的是谋父、逼母、弑兄、屠弟、贪财、好杀、酗酒、淫色、诛忠、任佞。如此咒骂皇帝的文件,赖有雍正颁发的《大义觉迷录》予以保存。乾隆登基将《大义觉迷录》作为禁毁书,不许流传。而辱骂他的是"五不可解、十大过",是民间假借工部尚书孙嘉淦的名义写的所谓"奏稿"。乾隆为此于十六年(1751)兴起大狱,而文献今则无存,令后人只能知道"奏稿"所讲的他的两条罪状:南巡、杀大臣讷钦。同样是责难皇帝有十大罪状,一个是公布,一个是销毁,于此让我们看到两个皇帝有相异的心态,不同的政治作风,必定会有不同的政治举措。历史上皇帝下罪己诏,时或有之,罪己诏是自说自话,不是别人披其逆鳞,而且可以博得臣民的谅解、爱戴。与此不同,被人家骂得狗血喷头的不是人的雍正,还打起精神,公布出来,没有足够的政治勇气,能够做得出来吗?!

就此而论,雍正也是一个奇人。

那么雍正为什么公布《大义觉迷录》呢?我想有三个原因:首先是力图改变在继位问题上的被动地位,或者说力争变被动为主动。改诏篡位说在臣民中流传,是私下说说,耳目众多的雍正应当知道这种情况,但是不好发作,现在曾静跳出来了,把问题挑明了,雍正认为机会来了,可以公开辩论了。所以岳钟琪一报告曾静派徒弟投书的事,雍正立即告诉宠臣田文镜:污蔑他的恶人自首了,他会"出奇料理",你等着瞧吧。另一个宠臣鄂尔泰更能心领神会,及时报告云南出现"卿云","卿云见"是表示皇帝大孝,怎么会谋父、逼母、改诏?以此为皇帝解围。雍正的出奇料理,是公布对他的质疑,由自家来解说继位是怎么回事,变被动主动。其次是将继位的政治问题转移到满汉民族问题方面,避免总是被纠缠在继位问题中,以摆脱困境。曾静要求岳钟琪造反,为汉人申民族大义,报仇雪耻。雍正审案中,引出吕留良案,吕留良被人尊称为"东海夫子",主张华夷之辨,雍正因而就此大作文章,阐述他的中华一家、民族之别只是籍贯之异的见解。最后,以君主权威,令臣民相信他的说法——他是康熙合法继承人。应当说曾静案和《大义觉迷录》是雍正初年政治斗争的总结:雍正继位,是在储位斗争中组织上的胜利,在舆论方面他则处在下风,至此,他宣布在舆论上也胜利了,虽然客观情形并非如此。

13.李:雍正是一个喜欢读佛学的人,也曾用文觉禅师作为他的高参。佛学思想对雍正有着什么样的影响呢?

冯:我想到三点:第一条是他欣赏佛学,自视造诣很深,出版自家的《和硕雍亲王圆明居士语录》《圆明百问》,在宫中做法会,收门徒。他以此修身养性,克制、克服康熙批评他的"喜怒不定"的性格缺陷,同时在争储不利时,也是调剂精神、调整心态的精神武器。继位后他拿佛道作为谈话资料,休闲调节精神,如二年(1724)七月在年羹尧奏折上写了一段闲话,说京城有个有名的道士,说怡亲王允祥前生是个道士。雍正听了,大笑着说:那你们为什么商量了来给我和尚出力。允祥没有佛性,不知怎么回答。雍正乃说:我们哪里是真佛、真仙、真圣人,"不过是大家来为利益众生,栽培福田",只有修行不足的人才去做和尚,当道士。于是"大家大笑一回,闲写来令你一笑"。第二条,他是融儒佛道三教于一炉,以儒学为核心,佛道辅助。第三条他是用佛,不是佞佛,佛为其用,佛不能左右他。如他编辑《御选语录》《拣魔辨异录》,参加佛教内部的佛旨之争,希图按照他的观点控制佛教。

学派分歧

14.李:现在在美国的清史学界正在兴起"新清史"思潮,不知道您对于美国的"新清史"是否有关注?您在书中也曾花了一章的篇幅来梳理满汉矛盾,您认为雍正让满人防止汉化是一种顽固态度,但"新清史"学者则倾向清朝之所以能够发展维持,是因为清代保持了满族的特性,您如何评价"新清史"的这个观点?

冯:我没有直接阅读"新清史"论著,很惭愧,我不能阅览英文原著,无从评论。不过我想说,它强调研讨满洲史,不论其观点如何、方法怎样,我以为是应当欢迎的。因为它有益于对满洲史及与其密不可分的清史的深入探讨。

学术界对于满洲史的研究,我理解,现在是进入第三个时期。19、20 世纪之交及 20 世纪上半叶(尤其是前面二三十年)对满洲史、清史的研究,否定多、丑化多,这是学术受反满革命时代思潮制约的必然产物。对此,我做过个案研究,写作《章太炎清史研究评议》(台北善同文教基金会编《章太炎与近代中国》,里仁书局,1999 年)。下半叶的前 30 年,强调民族团结、多民族统一大家庭,淡化满汉矛盾,以至对清朝不得使用"满清"一词,满洲史与清史的内在联系被严重忽视了,满洲史研究处于不力状态。我在《清史研究与政治》[《史学月刊》(社会科学版)2005 年第 3 期]、《断代史清史研究的过去、现状与问题》(《天津师范大学学报》2007 年第 6 期)论及于此。八九十年代以来,随着清史研究的大发展,满洲史研讨相应有所增多,克服了反满老调和淡化问题。在先,日本学者研究"先清史",现在"新清史"研究的开展,将国内外的这些情形汇总在一起,是以有满洲史研究进入第三个时期的想法。

就个人来讲,也对满洲史领域有所涉猎,在《清代的历史特点》(《历史教学》2010 年 9 月号)文中以一个专节研讨"满汉矛盾与多民族国家巩固发展,在民族地区实行多种体制的显著成效"议题,认为清代:(1)民族压迫、歧视政策,涉及范畴相当广泛;(2)满汉斗争贯穿有清一代;(3)在民族地区实行多种体制,牢固奠定中国多民族国家的疆域。我在另一篇提纲式文章——《由清代满族文化特性想到民族文化与外来文化关系》(《东北史地》2006 年第 4 期)中,谈到清代满族文化的特点,思索三点:(甲)发展时期的开放吸收性;(乙)统一中国初期的文化扩张性;(丙)统一后保持民族文化努力之坚韧性。文章指出:一个面对强势文化的民族,不吸收外来文化难于前进,过度的汲取又可能被人家同化,对此我想需要留心于文化的主体性、宽容性和调整性诸方面。

所谓主体性,与"本土化"相近,即以我为主地吸收其他文化,选择哪些能为我用、能促使我发展的元素,以丰富我之文化,所形成的新文化,依然是我的文化,而不是他人文化;没有宽容精神,敌视、拒绝外来文化,当然不可能汲取人家的好东西了,不仅如此,有时客观环境迫使你不能置身事外。因此一定要用包容的态度去接受外来文化中于我有用的成分;所谓调整性,指政策的及时转换,把握时机,调整政策,让事情向有利于我的方向转变,既有利于本民族文化的保持,又能够及时吸收外来文化营养成分,在丰富民族文化的同时,促进国家、民族的发展。

15.李:雍正之死一直扑朔迷离,您在书中提到了三种死因,即吕四娘刺杀说、中风说和服丹药过量说。第一种已经被确定为稗官野史不值得相信,认为是第二种的人也不太多了,反倒是第三种越来越受到人们的认可,也有科学检验成果的支持,但您却认为证据不足,您的理由何在?您对于雍正的死因考据,这些年有无新的发现?

冯:我是倾向于第三种说法的,杨启樵对此说主张最力,所以我说:"我认为杨启樵此说有理。"我又提出需要进一步论证的课题,是认为它需要完善,需要深入探讨:"道家的长生不老术在历史上的变化,何以到明清时期还有人相信?这时道家药石有何特点?"我是补台,是探讨。另外,雍正就是吃丹药中毒死的,对他的死因,我想只说中毒并不完善,故而做这样的表述:"积劳成疾是死亡的基本原因,丹药中毒猝死,药死与累死并行不悖,仅述一个方面,可能不全面。"即使这样说,雍正的死也是不光彩的。

16.李:在《雍正传》新增版注释中提到既济丹是用鹿茸、牛膝等原料制成,适用于心肾病,可见此并非道家丹药,似乎对于雍正服用丹药致死一说有所松动?

冯:雍正服食既济丹,并赐宠臣服用,但是致其性命的不会是既济丹,会是别的药石,我是这样理解的。在《雍正传》里,我从养生方面说雍正服用既济丹,不认为它会致人于死命。写这些,与认为他死于药石中毒没有矛盾,并没有因而怀疑他是误食药石中毒死亡的。

17.李:您在《雍正传》里对于清朝的分期与别人不同,把乾隆二十三(1758)年平定准噶尔看作一个重要的分水岭,为什么?

冯:首先要说明我为何在《雍正传》里写清朝历史分期问题,因为我想写出雍正朝、雍正帝在清代历史中的地位,写出雍正和他的时代——处在清朝、满洲上升期时代,所以考虑清朝的历史分期。其次,我们来谈为什么把清朝前期与中期的划分,定在乾隆解决准噶尔事件。是因准噶尔问题的解决,事关清朝稳定地统治全国和联络蒙古共治的国策,具体讲:

第一,实行满蒙联合的国策,满洲人少而又来自边疆,要统治广土众民的中国,势必需要有强有力的帮手,历史必然地选择了蒙古。蒙古与满洲同属于阿尔泰语系,在地域上又是近邻。所以满洲兴起,就统一周边蒙古,在满洲基本制度的八旗制内建立蒙古八旗,实行满洲皇族与蒙古贵族的联姻政策,在清朝历史上有重要地位的孝庄文皇后不就是这一联姻政策的体现吗?

第二,准噶尔蒙古与清朝对峙状态是清朝稳定统治中国的大患,阻碍、破坏满蒙联盟,解除这一大患,清朝就无后顾之忧了。为此,清朝采取两个措施,一是对俄国让步,拆散噶尔丹与俄国关系;二是亲征。处理准噶尔问题,怎么同俄国联系起来?处于新疆的准噶尔蒙古,在康熙中期,噶尔丹控制西藏、青海及宁夏部分地区,建立国号,出兵喀尔喀蒙古,兵锋直至今内蒙古地区,甚至扬言以"黄河为马槽",奢望统治中国北部;噶尔丹又同正在东侵的俄罗斯密切联系,从俄罗斯购买火器,接受俄国顾问,有着某种联盟关系。严重势态,迫使康熙在处理与俄罗斯关系中做出重大让步。康熙派出索额图使团与俄罗斯谈判签订边界条约,有割断俄国与准噶尔关系的意图,但使团在前往谈判地点途中,遇到噶尔丹进攻喀尔喀,无法前进,只得折回。第二次出发,于康熙二十八年(1689)签订中俄《尼布楚条约》,原来不能让出的尼布楚地区划给俄国,并允许俄国商人到北京贸易。至此,有百年的中俄东段边界处于和平状态,清朝可以专力对付准噶尔噶尔丹。后来,雍正朝签订《恰克图条约》,允许俄国人在北京建立教堂(注意,这是康熙末年和雍正严行禁止西方天主教之时;到北京贸易及建立机构,西方国家一直援引俄国的这两项权利,要求清朝也给予他们,鸦片战争以前,根本做不到),让步,同样是为准噶尔的事情。准噶尔问题使得清朝对俄国做出包括领土在内的重大让步,可见与准噶尔的对峙是多么严重的问题。亲征,是指康熙三次出征噶尔丹。可以对比一下,三藩之乱,占据南方半个中国,康熙并未亲征,可见将准噶尔蒙古的事看得比汉人的事严重得多。但是康熙亲征,战争远离准噶尔本部;及至雍正西北两路用兵,意图直接攻入准噶尔本部,结果是无功而双方停战;直至乾隆二十三年(1758)消灭准噶尔势力,随后在这里设立伊犁将军进行治理,至此,蒙古人帖服,全国疆土稳定。

第三,是为有效控制和利用藏传佛教,将准噶尔染指的西藏政教转移到清朝手中。蒙古人信仰藏传佛教,时或控制西藏政教,蒙古人借用藏文创造蒙古文,蒙藏关系密切的程度,不利于清朝。满人借助蒙古文制造满文,表明满蒙藏关系密切;清朝皇帝册封达赖、班禅,用藏传佛教控制西藏,在西藏派遣驻藏大臣,也从政治上令蒙藏分开,削弱蒙古势力;又翻转过来利用藏传佛教控制蒙古人。鉴于这些历史事实,我将清朝前期和中期的分界线定在乾隆二十三年(1758)。

(采访文章的大部分文字于 2014 年发布在搜狐网,2018 年 12 月 22 日阅定)